북송대 **성리학**

북송대 다섯 철학자들의
삶과 철학

정 해 왕 지음

박영사

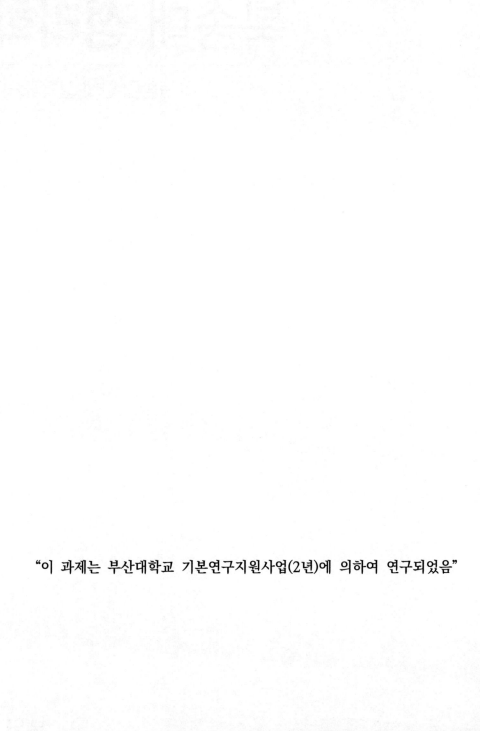

“이 과제는 부산대학교 기본연구지원사업(2년)에 의하여 연구되었음”

머리말

1

오래 전 북송대北宋代 철학자 장재張載의 대표적 저서인 『정몽正蒙』을 완역하여 출판한 적 있다. 그 동기의 출발은, 북송대北宋代의 철학이 남송대南宋代의 주희朱熹의 학문, 즉 '주자학朱子學'의 시각에 의해서 해석되어, 그 철학의 본래 모습이 제대로 전해지지 않은 것은 아닐까, 나아가 주자학의 색안경을 낀 관점으로 왜곡되기까지 한 것은 아닐까 하는 의구심이 들어서였다. 그래서 주자학이란 이름으로 대표되어 온 '성리학性理學'의 전반적 실체 역시 이러한 상황에 영향받은 것은 아닐까 하는 의문도 생겼다.

그래서, 북송대에 시작되어 남송대에 종합된 성리학을 그 발생에서 종합의 과정까지 그 진면목을 바로 알려면, 그 과정을 추적해야 한다는 생각이 들었다. 즉, 북송대의 성리학을 주희의 관점이 개입되기 전의 원초적 상태부터 재검토해야, 북송대 성리학의 본질과 그 실체를 바로 알 수 있을 뿐만 아니라, 주자학에서 인용된 북송대 성리학자들의 철학적 견해와 주희의 견해를 명확히 분리하여, 어디서 어디까지가 북송대 학자들의 것인지, 또 어디서 어디까지가 순수한 주희, 즉 주자의 성리학적 요소인지를 알 수 있을 것이라 여겨졌다.

이러한 마음으로 북송대 철학자들의 사상을 그 자체로 파악하는 연구 작업을 시작하였으며, 그 가시적 성과의 하나로 나온 것이 장재의 『정몽』 번역이었다. 당시 『정몽』을 우선적 번역 대상으로 삼은 것은, 개인적으로 '기氣'의 철학에 관심이 컸

고, 더불어 한의학, 천문역법 등 동양의 전통적 자연과학에도 관심이 많았기 때문이
다. 사실상 전자와 후자는 동양의 문화 속에서(엄밀히 말하면 동아시아의 문화 속에
서) '기氣'라는 공통 요소를 중심으로 서로 관련이 있으면서, 그 학적 체계 전반적으
로도 표리관계에 있다.

　이렇게 시작된 북송 철학자들에 대한 연구는, 장재 철학에 대한 논문을 시작으로,
주돈이周惇頤, 소옹邵雍, 정호程顥, 정이程頤 등 북송 성리학자들에 대한 연구 작업
으로 이어졌다. 나아가 성리학 범주 밖의 사마광司馬光과 왕안석王安石과 같은 북송
학자들에 대한 연구에까지 확장하여, 북송대 사상계의 전반적 상황 및 필연적으로
수반되는, 역사에서 유명한 구법당舊法黨과 신법당新法黨 사이의 정치 투쟁 상황에
이르기까지 북송대 사상계와 주변 상황을 포괄적으로 파악하려 힘썼다.

2

　중국철학사에서 성리학은 중국 중세철학 후기에 해당하는 사고체계이다. 그 전기
에 해당하는 시기는 한대漢代철학 시대이다. 이때는 '천인감응설天人感應說'의 특성
을 지닌 정치신학政治神學시대였다. 시대를 더 거슬러 올라가 중국에서 철학사가 시
작된 시대부터 이야기하면, 중국 철학사의 출발인 고대철학시대는 공자孔子를 비롯
한 철학자와 그 학파들이 쟁명爭鳴하던 제자백가諸子百家 시대이다. 중국의 철학사
와 서양의 철학사는 마치 인류의 정신문화발전에 일정한 법칙이 있는듯 비슷한 패턴
을 보이는데, 서양의 철학사 개시도 탈레스를 선두 주자로 한 다양한 사상의 철학자
들이 대거 출현한 고대 그리스 철학시대이다.

　서양의 사상사는 종교 중심의 유대·기독교 문화인 헤브라이즘과 철학 중심의 그
리스·로마 문화인 헬레니즘의 대립투쟁과 융합의 역사이다. 중국의 사상사는 철학
이전의 원시종교에서 비롯된 천인감응설 및 민간신앙적 문화와 철학사 출발을 전후
하여 나타난 합리주의 문화가 서로 대립갈등하거나 융합하는 과정의 역사이다. 서양
에서의 헤브라이즘과 헬레니즘 대립의 극단적 상황은 기독교의 박해에서 공인에 이
르기까지이다. 이 시기는 정치적으로 로마 제국帝國의 시대이며, 이후 헤브라이즘이
사상계를 주도하는 중세 철학 전기인 교부敎父철학 시대가 시작된다.

　중국의 경우는, 진秦의 천하통일 후 역시 제국帝國의 시대가 시작되고, 분서갱유

焚書坑儒로 상징되는 유가 철학에 대한 박해가 있었던 짧은 진 제국 후 그에 이은 보다 긴 한漢 제국의 시대가 이어진다. 그런데, 한 제국은 초기에는 무위無爲를 지향하는 황로학黃老學적 도가 사상으로 잠시 천하를 쉬게 하였지만, 얼마 안 있어 무제武帝 때에 가서는 유가 철학이 통치이념화된 '유교儒教'로 나타나, 이 사상이 향후 중국 중세 철학 전기의 의의를 지니게 된다.

당시 무제의 주문으로 통치이념을 만든 학자는 이를테면 관변 학자의 성격을 띤 동중서董仲舒였다. 그는 유가사상을 '유교'로서의 통치이데올로기화하여, 지배권력을 종교적 성격의 이론으로 정당화하였다. 이를 위해, 『춘추春秋』의 한 해석인 『춘추공양전春秋公羊傳』에 입각한 '춘추공양학春秋公羊學' 및 '금문경학今文經學'을 토대로 공자孔子를 신격화하였다. 이는 원시종교적 참위설讖緯說을 포함한 일종의 계시신학이었다. 춘추공양학의 입장은, 『춘추』 끝 부분의 '서수획린西狩獲麟(서쪽에서 사냥하여 기린을 잡았다)'의 계시적 의미를 공자 신격화의 단서로 잡았다.

하夏나라 말 걸왕桀王을 몰아낸 상商나라의 탕왕湯王이나, 상나라 말 주왕紂王을 몰아낸 주周나라의 무왕武王은 덕과 현실권력을 겸비하였는데, 주나라 후기 이후 주나라의 체제인 주례周禮의 붕괴로 인한 난세 상황이 전개되었음에도 이전처럼 덕과 현실권력을 가진 지도자가 나타나지 않은 상황에, 춘추공양학에서는, 공자가 이러한 역할을 할 지도자였지만, 그의 경우는 덕은 갖추었으나 현실권력은 가지지 못하였다고 보았다. 그래서 공자를 '소왕素王'으로 일컬었다. 공양학의 입장은, 공자가 당시 난세를 구원할 메시아로서 나타났지만, 그 당시 사람들은 그를 알아주지 않았으며, 그 상징으로 나타난 기린을 잡았다고 해석하였다.

이러한 생각은, 마치 예수가 하늘에서 이스라엘을 다스리고 세상을 구원할 '왕 중 왕(King of Kings)'의 구세주로서 세상에 왔지만 그 시대에 박해 받은 것을 연상케 한다. 그런데, 예수로 인해 있게 된 기독교는 이후 박해를 극복하고 콘스탄티누스 1세 때 공인되기에 이르고, 공자의 사상도 진 왕조의 '분서갱유焚書坑儒'와 같은 박해를 극복하고 한조에서 통치이념으로 공인되기에 이른다. 당시 이를 현실에서 실현한 제왕이 무제이고, 그 이념입안자가 동중서라는 것이다. 춘추공양학의 관점에서 유교 이념을 세운 동중서는 하늘과 사람이 서로 감응한다는 '천인감응'의 신학적 학설을 바탕으로, '서수획린西狩獲麟'을 하늘의 계시로서 간주하는 춘추공양학을 그에 결합한 것이다. 이러한 한대 철학은 곧 서양의 중세 전기 기독교 이념인 교부철학과 상응하며, 동중서는 교부철학 시대의 유명한 교부 아우구스티누스 같은 시대적 의의를 가진다.

　서양 중세의 교부철학에 의해 세워진 기독교 신앙을 체계적으로 정리하고, 이를 이성적인 사유를 통하여 논증하고 이해하려 했던, 그 다음의 중세 철학 흐름인 중세 후기 철학이 곧 스콜라철학이다. 이 철학은 신앙 중심의 교부철학보다는 상대적으로 이성의 역할이 더 커진 기독교 신학이다. 한편 중국의 경우, 종교적 성향의 한대 유교 이념 및 민간신앙이 종교화된 도교가 사상계의 중심이 되고, 그리고 후한 때 인도에서 전래된 외래 종교인 불교가 중국에 정착하여 세력을 얻던 시기 동안 이성 중심의 유가 철학은 침체기를 걷게 된다. 이러한 침체기 후 철학으로서의 유학 운동이 시작되며, 그것이 송대宋代에 이르러 새로운 면모를 갖추게 된 것이 곧 '성리학性理學'이다.

　성리학은, 당시의 유학에서 한대漢代의 천인감응설天人感應說을 바탕으로 한, 종교적, 계시신학적 성향을 덜어내고 철학적 성격을 더한 이신론理神論적 자연 신학 성향의 철학이다. 성리학은, 북송대北宋代에 그 개조開祖인 주돈이周惇頤를 비롯한 동시대의 소옹邵雍, 장재張載의 우주론적 자연철학에서부터 시작하여, 정호程顥, 정이程頤 형제의 '천天'과 '리理'를 연계한 '천리天理' 개념 중심의 도덕형이상학으로 발전하면서 그 체계를 잡는다. 이 북송의 성리학은, 이후 남송대南宋代의 주희朱熹(즉 주자朱子)에 의해 종합되며, 그 체계적 절정에 이른다. 주희는 특히 정호와 정이 이정二程 형제의 '리기론理氣論'을 받아 들여 '리理'와 '기氣'로 세계와 인간을 해석하였는데, 이는 세계와 인간을 아리스토텔레스의 형상과 질료의 이론으로 설명하는 스콜라철학과 상응하는 이론 구조이다. 따라서 주희는 아리스토텔레스의 이론으로 기독교를 해석한 스콜라철학의 대표자 토마스 아퀴나스와 상응한다고 할 수 있다.

　이렇게 성립된 성리학은, 이후 중국의 중세 사회는 물론 중국 주변의 동아시아 국가의 중세 사회에 지대한 영향을 미쳐, 국가의 통치 이념과 사회 이념의 역할을 하게 되며, 우리나라 조선왕조의 통치이념으로 채택되었음은 말할 것도 없다. 그러나, 이러한 성리학이 시작된 북송 시대는 물론 그 종합적 체계화가 이루어진 남송 시대까지도 당시에는 지배적 사상으로 자리 잡지 못하고 오히려 정치적 탄압을 받는 등의 수난을 겪는다. 본서에서 다루는 북송 오자의 삶에서 그 점을 알 수 있고, 남송의 주희 역시 당대에는 박해를 받는다. 성리학은 그 후 원대元代에 이르러 본격적으로 통치 이념으로 채택되고, 이후 명대明代, 청대淸代까지 계속된다. 사상계에서는 비록 심학心學, 실학實學 등의 새로운 사상 사조가 생겨났지만, 왕조의 통치 이념은 여전히 성리학이었으며, 중국도 우리나라도 왕조시대가 끝날 때까지 국가와 사회를 지배하던 이념은 '성리학'이었다.

3

본서는 이러한 의미를 지니고 있는 '성리학'이 처음 성립되어 토대를 구축한 전반기인 북송 시대의 철학자 다섯 사람, 이른바 '북송오자北宋五子'로 불리어 온, 주돈이, 소옹, 장재, 정호, 정이의 삶과 철학을 다루는 내용으로 구성되었다. 세상에서는 흔히 철학자들의 철학사상을 거론할 때 그 철학사상만을 언급하는 경우가 대부분이다. 그런데, 본서는 한 사람의 철학사상은 그 삶과 밀접한 관련이 있다는 입장에서, 북송의 다섯 철학자들의 삶도 그들의 철학과 거의 대등한 비중으로 안배하여 다루었다. 역사 속 많은 철학자들도 그러한 경우가 많았지만, 이 다섯 철학자들은 특히 그들의 삶과 철학사상이 하나가 되어 있음을 볼 수 있다. 그들의 삶 자체가 그 철학의 실천과정이었던 것이다.

본서 중 1부의 내용인 '북송오자의 삶'은, 세상의 여러 문헌적 자료와 그외 다양한 형태의 자료들을 탐색하여, 그러한 자료들을 토대로 북송의 다섯 철학자들의 삶을 연보 형식으로 재구성한 내용이다. 2부의 내용인 '북송오자의 철학'은, 필자가 오래 전부터 훗날 모아서 책으로 구성하리라 마음 먹고 작성하여 학술지에 개재하였던 논문을 토대로 한 것이다. 이미 발표한 때가 오래 되어 진작에 책으로 출판할 수도 있었는데, 차일피일 미루다 자신도 모르게 세월이 흘러 이제서야 실행하게 되었다. 기존의 내용을 약간 가감한 정도로 수록한 부분도 있고, 부족하다 여겨져 수정 보완하여 새로 쓴 부분도 적지 않게 있다.

원고를 완성하고 보니, 오래 전에 계획한 숙제를 이제야 실천할 수 있게 되어 홀가분하면서, 비록 자신의 글이지만 이전의 글들을 새로 읽어 다듬으며 느낀 감회가 새삼스럽다. 그런데, 다섯 철학자들의 철학을 재검토한 과정과는 다르게, 그들의 삶을 추적하면서 느낀 감정은 또 다른 특별한 경험이었다. 이전에 그들의 철학을, 단지 그 사상 자체에 주로 초점을 맞추다가, 이번에 그들의 삶에 들어가 감정이입하면서 겪은 심정적 경험은 매우 가슴 애잔한 것이었다. 성리학의 철학사적, 사상사적 의의나 후대에 끼친 영향이 어떠하든, 그들 모두 한 철학자로서의 삶과 더불어 한 개인으로서 겪은 삶의 역정이 너무나 순탄치 않았기 때문이다. 그들에 대한 인간적 연민에서 시작하여, 마침내는 각자 한 철학자로서의 바르고 치열한 삶을 산 데 대한, 짙은 감동과 존경심을 불러 일으켜 마지 않은 것에 이르기까지 나 자신의 삶을 돌아보게 만들었다. 이제 이들의 삶과 철학을 다시금 내 마음에 담으면서도, 더불어 세상의 여러 분들과 그 내용을 함께 하려 한다. 끝으로 이 책이 빛을 볼 수 있도록 도움과 배려를 주신 박영사의 여러 분들께 감사드린다.

2022년 10월 청명한 가을날
금정산金井山 기슭에서
저자 정해왕 삼가 씀

차례

1부 북송오자北宋五子의 삶

2부 북송오자北宋五子의 철학

1부
북송오자北宋五子의 삶

1
주돈이周惇頤의 삶

주돈이周惇頤[1]는 1017년에 태어나서 1073년 세상을 떠났다. 그의 또 다른 이름은 주원호周元皓이며, 원래의 이름은 주돈실周敦實이었으나,[2] 후에 송宋 영종英宗의 옛 휘諱를 피하여 '돈이'로 개명하였다고 한다.[3] 그의 자字는 무숙茂叔이며, 세상을 떠난 후 하사된 시호諡號는 '원공元公'이다.

주돈이의 호號는 '염(렴)계濂溪'로서 세칭 '염계선생濂溪先生'인데, 그가 말년에 강서江西의 여(려)산廬山 연화봉蓮花峰 기슭으로 옮겨 살면서 봉우리 앞의 '시내(溪)'에 '염계濂溪'라는 이름을 붙이고, 그 곁에 서당을 열어 학생들을 가르쳤기 때문에 일컬어진 것이다. '염계濂溪'는 원래 주돈이의 고향인 지금의 호남성湖南省 도방령都龐嶺 기슭의 물 이름인데, 주돈이가 그 이름을 따와서 여산廬山 연화봉 기슭의 개울 이름으로 사용한 것이다. 이 개울은 강서성江西省 구강시九江市의 여산 연화봉 기슭에서 발원하여, 서북쪽으로 구강시 용개하龍開河로 흘러 들어가서, 마지막으로는 장강長江으로 흘러 들어간다.

주돈이는 도주道州 영도營道 누전보樓田堡(현재의 호남성湖南省 도현道縣

청당진淸塘鎭 누전촌樓田村)에서 태어났다. 주돈이의 선대는 산동山東의 청주青州에서 살았는데, 당조唐朝의 대종代宗(770년 무렵) 때 호남의 영원寧遠으로 이주하였으며, 주돈이의 증조부 때인 당말唐末 오대五代 시기에 도주의 누전촌으로 이주해 살게 되었다. 주돈이의 조부인 주지강周智强은 공부를 그다지 많이 한 사람은 아니었지만, 교육을 중시하여 자식들이 공부를 열심히 하기를 독려했다. 그래서 그 자식들 중 두 아들이 송대宋代의 진사進士에 합격하였다. 그 중 넷째 아들인 주보성周輔成(일명 주회성周懷成)이 바로 주돈이의 부친이다.

주보성(자字는 맹광孟匡)은 뜻이 맑고 행동이 순수하며, 박학하고 글을 잘 하는 사람이었다. 초기에는 황강黃岡(지금의 호북성湖北省 무한武漢—즉 우한 ─ 동쪽 외곽시인 황강시黃岡市) 현위縣尉(오늘날의 공안국장에 해당)였는데, 송宋 진종眞宗 대중상부大中祥符 8년(1015년)에 진사에 급제하여, 하주賀州 계령桂嶺(지금의 광서성廣西省 하현賀縣) 현령縣令으로 승진하였다. 그는 관리로서 청렴결백하고 성실하였으며, 백성을 위한 행정으로 백성들의 존경을 받았다고 한다. 본래 인품이 고결하고 명리名利에 욕심이 없던 그는 단지 1년 정도 벼슬을 하다가, 송 진종 천희天禧 원년元年(1017년)에 관직을 사임하고 고향으로 돌아가 은거하였는데, 이 해에 마침 주돈이가 태어났다.

주보성은 여섯 형제 중 넷째였다. 맏형 주회식周懷識(자는 맹궁孟矜)은 송 인종仁宗 천성天聖 5년(1027년)에 진사에 급제하여 복건福建 상항上杭의 현령을 지냈다. 그런데 그 외의 형제들은 모두 박학다식하였지만, 올곧은 성품으로 산수山水를 즐기며 벼슬에 뜻을 두지 않았다.

주보성은 처음에 당씨唐氏[4]를 아내로 맞이하여 장남 주려周礪를 낳았지만, 이후 당씨가 병으로 세상을 떠나 정씨鄭氏를 아내로 맞이하였으며, 이가 곧 주돈이의 모친이다. 정씨는 당시 북송北宋의 수도인 개봉開封 사람이었는데, 부친 정찬鄭燦은 사천四川 성도成都에서 벼슬을 하였었다. 정씨의 오빠인 정향鄭向은 용도각학사龍圖閣學士였으며, 도덕이 높고 고금古今에 두루 통하였다. 정씨는 양호한 가정환경에서 자라서, 책도 읽고 예절을 알았으며, 품행이 단아하였다. 은퇴 후의 주보성은 형제들과 산수를 즐기면서, 낚시를 하고 시

4

읊기를 겨루며, 채소와 나무를 가꾸는 일에 기쁨을 느꼈다. 정씨는 거문고를 연주하며 노래하고, 꽃을 그리고 수놓으며, 남편을 도와 자식들을 가르치고, 어른을 공경하며 어린이를 사랑하였다. 이웃과 화목하게 지내며, 주보성과 금슬이 좋았다. 주돈이는 바로 이러한 조화롭고 문학적이며 예술적인 환경에서 교육받으며 성장했다.

송 진종眞宗 천희天禧 원년元年(1017년)(주돈이 1세), 주돈이가 태어난 당시 10살 연상의 이복형(동부이모同父異母의 형) 주려周礪와 5살 위의 누나 주계순周季淳이 있었다. 그 후 4살 아래의 남동생 주돈비周敦賁가 태어났는데, 이들과 우애가 매우 좋았다고 한다.[5]

어린이일 때와 소년 시절의 주돈이는 보통 사람들과는 다른 천성과 범속함을 벗어난 취향을 보였다. 그가 다섯 살 때 고향 마을 다섯 개의 흙더미를 '금金·목木·수水·화火·토土'라는 별무리로 이름 붙인 일화가 알려져 있다. 9월 9일(음력), 중양절重陽節 일명 등고절登高節이었다. 그의 아버지는 그와 그의 형 주려周礪를 데리고 높은 곳에 올라 먼 곳을 바라봤다. 그들은 그 지역 산인 도산道山 정상에 올라 하늘과 땅의 탁 트임, 밝은 햇살 속에 산 아래에 펼쳐진 자연의 모습을 보고 있었다. 주돈이가 갑자기 산기슭 마을 앞 다섯 흙더미를 가리키며, 가서 보자는 말을 하고는 급히 산 아래로 뛰어 내려갔다. 주보성과 주려도 그의 뒤를 따랐다. 주돈이는 산을 뛰어 내려와 마을 어귀 어떤 흙더미 앞에 서서 그것을 가리켰다.

주보성은 어리둥절해져서, 이 흙더미들이 뭐가 그리 보기 좋으냐고 말했다. 주돈이는, 저것은 흙더미가 아니라 '금, 목, 수, 화, 토'의 다섯 별자리이며, 그것들은 서로 연결되고 영향을 주는 오행五行이므로, 우리의 산수가 이처럼 아름답고, 곡식이 이처럼 무성하다고 말하였다. 주보성은 이 작은 아이가 어떻게 이런 기묘한 이치를 말할 수 있는지 깜짝 놀랐다. 그는 아들에게 누가 알려 주었느냐고 물었다. 주돈이는 스스로 생각한 것이라고 했다. 주보성은 "돈아敦兒, 너가 어떻게 이 음양오행을 생각해 내었느냐?"고 하였다. 이에 주돈이는 말하기를, "늘 아버지 서재에서 놀았는데, 아버지 서안書案에는 『주역周易』한 권이 놓여 있어서, 뒤적거리며 놀면서 여러 가지 생각을 하게 되었습니다."라고 하였다. 주보성은 이에 속으로 아들이 평범하지 않은 사람이라는 것을 깨달았다. 이 흙더미를 오늘날에도 '오성퇴五星堆'로 부른다.

주돈이는 여섯 살 때 이런 일도 있었다. 어느 날, 어린 돈이는 형이 서당에서 훈장의 강의를 들을 때 같이 있었다. 훈장은 글을 강해講解하고 있었다. "천지현황天地玄黃, 우주홍황宇宙洪荒, 일월영측日月盈昃, 신수렬장辰宿列張 … 『주역周易』「곤괘坤卦 문언文言』에는 '천현이지황天玄而地黃'이라 하였으니, 유가儒家에서는 하늘은 검고 땅은 누르다고 생각한다. 우주는 광활하고 한없이 넓으며, 태양은 중천에 오른 후 서쪽으로 떨어지고 … ."

이때 어린 돈이가 작은 손을 들며, "저는 모르겠는데요. 선생님은 어떻게 하늘이 검다고 할 수 있습니까?"라고 물었다.

훈장은 이에 손에 든 책을 내려놓고, "당초 반고盤古[6]가 천지를 연 것은 하나의 혼돈混沌 상태여서 하늘이라 할 것도 땅이라 할 것도 없었다. 반고가 천지를 연 후에서야 비로소 태양이 대지를 밝게 비추었으니, '천현지황天玄地黃'은 바로 그때의 광경을 기록한 것이다."라고 설명했다.

주돈이는 머리를 긁적이며, "저는 그래도 모르겠는데요. 하늘이 검어 어두운데 어떻게 땅이 노란색인지 분간할 수 있었습니까?"라고 말했다. 훈장은 이에 말문이 막혀 버렸다.

이상의 두 가지 일로 어린 주돈이는 고향에서 명성이 자자해졌다.

주돈이는 열두세 살 때, 고향의 탁영정濯纓亭에서 책을 읽기도 하며, 때로는 집 앞의 시내 염계濂溪의 가와 대부교大富橋에서 조용히 낚시를 드리웠다. 그런데 그는 항상 잡은 물고기를 다시 물에 놓아 주었다. 다른 사람들이 왜 그렇게 하느냐고 물으니, 그는, 얻고 잃음의 사이는 대도大道이니, 물고기의 즐거움은 물속에 있고, 나의 즐거움은 마음속에 있다고 답하였다. 다른 사람들은 그의 말을 알아듣지 못했지만, 그의 아버지는 그를 이해하였다. 그를 잘 아는 아버지는 늘 그와 함께 낚시질을 했고, 낚은 물고기도 물에 풀어 주었다.

주씨집(周府) 뜰에는 하나의 연못과 거기에 가득한 연꽃이 있었다. 이른 아침이나 저녁 무렵이면, 주돈이의 아버지는 언제나 말없이 연꽃이 핀 연못가에 웅크려 앉아, 묵묵히 연꽃을 바라보곤 했다. 어린 주돈이도 아버지를 따라 연못가에 웅크리고 앉아, 연못물과 그 속에서 즐거이 노니는 작은 물고기, 청순하고 아름다운 연꽃을 바라보기를 좋아하였다.

주보성은 아들에게 물었다. "돈아敦兒, 너는 무엇을 보았느냐?" 주돈이는 말하기를, "저는 물을 보고 물고기를 보고 연꽃을 보았습니다."라고 하였다. 주보성은 묻기를, "그리고 또?" 주돈이 말하기를, "그 연못물은 좀 더러운데도 그곳의 물고기는 자라고 그곳의 연꽃은 피었다가 지고는 합니다." 주보성은 묻기를, "그리고 또?" 주돈이는 더 대답을 못했다. 주보성은 그에게 계속 보고 생각하라고 했다.

날이 가면서 주돈이는 자세히 보고 진지하게 생각해보니, 더 많은 것을 본 것 같았다. 그 연못물은 그렇게 더러운데, 그 연꽃은 왜 그렇게 청순하고 아름다운가? 그는, 아버지가 왜 벼슬을 그만두고 고향으로 돌아오셨는지도, 아버지가 왜 연꽃을 좋아하시는지도 알 것 같았고, 아버지를 이해하게 된 그는 아버지가 연꽃 보기를 좋아하시는 것보다 더 연꽃 보기를 좋아하게 되었다.

인종仁宗 천성天聖 6년(1028년), 주돈이는 12세가 되었다. 이 해에 주돈이의 집안에 연 이은 우환이 닥쳤다. 9월 4일, 한 집안 사람들에게 사랑을 받던, 주돈이를 가장 아끼고 사랑하던, 막 시집가서 다른 사람의 아내가 된 누나 주계순이 아직 열여덟도 채 안 된 꽃다운 나이에 병으로 갑자기 일찍 세상을 떠났다. 가족 모두가 극도로 비통해 하던 차에, 엎친 데 덮친 격으로 두 달이 지난 어느 날, 주돈이의 여덟 살 난 남동생 주돈비가 또 병으로 요절한 것이다. 당연히 온 주씨 집안이 모두 수심에 잠겼고, 주돈이는 짧은 시간 동안 누나와 동생의 죽음으로 인한 크나큰 충격을 받았으며, 생명의 취약함과 운명의 무상함을 뼈저리게 경험했다. 비통한 가운데서 그는 자연, 생명, 법칙과 같은 많은 문제를 생각했다.

인종 천성天聖 7년(1029년), 이 해에 열세 살이 된 주돈이는 부모에게 월암月岩에 가서 독서와 생각에 전념하고 싶다고 허락을 청했다. 어머니는 아들이 걱정되었다. 월암은 깊고 외지며 적막하고 추운 곳인데, 어린 아이를 그런 곳에서 힘들게 공부하게 하고선 어떻게 안심할 수 있겠는가 하는 것이었다. 그런데 주보성은 오히려 아들이 가도록 격려했다. 아버지만큼 아들을 아는 사람이 없다고, 어려서부터 범속함을 벗어난 아들이 속세를 떠나 조용히 생각해야 할 문제가 많다는 것과, 월암의 독특한 지리적 환경은 주돈이의 독서와 사색에 가장 적합하다는 것을 알고 있었다. 그래서 주돈이는 하인 주흥周興을 데리고, 간단한 생활 짐과 많은 책들을 가지고서, 해결되지 않은 많은 문제들을 안고 월암으로 향해 갔다.

월암은 주돈이의 고향 누전촌樓田村에서 십 몇 리쯤 떨어진 곳에 둥글고 우뚝 솟은 군봉群峰 사이에 아련히 감춰져 있는 자연 동굴이었다. 그곳은 산 허리에 세 동굴로 갈라져 동에서 서쪽으로 산을 뚫고 지나면서, 동서의 양 동굴 입구가 솥발처럼 서로 마주보고 있는 곳인데, 각각 달의 모양을 하고 있어서 '월암月岩'이라는 이름이 붙었다.

월암동月岩洞 안은 깎아지른 돌이 벽으로 둘러싸여 있고, 그곳의 암석은 옥처럼 희고 아름답게 반짝였다. 동굴 주위에는 쭉 벋은 대나무가 울창한 모습으로 자라고 있었다. 주돈이는 월암 속 그늘에 대나무를 엮어 아기자기한 집을 만들어, '독서당讀書堂'이라는 이름을 붙였다. 매끄러운 청석판靑石板 하나가 그의 책상이 되었다. 속세의 소란함 없이 화초의 향기가 사방을 가득 메우고, 새들의 지저귐이 귓전을 때때로 가른다. 그는 '독서당'에서 조용히 책을 읽으며 사색했다.

월암은 기묘한 변화 모습을 보였는데, 하나의 동굴에 세 개의 달을 품고,

달 중에 동굴을 품은 신기한 조화造化로 나타나며, 깊은 철리哲理를 내포하고 있었다. 그것은 주돈이를 계발하며, 현묘할 듯 간단할 듯싶은 문제를 생각하게 하였다.

주돈이는 월암에서 많은 책을 읽으며 다양한 종류의 사상과 접촉했다. 선진시대의 제자백가諸子百家에서 한대漢代에 중국에 전래된 인도의 불교佛敎, 중국 고대의 기서인『주역周易』등은 그의 훗날의 우주론 사상을 확립하는 기반이 되었다. 신기한 월암의 '달'은 주돈이의 사상을 일구고, 그가 지혜의 문을 여는 첫 번째 열쇠가 되며, 훗날 그의『태극도설太極圖說』속 사상의 토대를 마련하게 된다.

그런데, 주돈이의 가정에 크나큰 변화가 생겼다. 천성天聖 8년(1030년), 주돈이가 14세가 된 이 해에 그의 부친 주보성이 병으로 세상을 떠나고 만 것이다. 주보성은 임종 때 주돈이의 손을 끌어 부인 정씨鄭氏의 손에 잡고, 그녀에게 재주가 비상한 주돈이를 마음을 다해 잘 키워달라고 신신당부했다. 정씨는 눈물을 글썽이며 고개를 끄덕였다. 주돈이는 머리 위 하늘이 무너지고 발밑의 땅이 꺼지는 것을 느꼈다. 마찬가지로 슬픔에 애를 끊듯 하는 어머니는 부군을 안장하고서, 이듬해 주돈이를 데리고 도성都城에서 벼슬을 하는, 아이의 외삼촌 정향鄭向에게 의탁하러 가게 되었다.

아침 햇살을 받으며 마차가 출발할 시간, 주돈이는 그래도 마당 연못가에 서서 좀처럼 떠나고 싶지 않았다. 어머니와 형이 그를 재촉하며 불러도, 그는 아버지와의 기억에 발걸음을 뗄 수 없었다. 그러다 그는 연못으로 내려가 작은 연꽃 한 포기를 뽑아내어, 그것을 항아리에 잘 담아 물을 붓고는 마차에 정중히 실었다.

주돈이의 집을 떠난 마차 한 대가 도주道州의 연꽃을 싣고, 마음이 산산조각 난 사람들을 태우고, 당시 용도각대학사龍圖閣大學士인 정향의 경성 집으로 달려갔다. 그런데 또 다른 마차 한 대는 주려周礪를 싣고 다른 한 길을 달려 상항上杭의 큰아버지 집으로 달려갔다. 서로 길을 등지고 달리는 마차는 갈수록 멀어지고, 눈물 가득한 주돈이는 형의 실낱같은 그림자조차도 더 이상 바라 볼 수 없고서야 마차의 차양 막을 내렸다. 열다섯 살의 소년은 이렇게 인간 세상 생사의 이별을 한껏 맛보았다.

두 달여의 여정 끝에 주돈이는 마침내 어머니와 함께 외삼촌 정향鄭向의 집에 도착했다. 정향(자字는 공명公明)은 개봉開封 진류陳留 사람이며, 진사갑과進士甲科 출신으로 채주통판蔡州通判, 상서둔전원외랑尙書屯田員外郎, 호주濠州 지주知州, 삼사호부판관三司戶部判官 등을 지냈다. 황제의 일상을 기록하는, 황제의 기거주起居注를 수찬修撰하는 중요한 업무를 책임진 적이 있었고, 이후 양절兩浙(절강浙江 지역을 말하는데, 당시 절강 일대는 동·서 양로兩路로 나뉘어 있었다)의 전운부사轉運副使를 맡아, 윤주潤州(지금의 강소江蘇 진강시鎭江市)의 조하漕河(곡물 운송 수로)를 소통시킨 공을 인정받았다. 마지막으로는 용도각龍圖閣 직학사直學士의 신분으로 항주杭州 지주知州로 재임 중 세상을 떠났다.

정향은 주돈이가 가지고 온 작은 연을 마당 인공산 연못에 심었다. 그는 유명한 스승을 초빙하여 주돈이를 교육시키고, 사람됨, 관리됨, 학문함에 관한 많은 도리를 몸소 가르쳤다. 외삼촌의 지도로 주돈이의 사상은 더욱 넓은 천지로 나아갔다. 그러는 동안에 고향에서 가져온 그 작은 연은 몇 년 안 되어 온 연못을 푸르름으로 가득 채웠다. 한가한 시간이면 주돈이는 언제나 연못가에 쪼그리고 앉아 묵묵히 연꽃을 보면서 고향을 그리워하고, 도산 기슭에 잠들어 있는 가족들을 그리워하며, 연꽃에서 끌어 온 많은 문제를 가만히 생각하기도 했다.

인종 경우景祐 3년(1036년), 주돈이가 20세가 된 해에, 정향은 관직에 따라 관례상 조정의 은음恩蔭을 받아 자제 한 명이 작은 벼슬을 할 수 있도록 허락받았다. 주돈이를 아들처럼 사랑하던 외삼촌은 이 기회를 그에게 주었다. 주돈이는 이에 조정의 장작감將作監(궁실, 종묘, 능침의 공공 토목건축을 담당하는 기구. 겸하여 백공百工을 관장)의 주부主簿가 되었고, 이 해에 병부兵部의 직방랑중職方郎中인 육삼陸參의 딸 육씨陸氏와 혼인했다.

　　인종 경우 4년(1037년), 주돈이는 21세가 되었다. 이 해에, 앞서 말한 대로, 정향鄭向은 양절전운사兩浙轉運使로 전근가게 되어, 주돈이와 그의 어머니도 그를 따라 윤주潤州 단도현丹徒縣(지금의 강소성江蘇省 진강시鎭江市 단도구丹徒區)으로 옮겨갔다. 그러나 1년도 안 되어, 외삼촌과 어머니가 연이어 세상을 떠나고 말았다. 주돈이는 어머니의 유언에 따라, 어머니를 외삼촌 정향이 먼저 묻힌 윤주潤州에 안장했다. 그 후 주돈이는 윤주 학림사鶴林寺에서 상喪을 지켰는데, 그 기간에 범중엄范仲淹(989~1052년, 북송시기의 유명한 정치가, 문학가)을 만난 바 있어, 그의 완미한 인격의 큰 영향을 받게 된다. 그리고 이 기간 동안 주돈이는 더욱 널리 책을 읽었고, 제자백가와 유儒·불佛·도道 사상을 더욱 구체적으로 섭렵했다. 그는 또 몇 군데 사찰의 고승과 도관道觀의 도장道長을 예방禮訪하여, 그들과 교류하며 토론했다.

　　인종 강정康定 원년(1040년), 3년 수상守喪이 끝난 주돈이는 홍주洪州 분녕현分寧縣의 주부主簿로 임명되었다. 24세 때였다. 그는 이때부터 본격적으로 벼슬길에 들어서게 되는데, 처음 벼슬길에 들어서면서 곧 오랫동안 미해결의 상태로 있던 한 소송사건을 판결하였다. 바로 다음의 사건을 말한다.

　　주돈이가 도임하기 3년 전, 왕대우王大牛라는 사람이 자기 집 정원에서 뱀 한 마리를 잡아서는, 정자 가장자리에서 장작불을 피워 끓이고는, 직접 빚은 고구마술 한 주전자를 떠서 이웃 왕소이王小二를 불러 정자에서 술을 마시며 뱀고기를 먹었다. 그런데 왕대우가 무슨 까닭인지 돌탁자에서 죽었고, 그와 함께 술을 마시고 뱀고기를 먹은 왕소이는 무사했다. 이에 왕대우의 가족은 왕소이가 독을 넣어 살해했다고 그를 고소했다. 왕소이는 여러 가지로 심문을 받고, 심지어 모진 고문까지 받았으나, 끝내 자신의 죄라고 인정하지 않고, 줄곧 억울함을 호소하였다. 현아縣衙에서도 왕소이의 살인 증거를 제시하지 못했고, 왕소이도 자신의 무고함을 증명할 방법이 없었다. 사건은 이렇게

3년을 끌면서 미결 상태로 있었다.

주돈이가 갓 왔을 때, 진陳씨 성의 지현知縣은 이 사건을 그에게 떠넘겼다. 주돈이는 불평 없이 하루도 쉬지 않고 곧바로 주통周通(고향의 하인 주흥周興의 아들)과 현아에서 그에게 배속시킨 조력자들을 대동하고 현장 조사와 사건 해결에 몰두하였다.

그는 먼저 사건 당시의 현아 사람들로부터 상황을 파악한 뒤, 사자死者의 마을인 소왕촌小王村을 찾아 마을 주민들로부터 상황을 알아보고, 원고와 피고 집으로 들어가 두 집안의 평소 상황과 사건 당시 상황을 자세히 물었다. 또 고인의 집 뒤뜰 정자에 들러 모든 곳을 샅샅이 훑었다. 보름간의 현장 조사 및 그의 남다른 생각을 통해 그는 마침내 이 사건을 해결했다. 주돈이는, 왕소이는 살해범이 아니며, 독을 넣지도 않았다고 단정했다. 그가 이 결과를 진 지현에게 보고했을 때, 지현은 전혀 믿지 않고서, "이 사건이 3년이 넘도록 미해결로 있었는데, 그대는 겨우 15일 동안 조사하고서, 어떻게 용의자가 독을 넣어 살인하지 않았다고 단정할 수 있나?"라고 하였다.

진 지현은, 사실 이 해묵은 사건을 주돈이에게 떠넘겼으나, 그가 밝혀낼 수 있으리라고는 기대하지 않았다. 다만 젊은이에 대한 하나의 훈계로서, 또 처음 부임한 자에 대한 길들이기를 하려는 것이었을 뿐이었다. 그러나 주돈이는 오히려 진 지현에게, 죽은 자는 왕소이의 독약 투입에 의한 것이 아니고 진범은 따로 있다는 확증이 있다며, 다음 날 사건 현장에 가서 당시 상황의 재현을 보기를 요청했다.

다음날 왕대우네 집 정원에는 마을 사람들이 가득 모였다.

주돈이는 "원고와 피고를 데리고 나오라."고 명령하였다.

피고인은 여느 때와 마찬가지로 "대인, 억울합니다!"라며 호소했다.

원고는 고인의 동생으로서, 여느 때처럼 죽은 형의 원수를 갚아 달라고 요청하였다.

주돈이는 원고에게 사건의 상세한 경위를 모인 사람들에게 설명하라고 명하였고, 원고는 그가 지난 3년 동안 무수히 말한 사건의 경과를 다시금 진술했다.

주돈이는 검시관을 불러 당시 현장에 대한 자세한 진술을 요청했다.

검시관은, 죽은 사람이 일곱 구멍에서 피를 흘리며 돌탁자에서 죽어 있었고, 탁자 위에는 땅콩 한 접시, 콩 한 그릇, 삶은 뱀고기, 자기瓷器 밥그릇 두 개가 놓여 있었고, 옆의 주전자에는 아직 술이 반쯤 남아 있었으며, 검안 결과, 죽은 사람은 중독돼 죽었고, 그 얼굴 앞에 있는 그릇의 남은 술에는 독이 있었으며, 다른 그릇의 잔류물에는 독이 없었고, 뱀고기와 탁자 위의 다른 술 안주에도 독이 없었다고 진술하였다.

주돈이는 이어 다 함께 3년 전의 상황을 재현하자고 하며, 사발과 안주를 당사자들이 진술한 상황대로 하나하나 배열하고, 사람을 시켜 미리 준비해 둔 뱀고기 한 그릇을 검시관이 말한 위치에 놓았다. 그리고는 주돈이는 고개를 들어 뱀고기 위쪽 정자 처마를 바라보았다. 사람들은 영문도 모르고 따라서 보았다.

갑자기 사람들이 비명을 질렀다.

아주 큰 검붉은 지네 한 마리가 정자의 썩은 처마 틈 사이로 천천히 고개를 내밀고 길게 늘어뜨린 독을 토해내고 있었으며, 그 독액은 아래쪽의 술그릇에 방울방울 떨어졌다. 주돈이는 사람을 시켜 그 술그릇의 술을 한 마리 흰 토끼 입에 부어넣자, 흰 토끼는 잠시 몸부림치다가 그 자리에서 죽었다.

주돈이는 모두에게, 사건의 경위가 이러했으며 왕대우를 독살한 진범은 바로 저 큰 지네라고 말했다.

피고인은 무죄로 석방되었고, 그는 땅바닥에 연신 머리를 조아리며, "은인이시여!"라고 말하였다.

마을 사람들은 "정말 명판관이다!"라며 환호했다.

몇몇 노인들은 탄복하여 엄지손가락을 치켜세우며, "판결이 신과 같으니, 나이 많은 관리가 그만 못하다!"라고 말했다.

진 지현은 주돈이에게 왜 지네가 왕대우를 독살했다고 생각했는지 물었다. 주돈이는 진 지현에게 사건 해결의 경위를 말했다. 세상의 만사만물이 모두 상생상극이 있고, 인과도 있다. 왕소이와 왕대우의 집안은 대대로 친하게 지냈고, 평소 양가는 아무런 갈등도 없었으며, 사람을 죽일 동기와 이유가 없었다. 게다가 현장에는 그와 피해자뿐이었으며, 왕대우가 죽으면 모두가 그의 소행이라고 의심할 상황이니, 사람을 죽인 자가 일부러 사람들이 알 수 있도록 하는 그런 미련한 범인은 없다. 이래서 왕소이가 사람을 독살했을 가능성을 근본적으로 배제한 것이라고 했다.

주돈이는 이렇게 자신의 총명과 추리에 의거해, 3년 동안이나 미스터리 했던 이 사건을 해결하게 되어 유명해졌다.

인종 경력慶曆 4년(1044년), 주돈이가 28세가 된 이 해에 이부吏部에서 분녕分寧으로 와서 심사를 한 결과, 주돈이는 광범한 호평을 받아, 그의 벼슬길의 첫 영전으로 남안군사리참군南安軍司理參軍(남안南安: 지금의 강서성江西省 대여현大餘縣 남안진南安鎮)으로 승진하였다.

당시 주돈이의 직속상관인 전운사轉運使 왕규王逵는, 성품이 도도하고 독선적이지만 충직하고 강직하기도 한 사람으로서, 아랫사람들에게 상당히 엄격했다. 왕규는 주돈이와 얼마동안 함께 일한 어느 때 그에게 명하여 사형수 유실맹劉實猛을 참수하게 하였다. 살인범 유실맹의 사건은 왕규가 여러 차례 심리를 거쳐 대리사大理寺와 형부刑部에 보고하여 심사를 거쳐 승인된 것으로서, 사실상 주돈이는 사형명령을 집행만 하면 되는 것이었다.

그러나 주돈이는 생명에 대한 존중과 업무에 대한 책임에 따라, 사건 관련 모든 문건을 취합하여 꼼꼼하게 조사하였고, 또 현장을 두루 돌아다니며 조사하였는데, 뜻밖에도 이미 정해져 있던 이 살인사건은 발생 원인이 있었고, 사실과 매우 동떨어져 있음을 알게 되었다. 죄수 유실맹은 법률에 따르면 근본적으로 사형선고를 받아서는 안 되는 것이면서, 죽은 자는 부호의 자제이자 벼슬아치의 친척으로서, 줄곧 비행을 일삼고 다른 사람의 아내와 딸을 겁탈하는 자였다. 사건의 전말은 이러했다.

범인 유실맹은 비록 가정 상황이 빈한貧寒하였지만, 그의 아내는 부드럽고 아름다우며, 아들은 총명하였다. 그리고, 칠순이 넘은 자애로운 부모를 둔 행복한 가정을 가지고 있었다. 그는 사시사철 봇짐을 메고 골목길을 돌아다니며 푼돈을 벌어 가족을 부양했고, 아내 장씨張氏는 집 앞에 작은 노점을 차려, 일상용품과 자신이 수를 놓은 손 공예품을 팔아 살림에 보탰다.

그날 유실맹의 아내는 노점 앞에 앉아 있었고, 네 살 난 아들은 한쪽에 쪼그리고 앉아 놀고 있었다. 유실맹이 여느 때처럼 봇짐을 짊어지고 나갔고, 아내와 아들은 "일찍 오세요!"라고 인사했다. 유실맹은 아들에게 "착하지. 엄마와 할아버지, 할머니 말씀 잘 들어라."고 말했다. 유실맹은 봇짐을 짊어지고 아내의 따스한 눈빛에서 점점 멀어졌지만, 악과 재앙이 그의 집을 향해 한 걸음씩 다가오는 줄 몰랐다.

얼마 후 문제의 사건 당사자인 진천명陳天明이라는 사람이 한 패거리의 하인들을 거느리고 잡화 가게 앞에 왔다. 유씨 아내는 사실 진천명을 오래 전부터 알고 있었고, 그의 희롱을 여러 차례 당했다. 그녀가 그들을 보고 돌아서서 집 안으로 피하려 하자, 진천명은 손짓하며 "물건 사겠네!"라고 소리쳤다. 유씨 아내는 매우 겁이 나서 고개를 숙이고, 도련님 무엇을 사시겠느냐고 물었다. 진천명은 나무빗 하나를 들어 유씨 아내의 턱을 받쳤다. 그는 곱상한 얼굴, 수줍고 아름다운 눈의 이 여인을 줄곧 탐해 왔다. 그러나 온갖 수단을 다 써도 손에 넣을 수 없었다. 오늘 그는 어떻게 해서든 이 여자를 손에 넣기로 결심했다. 유씨 아내는 겁에 질려 진천명의 손을 벗어나며 "도련님 좀 점잖게 구세요!"라고 말했다.

진천명은 거드름을 피우며 비단 손수건 하나를 집어 들며, "괜찮군. 하지만 이 도련님이 좋아할 수 있는 모양은 아니네."라고 말했다. 그는 하인들에게 입짓을 하며, "이 여자에게 직접 집안에 들어가서 이 도련님에게 수를 놓아 주게 해라."고 하였다.

하인들이 우르르 달려가 유씨 아내를 끌고 갔다. 유씨 아내는 악착같이 저항하며 자신을 추행하는 진천명의 손을 힘껏 한 차례 깨물었다. 진천명은 부끄러움이 분노로 변해 하인들에게 명령하여 유씨 아내를 끌고 갔다. 유씨

15

아내가 살려달라고 크게 소리치자, 소리를 듣고 나온 유씨의 모친은 며느리를 보호하러 왔다가, 진천명의 발에 걸어차여 혼절하여 땅에 쓰러졌다. 이웃집에서 소리를 듣고 나와서 보니 진천명이라, 황급히 집으로 도망쳐 들어가면서, 처절하게 울부짖는 유씨 아내가 끌려 멀어져 가는 모습을 동정하며 바라보았다.

마침 유실맹이 뭔가 불안한 마음이 들어, 황급히 집으로 돌아오는 길에 진천명과 골목길에서 마주쳤는데, 그때 자신의 아내가 진천명에게 모욕을 당하는 것을 보고는, 화가 치밀어 올라 봇짐을 팽개치고 곧장 진천명을 향해 돌진했다. 진천명은 부딪쳐 쓰러지면서 튀어나온 돌멩이에 머리를 부딪쳐 즉사했다. 이런 치욕을 겪던 유씨 아내도 그 자리에서 벽을 들이받고 죽었다.

주돈이는 현장을 찾아다니며 조사한 상황에 근거하여, '유실맹 살인 사건 질의'와 재심요구서를 써서 왕규에게 상신하여, 형부刑部에 보고할 것과, 형의 집행을 잠시 늦추고 사건을 재조사하고, 그 사건을 재심할 것을 그에게 요구하였다.

왕규는 새로 온 사리참군司里參軍이 이렇게 자신의 생각대로 대담하게 함부로 행동할 줄 몰랐다. 그는 어두운 얼굴로 질의서를 내던지고 화내면서 "유실맹이 대낮에 진부陳府의 도령을 죽인 게 사실인데 뭘 또 알아볼 게 있느냐. 사람을 죽이면 목숨으로 보상하는 것은 예로부터 다 그러하고, 지금 형부의 승인도 있다. 주 참군, 너는 상사上司도 안중에 없고, 법률도 무시한 채 자신의 고집대로 하는가?"라고 말하였다.

주돈이는, 사건에 의혹이 있는데, 조정의 관리인 우리가 그것을 철저히 조사하여 밝혀야 하는 것은 바로 법의 존엄을 더 잘 지키기 위함이라고 말하였다.

왕규는 더욱 화가 나서, "주돈이 너 혼자만 훌륭하고 깨끗한 관리이고, 다른 사람들은 모두 머저리 밥통인 줄 아느냐? 내일 오시午時 삼각三刻에 범인 유씨를 참수하라! 모든 책임은 내가 질 것이니 너는 명령만 집행하면 된다."고 하였다.

주돈이는 여전히 사리를 따지면서, "왕 대인, 제가 여러 모로 직접 조사한 결과, 유실맹이 의도적으로 진천명을 죽인 것이 아니라, 진부의 도령이 백주 대낮에 유씨 처를 모욕하였으므로, 유실맹이 분노하여 진천명을 쳐서 넘어뜨려, 그의 머리가 돌에 부딪혀 죽게 된 것입니다."라고 말하였다.

이에 왕규는 또 말하기를, "주 참군, 네 말이 일리가 있을지도 모른다. 그러나 범인이 사람을 죽인 것은 사실이고, 사람을 죽이면 목숨으로 갚아야 한다. 우리에게는 죄인의 진술이 있고, 형부의 승인도 있는데, 왜 그렇게 많은 것을 고려할 필요가 있는가? 게다가 진부의 세력이 강대하고 조정에서 벼슬을 하는 친척도 있어 우리가 미움을 사지 못하겠고, 진 나리는 아들을 위한 복수심에 불타고 또 거듭 재촉하니 … "라고 하였다.

주돈이는 왕규의 말을 끊고, "왕자王子가 법을 범해도 서민과 같이 죄를 묻습니다. 우리는 조정에서 임명된 관리로서 나라의 녹봉을 먹으면서, 한편으로는 부모처자를 입히고 먹이는데, 어찌 법의 존엄을 무시하고 진실을 외면하며, 백성이 죽든 살든 왕법을 빙자해 권력자와 부자로부터 총애를 받기만을 바라겠습니까?"라고 하였다.

왕규는 화가 나서 온 얼굴이 벌겋게 달아올랐다. "너 … "

주돈이는 단호하게 말했다. "왕대인, 저는 결코 마음에 어긋나는 일을 하지 않고, 절대 사람을 죽이는 것으로 다른 사람에게 아첨하지 않습니다! 차라리 벼슬을 그만두고 고향에 돌아가더라도 사형집행을 하지 않겠습니다!"

왕규는 화가 치밀어 손을 떨며 주돈이를 가리키면서, "좋다! 주돈이, 그러던지! 설마 네가 빠진다고 공무를 수행하지 않게 되겠는가? 내일 오시 삼각에 내가 직접 형장에 가서 죄수 유실맹을 참수하마!"라고 말했다.

주돈이는 당당하게 "왕대인, 만일 감히 유실맹을 참수하신다면, 저는 이부吏部와 형부刑部에 가서 대인에 대해 고하겠소. 백성을 위해 공도公道를 되찾지 않으시면, 맹세코 가만있지 않겠습니다!"라고 말했다.

주돈이는 분격해서 집으로 달려가 사직서를 써서 고신告身(임명장)과 함께 왕규에게 제출하였다. 왕규는 주돈이의 사직서와 고신을 받고 나니 마음에 깊이 와 닿는 바가 있었다. 그는 할 수 없이 주돈이의 '유실맹 살인사건 질의'와 재심을 요구하는 이유를 읽고서는, 냉정하고 진지하게 생각하며 자신의 행동을 반성하기 시작했고, 자신의 사건처리와 죄수에 대한 판결을 법률과 대조하며 확인해 보니, 과연 잘못된 점이 있음을 발견했다. 그는 사람을 시켜 주돈이를 불러오게 하고는, 주돈이에게 자신의 과오를 인정하고, 사직서와 고신을 회수하도록 했다. 그리고 재판의 재심을 요구하는 사유를 즉시 조정에 보고하도록 했다. 이후 조정은 이 사건의 재심에 동의하고, 실정을 참작하여 재심을 진행했다.

이 일로 왕규는 자신을 돌아보았다. 자신 성품의 급하고 고집스러움 때문에 지난날 자신의 행동에 이런저런 결점과 잘못이 없다고 할 수는 없음에도, 주변에는 아무도 감히 간언하여 질책하는 사람이 없었는데, 처음 온 젊은 주돈이는 오히려 하극상을 감수하면서도 조금도 주저함이 없이 상사의 잘못을 질책하고 법률의 존엄성을 지키니, 이 얼마나 기특한 일인가! 감회에 겨운 왕규는 천거장을 써서 조정에 주돈이를 천거했다. 이때부터 왕규는 주돈이와 함께 어울릴 뿐만 아니라 망년지교忘年之交가 되었다.

경력 6년(1046년)(주돈이 30세)에, 왕규의 천거로 주돈이는 형호남로荊湖南路 침주군郴州郡 침주현郴州縣의 현령縣令을 맡아 이후 4년 동안 이어지게 되었다. 그때의 가장 두드러진 그의 치적은 전부터 있던 현학縣學을 이용하여 교육을 일으키고 학교를 세운 것이었다. 침현郴縣에 오자마자, 주돈이는 공무의 여가에 강학講學하였다. 이에 따라 주돈이의 덕행, 학문 그리고 교육에 관한 일이 남안南安에서 알려지기 시작하였다.

당시 침주의 수령守令 이초평李初平은 비록 주돈이의 상사였지만, 벼슬이 높다는 이유로 주돈이를 깔보는 일이 없었으며, 그는 주돈이가 교육과 학교를 일으키는 것을 보고, 자신 또한 무관武官 출신으로 문화소양이 별로 없었으므로, 주돈이에게 배우겠다고 제안하여 그의 스승이 돼달라고 하였다. 이 일은 주돈이를 감동시켰다. 왜냐하면 당시는 관官 본위 시대여서, 부하에게 몸을 굽혀서 마음을 비워 가르침을 구할 수 있는 상관은 드물었기 때문이다.

주돈이는 말하기를, "대인, 너무 좋은 생각입니다. 단지 조금 늦었을 뿐입니다. 그런데 이제 대인은 연로하시니, 이렇게 군현 학생들과 함께 배우면 안됩니다. 대인께서는 아무래도 저의 집에 오셔서 함께 살면서 제가 천천히 강의해 드리겠습니다."라고 하였다. 이렇게 해서 이초평은 주돈이의 학생이 되어, 주돈이의 집에 자주 찾아가 그에게 문제에 대한 가르침을 청하기도 하고, 때로는 그의 집에 머물기도 했다.

이초평의 선도로 인해 침현의 교육은 더욱 열기가 올랐고, 지역사회의 분위기도 개선되었다. 2년 후 이초평은 세상을 떠났다. 이초평은 주돈이의 첫 번째 입실入室 제자로서, 비록 그가 학문을 이루지는 못했지만, 사회와 민중에게 모범이 되어, 주돈이의 교육 이상을 크게 고무시켜 주었다. 주돈이는 이초평이 자신을 알아준 은혜에 감격해, 이초평이 세상을 떠난 후에 그의 뒷일 처리를 도와주고, 그의 어린 아이를 돌보아 교육시켜 주었다.

또 당시 대리사승大理寺丞 정향程珦이 건주虔州 흥국현興國縣에서 현령縣令으로 일하면서 주돈이에 대한 많은 소문을 들었다. 이 해 어느 날, 그는 일부러 주돈이를 찾아 방문하러 왔다. 한 번 이야기를 나누다 보니, 과연 주돈이의 덕행이 고원하고 학식이 뛰어남을 느끼고 그와 친구가 되려고 했다. 그 후 그는 두 아들 정호程顥, 정이程頤를 데려와 주돈이를 스승으로 모시라고 했다.

주돈이는 이 두 소년을 진심으로 좋아하게 되어 정향의 정중한 부탁을 수락했다. 이때부터 그는 낮에는 공무로 바빴고, 밤에는 정호, 정이에게 강의하며 글을 바로 잡아 주었다. 주돈이는 "공자는 15세에 배움에 뜻을 두었다(孔子十有五志于學)"[7]는 것을 생각했는데, 정호, 정이도 마침 열네다섯의 나이이니, 먼저 그 아이들이 원대한 이상과 목표를 세우도록 인도하려 했다. 주돈이는 정호와 정이에게 공자孔子와 안회顏回의 모범을 가르쳐 주었다. 왜냐하면 이 두 성현은 평생 자신을 수양하고 진리를 구하고, 청빈하면서도 그것을 즐거워하며, 거룩하면서도 고상한 삶을 살았기 때문이다. 이정二程은 훗날 그들의 작품에서 "과거 주무숙周茂叔에게서 배움을 받았는데, 공자와 안회가 즐거워한 것이 무엇이었는지 찾도록 하셨다."고 회상했다.

　이정과 주돈이의 사제 인연은 사실상 1년도 채 되지 않은 짧은 시간이었다. 왜냐하면 이 해 겨울, 주돈이는 남안을 떠났고, 정호와 정이는 아버지가 있는 곳으로 돌아갔기 때문이다. 그러나 1년이라는 짧은 시간 동안에도 스승과 제자의 인연으로, 주돈이는 이정에게 평생의 지혜의 문을 열어 주었고, 그들에게 일세一世의 귀감이 되었다.

　인종 황우皇祐 2년(1050년), 34세가 된 주돈이는 침현에서 4년간 일하다가, 침주郴州의 계양령桂陽令으로 개임改任되어 계속 교육을 일으키고 학교를 열었다. 그 후 주돈이는 대리사승大理寺丞이라는 중앙 관청 관리의 직함을 받았으며, 인종 지화至和 원년元年(1054년)(38세)에 지홍주남창현知洪州南昌縣(남창현은 지금의 강서江西 남창南昌)에 제수되었다. 남창南昌과 분녕分寧은 모두 홍주洪州의 속현으로서 두 현이 서로 인접해 있었다. 주돈이는 남창에 와서 지현知縣8)을 맡았는데, 그 지역 부로父老들이 10년 전 분녕 미제 사건 해결의 소문을 서로 알려주니, 사람들은 이번에는 우리가 의지하고 희망을 가지게 되었다며, "우리가 소송할 데를 얻었다."고 하였다. 그러나 대부호는 자제들에게 경고하여 말하기를 "모두 조심해라. 이 자는 독하니 제발 말썽을 일으키지 마라. 그 자는 속일 수 없는 자이다."라고 하였다. 주돈이가 남창현 지현으로 있는 동안, 그곳은 사회 풍토가 크게 변해, 길에 흘려진 물건도 줍지 않고, 밤에 문도 안 닫을 정도였다고 한다.

　주돈이는 남창에 있는 동안, 한 번 갑자기 이상한 병에 걸려 온종일 기절해서 모두들 그가 죽은 것으로 착각했다. 그로 인해 주돈이의 친한 친구 반흥사潘興嗣(약 1023~1100년, 자는 연지延之, 남창南昌 신건新建 사람. 북송의 문학가.)가 뒷일을 도우러 왔는데, 그의 집에는 깨진 상자 하나뿐이고, 그 속에 헌 옷 몇 벌만 들어 있을 뿐이었다. 그 자리의 모든 사람들은 그의 청렴함에 감동하며 눈물을 흘렸다. 당시 한 나이 많은 의원의 치료로 주돈이는 소생하였다. 그는 주돈이를 진맥하고는, 아무리 생각해도 그 이유를 알 수 없었는데,

20

주돈이의 병은 심각한 영양실조로 인한 것이었기 때문이다. 주돈이의 동료들이 그 의원에게 주 지현은 평소 자신의 녹봉 대부분을 학교 설립과 빈민 구제를 위해 쓰고, 자신은 늘 묽은 죽과 짠지를 먹으며 살아가고 있다고 알려 주었다.

인종 가우嘉祐 원년(1056년)에, 40세의 주돈이는 태자중사太子中舍, 첨서서합주판관簽書署合州判官으로 자리를 옮겨, 이때부터 현급 행정단위를 벗어나 주州 단위의 일급 정부기관에 들어가게 되었다. 그가 합주에서 일하고서 또 4년이 되었을 때, 그의 근정勤政과 청렴으로 인해, 마침 몇몇 사람들의 부정부패와 태만도 나타났는데, 그들은 주돈이를 매우 질투하였다. 그 사이에 어떤 사람이 주돈이의 상사 전운사轉運使 조변趙抃(1008~1084년, 자는 열도閱道, 호는 지비자知非子, 구주衢州 서안西安 – 지금의 절강성浙江省 구주시衢州市 가성구柯城區 – 사람. 북송 시기의 명신名臣.)에게 참언을 하여, 주돈이란 사람은 매우 나쁜 사람이며, 무슨 교육을 하고 학교를 설립하고 하는 것은 사사로운 일을 도모하며, 무리를 짓고 명예를 낚는 것이라고 말하였다.

조변은 당시 '철면어사鐵面御史'[9]로 일컬어졌는데, 줄곧 원수처럼 악을 미워해 왔고, 군자와 친하고 소인을 멀리했다. 조변은 참언을 믿고 주돈이를 소인으로 대했는데, 주돈이를 만날 때마다 표정이 매우 엄해 주돈이에게 좋은 얼굴빛으로 대한 적이 없었다. 주돈이는 조변의 태도에도 태연히 처신하면서, 스스로 아부함으로써 관계를 풀려고 하지도 않고, 힘써 변명하려고도 하지 않았다. 주돈이가 상사의 멸시를 태연하게 대할 수 있었던 것은, 그 사람됨과 처신의 태도가 공자의 말대로 "남이 알아주지 않아도 화내지 않으니, 또한 군자가 아닌가(人不知而不慍, 不亦君子乎)!"라는 것이었다.

그런데, 주돈이의 가정에 갑자기 변고가 일어났다. 그는 그 동안 공무와 공부 및 교육에 전념하였기 때문에, 불혹의 나이를 지나서야 아내를 데려와 같이 살게 되어, 1년 후에 장남 주수周壽를 낳았지만, 불행히도 아들이 채 한 살도 되지 않아 아내 육씨陸氏가 병사하였다. 주돈이는 아내의 죽음으로 슬픔을 금할 수 없는 상황에, 한편에는 먹이를 애타게 기다리는 갓난 아이, 다른 한편에는 천만 갈래의 일로, 돌연 막막함과 고통에 빠졌다.

그 후, 인종 가우嘉祐 4년(1059년), 주돈이 43세의 해에, 태상승太常丞 포종맹蒲宗孟이 합주合州에서 지나가다가 3일 동안 주돈이와 이야기를 나누면서, 주돈이의 숭고정대하고 활달쇄락함에 의기투합하여, 세상에 이런 대단한 사람이 있구나라고 생각했다. 이에 이듬해 자신의 여동생을 주돈이와 결혼시켰다. 아내 포씨浦氏도 학식이 있고 예의를 아는, 가정교육이 잘된 여자였는데, 이때부터 남편을 도와 함께 청빈한 생활을 하였다. 그리고 3년 뒤 아들 주도周燾를 낳았다.

이듬해인 가우 5년(1060년) 6월, 44세가 된 주돈이는 합주合州(지금의 중경重慶 합천合川)에서 해임되어 귀경했는데, 마침 귀경 보고하러 온 왕안석王安石(1021~1086년, 자字는 개보介甫, 호號는 반산半山. 무주撫州 임천臨川ㅡ지금의 강서성江西省 무주시撫州市ㅡ 사람.)[10]을 만났다. 그들은 오랫동안 서로 경모하였었는데, 경성에서 어느 풍청風淸하고 월명月明한 밤에 주돈이는 왕안석의 초청을 받아 그를 방문하였다.

왕안석은 네 살 연상의 주돈이에게 존경심을 갖고, 늦게 만났음을 오히려 아쉬워했다. 주돈이가 떠나자, 그는 잠도 밥도 잊은 채 오랫동안 되새기고 감개무량해 했다. 그들의 이번 모임과 대화로 양측 모두는 상대방으로부터 새로운 사상의 깨달음을 얻었다.

가우 6년(1061년) 3월, 45세의 주돈이는 건주虔州(지금의 강서江西 감주贛州) 통판通判으로 전임되었다. 송대의 통판은 지주知州에 버금가는 요직으로 권력이 아주 셌었다. 통판은 한 주州의 부장관副長官이다. 주의 일은 위로 보고하든 아래로 문서를 하달하든, 반드시 지주와 통판이 함께 서명을 해야 효력이 발생하였다. 또 통판에게 부여된 하나의 특수한 감독 직능이 있었는데, 통판이 주 관원의 치적이나 잘못에 대해 지주를 우회하여 직접 조정에 보고할 수 있도록 한 것이 그것이다.

주돈이는 이부吏部의 임명 통지를 받고는 가족을 데리고 부임길에 올랐을 때, 그의 절친한 친구인 반흥사潘興嗣가, 그가 건주의 통판으로 부임하기 위해 강주江州를 지나리라는 것을 알고서 미리 강주로 달려가 기다렸다. 역관驛館에서 주돈이를 만난 반흥사는 여산廬山에서 함께 노닐자고 청하였고, 이에 그들은 여산의 아름답고 독특한 풍경을 만끽했다. 고령牯嶺과 오로봉五老峰을 오르고, 삼첩천三疊泉을 가보고, 선인동仙人洞을 관람하고, 대천지大天池를 유람하고, 용수애龍首崖에 오르고, 향로산香爐山을 바라본 후에, 연화봉蓮花峰 아래에 이르렀다. 꽃과 나무가 기대어 자라고, 방초芳草가 울창한 어느 평평한 땅 위에서 주돈이는 발걸음을 멈추었다. 그의 고향 누전보樓田堡와 참으로 닮았다고 여겼다.

주돈이는 열다섯 살의 소년으로서 고향을 떠날 때 도주의 고향에 있던 작은 연꽃 하나를 가지고 갔었다. 이 연꽃을 외삼촌 집의 연못에 심어, 푸르게 울창해져 꽃이 피고 열매를 맺게 되었다. 그 후로 주돈이에게는 가는 곳마다 늘 집 근처에 연못을 파고 연꽃을 심는 습관이 생기게 되었다. 한가한 시간 동안 피곤하고 지칠 때, 연꽃을 감상하면서 성정을 도야하고 사색하며, 고향과 가족을 그리워하였다. 그런데 오늘, 이 연화봉 아래에서 뜻밖에도 고향으로, 가족에게로 돌아가는 느낌을 가졌다. 그때 소를 몰고 한 노인이 지나가고 있었다. 주돈이가 "어르신, 이 작은 개울의 이름은 무엇입니까?"하고 물으니, 그 노인이 "벽촌의 황량한 들에 있는 작디작은 개울에 무슨 이름이 있단 말이오!"라고 하여, 주돈이는 "아니, 이름이 있어요. 이제 '염계濂溪'라고 합니다."라고 하였다.

아쉬운 마음으로 친구와도 여산과도 작별하고서 주돈이는 건주로 왔다. 예전처럼 거처 옆에 넓이 10장丈의 연못을 파서 연을 심고서, 그는 연못의 이름을 '애련지愛蓮池'라 지었다.

철면어사 조변도 이때 마침 건주에서 지주를 하고 있었다. 예전에 참언을 믿고 주돈이를 매우 잘못 본 조변은 석양이 붉게 물든 어느 해질녘에 주돈이와 '애련지' 옆에서 우연히 마주쳤다. 저녁의 바람 가운데 석양빛 아래에 고요

23

히 서서 연꽃을 담담히 바라보며 범속을 초탈한 듯 평온하고 침착한 주돈이의 모습을 본 조변은 그에게서 경박하게 세속에서 명예와 이익을 좇는 그림자를 조금도 찾아볼 수 없었으며, 위선적인 소인의 가식적인 흔적을 조금도 찾아볼 수 없었다. 그는 문득 이전에 도청도설道聽塗說의 소문에 눈이 가려 군자를 소인으로 잘못 본 것이 아닌가 하는 생각이 들었다.

과연 주돈이와의 한동안의 만남을 통해 조변의 주돈이에 대한 생각이 송두리째 바뀌게 되어, 그는 부끄러운 마음으로 주돈이를 향해, "나는 이전 다른 사람의 말을 믿었기 때문에, 하마터면 그대와 같은 군자를 잃을 뻔했네. 이제서야 진정한 주무숙은 어떤 사람인지 알게 되었네."라고 하였다. 두 군자는 서로 마음이 맞아 서로를 알아주며 이때부터 순수한 우정을 유지하였다. 그들은 공무의 여가에 함께 강학을 하고, 산수를 즐기며, 시詩를 읊고 부賦를 지으며, 주돈이가 좋아하는 연못 앞에 함께 앉아 꽃이 피고 지는 것을 보고, 구름이 모였다 흩어지는 모습을 바라보며, 세상사와 인생을 깨달았다.

건주의 후손들은 훗날 조변과 주돈이를 기리기 위해 그들이 강학하던 청허관淸虛觀 옆에 서원書院을 새로 지어 '청렴서원淸濂書院'이라는 이름을 붙였다. 조변의 사후 시호인 '청헌淸獻'과 주돈이의 호인 '렴계廉溪'에서 한 자씩 따온 것이다. 이것이 바로 건주 염계서원의 전신이다.

조변은 주돈이를 나라에서 쉽게 볼 수 없는 인재로 여기며 여러 차례 조정에 주돈이를 추천했고, 주돈이의 행적을 동료 친구들에게 알리기도 했다. 이후 주돈이가 광남동로전운판관廣南東路轉運判官, 제점광남동로형옥提點廣南東路刑獄으로 승진한 것은 그가 적극 추천한 결과이다.

조변의 조정으로의 복귀 후 건주虔州의 주장州長이 공석이 되자, 주돈이는 통판通判의 직급으로 주 전체의 정무를 주관하라는 명령을 받아, 어깨가 무거워졌고 더욱 바빠졌다. 그래서 그는 더 이상 산에 오르고 물에 임해 문붕시우文朋詩友들과 창화唱和할 시간이 많지 않게 되었다. 그런데 주돈이가 건주를 대신 맡은 사이의 가우嘉祐 8년(1063년), 주돈이가 47세가 된 해의 5월, 바람

열고 구름 가벼우며, 새 지저귀고 꽃 그윽한 어느 날에, 그는 초청을 받아 한 무리의 문붕시우들과 노닐며 모임을 즐겼다. 흥이 오르자, 모두들 시문을 짓기로 했다. 어떤 이는 모란을 노래하고, 어떤 이는 국화를 찬양하고, 어떤 이는 장미를 찬미하였는데 … . 주돈이의 눈앞에는 그가 줄곧 깊이 사랑하던 연꽃이 떠올라, 이에 단숨에 붓을 휘둘러 119자의 산문을 지었으니, 이것이 바로 유명한 그의 『애련설愛蓮說』이다.

＜애련설愛蓮說＞

水陸草木之花, 可愛者甚蕃. 晉陶淵明獨愛菊. 自李唐來, 世人甚愛牡丹. 予獨愛蓮之出於泥而不染, 濯清漣而不妖, 中通外直, 不蔓不枝, 香遠益清, 亭亭淨植, 可遠觀而不可褻翫焉. 予謂: 菊, 隱逸者也; 牡丹, 花之富貴者也; 蓮, 花之君子者也. 噫! 菊之愛, 陶後鮮有聞; 蓮之愛, 同予者何人? 牡丹之愛, 宜乎衆矣.

물과 뭍 초목의 꽃에 사랑스러운 것이 매우 많다. 진晉나라 도연명陶淵明은 오로지 국화를 사랑하였고, 이씨 당조唐朝 이후로 세상 사람들은 모란을 매우 사랑했다. 나는 홀로 연꽃이 진흙에서 나와도 오염되지 않고, 맑은 물결에 씻겨도 요염하지 아니하며, 속은 통하면서 밖은 곧으며, 넝쿨도 가지도 없이, 향은 멀리 갈수록 더욱 맑아지고, 우뚝하면서 맑게 서서, 멀리서 바라볼 수는 있어도 가벼이 희롱할 수는 없음을 사랑한다. 나는 말하노라. 국화는 꽃 중의 은둔자요, 모란은 꽃 중의 부귀자요, 연은 꽃 중의 군자라고. 아! 국화 사랑, 도연명 후에는 잘 듣지 못했네. 연꽃 사랑, 나와 함께 할 사람은 어떤 사람인가? 모란 사랑은 당연히 많을 것이지만.

송 영종英宗 치평治平 원년(1064년), 48세의 주돈이는 지주知州를 대리한 후 맡은 바 소임을 다하여 치적이 매우 좋았다. 그를 지켜 본 바 있는 조변趙抃은 조정에 추천해 그에게 건주虔州 지주의 중임을 맡기도록 청하였고, 다른 사람들도 모두 주돈이를 지지했다. 그런데, 결정적인 순간에 뜻밖의 사건이 일어났다. 이 해 겨울, 주돈이가 자신이 관할하는 아래 현의 순찰을 돌고 있을 때, 건주성 안에 큰 화재가 발생하여 민가 천여 채가 불탔다. 이런 중대한 돌발 사건은 건주의 일을 총괄하는 장관으로서 우선적 책임 추궁의 대상이 될 수 있었다.

그러나 당시 주돈이의 우선적 고려는 개인의 정치적 진로와 운명이 아니라, 큰 화재가 건주의 백성 특히 이재민에게 끼쳐질 막대한 손실에 대한 것으로서, 건주 백성들에게 미안한 마음을 갖게 되었다. 이 때문에 그는 조정에 보낸 보고 자료에서 대화재 상황과 피해 상황만 보고했을 뿐, 자신에 대한 어떠한 변호도 하지 않았다. 심지어 당시 그가 건주에 있지 않고 아래 현에서 순찰을 돌고 있었다는 사정에 대해서도 한마디도 언급하지 않았다. 다행히 조정에서 그를 알아주는 사람들이, 특히 재상 한기韓琦와 증공량曾公亮이 그를 위해 극력 변호했기 때문에, 파직 처분은 면하고 단지 영주永州 통판通判으로 이임되었을 뿐이었다.

물론 영주로의 이동이 통판이라는 동급 이동이라고는 하지만, 사실은 좌천의 의미도 다소 있었다. 왜냐하면 당시 영주 일대가 예로부터 관원들을 유배시키기도 했던 외진 곳으로서, 당나라 때 유종원柳宗元이 이곳으로 내쳐져 영주사마永州司馬가 되었기 때문이다.

당시 조변은 사천四川의 성도부成都府 지부知府로 재임하고 있었다. 주돈이가 건주의 화재 사건 때문에 영주로 옮겨갔다는 말을 듣고는, 한편으로는 주돈이가 승진 기회를 놓친 것을 안타까워하고, 다른 한편으로는 그를 걱정하였다. 이에 그는 주돈이에게 편지와 시를 보내 주돈이에 대한 위로와 격려를 보냈다.

그 후 신종神宗 희령熙寧 원년(1068년), 52세가 된 주돈이는 이 해에 광남동로전운판관廣南東路轉運判官으로 발령받았다. 그리고는 우부낭중虞部郎中 직급으로 옮기면서, 광남서로형옥廣南西路刑獄으로 발탁되었다. 이듬해(53세)에는 지남강군知南康軍으로 옮겼다.[11]

희령 4년(1071년), 이 해에 55세가 된 주돈이는 역시 우부낭중虞部郎中 직급으로서 광남동로제점형옥廣南東路提點刑獄으로 승진했다. 주돈이가 광동廣東 지역의 제점형옥提點刑獄의 직위에 있은 것은 채 1년이 되지 않았다. 이 짧은 기간 동안에도 성실히 근무하던 그는, 광동의 여러 산수山水에도 거의 다 가 보게 되었다. 그런데 특히 언급할 만한 것은 단주端州(오늘날의 조경肇慶)에서의 다음 일이다.

단주에는 단계端溪라는 작은 강이 있고, 그곳에서는 자연석이 많이 생산되는데, 그 석질이 곱고 윤기가 흐르며, 밝고 깨끗하면서도 지나치게 단단하지 않아서, 벼루로 사용하면 연묵 효과가 뛰어나고 붓털을 손상시키지 않으면서, 글씨는 매끄럽고 광택이 났다. 그래서 당나라 때부터 그곳 백성들이 돌을 채취하여 벼루를 만드는 전통공예가 이루어졌으며, 이 일은 단주 백성들의 생계원이 되었다. 그러나 주돈이가 오기 전에 단주 지방 관리는 백성들과 이익을 다투어 백성들 입의 음식을 빼앗았다. 단주 지주知州 두자杜諮는 직권을 이용하여, 측근을 규합하고 인부들을 고용하여 남채, 남벌하였다. 주州의 장이 앞장서자 각급 관리들은 서로 앞다투어 그 행동을 모방하여, 백성들의 원성이 자자했고, 백성들은 생계를 의지할 데가 없었다.

그러다가 주돈이가 단주端州로 오니 백성들이 그 소식을 듣고 잇달아 고소를 하러 왔다. 주돈이는 두자가 아무리 조정에 배후가 있고 지방에 세력이 있더라도, 백성의 고소장을 받아 즉시 민간에 깊이 들어가 조사하여 알아낸 후, 그 사실을 조정에 사실대로 보고하여, 관리들의 채석採石 금지를 명령하도록 조정에 건의함과 동시에, 단주에 재직하고 있는 모든 관리들은 임기 중 최대 단석端石 두 개씩만 휴대할 수 있도록 건의하였다. 주돈이의 건의대로 영이 하달되자, 단주 관리들은 다시는 함부로 나쁜 행동을 하지 못하였고, 단주 관료 사회의 탐욕스런 풍조는 주돈이에 의해 아주 빠르게 멈추었다.

희령 5년(1072년), 56세가 된 주돈이가 이처럼 고생을 마다하지 않고 여러 지역에서 계속 자신의 재능과 포부를 크게 펼치려 할 때, 불행히도 그는

27

장려瘴癘(악성 말라리아 종류의 병)에 감염되었다. 영남嶺南 지역(중국 남방 다섯 령嶺 이남의 최남부 지역)은 본래 장기瘴氣로 인한 병으로 중국 역사에 유명한데, 송나라 때는 특히 심했다. 당시보다 좀 후인 북송 철종哲宗 원우元祐 연간에는 영남으로 좌천된 많은 관리들이 장려에 걸려 좌천지에서 죽었다고 한다. 주돈이는 병으로 몸져눕자, 이제는 자신의 몸이 더 이상 자연과 세상의 풍파를 견디지 못하고, 계속 직무를 수행할 수 없다는 것을 느꼈다. 그래서 그는 벼슬을 그만두고 다른 인재에게 양보할 생각이 들었다. 바로 이때 주돈이는 윤주潤州에 묻힌 어머니의 무덤이 큰물에 무너졌다는 소식을 접했다. 열다섯 살에 어머니를 따라 고향을 등지고 떠난 지 사십 년이 되었다.

나무가 아무리 높이 자라도 잎이 떨어져 뿌리로 돌아가듯 어머니를 고향으로 모셔야겠다는 생각을 했다. 그러나, 청빈하여 재산이 없고 병까지 든 그는 어머니를 모시고 고향으로 돌아갈 방법이 없을 것 같았다. 그는 10년 전 건주 통판으로 자리를 옮기던 도중 친구 반흥사와 함께 여산廬山 연화봉蓮花峰을 둘러보던 생각이 났다. 그 아래의 푸른 산과 물, 꿈에도 그리던 고향을 매우 닮은 곳, 그렇다면 그곳으로 어머니를 모시고 가서 정착하자고 생각했다.

그래서 그는 벼슬에서 물러나 여산 연화봉 아래에 자리를 잡고는, 그의 어머니의 무덤도 윤주에서 그의 집에서 가까운 곳으로 옮겼다. 그는 문 앞의 작은 개울을 정식으로 고향의 '염계濂溪'라는 이름으로 부르기로 하고는 그곳에 정착하였다. 한 개울 건너 바로 어머니의 무덤이어서, 그와 어머니가 서로 함께하며 지켜보는 셈이 되었다. 몸이 조금 나아졌을 때, 주돈이는 친한 친구인 주문민周文敏과 반흥사 등을 초청하여, 함께 그곳에서 학당을 설립하고 학생들을 받아 강학을 하였다. 밤이 깊어 고요할 때면, 그는 촛불을 들고 먹을 갈아서, 그동안 공무가 바빠서 줄곧 미완의 상태이던 『태극도太極圖』, 『태극도설太極圖說』 및 『통서通書』를 완성했다.

희령熙寧 6년(1073년)(57세), 주돈이가 여산으로 귀은歸隱했다는 소식이 당시 성도成都에 임직任職 중이던 조변에게 알려졌다. 조변은, 주돈이의 귀은

이 국가의 손실이라고 여겨, 급히 조정에 추천하여 주돈이를 중용할 것을 요청하였다. 여공저呂公著(1018~1089년, 이후 소옹邵雍 부분에 자세히 나올 것임.)와 왕안석도 동시에 그를 천거했다. 조정은 이들의 건의를 받아들여 주돈이를 다시 기용했다. 그러나 안타깝게도 역마驛馬가 조서詔書를 가지고 굽이굽이 달려 여산에 이르렀을 때, 주돈이는 이 해 6월 7일 여산 연화봉 아래 청산녹수靑山綠水 사이 염계서당濂溪書堂에서 갑자기 세상을 떠나니, 향년 57세였다.

송(남송南宋) 영종寧宗 가정嘉定 13년(1220년)에 주돈이에게 '원元'이라는 시호가 내려졌다.

송(남송) 이종理宗 순우淳祐 연간에 '여남백汝南伯'에 봉해졌다.

원元 인종仁宗 연우延祐 6년(1319년)에 '도국공道國公'에 봉해졌다.

명대明代에는 그의 『통서』를 『성리대전性理大全』의 제1권, 제2권, 제3권 안에 편집하여 넣었다.

청淸 건륭乾隆 연간에, 그의 저서를 『성리정의性理精義』의 권두에 배열하고, 학궁學宮에 반포하여, 인재를 양성하는 교과서로 삼았다.

2
소옹邵雍의 삶

　소옹邵雍은 자字가 요부堯夫이고, 자호自號는 안락선생安樂先生, 이천옹伊川翁12) 등이며, 시호諡號는 강절康節로서, 세상에 이 시호로 많이 알려져 사후에 '강절선생康節先生'으로 일컬어졌다. 그는 1011年 송宋 진종眞宗 대중상부大中祥符 4년 신해년辛亥年 신축월辛丑月 갑자일甲子日(12月25日) 술시戌時(소옹 자신의 시詩인 '생일음生日吟'에서 스스로 신해년, 신축월, 갑자일, 갑술진甲戌辰에 태어났음을 자세히 말하고 있다.)에 태어나서 송 신종神宗 희령熙寧 10년(1077년)에 세상을 떠났다.

　소옹의 증조부인 소령邵令은 범양范陽(지금의 하북河北 탁주涿州) 사람으로서, 말을 타고 활을 쏘는 데 능해, 송宋 태조太祖 때 관군官軍의 교위校尉를 지냈고, 늙어서 벼슬에서 물러나 범양으로 돌아갔다. 북송 초 송과 서하西夏 간에 전쟁이 빈발하자, 소령은 전란을 피해 가족을 데리고 상곡上谷과 중산中山으로 이주하였고, 후에 전란이 임박해지자 다시 형장衡漳으로 이주하였다. 소씨邵氏 가보家譜에는, 소령이 주周 문왕文王과 주 소공召公(邵公이라 하기도 함) 희석姬奭의 후손이라고 기록되어 있다.

소옹의 조부인 소덕邵德은 소령이 옮겨간 곳인 형장衡漳에서 태어났다. 유자儒者로서, 비교적 일찍 세상을 떠났다.

소옹의 부친인 소고邵古(985~1064년)의 자字는 천수天叟이며, 고문古文의 기자奇字와 성률운류聲律韻類의 연구를 좋아하였다고 한다. 11세 때 부친 소덕이 세상을 떠났는데, 이때는 가세가 이미 예전만 못하게 되어, 그는 어머니와 서로 의지하면서, 가난한 가운데서 힘겹게 의리음률학義理音律學(이 부분은 그의 아들 소옹에게 전수되고 영향을 주어 소옹의 저술 『황극경세皇極經世』에 반영된다.)을 익혔다. 소고가 스무 살 때 그의 어머니는 위지衛地(지금의 하남성에 속함)에서 세상을 떠났다. 소고는 그 사람됨이 충후忠厚하였고, 평생 초야에 묻혀 살며 벼슬을 한 적이 없었다. 소고의 아내인, 소옹의 모친은 이씨李氏였다.

소옹의 출생지에 관해서는 하나의 견해만 있는 것은 아니다. 선조 때부터 살아 온 범양范陽(지금의 하북河北 탁주涿州 대소촌大邵村)(탁주는 동한東漢 및 삼국시대三國時代의 노식盧植, 유비劉備, 장비張飛 등의 출신지이다.)이라 하기도 하고, 형장衡漳(지금의 하남 임주시林州市 류가가劉家街 소강촌邵康村-임현林縣 상간장上杆莊이라고도 함.)이라 하기도 한다. 소옹이 탁주에서 출생했다는 견해에 따르면, 그는 탁주에서 태어나서 나중에 난을 피해 아버지를 따라 형장(앞에서 말한 대로 증조부 때 이미 이곳으로 이주했다고도 함.)으로 이주했다고 한다. 이곳은 소옹이 어린 시절을 보냈기 때문에 지금도 '강절촌康節村'이라고 한다.

진종 대중상부大中祥符 8년(1015年), 소옹 5세 되던 해에, 이후 그의 사상적 학맥에 관련되는 은사隱士 종방種放이 세상을 떠났다. 이듬해 부친 소고가 처음으로 소옹에게 독서와 글자공부를 시키고, 이후 어린이 단계에서 필요한 공부를 시켰다.

소옹은 12세(진종 건흥乾興 원년, 1022년)가 되었을 때, 아버지를 따라 공성共城(지금의 하남 휘현輝縣)으로 이주하여 소년시기를 여기서 보낸다. 공성 지역에는 소문산蘇門山이라는 아름다운 명산이 있는데, 산 아래에는 백천호百泉湖(일명 백원호百源湖)가 있다. 소옹의 집은 소문산의 백천호 가에 있었다. 당시 소옹의 집은 매우 빈고貧苦하여 부모와 함께 산골짜기에 모옥茅屋을 지어 거주하면서, 산 앞의 황무지를 개간하여 농사를 짓고 살았다. 그가 성장하고 나서는 날마다 산 위에서 땔나무를 하여 밥을 지어 먹었으며, 무명옷을 입고 잡곡 죽을 먹었다. 부친은 그에게 계속 글읽기를 가르쳤는데, 그래서 농사일과 글읽기를 같이 하며 생활했다.

송 인종仁宗 천성天聖 3년(1025년), 15세가 된 소옹은 시에 능하고 글을 잘하게 되는 등의 방면에 천부적 자질을 드러내었다. 소년 소옹은 지혜롭고 총명하며 배우기를 좋아하였는데, 글읽기에 각고의 노력을 하였다. 생활환경이 어려운 상황에서도 인내심이 남달랐다. 여름에 글을 읽다가 몸이 불처럼 더워져도 부채질로 몸을 식히지 않았고, 겨울에 글을 읽다가 손발이 꽁꽁 얼어도 불을 쬐어 따뜻하게 하려 하지 않았다. 집안에 편안한 침상이 없어서, 피곤해 졸릴 때는 땅바닥에 자리를 깔고 누웠으며, 독서를 즐거움으로 삼았다. 나중에 그는 "배움이 즐거움에 이르지 않으면 배움이라고 할 수 없다."고 하였다. 이처럼 독서를 낙으로 삼는 호학好學 정신이 어릴 때부터 길러졌던 것이다.

소옹은 스스로 자신의 재능에 자부심을 가지고, 기개 있게 큰 뜻을 세우고 모든 책을 읽고자 하였다. 학업이 이루어지면 온 세상을 체계적으로 잘 다스릴 수 있을 것이라는 뜻을 가졌다.(이 뜻이 곧 그의 주저인 『황극경세皇極經世』─또는 『황극경세서皇極經世書』라고도 한다─의 취지이며, 책 제목 자체가 바로 그 뜻이기도 하다.) 그는 학습에 각고의 노력을 기울이며, 전통 문화의 전적典籍을 깊이 연구하여 경사백가經史百家의 저작들을 실컷 보았다.

소옹은 독서에 있어서 무턱대고 단순 암기함을 추구하지 않고, 반드시 스스로의 마음속에서 충분히 이해함이 있을 때까지 언제나 깊이 생각하였다. 그리하여, 책 속의 지극한 이치를 연구함에 있어서 기존의 결론을 받아들이는 데 결코 만족하지 않았다. 선생이 강의하고 학생이 기록하는 세상의 교육학습 방법을 싫어했다. 그런 학습 방법은 재지才智를 늘려 주지 못하며, 미래의 사업에도 도움이 안 된다고 생각한 것이다. 그래서 그는 이후 "기문지학記問之學은 사업事業을 하기에 충분하지 못하다."(『황극경세』「관물외편觀物外篇」)라고 하였다. 그는 독립적 사고를 중시한 것이다.

이듬해인 천성天聖 4년(1026년)에, 16세의 소옹은 책에서 공부한 내용을 단지 그것으로만 그치지 않고, 세상으로 나아가 주유周遊하며 배웠는데, 서쪽으로 황하黃河와 분수汾水, 남쪽으로 회수淮水와 한수漢水에서 노닐다가 몇 년 만에 돌아왔다. 이를테면, 그는 현실사회라는 살아 있는 큰 책을 읽기를 중시한 것이다. 그래서 그는 역사와 지리에 대한 상당한 지식을 쌓은 후에, 집을 떠나 세상 속에 들어가서 인간사를 경험하였던 것이다. 그는 명산名山, 대천大川을 두루 답사하며, 넓게 벗을 사귀고, 시야를 넓히며, 흉금을 털고 세상을 익혔으며, 인정人情에 정통精通하려 하였다. 그런 지 여러 해가 되면서 그의 사상이 날로 성숙하였다. 그가 이렇게 사방을 유학游學한 지 오래되자, 그의 어머니는 아들이 돌아오기를 학수고대하다 넋을 잃을 정도가 되었다. 소옹은 그 소식을 듣고 급히 집으로 돌아와서는, "도가 여기에 있구나!"라고 한탄하였다고 한다.

소옹은 또, 나라를 다스리고 세상을 구제하리라 마음먹고, 사람과 사물을 경험하여 마음속에 쌓아 두고, 언젠가는 벼슬길에 올라서 자신의 포부를 실현하기를 기대하였었다. 그런데, 얼마 안 있어 모친이 세상을 떠나자, 그는 소문산蘇門山에서 부친과 서로 의지하며 다시 궁고窮苦한 생활을 계속했다.

소옹은 어려서부터 유가사상의 훈도薰陶를 오래 받았다. 그는 유가의 입장에 입각해서 수신修身, 제가齊家, 치국治國, 평천하平天下의 포부를 가지고, 요堯, 순舜, 우禹, 탕湯, 문文, 무武라는 유가의 전범典範이 되는 통치자들의 수

신과 치세治世의 통치사상을 높이 평가했다. 그는 비록 한편으로는 도교道敎의 영향을 받은 사람으로 이야기되지만, 기본적으로는 유가에서 존숭하는 이러한 옛 성현을 모범으로 삼은 유가의 도덕 가치 관념을 가지고 있는 사람이었다.

소옹은 어려서부터 『주역周易』을 좋아하였다. 그렇지만, 『주역』의 텍스트 문구를 인용, 해석하는 데 관심을 갖기보다는, 그것을 응용하고 활용하는 것을 중시하였다. 그는 맹자孟子의 경우를 예로 들면서, 맹자는 『주역』의 문구를 직접적으로 인용하지는 않았지만, 『맹자』 속에는 역易의 도가 내재해 있고, 맹자는 역을 알고 잘 활용한 사람이라고 생각했다. 이러한 그의 관점은 자신만의 사상 체계를 형성하였다. 이후 철학사에서 그의 역학易學을 특징짓는 말이 된 이른바 '선천역학先天易學'이라는 그의 독자적 역학체계를 세운 것이 곧 이 점을 말하는 것이며, 이것이 그의 저서 『황극경세皇極經世』를 통해 나타난 것이다.

소옹은 또 어려서부터 특히 역사 공부를 중시하였다. 중국 수천 년의 역사를 깊이 연구하여 손바닥 들여다보듯이 지식을 축적하려고 노력하였다. 아울러 많은 역사적 사건과 인물에 대해서 자신만의 독립적 견해를 가지게 되었다. 나중에 『황극경세』를 쓸 때 그 안의 상세한 역사 연표를 만들어, 자신의 황제왕패皇帝王覇(伯) 교체의 역사관을 세우고, 각 시대의 역사변화의 법칙성을 평론하였는데, 그의 어려서부터의 역사 공부와 그에 대한 지식 축적이 이의 기초가 된 것이다.

소옹의 이러한 공부는 그 지식을 단순히 서재 속에 두기 위함이 아니라, 미래의 천하를 경영하려 하는 실용적 사업을 위한 원대한 포부 실현의 전 단계였다. 그가 천하를 주유한 것도 이를 위한 것이었다. 이러한 그의 학문과 실용의 기초에는 『주역』과 역사에 대한 공부가 깔려 있었던 것이다. 『황극경세』라는 저서의 이름이 바로 이것을 내포하고 있는 것이다. 즉, 『서경書經』 「주서周書·홍범洪範」에서 자연 세계와 인간 세상에 관한 일체의 존재를 9가지의 범주로 분류한 것이 곧 '홍범구주洪範九疇'인데, 그 아홉 범주의 중심이 곧 중간의 다섯 번째 '황극皇極'이라는 통치자의 위치이고, 이 통치자의 위치에서 '세상을 다스림'이 곧 '경세經世'인 것이다. 그는 비록 몸은 가난한 시골 농사꾼으로 살면서도, 그 마음은 원대한 천하 경영에 두었다. 그 천하 경영에 관한 사상을 『황극경세』에 담은 것이다.

1029년 인종仁宗 천성天聖 7年, 소옹이 19세 되던 해에 그의 모친 이씨가 세상을 떠났다.[13] 모친이 세상을 떠나자, 그는 소문산蘇門山 백천호百泉湖(백원호百源湖) 가에서 한편으로는 모친의 3년상을 치르면서, 또 한편으로는 물을 길러 음식을 만들어 부친을 봉양하여 효도를 다함으로써 향리에 알려졌다.

2년 후 천성 9년(1031년), 소옹이 21세 되던 해에, 소옹의 부친 소고가 양씨楊氏와 재혼하였다.

이듬해인 인종 명도明道 원년(1032년), 소옹 22세 되던 해에, 술수가術數家 목수穆修가 세상을 떠났다. 목수穆修는 앞서 말한, 소옹 5세 때 세상을 떠난 은둔 선비 종방種放에게서 배운 그 제자로서, 이후 그의 제자 이지재李之才에게 스승 종방으로부터 전해 받은 『선천도先天圖』를 전하게 되고, 이지재는 다시 소옹에게 그것을 전하게 된다.

인종 경우景祐 3년(1036년), 소옹 26세 때에 소옹과 25세 차이가 나는, 동부이모同父異母의 동생, 즉 이복동생 소목邵睦이 태어났다.

인종 보원寶元 2년(1039년), 소옹 29세 때에 그는 '한음閑吟'이란 시를 지어 "한 표주박의 즐거움만을 바랬으나, 한 이랑(畝)의 밭도 없네."라고 읊었으니, 당시 집안의 곤궁한 상황을 잘 말해준다.[14] '한 표주박'이란 안회顔回의 '한 표주박의 물, 한 대그릇의 밥'(일단사일표음一簞食一瓢飮)을 말하는 것으로서, 그와 같은 안빈낙도安貧樂道하는 삶을 바랬지만, 현실이 녹녹치 않음을 토로한 것이다.

이듬해 인종 강정康定 원년(1040년)(또는 보원寶元 3년), 소옹이 30세 된 이 해는 소옹에게 뜻밖의 전환점이 되는 한 해였다. 하나의 기연機緣으로 어떤 기인奇人을 알게 된 것이었다. 이 사건은 그의 인생의 방향을 바꾸었고, 그 영향이 평생을 갔다.

이 기인은 앞서 말한 이지재李之才(980?~1045년, 자字는 정지挺之)라는 사람이었다. 이지재는 산동山東 청주青州(지금의 산동성山東省 청주青州) 사람으로서, 처음에 위주衛州 획가현獲嘉縣 주부主簿가 되어 당시 임시로 공성현령共城縣令의 직무를 대리하기도 하였다. 하루는 이 이지재 현령이 소옹이 소문산에서 직접 농사를 지으면서 힘들게 공부하지만, 재능도 있고 효도를 다한다는 말을 듣고는, 그 점을 아주 칭찬하면서 몸소 산에 올라와 소옹을 만나려 했다.

이지재가 문을 들어섰을 때, 소옹이 한창 책을 읽고 있는 모습을 보고는, "이전부터 자네가 뜻이 남다르고, 마음을 다하여 시서詩書를 공부하면서, 독서를 낙으로 삼고 있다는 말을 들었는데, 오늘 보니 과연 그렇군!"이라고 하였다. 이에 소옹이 "촌구석의 필부가 독서 외에 따로 무슨 즐거움이 있겠습니까?"라고 답하였다. 그러자 이지재는 "자네는 그나마 죽은 책을 읽는 사람은 아니지만, 그래도 유학 외에는 모르고 있으니, 물리지학物理之學에는 흥미가 없는가?"라고 하였다. 이지재의 이 말을 듣고서, 소옹은 물리지학으로 들어가는 입구를 물었다. 그런지 몇 달 후 이지재가 다시 와서 소옹에게 이제는 성명지학性命之學에 대해서 말하였다. 소옹은 "전에 말씀하신 물리지학에도 아직 입문하지 못했는데, 성명지학은 더욱 근처에도 못 가니, 선생님께 가르침을 청합니다."라고 하였다. 이때부터 소옹은 정식으로 이지재를 스승으로 모시고, 물리성명지학으로 공부 방향을 바꿔 자신만의 학업 방향의 새로운 첫걸음을 떼었다.

이지재는 원래 진사출신의 수술가數術家(또는 술수가術數家)인데, 일찍이 그의 스승 목수穆修(979~1032년)로부터 『주역』 수술학數術學(술수학術數學)을

36

배웠다.[15] 이 학문은 한대漢代의 경방京房, 초연수焦延壽(초공焦贛) 일파에서 시작되어 민간에 흘러 전하다가 도교의 영향을 깊이 받았다. 그러다 당말唐末 오대五代 시기의 도교의 조사祖師 진단陳摶(871~989년)에 이르러서야 공개적으로 종방種放(956~1015년)에게 전수되었고, 종방은 그의 제자 목수穆修에게 전하였으며, 목수는 또 이지재에게 전하였고, 이지재가 이제 소옹에게 전하게 되었으니, 소옹은 진단의 사전제자四傳弟子가 되게 된 셈이다.

그들 스승 제자 사이의 비밀 전수의 역학易學은 통행의 『주역』 사상체계와는 전혀 같지 않으며, 그 중심 사상은 한 폭의 이른바 『선천도先天圖』라는 그림에서 유래한 것이다. 소옹이 이 비전祕傳의 『선천도』를 얻는 것은 결코 쉬운 일이 아니었다. 이지재가 목수로부터 『선천도』를 얻는 일도 험난한 과정을 거쳤다. 목수는 은사隱士였는데, 그 성격이 아주 괴팍하여 평소에 말도 웃음도 없이 다른 사람과 접촉도 잘 하지 않았다. 이지재는 늘 목수의 꾸지람과 욕을 들으면서, 그 스승이 아무리 엄하게 대해도 언제나 스승을 매우 공경하였다. 그러면서 온갖 궁리를 하여 스승을 기쁘게 하려 했다. 목수는 오랜 시험을 통해, 이지재가 과연 심지가 굳어서 자신의 제자가 될 만한 사람이라고 여겨, 마침내 역학을 그에게 전수해 주었다고 한다.

이지재는 공성共城에 와서, 현령縣令 신분이면서도 은밀히 자신의 역학 제자가 될 만한 영민한 사람을 물색하였는데, 소옹이란 사람이 청빈하면서도 호학好學하고, 효심도 깊으며 큰 뜻을 품고 있다는 소문을 듣고는, 적극적으로 소옹의 집을 방문하였고, 보자마자 소옹이 과연 비범한 사람임을 알고, 소옹이 제자가 되겠다는 청을 받아들였다고 한다.

이지재는 처음부터 소옹에게 '역易'을 가르쳤던 것은 아니었다고 한다. 소옹 스스로도 이미 천하를 주유하며 실제 현실을 답사한 전력도 있었지만, 이지재가 소옹을 학문적으로 훈련시키는 과정도 그러하였다. 이지재는 먼저 소옹에게 역사서 『춘추春秋』를 읽게 하고, 그리고는 물리지학과 성명지학을 공부하도록 하였는데, 이는 모두 진단, 종방, 목수로부터 자신에게 전수되어 온 사승관계 속의 도교적 성향과 관련되는 역학 체계를 소옹에게 안정적이고 확실하게 전수하기 위한 전 단계의 학문적 훈련의 과정으로서, 소옹이 그 당시까지 있었던 문화지식의 습득을 하도록 하기 위한 것이었다.

물리지학은 천문天文, 지리地理, 역법曆法, 음양오행 등 당시 중국의 자연과학의 내용이었고, 성명지학은 유가의 인성론, 수신, 제가, 치국, 평천하의 유가적 내성외왕內聖外王의 내용이었다. 요컨대, 유가, 도가, 자연과학 등 당시의 지식을 종합적으로 습득, 수련시킨 것이었다. 소옹의 『황극경세』는 이러한 바탕 속에서 이루어진 것이라고 할 수 있다.

소옹의 개인적 성향으로도, 어려서부터 줄곧 유가의 전적을 읽어오면서, 그 외에도 다방면의 관심을 가지며, 어릴 적 세상 밖으로 나가 경험을 쌓아왔지만, 이지재를 스승으로 모시고 나서는 그 관심의 폭을 훨씬 넓히게 된 것이다.

소옹은 이지재의 기대를 저버리지 않고 열심히 『주역』을 공부했는데, 『주역』 한 부를 방의 벽에 붙여 놓고서 날마다 수십 번을 외웠고, 『주역』 경문의 한 글자 한 글자를 따라가면서 이해하고 마음속에 기억시켜 그 이치를 깨달으려 했다.

그 후 얼마 되지 않아 이지재는 자신이 직을 수행하던 공성共城을 떠나 하양河陽의 사호조司戶曹로 전임하였는데, 이때 소옹도 그를 따라 하양에 가서 그곳의 학교에서 살았다. 그렇지만 생활이 궁핍하여 기름 살 돈이 없어서, 공부를 위해 조리에 쓸 기름도 책 읽는 불을 밝히는 데 썼다. 하루는 경사京師 개봉에서 그 곳 변경을 지키러 파견 온 한 군관軍官이 소옹이 그처럼 각고의 학습을 하는 모습을 보고는, 사람을 시켜 소옹에게 종이 100장과 붓 10자루를 보낸 적도 있었다. 소옹은 처음엔 여러 번 사양했지만, 마침내 받았다고 한다.

소옹은 이지재를 스승으로 모시면서, 허심虛心하게 그에게 가르침을 청하였으며, 이지재가 목수를 모실 때와 같은 공경의 태도로 이지재를 모셨다. 이지재는 오랫동안 소옹을 살펴보고, 소옹이 오경五經의 대지大旨를 꿰뚫어 이해했다고 판단한 후, 그에게 그 사문師門의 역학을 전수하였다. 그 후 소옹이 이지재를 스승으로 모신지 6년 째 되던 해(송 인종 경력慶曆 5년, 1045년)에 이지재는 세상을 떠났다. 이때 소옹의 나이는 이미 35세가 되었지만, 공부에 전념하는 동안 아직 결혼도 하지 못한 상태였다.

소옹은 스승 이지재가 세상을 떠난 후에도, 계속하여 스승의 학술 노선을 따라서 혼자서 연구하며 더욱 각고의 공부를 하였다. 특히 '역易'에 힘을 기울이며, 이후 3년을 침대도 두지 않고 밤낮으로 단정히 앉아 사색하면서, 새로운 깨달음을 얻기 위해 노력하였다. 이러한 과정 중에 소옹의 사상은 중대한 전환을 맞이했다. 유가의 도덕가치관에서 도가 및 도교16)의 역학 전통으로 옮겨가서, 그가 어릴 때부터 꿈꾸었던 유가적 경방제세經邦濟世의 포부를 버리고, 일심으로 『선천도』와 '선천학先天學'을 연구한 것이다.

사상적 노선에서의 큰 전환 후에, 그는 새로운 각도에서의 포부와 자부심을 가지고 공부하였는데, 읽는 책의 분야에 한계를 두지 않는 것이었다. 유가적 '성서聖書'로서의 경전에만 한하지 않고, 진단, 종방, 목수, 이지재로부터 전수받은 역학 술수의 책은 물론 어떤 분야의 책도 다 읽으려고 노력하였다. 즉 그가 말한바 "천하에서 책을 읽는다고 하는 자는 많지만, 진정으로 책을 읽을 수 있는 자는 적다. 만약 천리天理의 참된 낙을 얻으려 한다면, 무슨 책이든 못 읽을 것이며, 무슨 견고함이든 깰 수 없을 것이며, 무슨 이치인들 정통할 수 없겠는가?"(『황극경세』「관물외편12」)라는 것이다.

소옹이 이렇게 자신이 목표한 진리를 얻으려고 호언장담한 것은 그의 학문 특징으로 나타난다. 그것은 역학 사상을 문헌 속 문자만이 아닌 그림으로 표현하는 것이다. 그 대표적인 것이 「복희선천팔괘도伏羲先天八卦圖」이다. 그리고 이러한 그림에서 표시된 것도 그 내용상 이전의 역학 사상과도 다른 것이었다. 예를 들어, 「복희선천팔괘도」에서 표현된 것은 원래 『주역周易』「설괘전說卦傳」에서 묘사된 것과도 다르다. 그의 도식에서 표현된 역학 이론은 진단으로부터 전해져 온 「선천도」, 그의 직접적 스승인 이지재의 괘변설卦變說, 그리고 멀리는 한대漢代 역학가들의 괘기설卦氣說을 종합하는 자신의 독자적 관점에 입각한 하나의 계통적 선천先天 상수학象數學으로서, 이 이론은 이후 남송대南宋代의 주희朱熹(즉 주자朱子)를 비롯한 후대 사상가들에 영향을 주었다.

소옹은 그의 스승 이지재를 숭배하였고, 나아가 그 사승 계열의 맨 앞의 조사祖師인 진단陳搏은 더욱 숭배하였다. 진단은 오대五代 및 송초宋初의 도사로서, 자는 도남圖南, 자호自號는 부요자扶搖子(『장자莊子』「소요유逍遙遊」에서 취함)이며, 도교 뿐 아니라 소옹과의 사승관계로 인해 그 후 유가에서도 많이 거론되는, 전설적으로 신비화된 유명한 인물이다. 그는 진사 시험에 응시하였으나 급제하지 못하여, 무당산武當山에 은거, 더 이상 벼슬을 추구하지 않고 자연을 벗 삼았다. 『역易』을 좋아하여 늘 손에서 놓지 않았다. 나중에 화산華山으로 옮겨 살았고, '희이希夷'(『노자老子』에서 유래)라는 호를 하사받았다.

북송 성립 전의 왕조에서도 역대 황제들이 그를 만나보고, 호를 하사하여, '청허처사淸虛處士'(당唐 희종僖宗이 불러보고 하사한 호), '백운선생白雲先生'(후주後周 세종世宗이 불러 간의대부諫議大夫에 임명했으나 나아가지 않았으며, 그때 세종이 하사한 호) 등의 하사된 호가 있었는데, 당시 북송 태평흥국太平興國 2년(977년)에 태종太宗 조광의趙光義가 역시 진단을 두 차례 불러보고, '희이선생希夷先生'의 호를 하사하였는데, 역사에서도 많이 불리어지는 호이다. 화산華山에서 세상을 떠날 때 향년 118세였다고 전해진다.

진단은 「무극도無極圖」를 만들어 화산華山의 석벽石壁에 새겼으며, 그 제자에게 전한 것이 「선천도」라고 전해진다. 진단이 전수한 역학의 특징은 기존의 것과 달랐는데, 소옹의 아들 소백온邵伯溫의 말대로 "희이希夷의 역학은 번거롭게 문자로써 해설하지 않고, 단지 그림으로써 음양陰陽의 수數와 괘卦의 변화를 담았다."는 것이다. 이 특징이 소옹에 크게 영향을 끼쳐, 소옹 사상의 특징 중 하나도 그 사상을 그림으로 표현한 데 있다.

진단의 사상은 『주역』에서 온 것뿐만 아니라 노장老莊에서 온 것도 많다. 그래서 도가道家 사상 계열에 속하면서, 농후한 도교道敎의 색채를 갖추고 있는 것이다. 따라서 진단을 숭배하고 그 사상을 계승한 소옹 역시 노자老子와 장자莊子의 사상을 깊이 연구하였고, 그들을 높이 평가하였다. 소옹은 노자의 자연철학과 『주역』의 자연철학을 융합 회통하였으며, 장자의 물아일체物我一體의 경지에 서려 하였다. 유가사상과 도가사상의 결합, 『역』과 노장의 융합은 당대唐代 이전에 이미 시작되었지만, 소옹 이전에는 본격화된 단계에 이르지는 못하였고, 소옹에 이르러서 크게 시도된 것이다.

이지재가 세상을 떠난 후, 소옹은 낙양洛陽에 가서 그곳 산수의 아름다움을 체험하고 거기에 정착할 생각을 하게 된다. 그리고는 수도인 개봉開封에한 차례 갔다 와서는 다시 소문산蘇門山으로 돌아간다. 얼마 있지 않아 병을한 번 얻어 병중에 많은 생각을 하며 자신의 미래의 학술사상의 길에 대해서자세히 검토하였다. 이때까지도 집이 매우 가난하여, 이미 38세가 되었는데도 결혼도 하지 않은 채로 학술에 몰두하고, 개인 생활 문제는 돌볼 틈이 없었다.

인종仁宗 황우皇祐 원년(1049년) 소옹이 39세이던 해에 온 집안이 공성共城에서 낙양으로 이사를 갔다. 이곳이 그의 후반 생애를 보낸 생활 근거지가되었다. 이때 소옹의 집안은 네 식구였는데, 그의 아버지 소고邵古 그리고 그동안 아버지가 재혼하여 계모인 양씨楊氏가 있었고, 그로 인해 이복 남동생소목邵睦이 있었다. 낙양으로 옮겨 산 후에는 새로운 생활환경이 시작되었고,그의 학술사상도 날로 성숙해졌으며, 깊은 사색을 통해 자신의 독자적 사상체계를 구축하게 되었다.

북송의 수도는 개봉開封이었으나, 당시 서경西京으로도 인식되어진 낙양은 전통적 고도古都로서 정치와 문화 방면에서 소옹의 사상 발전에 많은 도움이 되었다. 공성에서 낙양으로 이주하는 데는 그의 학생 후소증侯紹曾의 도움이 있었으며, 이 학생은 이후 무섭현武涉縣의 지현知縣이 되었다. 낙양에 온 후처음에는 새 집을 마련할 여력이 없어 잠시 불교 사찰 천궁사天宮寺(일설에천수사天壽寺) 내부를 빌려 살았는데, 이때 그곳 승려가 자주 그에게 가르침을청하였다. 그리고 그는 틈날 때마다 용문석굴龍門石窟을 참관하고, 소림사少林寺, 백마사白馬寺 등지를 예방하여 불교 사상을 섭렵하면서 그 영향을 받기도 했지만, 불교에 대해서 좋아하지는 않았다.

소옹은 천궁사에 학관을 만들어 학생을 가르쳤는데, 계속 적지 않은 학생들이 왔다. 그의 가르침이 학생들의 환영을 받아 장원壯元의 아들, 중산대부中散大夫의 아들 등도 와서 가르침을 청할 정도로 서경 일대에 이름을 떨쳤다. 소옹은 한편으로는 강학하며, 한편으로는 '역易을' 계속 연구하면서 자신의 사상 수준을 높여 갔다.

인종 황우 5년(1053년), 소옹의 나이는 이미 43세가 되었지만, 아직 결혼을 못한 상태였다. 초기의 학생 중에 강우姜愚(자字는 자발子發)라는, 개봉 사람인 학생이 있었는데, 그는 소옹과 한 동갑이었음에도 소옹을 스승으로 모시며 학생을 칭했으며, 이후 태학박사太學博士가 되었다. 강우는 또 다른 학생 장목지張穆之(이후 태부太傅가 됨.)와 함께 소옹에게 부모가 늙었음에도 자식이 없음은 불효이니 빨리 결혼하도록 설득했다. 소옹은 그들에게 가난하여 결혼할 수 없다고 하니, 이에 강우가 소옹에게 말하기를, "동학同學 중 왕윤수王允修의 여동생이 참하여 선생님과 아주 잘 어울립니다."라고 하고, 장목지도 "선생님이 동의만 하신다면 일체의 비용과 예물은 제가 대겠습니다."라고 했다. 소옹이 동의하여 왕씨王氏를 부인으로 맞이하였다.

2년 후 인종 지화至和 2년(1055년)에 아들 백온伯溫이 태어났으니, 소옹 나이 45세에야 아들을 얻은 것으로서, 그는 매우 기뻐하며 시를 써 기념했다.

그런데, 새로운 곳으로 이사했지만, 집안이 빈곤하여, 친구들과 제자들이 다방면으로 도와 그를 대신하여 이도방履道坊 서쪽이자 천경관天慶觀 동쪽에 집을 하나 마련해 주었다. 그렇지만 그 곳은 잡초에 둘러싸인, 비바람도 피할 수 없는 곳이었다. 또 조씨趙氏 성의 간의관諫議官 한 사람이 여주汝州 섭현葉縣에 있는 자신의 전지田地를 소옹의 집안에 빌려 주어 경작할 수 있도록 해 주었다. 철에 따라 농사는 지었지만 겨우 의식衣食만 댈 수 있을 정도였다. 그래도 소옹은 직접 농사를 지어 부모를 봉양하고, 틈틈이 학생과 자신의 아들을 가르쳤다. 그의 명성은 계속 높아져 문생門生과 친구가 날로 늘어났고, 생활환경도 빈곤 상태를 완전히 벗어나지는 못했지만, 그나마 점차 개선되었다.

낙양으로 옮긴 초기에는 친구도 많지 않았고 마음이 통하는 사람도 적어 소옹은 개탄스러웠지만, 나중에는 상황이 달라져 적극적으로 그와 교류하려는 사람이 생겨났으며, 그 중에는 개봉과 낙양의 적지 않은 대소 관리들이 있었다. 이들 초기의 친구들은 자주 그들의 제자를 데리고 와서 소옹에게 가르침을 청하고, 스스로 문생門生으로 일컬으며 소옹을 매우 존중하였다. 소옹의 가르침으로 여러 인재들이 성장하였는데, 이 점은 소옹에게 크나큰 위안이 되었다. 이러한 환경들이 소옹의 학문발전에 추진력을 부여하여, 점차로 그의 독자적 사상체계가 확립되게 되었다.

인종 가우嘉祐 5년(1060년)(소옹 50세), 대략 이 해 전후쯤에 『황극경세皇極經世』를 완성했다. 이 해 초에 '신정음新正吟'이라는 시를 지었는데, 병이 심해져 석 달을 누워 있으면서, '중병음重病吟'이란 시를 지었다.

소옹은 이 과정에서 역학易學 방면에 새로운 발전이 있게 되었다. 즉 『주역』 텍스트에 근거한 전통적 역학과 다르면서도 그로부터 아이디어를 얻어 그의 독자적 역학을 구상해낸 것으로서, 곧 『황극경세』 중 「관물편觀物篇」(이후 「관물외편觀物外篇」이 있고 난 후, 이에 대비해 「관물내편觀物內篇」이라고도 불림.)이 그것이다. 학술사를 통해 볼 때, 역학은 한대漢代에서 상수象數를 중시하였지만, 위진魏晉시대 이후 왕필王弼의 영향으로 상수를 버리고 의리義理를 중시하는 경향이 팽배하여졌다. 그 결과 상수 역학은 구전으로 전해지거나, 소수의 도교 인물들에 의해 장악되어, 세간에 제대로 알려지지 않은 상황이 계속되었다.

이 때문에 진단과 같은 인물들에 의해 전해지는 역도易圖로 해석된 역학이 비전祕傳의 형식으로 결국 소옹에게까지 전해진 것이다. 하지만, 이 계통의 상수 역학은 한대 역학과도 완전히 같지 않으면서 그 요소 중 일부를 수용하며, 그것을 수학數學으로 표현한 것이다. 요컨대, 소옹의 역학은 상수를 버리고 의리만을 취한 왕필과는 당연히 다르며, 상수 계통의 측면도 한대 역학과는 다른, 진단의 역학을 이어받은, 즉 역도易圖와 수학數學을 적용한 새로운 역학을 제시한 것이다. 그러면서도 그의 가장 독자적인 역학은 『주역』의 역학과는 다른 「관물편」에서 보이고 있는 바의 그의 선천先天 역학이다.

인종 가우嘉祐 7년(1062년), 소옹 52세 때인 이 해는 소옹의 삶의 역정 중에 특별한 해였다. 그 동안 일생을 두고 제대로 된 거처가 없던 그에게 '안락와安樂窩'라는 번듯한 새 집으로 이사하는 기쁜 일이 있었기 때문이다. 이때부터 그는 안락와에서 16년을 은둔하여 살면서, 시와 술을 즐기며 권세가들과 교유하였는데, 그러한 사람들과 세상사를 논함에 남다른 기개를 보였다.

원래 소옹은 이도방 서쪽, 천경관 동쪽에 있는, 낡은 전원 오두막집에서 곤궁하게 살았다. 그런데 이후 제자가 많이 늘어나고 명성이 높아지면서, 은퇴한 낙양의 고관대작들이 나이 쉰이 넘은 학자 소옹을 존경하여, 아낌없이 주머니를 풀어 그를 위해 천궁사天宮寺 서쪽, 천진교天津橋 남쪽에 새 집을 마련해 주게 되었다. 이 일에 앞장 선 이는 낙양의 지방장관인 왕선미王宣微였는데, 그는 오대五代 시기의 절도사節度使 안기가安琦珂의 고택故宅 터와 역시 오대 시기의 재상이자 명장이었던 곽숭도郭崇韜의 폐택廢宅에 남아 있는 자재를 이용하여 30간의 새 집을 지어, 소옹에게 그곳으로 옮겨가 만년을 보낼 것을 청하였다. 소옹은 원래 소문산蘇門山에 살 때 자신의 집을 '안락와安樂窩'라고 불렀고, 그로 인해 자호를 '안락선생安樂先生'이라 하였는데, 이제 낙양에 옮겨와 주위의 도움으로 새 집이 마련되어, 이 집에 이전 소문산 때의 집 이름을 그대로 사용하여 '안락와'라고 다시 부르게 된 것이다.

원래 '와窩'라는 글자 자체의 의미는 조수鳥獸나 곤충이 사는 곳이거나, 사람이 사는 곳이라 하더라도 거의 동굴 수준의 허름한 곳을 말한다.[17] 그러나 오늘날도 볼 수 있는 '안락와'는 마음만 안락한 곳이 아니라 물질적으로도 안락한, 아주 번듯한 거처이다. 소옹이 소문산에서 살던, '와窩'라고 부를 만큼 낡고 초라한 집을 '안락와'라고 부르던 것을 다만 그 이름을 따와서 부른 것이다. '안락安樂'이라는 말은 안회顔回 같이 '안빈낙도安貧樂道'함의 '안安'과 '락樂'인 것이다.

재상을 지냈던 부필富弼(1004~1083년, 자字는 언국彦國. 하남 낙양 사람. 북송의 명재상, 문학가.)은 소옹을 위해서 안락와 맞은편에 화원花園을 하나 구입했는데, 그 안에는 못물이 넘실대고, 그 물에 대나무 그림자가 흔들거리며, 온갖 꽃과 나무가 어울려 아주 보기 좋았던 곳이었다. 소옹은 왕선미에게 사례를 하고 안락와에 옮겨 살았는데, 그 후 소옹의 생활은 한층 안정되게 되었다. 소옹은 안락와에서 한편으로는 오고 가는 문하생들을 접대하고, 한편으로는 저술에 종사하였다. 특히 이미 저술한 『황극경세』「관물편」을 다듬으며, 그 내용 중의 연표와 역사 연보를 작성하고, 늘 해왔듯이 마치 일기처럼 일상의 일에 대해 자주 시를 썼다.

원근遠近에 유명해진 이 안락와는, 이후 사실상 당시 낙양의 사대부 등 품격 있는 지식인이 세상사에 대해서 말하고 음풍농월하는 교류 장소가 되었으며, 소옹에게는 제자를 양성하는 교육장소가 되었다. 안락와를 중심으로 한 이 일대는 세 사람의 고관이 중심이 되어 소옹을 위해 마련해준 것으로서, 땅은 사마광司馬光의 명의이고, 원園은 부필富弼의 명의이며, 장莊은 왕공진王拱辰(1012~1085년, 원명은 왕공수王拱壽, 자는 군황君貺, 개봉부開封府 함평현咸平縣─지금의 하남성 통허현通許縣─ 사람. 북송 시기 대신大臣.)의 명의였다. 그 후 십년을 거주한 후 각종 계약 증서 기한이 끝나고, 정식으로 소옹에게 기증하고서야 소옹은 이곳의 소유권을 얻게 되었다. 이에 소옹은 이들 세 사람에게 감사의 시를 썼다.

안락와로 이사한 지 6년째 되던 해인 송 영종英宗 치평治平 4년(1067년), 소옹이 57세 되던 해에 소옹의 부친 소고邵古가 향년 79세로 이 해 정월 초하루에 세상을 떠났다. 임종 전 섣달그믐에 그의 장자인 소옹, 차남인 소목邵睦, 그리고 장손인 소백온邵伯溫(막 7세가 됨)이 병상을 지켰는데, 소고는 그들에게 말하기를, "내가 새해가 오기를 기다리지 못하고 다른 세상으로 가게 되었구나."하니, 소옹 등이 그 말을 듣고 소리 내어 통곡했다. 소고는 도리어 그들을 위로하며 말하기를, "내 아들이 포의布衣로서 이름이 조정에 진동하고, 자손이 모두 열심히 공부하고 효근孝謹하니, 내가 눈을 감아도 한이 없는데 어찌 울 필요가 있겠나!"라고 하였다.

소고는 평소에 큰 잔에다 술을 마시기를 즐겨 하였는데, 이때 그들에게 술을 따르도록 하여 음주로써 고별하게 했다. 소옹이 큰 잔에 술을 한 잔 따라 올리니, 그의 부친이 단숨에 들이켜서, 또 한 잔을 올리니, 반잔만 마시고는 유언을 남겼는데, 그가 생전에 불교를 믿지 않았으므로, 승려를 불러 불사佛事를 함으로써 자신의 신념을 어기는 일이 없도록 하고, 임종시 여인 손에서 죽도록 하지 말 것이며, 죽으려 하는 순간에 곡을 하여 자신으로 하여금 길을 잃게 하지 않도록 하라고 유언하였다. 소옹은 하나하나 그 말에 따르고, 부친을 이천伊川 신음원神陰原에 장사지냈다. 먼저 소렴小殮 후, 그 해 10월 3일에 정식으로 입장入葬할 때 관을 열어 보니, 그 시신 얼굴 모습이 살아 있는 듯하였다고 한다.

신종神宗 희령熙寧 원년(1068년), 소옹이 58세가 되던 해의 4월 8일에 그가 부친상을 치른 지 2년이 되지 않아 또 다른 비통한 일이 생겼다. 그의 이복동생 소목이 겨우 33세로 갑자기 병이 들어 치료도 제대로 받지 못하고 세상을 떠난 것이다. 소목은 비록 이복 소생이지만 소옹과 소목 둘 간의 우애가 매우 돈독했다. 소목은 소옹보다 25살이 적어 소옹을 매우 존경하며, 평소에 소옹에게 가르침을 받아서 그는 소옹 보기를 사부師父처럼 하였다. 소목의 죽음은 소옹으로 하여금 유능한 조수 한 사람을 잃는 것이 된 것이기도 하여 소옹은 매우 비통해했다. 소옹은, 소목이 남긴 옷가지를 정리하다가, 소목이 쓴 '중구시重九詩'란 시를 발견하기도 하였다.

이듬해인 신종 희령 2년(1069년)(소옹 59세), 신종이 즉위 초기부터 국정 개혁을 시도하여 그 추진자로서 왕안석王安石을 등용했고, 이 시점 왕안석의 개혁정책인 이른바 신법新法으로서의 변법變法은 아직 준비 단계였다. 이 당시 조정에서 조서를 내려 지방관으로 하여금 은일隱逸의 선비를 추천하게 했는데, 당시의 낙양 유명 인사들은 소옹이 나와 벼슬하기를 바랐지만, 모두 소옹에게 거절되었다. 먼저 재상을 지낸 적이 있는 부필로부터 시작해서 낙양에서 벼슬하는 문언박文彦博(1006~1097년, 자는 관부寬夫, 호는 이수伊叟. 분주汾州 개휴－지금의 산서성山西省 개휴시介休市－ 사람. 북송 때의 정치가 서법가.)의 부름에도 가지 않았고, 역시 낙양에서 벼슬하는 왕공진王拱辰이 추천하였지만, 이로 인한 조정의 명에 모두 응하지 않았다.

　　당시 신종 즉위 초에 조정에서 정식으로 조서를 내려 은일隱逸을 추천토록 하여, 어사중승삼사부사御史中丞三司副使 오극吳克(나중에 재상이 됨)이 용도각龍圖閣 학사學士 조무택祖無擇과 공동으로 소옹을 천거하여 조정에서 비서성교서랑祕書省校書郎, 영천단련추관潁川團練推官을 제수한 바 있었으나, 소옹은 그때도 응하지 않았고, 이번에도 재차 사의를 표시하였다. 그러나 조정에서 허락하지 않아 억지로 명에 응할 수밖에 없었지만, 나중에 병을 핑계로 부임하지 않았다. 소옹은 거듭 벼슬을 사양하면서, 평생 은거隱居 상태로 가난한 상태에서도 책을 읽으며 한가한 삶을 보냄에 만족할 것을 결심하였다.

　　소옹은 비록 정치에는 관여하지 않았지만, 사실상 평민 신분으로서 고위 벼슬아치들과 왕래하기에는 가장 편한 상황이었고, 퇴직 관리나 잠시 밀려난 관리들 입장에서도 일개 포의布衣와 교유함으로써 정치적인 혐의에서 벗어날 수도 있었다. 그래서, 양쪽 모두 편리한 측면이 있다는 점에서 서로 위안이 되며 가까워질 수 있었다. 이때 소옹과 서로 교유한 이들 중에 가장 유명한 인물이 셋 있었는데, 곧 사마광司馬光, 부필富弼, 여공저呂公著였다. 세 사람 모두 재상의 지위에 있었던 적이 있었으면서도 소옹과 절친했음이 미담으로 전해진다.

　　사마광(1019~1086년)은 자字는 군실君實이고, 사후 온국공溫國公으로 추증되었으며, 시호는 문정文正이다. 황하의 지류인 속수涑水(지금의 속수하涑水河)가 있는 섬주陝州 하현夏縣(지금의 산서성山西省 하현夏縣) 출신이므로 세칭

'속수선생涑水先生'이며, 그의 학문을 '속학涑學'이라고 한다. 영종英宗 때에 용도각직학사龍圖閣直學士로 벼슬에 나아가서, 신종 때에 한림학사翰林學士로 승진하였으며, 어사중승御史中丞을 잠시 대리한 바 있다. 왕안석의 변법에 극력 반대한 반대파의 가장 상징적인 인물로 역사에 유명하며, 신종 희령 4년(1071년)에 낙양으로 물러나 살았다. 그는 사학자史學者이기도 하여 『자치통감資治通鑑』 편찬의 총책임자였음도 역사에 유명하다.

또 사마광은 역학자易學者이기도 하다. 그는 『주역』과 다른 독자적인 역학 저작 『잠허潛虛』를 지었는데, 소옹의 선천 역학이 『주역』과 다른 독자적인 역학이라는 측면에서, 이들 두 사람의 역을 '역외별전易外別傳'으로 일컬을 수 있다는 공통점이 있다.[18] 사마광은 정계에서 물러나 낙양에 살 때 땅을 사서 큰 원림園林을 만들고, '독락원獨樂園'이라고 이름 하였는데, '독락원'은 '안락와'와 멀지 않아서 두 사람은 서로 왕래하며 절친하게 지냈다.

소옹의 부필富弼과의 관계 역시 보통과 달랐으며, 그는 본래 낙양 사람이기도 했다. 그가 추밀부사樞密副使를 맡고 있을 때, 왕안석 개혁 추진 이전에 범중엄范仲淹 등과 함께 개혁을 추진한 바 있는데, 곧 '경력신정慶曆新政'이라는 것이다. 이 신정 실패 후 지운주知鄆州, 지청주知靑州로 밀려났는데, 그 임기 중 수십만의 재민災民을 구조한 바 있다. 왕안석의 신법이 추진되자 계속적으로 그 폐지를 주장했다. 소옹의 또 다른 한 사람의 절친한 친구는 여공저呂公著(1018~1089년)였는데, 그의 자는 회숙晦叔이고 사후 시호는 신국공申國公이었다. 신종 때 어사중승御史中丞을 지냈는데, 왕안석 신법 중 청묘법靑苗法을 반대하며, 왕안석과 신법을 같이 추진한 여혜경呂惠卿을 공격하다가 해직되고는, 낙양으로 물러나 소옹, 사마광과 왕래하며 지냈는데, 그는 평소 과묵한 성격의 사람이어서, 종일 같이 있어도 몇 마디 말밖에 하지 않았다고 한다. 그의 세 아들들은 소옹을 스승으로 모셨는데, 그들은 소옹의 아들 소백온과 우의가 돈독했다.

신법당의 영수 왕안석이 변법을 주도하던 기간 동안 변법에 반대한 구법당의 인물로는 이러한 사마광, 부필, 여공저, 그리고 또 문언박 등이 있었는데, 모두 잇달아 조정을 떠나 낙양으로 오거나, 또는 좌천, 해직되거나, 스스로 사직하거나 하여 신법당과 구분되었다. 이들 유력 인물들이 낙양으로 모이자 마치 재야내각在野內閣처럼 되었다. 그들은 낙양을 피풍항避風港으로 삼아 은거하며, 벼슬하지 않는 소옹과 사상상, 감정상으로 많은 공명共鳴을 하였다. 당시 1070년 문언박, 부필, 사마광 등 13인은 '낙양기영회洛陽耆英會[19)를 조직하여 변법에 반대하였다.

당시 낙양에는 이처럼 인재가 많이 모였는데, 소옹은 사마광, 부필, 여공저, 왕공진 등과 같은 고위의 인물들과 교유하는 외에, 재능 있는 젊은 학자들과도 학문을 논하였다. 그들 중에는 성리학을 창도한 인물인 장재張載, 정호程顥, 정이程頤도 있었다.

장재는 개봉에서 역학을 강의하였는데, 후에 이정과 만나서 학문을 절차切磋한 바 있었다. 이따금 이정과 함께 역학계 선배인 소옹을 방문한 바 있었다. 이정형제의 거주처는 안락와와 아주 가까워서, 소옹과는 한 마을 사람이라고 할 수 있으며, 모두 역학을 매우 좋아하여 늘 가서 그에게 가르침을 구했다. 그러나 그들은 소옹이 말하는 선천상수학에는 그다지 흥미를 느끼지 않았다. 소옹은 이정보다 20여세 위지만, 그들은 나이를 잊고 교유했다. 소옹은 자신의 장기인 수학을 이정에게 가르쳐 주고 싶어 했다. 그러나 만나서 하는 이야기는 모두 역학의 의리와 사회문제이고, 수학에 대해서는 언급하지 않았다. 정이는 그의 학생에게, "나와 요부堯夫(즉, 소옹)는 한 마을에 30년 남짓 살면서, 세상일에 대해서는 묻지 않은 것이 없으나, 단지 수에 대해서는 한 글자도 언급한 적이 없다."고 한 바 있다.

정호는 이렇게 말한 적이 있다. 소옹이 그들에게 수학을 가르쳐 주고 싶어 했지만, 소옹이 다른 사람에게, 수학을 배우려면 20년 동안 벼슬을 하지 않아야 된다고 하는 말을 들어서, 감히 그 길에 들어서지 않았다고 한다. 또 소옹이 처음 이지재에게 배울 때 스승에 대한 예가 매우 엄격하였는데, 소옹에게 배우려 하면 역시 이러할 것이라고도 말했다 한다. 어쨌든 이정은 소옹을 단지 한 마을의 웃어른으로 간주했지, 결코 엄격한 의미로 그를 스승으로 모시기를 원하지는 않았다고 한다. 게다가 그들의 스승은 주돈이周惇頤이므로, 스승이 건재한데 문정門庭을 가볍게 바꿀 수 없음도 이유였다고도 한다.

그런데, 정호는 동생 정이와 달리 소옹의 수학에 대해서 조금도 물은 적이 없었던 것은 아니라고 한다. 소옹은 이정 중 정호를 더 높여서 시에서 그를 낙양사현洛陽四賢의 한 사람으로 묘사했다('사현음四賢吟'이란 시). 그 네 사람은 곧 부필, 여공저, 사마광, 정호였다. 이들 네 사람의 공통점은, 그들이 당시 낙양에 살면서, 왕안석의 신법에 불만을 가지고 낙양으로 퇴거하여, 소옹과 교유한 가장 친밀한 벗이었다는 것이다.

소옹의 친구들은 비록 왕안석의 신법 즉 희령 변법을 적극적으로 반대하고, 왕안석에 협력하지 않았지만, 소옹 자신은 그 '사현'과는 차이가 있었다. 그는 신법에 대해서 유보의 태도를 지니고, 신당과 격렬한 충돌을 주장하지는 않고, 조화에 힘썼다.

한때 소옹은 손님과 함께 천진교天津橋 위에서 산보하고 있었는데, 그때 갑자기 두견杜鵑이 우는 소리가 들렸다. 그러자 소옹은 "슬프고 즐겁지가 않구나."라고 했다. 손님이 이유를 묻자, 소옹은 "낙양에는 여태까지 두견이 없었는데, 지금 두견이 우니, 이는 좋지 않은 징조입니다."라고 하였다. 소옹은 한바탕 정치변혁을 피할 수 없음이 자연현상으로 그 징조가 나타난 것으로 예감하였다. 그의 생각으로는, 이 정치투쟁은 피할 수가 없으므로, 결연하게 반대하기 보다는 완화의 태도를 지녀야 한다는 것이었다. 변법이 시작된 후 조정에는 중대한 변화가 발생하여, 신당이 권력을 잡고 구당이 은퇴하였는데, 소옹은 이 당시의 정국을 냉정히 방관하였다.

신종 희령 3년(1070년)에 왕안석이 변법을 본격 추진하였다. 이때 적지 않은 '신진소년新進少年'들을 각지에 파견하여 신법을 실행하였는데, 이 때문에 주현州縣 지방관의 불만을 야기하였다. 당시 소옹은 낙양에 한거하고 있을 뿐이어서, 사람들이 왕안석에 대한 탄핵을 주장하며 소옹에게 편지를 써서 의견 표명을 구하였다. 그러자 소옹은 조화의 입장에 서서, 이러한 격렬한 충돌은 조정과 백성에게 이로움이 없다고 보았다. 그래서 완화의 태도를 취하여 표면상으로는 신법을 봉행하면서, 가능한 한 변통의 방법으로 임하는 것이 낫다고 생각하였다.

소옹은 왕안석의 노여움을 사고 싶지는 않아서, 왕안석 쪽과 반反왕안석 쪽이 갈등하는 상황이 벌어질 것이 예상되는 자리에 초청되었을 때 사양하여 피하기도 했다. 앞에서 말한, 안락와 조성에 앞장섰던 왕선미王宣徽의 아들 왕무직王茂直이 왕안석의 동생 왕안국王安國(자는 평보平甫)과 신법을 반대하는 오처후吳處厚를 연회에 초청하면서 소옹도 초청했지만, 소옹은 분쟁을 예상하고 사양했던 일이 있었다. 연회에서 실제로 오처후는 왕안국의 면전에서 그의 형인 왕안석을 비방하였으며, 왕안국이 이 때문에 그를 관부官府에 고하려는 것을 왕무직이 간신히 말렸다. 이후 왕무직이 소옹이 당시 그 연회에 참가하지 않은 이유를 듣고, 그의 예견에 감탄했다고 한다.

소옹은 왕안국과는 사이가 아주 좋았는데, 왕안국은 당시 서경(낙양) 국자감교수國子監敎授였으며, 가끔 소옹과 교유했다. 그의 소옹에 대한 인상이 괜찮아서, 그는 형인 왕안석에게 소옹의 사람됨과 처세 태도를 이야기하자, 왕안석은 기뻐하며, "소요부邵堯夫의 현명함은 따라잡을 수가 없구나."라고 했다. 그리고 비록 소옹이 신법을 적극적으로 지지하지는 않았지만, 그 절충과 조화의 태도를 십분 이해했다고 한다.

소옹이 낙양에 은거함에 그 교유가 매우 넓어서 귀천과 친소의 구분도 두지 않았다. 학생들도 적지 않았지만, 누가 충후忠厚하고 누가 간사奸詐한지 나름대로 판단이 있었다. 그는 진단으로부터 전해진 수학에 능하였고, 이정에게 그것을 가르쳐 주려고 했으나 그들이 사양했지만, 그렇다고 해서 가벼이 아무에게나 가르쳐 주지는 않았다. 특히 마음씀새가 바르지 않은 사람들은 그에게 문밖에서 거절당하였다. 소옹에 의해 거절당한 이들 중에는 이후 『송사宋史』「간신전奸臣傳」에 수록된 사람들도 있었다.

희령 원년 신종의 즉위 때부터 왕안석은 신종에게 변법 주장의 글을 올렸는데, 이때부터 소옹이 세상을 떠날 때까지 대략 10년 세월이었다. 이 10년 동안은 북송의 정치 투쟁이 가장 격렬한 시기였다. 그런데 이때 소옹의 생활 상황에서 볼 때는, 오히려 그의 명성이 가장 높고, 그 마음이 가장 유쾌하던 세월이었다.

소옹은 안락와에 살면서 스스로 생활 원칙을 정했는데, '사불출四不出', 즉 외출하지 않는 때가 네 가지가 있고, '사불부四不赴', 즉 가지 않는 모임에 네 가지가 있었다. 이른바 '사불출'은, 바로 크게 더울 때(大熱), 크게 추울 때(大冷), 큰 바람이 불 때(大風), 큰 비가 올 때(大雨)에 외출하지 않는 것이며, 이른바 사불부는 곧 대중 집회(公會), 장례 모임(葬會), 생일 모임(生會), 술 모임(釀會)에는 참가하지 않는 것이다.

매년 2월(음력 기준)에 외출하기 시작하여, 4월에 점차 더워지면 중지하고, 8월에 날이 선선해지면 다시 외출하기 시작하여, 11월에 날이 점차 추워지면 중지하였다. 소옹은 말하자면, 기후상 건강에 위해되는 경우나, 많은 사람이 모여 전염병 위험이 있거나, 인간관계상 갈등이 있을 수 있는 경우는 피함으로써 최대한 안전을 도모한 것으로 보이는데, 세상에서는 그가 미래를 예측하는 능력이 있음을 강조하지만, 사실상 객관적 정황상 스스로 위험한 곳에 가기를 삼가고 조심하는 일부터 한 것이다.

소옹은 외출할 때는 작은 수레를 타고 다녔는데, 그가 외출할 경우 사람들이 모두 신을 거꾸로 신고 나올 정도로 급히 나와 맞이하였다. 어떤 집에 갈 때마다 그 집의 자제들과 집안사람들은 다투어 주찬酒饌을 갖추어, 소옹에게 드시고 싶은 것이 무엇인지를 물었다. 그들은 소옹의 성姓을 부르지 않고 친근하게 단지 이름만 부르면서, "우리 집 선생께서 오셨네(吾家先生至也)."라고 말하였다.

낙양에는 열두 집의 부호富豪가 있었는데, 그들은 안락와를 모방하여 소옹을 위한 별장을 지어 '행와行窩'라고 부르면서, 수시로 소옹을 맞이하여 유숙留宿하도록 준비하였다. '행와'에 가면 그 주인의 가족과 스스럼없이 소통하였는데, 그 가족 구성원들이 그들 간에 해결되지 않는 일들을 소옹에게 이야기하면, 소옹이 하나하나 분별해 주어 사람들이 모두 좋아하였다. 이에 그들은 소옹에게 술과 안주를 다투어 대접하며 며칠씩 연회를 베풀었고, 그러고는 소옹은 또 다시 다른 집에 갔다. 이러한 것은 소옹이 당시 민간에서 매우 높은 위신威信을 갖고 있었으며, 각계 인사들의 존경을 받았음을 말한다.

소옹은 60세 후부터 은자隱者의 옷을 입었는데, 검은 모자, 수갈綬褐을 착용하였으며, 이 복장을 경상卿相을 만날 때라도 바꾸지 않았다. 그런데 사마광은 『예기禮記』에 수록되어 있는 옛날의 심의深衣를 착용하고서, 또 옛날의 관잠冠簪, 복건幅巾, 진대縉帶를 하였으며, 외출할 때마다 조복朝服에 말을 탔다. 사마광이 소옹의 복식을 두고 이러쿵저러쿵 말하니, 소옹은 말하기를, "나는 지금 사람이니 마땅히 지금의 옷을 입어야 한다."고 말하였다. 소옹과 사마광의 사고방식의 차이를 말해주는 측면이다.

소옹은 낙양에서, 여름에는 안락와에 기거하고, 겨울에는 운계동雲溪洞에 기거하였다. 온종일 '사물四物'과 가까이 하였는데, 곧 저서著書, 음주飮酒, 분향焚香, 음시吟詩였다. 소옹의 만년은 한가한 세월을 보낸 시기였다. 『주역』을 읽음은 난숙한 정도로 되었다. 그리고 그 후엔 12년 동안을 더 이상 독서하지 않았다. 작은 수레를 타고 소요逍遙하면서 신선과 같은 날을 보냈다.

신종 희령熙寧 10년(1077년) 소옹의 나이 67세가 되었다. 6월에 가벼운 병을 앓았는데, 어느 날 낮잠을 깨고 나서 꿈을 꾸었다면서, "내 꿈에 학과 기러기가 깃발처럼 나부끼듯 공중에서 내려와, 나를 어지러이 흩어져 있는 산으로 안내했는데, 사마군실(즉, 사마광)과 여회숙(즉, 여공저) 등 여러 사람과 역정驛亭에서 작별하였다."고 말하였다.

7월에 소옹의 병이 위중해졌다. 소옹은 "기력은 날로 줄어드는데, 정신은 더욱 밝아지는구나."라고 하였다. 부필이 의원을 부르고 약을 보내어 위문했다. 사마광, 장재, 정호, 정이가 병문안하였다. 소옹이 웃으면서 사마광에게 말하기를, "내가 한바탕 생명의 전화轉化를 겪게 되는구려."라고 하니, 사마광이 "선생이 그런 상황까지는 되지 않을 거요."라고 하였다. 이에 소옹이 말하기를, "삶과 죽음은 평상平常의 일에 지나지 않을 뿐이요."라고 하였다. 장재가 물었다. "선생께서는 추명推命하실 수 있으신가요?"라고 하자, 소옹이 말하기를, "천명天命과 같은 것은 알지만, 세속에서 말하는 명命은 알지 못하오."라고 하였다. 이에 장재가 말하기를, "선생께서 이미 천명을 알고 있는데, 무슨 말을 더 하겠나요."라고 하였다. 정호가 소옹에게 뒷일을 어떻게 안배할지에 대한 주장을 물으니, 소옹이 말하기를, "평생 도를 공부했는데, 어찌 이를 모르겠는가. 그러나 주장할 것도 없네."라고 하였다. 소옹은 7월 초나흘에 큰 글자로 시를 한 수 썼다.

"태평세에 태어나, 67세가 되었구나. 하늘을 우러러보고 땅을 내려다보니, 호연浩然하게 홀로 부끄러움이 없구나.(生於太平世, 六十有七歲. 俯仰天地間, 浩然獨無愧.)"(뒷부분의 구절은 『맹자』의 문장과 연관되는 것으로 보인다.)

그날 밤 오경五更에, 소옹은 세상과 긴 이별을 했는데, 죽기 전 장차 유주幽州를 수복할 것이라고 예측했다. 그를 이천伊川(오늘날의 하남성河南省 낙양시洛陽市 소속 이천시伊川市 이천현伊川縣인데, 이곳에 범중엄范仲淹과 정호程顥, 정이程頤의 묘도 있다.)에 있는 부친 묘 뒤에 장사지내달라고 했는데, 사마광 등이 먼저 그를 낙양 근교의 망산邙山(낙양 북쪽에 있으므로 세상에서 북망산北邙山이라 하기도 함.)에 장사지낼 것을 다 같이 논의했지만, 소옹은 동의하지 않았다.

소옹이 세상을 떠난 후, 조정에서는 조서를 반포하여 그에게 비서성秘書省 저작랑著作郎의 관함官銜을 추봉追封하고, 곡식과 비단을 하사하여 위로했다. 송 철종哲宗 때에 구양수歐陽修(1007~1072년, 자는 영숙永叔, 호는 취옹醉翁, 만년의 호는 육일거사六一居士, 북송 때의 정치가, 문학가. 당송팔대가唐宋八大家 중 한 사람.)의 아들 구양비歐陽棐가 조정에 상주하여 소옹의 시호諡號를 청하였다. 이에 철종은 '강절康節'의 시호를 하사하였는데, '강康'은 '온량호락溫良好樂'을, '절節'은 '능고소수能固所守'를 의미하는 것이다. 정호는 『소요부선생묘지명邵堯夫先生墓志銘』을 썼다.

소옹의 아들 소백온邵伯溫(1057~1134년)의 자는 자문子文인데, 당시 22세였다. 그는 나중에 벼슬이 이주로전운부사利州路轉運副使에 이르렀다. 소백온의 저서에는 『역학변혹易學辨惑』, 『소씨견문록邵氏見聞錄』이 있다.

3
장재張載의 삶

　장재張載는 1020년에 태어나서 1077년에 세상을 떠났다. 그의 자字는 자후子厚이며, 세칭 '횡거선생橫渠先生'이다. 그래서 후대에 흔히 장횡거張橫渠라고 일컫는다. '장재張載'라는 이름은 『주역周易』「곤괘坤卦」의 "후덕재물厚德載物"에서 유래하였다. 더불어 그의 자字 자후子厚의 '후厚'자 역시 바로 여기서 나온 것이다. 즉 '후덕재물' 중 '재'에서 이름이, '후'에서 자가 나온 것이다.

　장재는 북송대 성리학의 주요한 설립자 중 한 사람인데, 특히 '관학關學'의 창시인으로 그 학술사적 의미가 부여되기도 한다. 그는 철학사 속에서는 기氣를 중시한 기 철학자로 많이 알려져 있다. 이른바 '관학關學'은 '관중關中'의 학學이다. '관중'은 특정 지역을 말하는데, 그것은 함곡관函谷關(지금의 하남성河南省 영보시靈寶市에 위치) 이서以西, 대산관大散關(지금의 섬서성陜西省 보계시寶鷄市에 위치) 이동以東의, 두 관關의 가운데에 위치하고 있기 때문에 이러한 의미로 고대부터 '관중關中'으로 일컬었다.

　장재 이전의 신안申顔, 후가侯可,[20] 장재 이후의 여대충呂大忠, 여대방呂大

防, 여대균呂大鈞,21) 여대림呂大臨22) 등의 형제, 이복李復, 범육范育, 유사웅游師雄, 종사도種師道, 그리고 금金·원元·명明·청淸 시대의 여러 관중關中 리학자理學者들의 리학理學을 그들의 지역과 연관지어 '관학關學'이라고 한다. 이 학파의 특징은 장재의 경우에서도 그렇듯이 '기氣'를 현상 만유萬有의 근본으로 보는 '기본론氣本論'이라는 것이다.

장재는 봉상鳳翔 미현郿縣 사람이다. 이곳은 지금의 섬서성陝西省 보계시寶鷄市 봉상구鳳翔區 미현郿縣 횡거진橫渠鎭이다. '봉상鳳翔'은 옛날에는 '옹雍'이라 불렸으며, 옛날 주周와 진秦의 발상지이다. 이런 전설이 있다. 진秦 목공穆公의 딸 농옥弄玉이 피리를 잘 불어서, 퉁소를 잘 부는 화산華山의 은사隱士 소사蕭史와 서로 지음知音하는 사이가 되어 마침내 부부가 되었는데, 나중에 부부가 봉황鳳凰을 타고 신선이 되어 비상飛翔하여 갔으므로, 당唐 때에 이 뜻을 취하여 '봉상鳳翔'으로 이름을 고쳤다고 전해진다.23)

'횡거橫渠'라는 말은 그 지역이 옛날에 동서 방향으로(橫) 두 수로(渠)가 이곳에서 합류하므로 일컬어진 말이다. 합류 후 그 물길은 북쪽으로 위수渭水(강태공姜太公이 낚시 하던 곳으로 유명)로 흘러가서 황하黃河로 간다. 당대唐代에 이미 '횡거'라는 말이 있었으며, 현재 동사하東沙河 동안東岸 봉천현성鳳泉縣城이 있는 곳에 옛터가 있다. 명청대明淸代에도 '진鎭'의 행정단위가 있었지만, 현대에 와서는 횡거향橫渠鄕이었다가 다시 횡거진橫渠鎭의 행정단위가 되었다.

장재의 "천지를 위하여 마음을 세우고(爲天地立心), 백성을 위하여 명을 세우고(爲生民立命), 옛 성인을 위하여 끊어진 학문을 잇고(爲往聖繼絶學), 만세를 위하여 태평太平을 열자(爲萬世開太平)."라는 말은 오늘날 중국에서까지 '횡거사구橫渠四句'라 일컬어지며 인구에 회자되고 있다.

장재의 원적原籍은 대량大梁으로서, 지금의 하남河南 개봉開封이다. 이곳은 조광윤趙匡胤이 당시 후주後周를 넘겨받아 세운 송宋 즉 북송北宋의 수도로서, 후주의 수도 변경汴京에 그대로 정한 것이며, 전국시대戰國時代 위魏나라의 도읍이다. 『맹자孟子』의 처음을 수놓는 「양혜왕편梁惠王篇」의 '양혜왕梁惠王'의

'양梁(량)'이 곧 '대량'을 말한다. 양혜왕梁惠王은 곧 위혜왕魏惠王인 것이다. 당시 위혜왕이 안읍安邑에서 대량으로 수도를 옮겨 '위魏'를 '량梁'이라고도 부르게 되었다. 이후 진秦이 위魏를 멸망시키고, 대량에다 '개봉開封현縣'을 설치하였다.

장재의 조부祖父는 장복張復이란 사람인데, 그는 송宋 진종眞宗 때 급사중給事中, 집현원集賢院 학사學士 등을 지내고, 후에 사공司空으로 증직贈職되었다. 장재의 아버지는 장적張迪인데, 그는 진종 초에 아내 육씨陸氏와 함께 섬서陝西 장안長安(지금의 섬서성陝西省 서안시西安市)에 부임하였으며, 장재의 어머니인 육씨는 타향인 장안에서 진종眞宗 천희天禧 4년(1020년)에 장재를 낳게 되었다.

진종 천희天禧 5년(1021년), 장재가 2세였던 이 해에 훗날 사마광司馬光을 비롯해 장재를 포함한 도학道學, 리학理學의 학자들과 정치적 갈등과 파란을 일으키게 된 왕안석王安石이 강서江西 임천臨川에서 장재와 한 살 차이로 태어났다. 이때는, 소옹邵雍은 11세, 주돈이周惇頤는 5세, 사마광은 장재보다 한 해 앞 1019년에 태어나서 3세가 되던 해였다. 이들은 모두 훗날에 학문적, 정치적으로 서로 관련되게 되었다. 장재는 이 해부터 이듬해 3세가 될 때까지 장안에서 자랐다.

진종 건흥乾興 원년(1022년), 장재가 3세가 된 이 해에 진종이 세상을 떠나고 인종仁宗이 13세로 즉위하였는데, 당시 태후太后가 된 장헌명숙황후章獻明肅皇后(이름이 명확하지 않으나 민간에서 류아劉娥로 전해짐)가 수렴청정垂簾聽政하였다.[24] 그녀는 송조宋朝에서 첫 번째로 섭정한 태후로서, 한漢의 여후呂后, 당唐의 무후武后와 함께 정치에 깊이 관여한 일로 많이 거론된다. 그녀는 남편인 진종 재위 후기부터 점차로 조정의 대권을 장악해 가기 시작하면서, 자신의 국정개입에 반대하는 쪽을 제거하였다. 그러다가 진종이 세상을 떠난 후 어린 인종 즉위 상황에서 섭정하여, 심지어 제왕의 용포龍袍를 입고 조정의 책봉대전冊封大典에 참가하기도 하였다.

당시 어떤 신하들이 그녀에게 영합하여 칭제稱帝하기를 암시하는 권유를 하기도 했지만, 그녀는 그래도 당의 무후와 같은 상황에까지 이르는 것은 거부하였다. 하지만 그녀는 인종 명도明道 2년(1033년) 자신이 죽을 때까지 권력을 인종에게 돌려주지 않았고, 인종은 태후가 죽고 나서야 친정할 수 있었다. 이처럼 인종은 즉위 후 11년이 지난 때인 24세에 친정을 시작할 수 있었지만, 송조에서 전체 재위 기간은 가장 긴 황제였다.

그런데, 인종의 재위 기간 중 송은 계속된 외환에 시달려야 했고, 이 점 장재의 청소년기 그의 생각이 형성되는 데 영향을 미친다. 우선 인종의 재위 중기에 첫 번째 서하西夏와의 전쟁이 발발하였고, 3년의 전쟁 후 1044년인 경력慶曆 4년에 이른바 '경력화의慶曆和議'란 역사상의 이름으로 그때의 전쟁을 멈췄다. 전쟁 기간 동안 송은 전쟁으로 인한 피해가 매우 컸고, 조야朝野는 전쟁의 큰 충격을 받았다. 군비의 지출은 매우 컸고, 그로 인한 백성의 부담이 가중되었다. 서하 쪽 역시 전비 소모가 엄중하였다. 또한 쌍방이 전쟁 기간 동안 교역이 중지되어, 서하는 그들의 국내 물자가 부족하게 되어 송에게 화의를 제의한 이유도 있었다.

당시 송과 서하 사이의 협정 내용은 대략 이러했다. 우선 서하의 지도자는 스스로 황제를 칭하는 시도를 취소하고,25) 송을 종주국으로 하여 다시 책봉 받는 위치가 된다. 그러나 경제적 측면에서는 이러한 외관상의 모양새는 빛 좋은 개살구였다. 실제적으로는 송이 매년 많은 비단, 은, 차 등을 '하사(賜)'라는 허울 좋은 이름으로 제공하기로 한 것이다. 그리고 전쟁으로 중지된 호시互市(변경지역의 통상)를 재개하였다. 이를 역사에서 '경력화의'라 부르는데, 비록 명목상으로는 송이 '군君'이 되고 서하가 '신臣'이 되는 군신관계의 조약이지만, 내용상으로는 송의 굴욕적 조약이었던 것이다.

이러한 상황이 전개되고 있던 인종의 재위 기간 중 또 다른 북방의 위협 세력인 거란契丹(이후 요遼라 칭함.)이 기회를 노리다가 남하하여, 국경 쪽에 군대를 증강함으로써 송을 핍박하였다. 당시 거란은 송이 그들에게 해마다 보내는 공물인 세폐歲幣를 증가하기를 요구하여 그렇게 되었는데, 역사에서 이를 '경력증폐慶曆增幣'라고 부른다. 이러한 당시 상황은 곧 말하게 될 장재의 가정 상황, 장재의 가족이 횡거에 정착하게 된 이유, 나아가 그의 청소년기의 생각에 영향을 미치게 된다.

송의 인종은 이러한 어려운 상황을 타개하기 위해 참지정사參知政事 범중엄范仲淹 등을 임용하여 개혁을 시도하는데, 이는 이른바 '경력신정慶曆新政'이라는 것으로서, 날로 심해지는 토지겸병土地兼幷과 삼용三冗, 즉 불필요한 관원官員, 불필요한 관병官兵, 불필요한 경비經費 문제를 막으려고 한 개혁정책이었지만, 반대 세력이 커서 개혁은 곧바로 중지되었다. 그래도 그나마 인종 재위 기간 중 북송의 경제는 번영했고, 과학기술과 문화도 큰 발전이 있어서, 역사에서는 그의 통치시기를 '인종성치仁宗盛治'라고 부른다.

이러한 인종 시기의 정국은 장재와 같은 북송의 주요 철학자들을 비롯한 지식인, 정치가의 활동기와 상당 부분 시기를 같이 하므로, 그들의 삶과 철학의 배경에 중요한 요소가 되었으며, 해결되지 않은 북송 당시의 나라 사정은 이후 역시 개혁을 시도한 신종神宗과 그가 등용한 왕안석王安石 및 그들의 정책을 반대한 장재, 사마광 등의 정치적 분쟁과 갈등의 원인이 되기도 하였다.

그 이듬해인 인종 천성天聖 원년(1023년), 장재가 4세가 된 해에 장재의 아버지 장적이 사천四川 부주涪州(지금의 중경重慶 부릉현涪陵縣)26)의 지주知州로 가게 되어, 장재는 그의 어머니와 함께 아버지를 따라 부주의 아버지 임소任所로 가게 되었다.

이후 장재는 어린 시절 계속 부주에서 자라게 되었는데, 그는 어려서부터 타고난 자질이 총명하여, 그가 10세 때인 인종 천성 7년(1029년)에 외부外傅27)를 따라 배우면서 보통 사람과는 다른 품격을 나타냈다.

다시 이듬해 인종 천성 8년(1030년), 장재 11세에 동생 장전張戬(자字 천기天祺)이 부주涪州에서 태어났다. 장재가 13세가 되던 인종 명도明道 원년元年(1032년)에 정호程顥가 황주黃州 황피黃陂에서 태어났고, 이듬해 명도 2년(1033年)에 정이程頤가 역시 황주黃州 황피黃陂에서 태어났다.

그런데, 인종 경우景佑 원년(1034년), 장재 15세, 그의 동생 장전 5세 때에 그들의 부친 장적이 부주涪州의 임소에서 병으로 세상을 떠났다.(장적은 후에 상서독관낭중尙書督官郎中으로 증직되었다.) 당시 장재의 가족은 가장의 죽음으로 슬픔과 황망함에 빠지게 되었는데, 부주 지역에서 자금을 대어 장적의 영구靈柩를 사천에서 개봉으로 옮겨갈 수 있도록 해주었고, 이에 장재는 어머니와 논의하여 함께 아버지의 관을 모시고 개봉으로 가서 장사지내기로 하였다. 그래서 당시 열다섯 살의 장재와 다섯 살 남동생 장전은 어머니와 함께 아버지의 영구를 모시고 사천四川에서 섬서陝西로 가는 대파산大巴山을 넘어 섬서陝西의 한중漢中으로 향해 갔다. 도중에 한중漢中의 남정南鄭을 지날 때 그곳의 무후사武侯祠(제갈량諸葛亮을 모신 사당)에서 제갈량에게 참배하고는, "말에는 가르침이 있고(言有敎), 행동에는 법도가 있으며(動有法), 낮에는 일을 하고(晝有爲), 밤에는 얻음이 있으며(宵有得), 숨 쉬는 동안에도 함양함이 있고(息有養), 눈 깜박이는 동안에도 보존함이 있다(瞬有存)."는 말을 남겼다.

그런데, 그 후 종남산終南山의 사곡斜谷을 나와 미현郿縣의 횡거橫渠까지 갔지만, 노자路資가 부족해진 데다가, 이에 더하여 전방前方에서 전란이 일어났다. 이로 인해 원적 개봉으로 돌아갈 수가 없는 상황이 되었다. 그래서 하는 수 없이 마침내 부친을 횡거의 남쪽 대진곡大振谷 미호령迷狐嶺에 안장安葬하고, 그의 가족도 그곳 횡거橫渠 대진촌大振村에 정착하게 되었다. 이로 인해 그가 이후 '횡거선생橫渠先生'이라 일컬어지게 된 것이다. 이처럼 소년기에 아버지를 여의고, 어린 동생을 데리고 어머니를 모시며, 자신이 집안일을 책임진 것이 그를 일찍 성숙하게 했다.

이후 장재는 미현郿縣에서 어머니를 모시고 10살 어린 동생을 가르치면서, 한가할 때는 숭수원崇壽院에 가서 독서하였는데, 이곳은 훗날 그의 제자들이 장재를 추모하며 '횡거서원橫渠書院'으로 개명하게 된 그 전신이며, 지금의 '장재사張載祠'이기도 하다. 장재의 청소년기는 이렇게 반경반독半耕半讀의 나날이었다. 그의 부친이 살아 있을 때는 외부外傅로부터 배우기도 했지만, 부친 사후에 횡거에 정착하여 15세의 소년 가장이 된 장재는, 빈한한 가정 형편에 누구에게 배울 여력이 없었고, 단지 부친이 남긴 각종 서적을 스스로 읽는 공부 방법밖에 없었다. 그는 독서와 동시에 시사時事의 변화에도 관심을 가졌는데, 특히 정착한 미현 횡거가 북방 민족과 접경한 변경 지역인 탓에, 그곳은 언제라도 전화戰火에 휩싸일 수 있는 환경이어서, 이러한 요인에다 본래 어려서부터 군사, 병법을 말하기를 좋아하는 장재의 개인적 특성이 더해져, 그는 군사 방면에도 줄곧 큰 관심을 가졌다.

그런데, 장재가 18세가 되었을 때(인종 경우景佑 4년, 즉 1037년)[28] 그는 빈주邠州(지금의 섬서 빈주彬州, 장무長武, 순읍旬邑, 영수永壽 일대) 사람으로서 군략軍略에 정통한 초인焦寅과 교유하게 되었다. 송 시대의 미현郿縣은 관중關中 북측의 빈주邠州와 거리가 멀지 않았으며, 빈주는 연주延州(지금의 연안시延安市)에 가까웠다. 송초에 서하는 끊임없이 연주 일대에 군사 도발을 하였고, 송 조정은 서하에게 절절매면서 고분고분하게 따르며, 전쟁을 피하려고만 하는 소극적인 태도를 보였다.

송 태조太祖 조광윤趙匡胤이 후주後周의 금군禁軍 총사령관으로서 나라를 찬탈한 후, 자신 역시 그러한 방식으로 황위를 잃을까 우려하여, 주연酒宴을 베풀어 병권兵權을 가지고 있던 군벌들을 회유한 '배주석병권杯酒釋兵權'의 사건[29]은 송 초기의 중앙집권과 황권 안정의 토대가 되었지만, 이는 그의 문치주의文治主義와 더불어 송의 군사력 약화의 원인이 되었고, 이로 인해 북쪽에 접경한 서하, 요 등이 송을 만만하게 보고 잦은 침략을 일삼는 부작용을 초래한다.

이 사건 후 중앙에서부터 지방까지 모두 무비武備가 느슨하고 해이해져,

전쟁에 능한 장수의 자원이 부족해지고, 게다가 북방에서 요遼가 여러 차례 침습해 와도, 북송 조정은 이를 막아낼 힘이 없이, 그저 매년 돈을 준다든지 영토를 떼어준다든지 하는 방식으로 요에 대한 굴욕적 평화를 구걸하였다. 특히 요와 25년의 전쟁 후 체결한 1005년의 맹약인 '전연지맹澶淵之盟' 이후에는, 송 조정의 대외적인 군사적 나약함이 집중적으로 드러났다.

이러한 군사적 무능은 송 조정 군사력의 대명사가 되었는데, 이러한 것도 서하가 북송을 가볍게 보고 끊임없이 침범한 직접적인 원인이었다. 서하의 말발굽은 마치 무인지경에 들어선 듯 감롱甘隴, 연주延州 등 서북쪽 변경을 뚫고 관중關中 지역을 바로 침공하였다. 이로 인해 관중 북부 빈주 지역에 사는 송의 백성의 고통은 이루 말할 수 없을 정도였다. 송 조정은 요에게 했듯이 국경 평화를 위해 비단·은·찻잎 등 많은 물자를 서하에게 '하사' 형식으로 퍼주었지만, 이러한 '은혜' 조치는 서하의 침략 야심을 막지 못했고, 막대한 지출의 '세공歲貢'이 오히려 군사적 도발의 확산을 부채질했다. 이를테면 돈을 뜯어내기 위한 도발이 계속된 셈이었다.

그래서 조정에만 의존할 수 없는 상황에서, 빈주 일대에는 여러 형태의 지방 민단民團 조직이 자발적으로 생겨났는데, 병법에 능통하고 상무尙武 정신을 가진 초인焦寅은 이 시기의 그 지역 병가兵家 대표자 중 하나였다. 초인이란 사람과 그 관련된 일에 관한 기록도 많지 않고, 장재와 그와의 교유에 대한 구체적 과정도 불분명하지만, 당시의 사회 환경과 횡거에서 초인의 가향인 영수까지는 오늘날 단위로 50km 정도라는 점을 볼 때, 두 사람은 아주 많이 만났을 것으로 보인다. 『횡거선생행장橫渠先生行狀』의 기록에 따르면, "(선생은) 어려서 홀로 자립하며 배우지 않은 것이 없었다. 빈인邠人인 초인焦寅과 교유하였는데, 인寅은 병兵에 대해 말하기 좋아하였다고 선생께서 말씀하셨다."고 한다. 장재는 이러한 초인에게서 병법兵法을 배웠는데, 서로 의기투합하여 언젠가는 서하에 의해 잃어버린 조서洮西(지금의 감숙성甘肅省 임조현臨洮縣 일대)의 땅을 회복하리라는 다짐을 하였다. 두 사람은 평소에 군사軍事를 담론하면서, 나라를 위한 비분강개悲憤慷慨의 기상으로 공명功名을 세울 목표를 가지고써, 나라에 보답할 것을 서로 맹세했다.

그래서 이듬해인 인종 보원寶元 원년(1038년), 장재가 19세일 때에는 초인과 민단, 즉 민간무장조직을 결성해 병법을 학습하고 군사적 조련을 하였다. 장재는 '어릴 때부터 병사兵事를 말하기를 좋아하였는데', 자신의 가정의 일로는 부친의 사후 전란으로 개봉으로 가지 못하고 도중에 횡거橫渠에 정착한 일도 있지만, 더 나아가 이러한 국가의 대사大事들이 장재를 매우 크게 자극하여 그로 하여금 이러한 마음을 갖게 한 것이다.

인종 보원 2년(1039년), 장재는 20세가 되어, 상투를 틀고 관을 쓰는 성인례成人禮로서의 관례冠禮를 올리고 비로소 성인 역할을 인정받는 공동체의 일원이 되었다. 이듬해인 인종 강정康定 원년(1040년)의 여름, 당시 범중엄范仲淹이 서북 지역 방위를 주관하는 섬서초토부사겸지연주陝西招討副使兼知延州로 있었는데, 그 해 21세가 된 장재는 연주延州로 가서 연주군부延州軍府에서 범중엄에게 자신의 군사적 주장 9가지, 즉 청야淸野, 회수回守, 성수省戍, 인민因民, 강실講實, 택수擇帥, 택수擇守, 족용足用, 경패警敗에 대해 말한 『변의구조邊議九條』를 써서 올리며, 군사軍事 문제와 국경 방비, 그리고 고향을 지키고 실지를 수복하려는 포부를 말하였다. 범중엄은 그 글을 본 후 장재의 재능을 높이 평가하며 칭찬했다.

그런데 이때의 일이 장재에게 새로운 전환점이 되었다. 그때 범중엄이 장재의 군사적 재능을 인정하면서도 오히려 이렇게 말한 것이다. "유자儒者에게는 본래 명교名敎가 있는데, 어찌 병사兵事에 종사하려고 하나?" 당시 범중엄은, 장재는 유생儒生으로서 반드시 큰 인물이 될 것이니, 군사軍事를 연구해서는 안 된다고 생각했다. 그래서 장재에게 그보다는 『중용中庸』을 읽으면서 유학儒學 공부에 힘쓰도록 독려하였다.

그래서 장재는 범중엄의 권고를 듣고 집으로 돌아와 『중용』을 열심히 공부했다. 그렇지만 여전히 불만족스러운 생각이 들었다. 이에 유학 밖으로 불교와 도가의 책을 두루 읽었지만, 이 책들은 모두 자신의 큰 포부를 실현해 주지 못할 것 같아, 다시 육경六經을 중심으로 하는 유가의 학설로 돌아왔다. 그는 이후 38세까지 독서에 몰두하였다. 그래서 훗날 마침내 유, 불, 도가 상호보완하고 서로 연결되는 도리를 깨달으면서도, 불교와 도가보다 유가를 더 우위에 둔 자신의 학설 체계를 점차로 세웠다.

비록 장재가 이처럼 유학의 공부에 집중하였지만, 그래도 병술兵術에 대한 흥미도 포기하지 않아서 범중엄과 끊임없이 군사방면에 관한 교류도 하였다. 그래서 인종 경력慶曆 2년(1042년), 23세의 장재는 경주慶州(지금의 감숙성甘肅省 경양시慶陽市 화지현華池縣 서북쪽)에 가서 다시 범중엄을 만나 변경의 일에 대해 말하였다. 지난해인 경력 원년에 범중엄은 경양부慶陽府(지금의 감숙성甘肅省 경양慶陽) 성성城의 서북쪽에 대순성大順城(서하西夏의 남침을 막기 위해 21년 전에 처음 쌓은 성)을 다시 쌓기 시작하여 판축版築이 갖추어진 지 열흘 만에 완성했다. 이때 범중엄은 특별히 장재를 경양으로 초청하였으며, 그때 장재는 『경주대순성기慶州大順城記』를 저술하여 이를 기념하였다. 이 글은, 장재가 범중엄의 군사책략과 자신의 서하에 대한 전략 관점을 결합하여 하나의 체계를 만들고, 이를 비문碑文 형식으로 표현한 것이다. 『경주대순성기』는 대순성의 준공으로 갖추어진 군사적 의의의 총결일 뿐만 아니라, 범중엄, 장재 두 사람의 군사 사상이 결합된 표현이었다.

이듬해인 인종 경력 3년(1043년), 장재는 24세였고, 그의 동생 장전張戩은 14세였다. 이 해에 범중엄은 추밀부사樞密副使로 임명되어 조정으로 불려 돌아가, 곧 이어 참정지사參政知事에 임명되었다. 당시 송 왕조는 내외적 모순이 쌓이고 있었다. 개혁의 필요성이 거론되는 상황이었다. 이후 흔히 북송시대의 개혁정책의 간판으로서 역사에 거론되는 왕안석의 이른바 신법新法에 의한 신정新政(개혁改革의 의미)이 있게 되지만, 그 전에 앞서 말한, 당시 재상 부필富弼, 범중엄 등의 '경력신정慶曆新政'이 이때 있었다.

다시 그 이듬해 이러한 사회 분위기 속에 있던 장재의 25세 시절, 즉 인종 경력 4년(1044년)에 장재는 앞서 범중엄의 권고에 의한 유학 공부에 그다지 만족하지 못하여. 불교와 『노자老子』를 연구하고 있었다. 그는 그의 서재 양측에 "夜眠人靜後(밤에는 사람들이 잠들어 고요해진 후에 자고), 早起鳥啼先(아침에는 새가 깨어 울기 전에 일어난다)."이란 대련對聯을 써 붙이고 뜻을 세워 열심히 공부하였는데, 이후 대략 10여년의 기간 동안 불교와 『노자』 연구에 몰두했다. 이러한 그의 연구 경험이 훗날 그의 대표 저서 『정몽正蒙』에 반영되게 되는데, 여기서 그는 불교와 『노자』의 사상을 비판하고 있다. 다만 도가 중에서 노자 사상은 비판하였지만, 장자莊子 사상의 경우에는 일부분 긍정적으로 평가하면서, 그 자신의 사상과 관련짓고 있다. 그리고 앞서 말한 송과 서하 사이의 '경력화의慶曆和議'가 이 해에 있었다.

인종 경력 6년(1046년), 장재 27세, 동생 장전 17세 때, 장전이 스스로 발분하여 역사 공부를 하였다. 이렇게 동생과 공부에 주로 매진하면서 시간이 흘러가다가, 두 해 후 장재 자신은 29세, 장전이 19세 때인 인종 경력 8년(1048년)에 장전이 지역의 우수인재로서 수도의 국자감國子監에 입학하여 공부할 수 있는 향현鄕縣의 공생貢生으로 선발되었다. 장재의 행장行狀에 동생 장전의 유년 시대가 천자총명天姿聰明하여 뛰어나며, 어려서부터 장중하고 학문을 좋아한다고 기록되어 있다.

그 후 인종 황우皇祐 4년(1052年) 장재가 33세이던 해에, 장재와 앞서 말한 인연이 있던 범중엄范仲淹이 지영주知潁州에 임명되어 병중에 임지로 가는 도중 향년 64세로 세상을 떠났다. 시호를 문정文正이라 하였으므로, 세칭 범문정공范文正公이라 한다.30)

이듬해 장재가 34세이고 동생 장전이 24세이던, 인종 황우 5년(1053년)에 장전이 진사進士에 급제하여 섬서陝西 민현閡縣(지금의 하남성河南省 영보현

靈寶縣 민향閔鄉)의 주부主簿로 임명되었다. 형인 장재보다 먼저 과거에 급제하여 출사하게 된 것이다. 이 해 2월에 기주岐州에 크게 가뭄이 들어, 벼이삭조차 없는 대흉년이 되었는데, 장재는 이 상황을 매우 가슴 아프게 여겼다. 그는 "굶어 죽은 시체가 들에 가득한데, 비록 거친 음식일지라도 먹는 것이 스스로 부끄러운 생각이 드는데, 어찌 차마 이것저것 가릴 수 있겠는가?"라고 하며, 밥을 먹을 때마다 음식을 마주해도 차마 목으로 넘어가지 않을 정도로 굶주리는 백성들을 동정했다고 한다.

2년 후 인종 지화至和 2년(1055년) 장재 36세, 동생 장전 26세 때, 장전이 보윤현普潤縣(지금의 섬서성 인유현麟游縣 관할지역)의 현령縣令으로 전근 가게 되었다. 이어 이듬해인 인종 가우嘉佑 원년(1056년)에는 장전이 섬주陝州 영보현靈寶縣(지금의 하남성 섬현陝縣 관할지역)의 현령으로 전근 갔다. 장전은 '덕德'과 '법法'을 병용하는 '덕법겸치德法兼治'의 방법으로 지역을 다스려, 그가 관할하는 지역의 분쟁 안건이 점차로 적어져, 민속이 차츰 일신一新하게 되는 성과가 있었다. 평소 형인 장재의 가르침의 영향이 그에게 자못 컸다고 볼 수 있다.

인종 가우 2년(1057년), 그 동안 공부에만 매진하던, 이제 38세가 된 장재가, 10살 어린 28세의 동생이 이미 먼저 과거에 급제하여 관직에 나가 있는 상황에서 마침내 과거에 응시하게 되었다. 경사 개봉에 과거 보러 갔을 당시, 시험을 주관하던 책임자는 구양수歐陽修였다. 장재는 이때 정호程顥와 촉蜀 지역인 사천四川 출신인 소식蘇軾(당시 21세)·소철蘇轍(당시 19세) 이소二蘇 형제와 함께 시험에 합격하여 진사進士에 올랐다.

당시 조서詔書를 기다리는 기간 동안, 장재는 개봉의 상국사相國寺에서 호랑이 가죽을 깐 의자를 설치하고 『주역周易』을 강의하여 재상宰相인 문언박文彦博의 지지를 받았다. 그러던 중 정호程顥·정이程頤 이정二程 형제를 만났다. 장재는 이정二程에 대해 표숙表叔이 되는 관계였지만, 그는 겸허하게 그들을 대하며 가만히 그들의 『주역』에 대한 견해에 귀를 기울여 들었다. 그러고 난후, 비록 자신이 당시 여러 사람들 앞에서 『주역』을 강의하였지만, 이정의 『주역』에 대한 이해가 자신보다 깊으며, 자신의 공부가 아직 부족하다고 느꼈다. 이튿날 그는 강의를 듣는 사람에게 "역학易學의 도는 내가 이정보다 못하니, 여러분들은 그들에게 가르침을 청함이 낫겠소."라고 말하고는, 자리를 거두고 강의를 그만하였다. 이정이 이로 인해 도성에서 명성을 크게 떨쳤다.

그러나 이정과 도학道學의 요지를 담론한 후에는, 그도 그 동안 스스로 오랜 기간 동안 공부한 결과 이미 도의道義를 구하여 얻어서, 더 이상 추구할 만한 다른 일이 별로 없다고 아주 자신 있게 생각하게도 되었다. 그러면서도 한편으로는, 그가 이전에 깊이 연구했던 모든 학설을 다시금 검토 반성하면서, 스스로의 이전 견해에 집착하지 않고, 선입견을 버리고 도를 배우는 데 전념하는 등, 학문에 있어서 적극적 개척정신을 보여 주었다. 그의 『역설易說』은 이 시기에 쓰여 졌다.

장재는 진사에 급제한 이 해부터 관직의 길로 들어서게 되었는데, 그는 우선 기주祁州(지금의 하북河北 정성葶城 동북 지역)의 사법참군司法參軍에 임명되었다가, 얼마 지나지 않아 단주丹洲 운암雲巖(지금의 섬서陝西 부현富縣 운암진雲巖鎭) 현령縣令으로 이임하였고, 그 이듬해인 39세 때에는 조정으로 가서 저작좌랑著作佐郎(역사 편찬을 돕는 관원)에 임명되었으며, 그 후 첨서簽書, 위주渭州(지금의 감숙甘肅 평량平涼) 군사판관軍事判官 등을 지냈다.

장재는 운암 현령을 할 때, 성실하게 일을 처리하고, 정령政令을 엄명嚴明하게 하며, 정사政事를 처리함에 근본을 두터이 하고, 풍속을 선하게 함을 우선하였다. 또 그는 덕정德政을 펴고, 도덕교육을 중시하였으며, 노인을 존중하고 어린이를 사랑하는 사회 풍조를 제창하여, 매월 초하루에는 향리鄕里의 노인을 현아縣衙로 불러 모아, 늘 술과 음식을 베풀어 스스로 술을 따라 주며 정성껏 대접하였다. 그리고 이 자리에서 민간의 고통을 묻고, 자녀를 훈계하는 도리 및 현아의 규정規定과 고시告示를 알렸다. 장재는 매번 향로鄕老를 불러 모을 때면, 거듭해서 모임 참석을 알리면서 향민鄕民에게 서로 전달되도록 하였으므로, 그가 낸 공지는 글을 모르는 사람이나 어린이도 모르는 이가 없었다고 한다.

그 즈음 수도 개봉에서는 인종 가우嘉祐 원년(1056년)에 용도각龍圖閣 대학사大學士 포증包拯이 개봉부開封府를 직무 대행했는데, 사람됨이 강직하고 바르며 아첨을 하지 않았다. 포증은 직무를 수행함에 있어서 판결을 할 경우 엄정한 판결을 함으로써 세상에 포청천包靑天으로 불려졌다. 그리고 장재가 40세이고, 장전이 30세이던 가우 4년(1059년)에 장전이 거주渠州(지금의 사천성 거현渠縣)로 전근 갔다.

인종 가우 5년(1060년), 대략 이 해 전후쯤에 소옹이 『황극경세皇極經世』의 저술을 완성했다. 또 왕안석이 『상인종황제언사서上仁宗皇帝言事書』를 지어 변법變法의 강령을 제출했으며, 그리고 구양수 등이 『신당서新唐書』를 완성하는 등의 일이 있었다.

이듬해인 가우 6년(1061년), 장재 42세, 동생 장전 32세 되던 이 해에 장전이 섬서陝西 포성현浦城縣의 현령縣令으로 전임되어 가서, 형 장재의 "모든 정사政事는 '근본을 두텁게 하고 풍속을 선하게 함(敦本善俗)'을 우선으로 한다."는 원칙을 적극 채용하여, 행정 업무 외에 강학講學도 겸하여 하였다(그는 2년 후 지금의 사천四川 금당현金堂縣의 금당현사金堂縣事로 전임되어 갔다.). 이 해에 소식蘇軾이 장재의 가족이 정착한 지역인 횡거橫渠가 있는 봉상부鳳翔府의 첨서판관簽書判官에 임명되었다.

인종 가우 7년(1062년)(장재 44세), 이 해에 소옹은 낙양으로 이사 가서 새로운 거처인 '안락와安樂窩'에 거주하게 되어 만년의 생활을 시작하였으며, 포증包拯이 향년 64세로 세상을 떠났다. 포증은 지금의 안휘성安徽省 합비合肥 사람으로서, 저서에 『포효숙주의包孝肅奏議』 10권이 있다.

인종 가우 8년(1063년), 장재가 45세가 된 이 해에 인종이 세상을 떠나고 영종英宗이 황위를 이었다. 이듬해에 문언박文彦博이 장안에 가서 서북 변방 방위의 일을 다스려 처리하면서, 장재를 장안에 초청하여 강학하게 하였다. 그리고 왕안석이 강녕江寧에서 강학하며, 학파를 형성했다.

영종英宗 치평治平 3년(1066년), 47세의 장재는, 장안의 경조윤京兆尹 왕락도王樂道가 군학郡學(서북 지방의 최고 학부學府)에 와서 강학해 줄 것을 요청하면서 초빙하므로, 장재는 이에 응하였다. 장재는 강학 중 주로 덕을 중요한 주제로 하여 사람들을 가르쳤다. 그는, "누가 과거科擧에 뜻을 적게 두고, 요순堯舜의 경지에 상종相從할 수 있는가?"라고 하고, 학생들에게 과거科擧보다는 실학實學과 치국治國 및 국경 방위의 큰일을 주로 학습하게 했다. 이 해에 소순蘇洵(1009~1066년, 자字는 명윤明允)이 세상을 떠났다. 소순은 그 아들 소식蘇軾, 소철蘇轍과 함께 '삼소三蘇'로 일컬어지며, 세 사람 모두 당송팔대가唐宋八大家로 불려진다. 또 이 해에 거란契丹이 국호를 고쳐 대요大遼라 하였다.

이듬해인 장재가 48세가 된 치평治平 4년(1067년) 초에, 영종英宗이 재위 4년, 향년 35세에 병으로 세상을 떠났다. 그의 재위 기간은 짧았지만, 그때까지 계속된 요遼, 서하西夏에 대한 온건한 정책으로 그들과 대규모의 전쟁은 없었으며, 사마광司馬光에게 명하여 역사상 유명한 역사서인『자치통감資治通鑑』편찬을 시작하도록 한 학술문화의 공이 있었다.

또 이 해에 서하西夏가 변경 관문을 침입했다. 이때 장재는 위주渭洲(지금의 감숙성 평량平凉과 농서隴西 일대) 첨서군사판관簽書軍事判官(조정에서 파견한 군대의 관원)에 임명되었다. 장재가 군사판관직에 임명된 이 당시 이후는 그가 벼슬을 한 마지막 기간이기도 한데, 장재는 이렇게 각지에서 벼슬을 하던 기간에도 종종 그의 탁월한 군사 재능을 나타내 보였다. 그가 벼슬을 하던 지역도 대부분 서북 변경 최전방 지역이어서, 군사 문제와 관련이 없을 수가 없었다. 비록 군사판관의 직무가 비교적 낮은 직급의 직무였지만, 그의 풍부한 병술兵術 사상은 결코 이 때문에 매몰되지는 않았다.

장재의 군사재능은 당시 환경로環慶路(지금의 감숙성 경양慶陽 일대) 경략 사經略使가 된 채정蔡挺에게도 인정받았다. 당시 서하의 침입으로 변경의 관문 이 어지럽혀졌지만, 채정에 의해 격퇴되었는데, 그때 장재가 특별히『여채수 변사획일與蔡帥邊事劃一』이란 글을 지어 그 공을 높이 평가하였으며, 첨서簽書 직을 수행할 때 채정의 변방 업무에 대한 기획을 도왔고, 같은 지역에 있으면 서 두 사람의 관계도 지극히 좋았다. 위주 지역 책임자인 채정은 장재를 특별 히 예를 갖추어 존중하였다. 채정은 환경로경략사부環慶路經略使府 내의 정무 에 관해 큰 일 작은 일 할 것 없이 모두 장재에게 자문을 구하여, 장재가 밤 낮으로 일을 하여 돕는 경우가 많았다. 당시 그는 채정을 대신하여『경원로경 략사론변사장經原路經略司論邊事狀』과『경략사변사획일經略司邊事劃一』 등의 상 주문上奏文을 써서, 그의 군사 사상의 깊이를 드러내 보였다. 송 조정에 대한 이 상주문은, 서북 변경 사안에 대한 분석과 군병의 배치 및 포진布陣에 대한 장재의 가장 직관적이고 상세한 체현이며, 그의 일생 동안의 군사 사상 방면 의 가장 뛰어난 전범典範으로 평가된다.

장재는 또 채정을 설득해 흉년이 든 해에 군자軍資 수만으로 이재민을 구 제하고, 아울러 이 해에 '병장법兵將法'을 창안하여, 국경 방위 군민 연합 훈련 작전을 확산시키고, 임기가 끝난 국경 방위 중앙군이 교체될 때, 현지인을 모 집하여 대체할 것 등을 건의했다. 그런데, 이 해에 장재에 건강상의 문제가 발생하였다. 폐병肺病에 감염된 것이다.

이 해는 영종이 세상을 떠남으로 인해 그의 장자인 북송 제 6대 황제 신 종神宗이 즉위한 해인데, 신종은 왕안석을 등용하여 역사에서 매우 유명한 개 혁을 추진함으로써, 북송대 정국의 큰 파란을 몰고 오는 서막이 시작되었다. 장재와 장전 형제는 이러한 정국 속에서 정치적 어려움을 겪게 되었다.

신종은 즉위 초부터 당시 나라의 곤경을 타개하기 위해 개혁의 시동을 걸었다. 그래서 왕안석을 도성으로 불러 변법變法을 추진하도록 하였다. 역사 에서 '희령변법熙寧變法'이라 일컫는 것이다. 변법의 과정에서 신종은 군권으로 왕안석 신법의 추진을 지지하고 보장하게 된다.

　신종神宗 희령熙寧 2년(1069년), 즉위 두 해째에 신종은 왕안석을 참지정사參知政事에 임명한다. 왕안석은 이 해 7월에서 11월까지 차례로 균수법均輸法, 청묘법青苗法, 농전수리법農田水利法을 반포, 시행하였다. 이 해는 장재 50세 때인데, 이 해에 어사중승御史中丞 여공저呂公著가 신종에게 장재를 추천하며, 그에게 학문의 본원本原이 있다고 칭찬하여 사방의 학자들이 모두 장재를 존중하였다. 이때 신종이 장재를 불러 나라를 다스리는 방법을 물었다. 이에 장재는 옛날 삼대三代(즉 하夏·상商·주周)의 훌륭한 정치를 점차 회복시켜야 한다고 답했다. 신종은 장재의 견해를 매우 마음에 들어 하며, 이부二府(중서성中書省과 추밀원樞密院)로 보내 일을 하게 하려 했다. 이에 대해 장재는, 자신이 경도京都인 개봉으로 전입한 지 얼마 되지 않아, 조정에서 시행하는 왕안석의 변법에 대해 아는 바가 별로 없다고 생각하고는, 좀 더 있다가 상의할 것을 요청하였으며, 이후 그는 숭문원교서崇文院校書에 임명되었다.

　당시 왕안석은 집권하여 변법을 하면서 장재의 지지를 얻고 싶어 했다. 어느 날 그는 장재를 만나 그에게 말하기를, "조정에서 지금 신법新法을 추진하려 하는데, 해낼 수 없을 것 같아 걱정이니, 그대의 도움을 받고 싶은데, 되겠소?"라고 하였다. 장재는, 한편으로는 정치가는 해야 할 일이 많다는 점에는 공감하면서도, 신정新政에 참여하는 행위는 은근히 거절해서, 마침내는 점차로 왕안석의 반감을 사게 되었다. 이러한 상황에서 장재가 숭문원교서崇文院校書의 직무에서 사직한다고 상주하였으나 허가되지 않았다. 이로부터 얼마 안 있다가 장재는 절동浙東 명주明州(지금의 절강성浙江省 영파寧波)에 파견되어, 명주의 지주知州인 묘진苗振이란 자의 횡령 사건을 심리하였다. 이 해에 장재의 동생 장전이 감찰어사리행監察御史里行31)으로 임명되었다.

　이듬해 신종 희령 3년(1070년), 장재 51세, 장전 41세가 된 해에, 장재는 절동 명주에 가서 그 지주知州인 묘진의 사건을 심리한 후 조정으로 돌아왔

다. 그런데, 마침 그때 장전이 왕안석의 변법에 반대하는 주장을 하며 왕안석
과 격렬히 충돌하였다. 그로 인해 장전은 이 해 4월에 감찰어사리행의 직에서
강등되어 공안현公安縣의 현령縣令(공안현은 지금의 호북성湖北省 강릉江陵 지
역)으로 좌천되었다. 이러한 상황이 되자, 장재는 자신이 그에 연좌될 것을
예상하고는, 마침내 병을 이유로 벼슬을 그만두고 미현郿縣 횡거橫渠로 돌아
갔다.

　　장재는 횡거로 돌아간 후에도 정치, 경제, 군사에 대한 관심과 생각을 포
기하지 않았는데, 특히 왕안석 신법 중 군사에 관한 법인 「보갑법保甲法」(향
촌鄕村의 민호民戶를 편제編制하여 농한기에 농민에 대한 집중적 군사훈련을
시켜, 농촌에 대한 통치를 강화하고 농촌사회의 치안을 유지하면서, 전국적인
군사비축을 하여 대량의 군사적 훈련비를 절감하는 법)을 깊이 연구하였다.

　　장재는 횡거에서, 서원을 설립하고 강학하면서 종일 홀로 방 안에 앉아서
공부에 몰두했다. 책을 읽고 사색하며, 마음에 얻는 바가 있으면 기록하면서
『정몽正蒙』과 그 외 저작의 집필을 시작했다. 때로는 한밤중에도 일어나 앉아
불을 밝혀 책을 읽었으며, 집안의 수백 무畝의 척박한 밭에 의지해 생계를 이
어가면서 하루 종일 강학하고 독서했다. 이 기간 동안 그는 많은 저서를 써가
며 평생의 학문적 성취를 총결산했다. 그는 이전 신종에게 진언했듯이 고대인
하夏·상商·주周 시대의 고례古禮를 높이 평가했다. 그래서 그는 밭을 사서
'정井'자字 형태로 구획하여, 정전거井田渠의 수로를 개설하여 마을에서 동서 2
거渠를 설치하는 시험을 하였는데, 훗날 사람들이 이를 '부자거夫子渠'라고 일
컬었다. 이를 시작으로 평소 직접 학생들을 이끌고 고례古禮와 그 중의 한 제
도인 '정전제井田制' 회복의 실천을 했다.

　　'정전제井田制'는 중국 고대사회의 토지국유제도로서 상商 왕조 때 출현하
여, 주周 왕조 전반기인 서주西周 시대에 발전성숙했지만, 주 왕조 후반기인
춘추시대에 철제 농기구의 출현과 우경牛耕 등 생산수단과 생산방식의 변화로
인해 점차 쇠퇴, 와해되었다. 그러나 상고尙古와 복고復古의 관념을 가지고 있
는 유학자들은 이 토지제도를 이상적 제도로 여기고, 그 방식으로 돌아가는

것을 추구하기도 하였다. 장재도 그 중의 한 사람이었다.

'정전井田'이라는 표현은 『춘추곡량전春秋穀梁傳』「선공宣公15年」 부분에 처음 나오고, 『주례周禮』「지관地官・소사도小司徒」 및 『맹자孟子』「등문공滕文公상上」에 그 방식의 일단이 나타나고 있다. 정전제의 방식은, 토지를 '정井'자字 모양으로 9구역으로 나누어, 가운데를 공전公田으로 하고, 주위의 8군데를 사전私田으로 하여, 사전은 개인의 경작으로 그 소출을 개인의 소유로 하고, 가운데 공전은 8군데의 사전의 소유자가 돌아가며 공동 경작하여 그 소출을 국가에 내는 것이다. 그러나 경작자는 토지의 경작사용권만 있고, 소유권은 국가가 가진다.

정전제는 토지土地 제도의 의미와 조세租稅 제도의 의미를 같이 가지고 있는 것이며, 이러한 구체적 의미 외에 한 국가공동체의 부富의 분배에 대한 관념을 상징하고 있기도 하다. 따라서 이 제도의 쇠퇴와 와해는 고대의 부의 분배방식의 쇠퇴와 와해를 의미하고, 동시에 이로 인해 소수에로의 부의 편중과 독과점으로 이어지게 된 것, 즉 토지겸병土地兼并을 의미하는 것이다. 장재의 실습적 실천은, 부의 편중과 독과점을 타파하고 부의 균분均分의 이상理想을 지향하는 의미가 있는 것이고, 정전제를 꿈꾸던 다른 유학자들의 취지도 역시 그러한 것이라 할 수 있다.

그런데 장재는 그 당시 정치적으로 왕안석의 신법 사상에 반대하는 전통적 보수 관점에 있는 구법당 쪽에 있었다. 당시 보수의 가장 상징적 인물로서 구법당의 영수였던 사마광은 천도天道의 불변성을 강조하며, 전통적 체제와 제도 유지를 옹호한 반면, 왕안석은 천도天道라 하더라도 변할 수 있음을 주장하여, 체제와 제도도 변할 수 있는 변법變法의 사상을 가지고 있었다. 그러면서 자신을 등용하여 지지하는 신종神宗의 군권君權 중심의 정치를 옹호하며, 그러한 군주의, 새로운 인물인 자신에 대한 등용을 정당화하는 이론으로서 『서경書經』「홍범편洪範篇」의 내용에 빗댄 『홍범전洪範傳』을 써서, 자신의 사상과 그에 따른 자신의 정견을 실행하는 신법의 개혁을 합리화하였다.[32] 왕안석은 비록 유가적 입장을 표방했지만, 이는 사실상 고대 법가法家의 종합자인

74

한비자韓非子의 그 당시 입장과 유사한 법가적 논리에 입각해 있는 것이라 할 수 있다. 이러한 상황에서 유가적 입장의 전통적 고례와 그에 따른 정전제를 옹호하는 장재는 왕안석과 그 사상적 토대와 관점이 다른 것이 당연했던 것 이다.

그래서 장재는 '정전井田'의 실행에 힘을 많이 기울였는데, 그는 자신이 쓴 『정전의井田議』의 주장을 황제에게 상주한 적도 있었고, 또 학생들과 한 지역의 땅을 사서 '주례周禮'의 방식에 따라 공전公田과 사전私田으로 나누어, 땅이 없거나 적은 농민들에게 나눠주고, 이를 통해 정전제의 가능성과 유효성 을 증명하려고 했다. 지금도 횡거진橫渠鎭의 관련 지역에는 해당 유적이 있고, 장재가 실행한 '정전井田'에 관한 이야기가 전해지고 있다.

장재 52세, 장전 42세이던 신종 희령 4년(1071년), 장재는 횡거에서 세상 을 떠날 때까지 강학하면서 저술하였는데, 그는 『폄우砭愚』(어리석음을 경계 함.), 『정완訂頑』(완고함을 바로잡음.)의 글을 지어 학당 서재 양쪽 창문 위에 써 붙여서 자신의 좌우명座右銘이자 학생들에 대한 훈사訓辭로 삼았다. 그런 데, 정이程頤가 이를 보고 그 제목이 사람들의 논란을 불러일으킬 것이라며, '폄우'를 '동명東銘'으로, '정완'을 '서명西銘'으로 하여, 단지 그 걸어놓은 위치 만을 지칭하는 이름으로 바꾸기를 권고하여, 이후 '동명'과 '서명'이 되었다. 이 모두는 장재의 대표 저술 『정몽正蒙』의 맨 마지막인 제17편 「건칭편乾稱 篇」의 일부분이기도 하다. 그 중 '서명', 즉 '정완'은 장재의 사해동포주의四海 同胞主義 사상, 생사일여生死一如의 낙천순명樂天順命의 사상을 반영하고 있는 점으로 유명하다.

『정몽』「건칭편」의 일부분인 『서명』과 『동명』의 내용은 다음과 같다.

< 서명西銘 >
乾稱父, 坤稱母, 予玆藐焉, 乃混然中處. 故天地之塞, 吾其體; 天地之帥,

吾其性. 民, 吾同胞; 物, 吾與也. 大君者, 吾父母宗子; 其大臣, 宗子之家相也. 尊高年, 所以長其長; 慈孤弱, 所以幼其幼. 聖, 其合德; 賢, 其秀也. 凡天下疲癃 殘疾惸獨鰥寡, 皆吾兄弟之顚連而無告者也. 于時保之, 子之翼也; 樂且不憂, 純 乎孝者也. 違曰悖德; 害仁曰賊; 濟惡者不才; 其踐形, 惟肖者也. 知化則善述其 事; 窮神則善繼其志. 不愧屋漏爲無忝; 存心養性爲匪懈. 惡旨酒, 崇伯子之顧養; 育英才, 潁封人之錫類. 不弛勞而底豫, 舜其功也; 無所逃而待烹, 申生其恭也. 體其受而歸全者, 參乎, 勇於從而順令者, 伯奇也. 富貴福澤, 將厚吾之生也; 貧 賤憂戚, 庸玉女於成也. 存, 吾順事; 沒, 吾寧也.

건乾을 아버지라 일컫고, 곤坤을 어머니라 일컫는다.33) 나는 여기에서 조그만 모습으로 이에 뒤섞여 그 가운데에 처한다. 그러므로, 하늘과 땅에 가득한 것을 나는 몸으로 삼고, 하늘과 땅이 거느리는 것을 나는 본성(性)으로 삼는다. 백성은 나의 한 뱃속 형제이고, 만물은 나의 동료이다. 대군大君이란 내 부모의 종자宗子이고, 그 대신大臣은 종자宗子의 가상家相이다.34) 나이 많은 이를 높임은 그 어른을 어른으로 섬기는 것이요, 외롭고 약한 이를 자애롭게 대함은 그 어린이를 어린이로 대하는 것이다. 성聖은 그와 덕을 합함이요, 현賢은 그 중 뛰어남이다. 무릇 천하의 노쇠한 이, 불구자, 형제 없고 아들 없는 이, 홀아비·과부는 모두 나의 형제 중에서 곤란과 고통에 처해 있으면서도 하소연할 곳이 없는 이들이다.

'이에 보전하리라(于時保之)'35) 함은 자식의 공경함이요, '즐거워하고 또 근심하지 않음(樂且不憂)'은 지순한 효성이다. 어기는 것을 '패덕悖德'이라 하고, 인을 해치는 것을 '적賊'이라 하며, 악을 도우는 것을 '부재不才'라 하고, 그 천형踐形함은 오직 (하늘과 땅이라는 부모를) 닮은 자이다. '화化'를 알면 그 일을 잘 이어 가고, '신神'을 다하면 그 뜻을 잘 계승한다.36) 구석지고 어두운 곳에서도 부끄럽지 않음은 (하늘과 땅이라는 부모를) 욕되게 하지 않음이고, 마음을 보존하고 본성을 함양함이 게으르지 않음이다. 맛있는 술을 싫어함은 숭백崇伯의 아들37)이 봉양을 돌아봄이요, 영재英才를 기름은 영봉인潁封人38)에 행복을 내림이다. 노력을 게을리 하지 않고 힘써 기쁨에 이르게 한 것은 순舜

의 공이요, 도망갈 곳 없이 삶겨 죽길 기다림은 신생申生의 공손함이다.

그 받은 것을 몸으로 삼아 온전히 돌아가게 한 이는 삼參[39])이요, 따르는 데 용감하게 하여 명령을 좇은 이는 백기伯奇[40])이다. 부유하고 귀하고 복스럽고 윤택함은 장차 나의 삶을 두텁게 할 것이고, 가난하고 천하고 근심하고 걱정함은 그대(女)를 옥을 만들 듯 단련시켜 이루듯 할 것이다. 살아 있으면 나는 일을 따를 것이요, 죽게 되면 나는 편히 쉬련다.[41])

〈동명東銘〉

戱言, 出於思也; 戱動, 作於謀也. 發乎聲, 見乎四支, 謂非己心, 不明也; 欲人無己疑, 不能也. 過言, 非心也; 過動, 非誠也. 失於聲, 繆迷其四體, 謂己當然, 自誣也; 欲他人己從, 誣人也. 或者以出於心者歸咎爲己戱, 失於思者自誣爲己誠; 不知戒其出汝者, 歸咎其不出汝者, 長傲且遂非, 不知孰甚焉!

장난스런 말(戱言)은 생각에서 나오고, 장난스런 행동(戱動)은 꾀에서 일어난다. 소리에서 드러나고, 사지에서 나타남을 자기의 마음이 아니라고 말하는 것은 밝지 못한 것이고, 남에게 자기를 의심치 말 것을 바라는 것은 할 수 없는 일이다. 지나친 말(過言)은 마음에서 나온 것이 아니고, 지나친 행동(過動)은 성誠한 데서 나온 것이 아니다. 소리에서 실수하고, 그 사체四體를 잘못한 것을 자기에게 당연한 것이라고 말하는 것은 스스로를 속이는 것이요, 다른 사람에게 자기를 따르도록 바라는 것은 남을 속이는 것이다. 어떤 사람은 마음에서 나온 것이 허물로 돌려지는 것을 자기의 장난(戱)으로 여기고, 생각에서 실수한 것이 스스로를 속이는 것을 자기의 성誠으로 여기니, 그대 자신에게서 나온 것에 대해 경계할 줄 모르고, 그대 자신에게서 나오지 않은 것에 허물을 돌려, 오만함을 자라게 하고 또 잘못됨을 이루니, 누가 이보다 더 심할 것인지 알 수 없도다![42])

그런데 이후 이 중 『서명』은 남송南宋의 주희朱熹(즉, 주자朱子)가 『정몽』 「건칭편」에서 따로 뽑아내어 주해注解를 함으로써 독립된 편장篇章이 되었고,

그 후의 다른 학자들도 독립적인 상태로 중시하였다.[43] 장재는 이후 계속하여 『정몽』 전체 내용과 『역설易說』, 『경학리굴經學理窟』을 비롯한 여러 글을 써 나갔다.

이 해에 동생 장전이 재차 좌천되어 하남河南 하현夏縣의 전운사轉運使(지방의 재정財政과 운수運輸를 관리하는 관원)가 되었다.

또, 이 해에 왕안석의 정책제의로 시부詩賦와 명경제과明經諸科를 없애고, 경의經義와 책론策論으로 선비를 선발하였다. 왕안석은 신법에 반대하는 많은 이들을 축출하였다.

신종 희령 7년(1073년) 장재 54세 되던 해에, 그는 여전히 횡거에 은거하여 강학하면서, 사색과 독서를 계속하며 저술하였다. 아울러 부풍扶風 오정午正(지금의 섬서 보계시寶鷄市 부풍현扶風縣 오정향午正鄉), 장안長安 자오진子午鎭(지금의 장안長安 자오진子午鎭)에서 자오子午의 정방위正方位를 긋고서 '정전제井田制'를 실험하였다. 훗날의 오정午正과 자오진子午鎭의 내력이 이로 인해 생겨났다.

이 해에 주돈이가 향년 57세로 세상을 떠났다.

이듬해인 신종 희령 8년(1074년) 장재는 55세가 되었다. 이 해에 그는 부풍扶風의 현산사賢山寺에서, 한편으로는 정전제를 실험하면서 또 한편으로는 저술도 계속해 나가, 『경학리굴』이 여기에서 완성되었고, 이후 후학들이 그를 추모, 기념하여 '현산사'를 '현산서원賢山書院'으로 고쳤다. 이 해에 왕안석이 처음으로 재상에서 파직되고, 한강韓絳이 재상이 되었다.

신종 희령 9년(1075年) 2월에 왕안석이 재상에 복귀하였고, 요遼가 송과 국경을 다투어서, 심괄沈括을 요에 보내 담판하여 땅을 잘라 주길 거절하였지만, 따로 관원을 파견하여 화의토록 하여, 마침내 하동河東(지금의 산서山西 북부) 700리 땅을 잘라서 요에게 주어 화의를 달성했다.

　　장재가 이러한 생활로 지내던 중, 신종 희령 10년(1076년), 장재 57세, 동생 장전 47세에, 동생 장전이 재차 주지周至(지금의 섬서성陝西省 서안시西安市 주지현周至縣 사죽진司竹鎭)의 사죽감司竹監(대나무를 관리하는 관원)으로 좌천되었다. 그런데, 이 해 3월에 장전이 돌연 급병이 들어 세상을 떠나고 말았다. 예기치 못한 갑작스런 동생의 죽음이었다. 부친이 일찍 세상을 떠나, 모친을 봉양하면서 10살이라는 적지 않은 나이 차이의 동생을 보살피고 가르쳐, 동생이 관직에까지 오르는 과정을 함께 한 장재는 통곡하며 할 말을 잃었다. 그는 동생을 위해 묘지명墓誌銘을 짓고, 손수 『제전상복찬요弟戩喪服纂要』를 편정編定하였다. 장재는 동생 장전을 부친 장적張迪의 묘 오른쪽에 장사지냈다.

　　그러던 중에도 저서 집필에 힘써, 이 해 가을에 그의 대표적 저서 『정몽正蒙』이 완성되게 되었다. 어느 날 밤 장재는 기이한 꿈을 꾸었는데, 그 이튿날 곧 바로 『정몽』을 문인에게 주면서, "이 책은 여러 해 동안 심사숙고하여 얻은 것이다."라고 하였다고 한다. 이 저술은, 그가 세상을 떠난 후 그의 제자들에 의해 17편으로 편집되었다.

　　이 해에 왕안석이 재차 재상에서 파직되었으며, 희령 변법은 실패하였다. 왕안석이 『자설字說』, 『노자주老子注』, 『해능엄경소解楞嚴經疏』를 지었다. 이 해에 그의 아들이 세상을 떠났다.

　　이듬해인 신종神宗 희령熙寧 11년(1077년) 장재는 58세가 되었다. 진봉로秦鳳路(지금의 감숙성甘肅省 천수天水)의 로수路帥인 여대방呂大防이, 장재는 성인이 남긴 뜻을 잘 본받고, 그가 생각하는 근본의 대략은 옛것의 회복을 지향하는 것이라고 하면서, 장재는 그렇게 함이 고례古禮를 회복하고 풍속을 바로잡는 데 도움이 될 것으로 생각한다고 말하였다. 그러면서 신종에게 장재를 도성으로 불러들여 그에게 직을 맡길 것을 상주하였다. 그래서 신종은 조서를 내려 장재를 경도로 불러 동지태상례원同知太常禮院(예부禮部의 부직副職)을 제수하였다. 이때 장재는 폐병을 앓고 있었으나, 자신의 정치적 이상과 주장을 펼칠 기회를 놓치고 싶지 않아서, 병중임에도 입경했다.

이 해 6월에 소옹邵雍이 병이 들어 장재와 사마광, 이정이 새벽부터 저녁까지 곁을 지켰다. 이때 장재는 소옹의 맥을 짚어 보고는 괜찮은 듯해서, 소옹에게, "선생께서는 추명推命하실 수 있으신가요?"라고 물으니, 소옹은 "천명天命 같은 것은 알고 있지만, 세속의 소위 '명'은 알지 못하오(若天命, 已知之矣, 世俗所謂命, 則不知也)."라고 대답하였다. 그리고는 소옹이 병중에 있지만, 그 와중에도 역경易經 상수학象數學에 대해서 서로 담론하기도 하였다. 이후 7월에 소옹은 모두와 영원한 작별을 고하였다.

한편 당시 장재는 조정의 예관禮官과 예를 논의함에 자신과 의견이 맞지 않아 다시 맡은 벼슬을 사임하고 귀향하게 되었다. 당시 어떤 사람이 관혼상제冠婚喪祭의 예를 실행할 것을 건의하여, 황제가 조서를 내려 예관禮官에게 집행하도록 하였으나, 예관은 고금의 풍습이 달라서, 과거의 예제를 시행할 방법이 없다고 하였다. 그런데 오직 장재만이 행할 수 있다고 생각하였다. 이로 인해 그는 조정에서 매우 고립됐고, 거기다가 병까지 심해져 얼마 동안 있다가 사직하고 횡거로 서귀西歸하기로 한 것이었다.

귀향 중 낙양洛陽을 지나다가 이정을 만나서 머물러 있게 되었다. 장재는 "내 병이 낫지 않았지만, 그래도 장안까지는 갈 수 있다."고 하였다. 경사 개봉에서 낙양을 지나 장안을 거치고 난 다음에야 미현郿縣 횡거橫渠인데, 그는 자신의 병세를 가늠하면서 횡거까지 갈 수 있을까, 아니면 장안 정도까지 갈 수 있을까 생각하였던 것이다.

그렇게 해서 그 해 11월 17일 기해己亥날에 장안의 임동臨潼(지금의 서안시 임동구臨潼區. 관중關中 평원의 동쪽에 위치.) 역사驛舍에 이르렀다. 그런데, 그 날 저녁 관사館舍에서 묵으면서 목욕하고 취침하였지만, 다음날 아침 58세의 나이로 세상을 떠나고야 말았다. 그의 동생이 세상을 떠난 이듬해였고, 소옹이 세상을 떠난 직후인 같은 해 11월이었다.

장재가 임종할 때는 생질인 송경宋京 한 사람만이 곁에 있었을 뿐, 다른 지인이 없는 상황이었다. 장재가 세상을 떠난 상황에, 송경은 관을 살 돈이 없어서, 며칠 밤을 울며 장안에 있는 장재의 제자 여희철呂希哲, 여대균呂大鈞, 소병蘇炳 등에게 알렸다. 소식을 들은 제자들도 울면서 임동臨潼으로 달려와 상장喪葬을 주관하고서야 함께 영구를 받들어 미현郿縣으로 돌아갈 수 있게 되었다.

장재는 일생 동안, 두 차례 부름을 받고, 세 차례 출사를 하였으며, 책을 저술하여 자신의 학설을 세웠으나, 평생 청빈하여 세상을 떠났을 때 가난하여 입관할 비용도 없었던 것이다. 그래서 장안에 있던 그의 학생들이 장재가 운명했다는 소식을 듣고 달려와, 겨우 관을 사서 염하고 운구하여 횡거로 돌아간 것이다. 이때 신종神宗은 조서를 내려 숭문원崇文院 삼관三館의 직책에 따라 장재의 상사喪事 지출의 반半에 해당되는 만큼을 하사했다.

이듬해 신종 원풍元豐 원년(1078년) 3월, 장재는 횡거橫渠 대진곡大振谷의 아버지 장적張迪의 묘 왼쪽 남향이면서, 자신보다 한 해 먼저 세상을 떠난 동생 장전의 묘와 좌우로 마주보는 위치에 장사지내졌다. 그 지역 사람들은 장재의 묘를 '선인분仙人墳'이라고 부른다.

장재가 세상을 떠난 후, 그의 아내 곽씨郭氏는 어린 아들과 생활함에 의식이 부족할 정도로 곤란을 겪어, 하남의 친정에 기탁하여 살았다.

훗날 남송南宋 가정嘉定 13년(1220년), 영종寧宗이 장재에게 '명공明公'이라는 시호를 내렸다. 그로부터 세월이 많이 흘러 남송 순우淳祐 원년(1241년)에, 이종理宗이 장재를 미백郿伯으로 봉封하고, 공묘孔廟에 종사從祀하였다. 역사에서는 그를 존칭하여 장자張子라 하고, 주돈이, 소옹, 정호, 정이와 함께 '북송오자北宋五子'로 일컫고 있다. 장재의 저서로는 『정몽正蒙』, 『횡거역설橫渠易說』, 『경학리굴經學理窟』, 『장자어록張子語錄』 및 문집 등이 있으며, 후인들이 『장자전서張子全書』, 『장재집張載集』으로 편찬하였다.

4

이정二程의 삶

1032년 1월 15일에 정호程顥가, 1033년 8월 15일에 정이程頤가 연년생으로 호북성湖北省 황주黃州 황피현黃陂縣 초묘항草廟巷(지금의 무한武漢 황피구黃陂區 전천가도前川街道)의 당시 현위縣尉를 맡고 있던 정향程珦의 집에서 태어났다.

이들 정씨程氏 집안의 선조는 교백喬伯[44]인데, 그는 주왕조의 대사마大司馬로서 '정程'에 봉해진 후 마침내 그것을 성姓으로 삼았다고 한다.[45] 그 후손인 동진東晉 때의 정원담程元譚은 안휘安徽 신안新安 태수太守가 되었는데, 신안의 황돈篁墩에 집을 하사받았다. 당唐 개원開元 때의 정호공程皓公은 당의 자사刺史가 되어, 중산中山의 박야博野(지금의 하북河北 정현定縣)에 정착하였다.

정호와 정이의 고조高祖 정우程羽는 송宋 태조太祖 조광윤趙匡胤을 보좌한 공이 있어서, 경사京師 개봉開封에 집을 하사받아, 태령방泰寧坊에서 살았으며, 사후에 조정에서 태자소사太子少師를 증직 받았다. 증조曾祖 정희진程希振은 상서우부원외랑尚書虞部員外郞을 지냈으며, 증조모曾祖母는 고밀현高密縣 최씨崔氏

이다. 정희진은 정적程適, 정휼程遹, 정도程道를 낳았다. 사후에 이천伊川(지금의 낙양시 관할의 현縣)에 장사지내졌다. 정씨 가문이 비로소 낙양으로 이주하여 낙양 사람이 된 것이다.

조부 정휼程遹은, 송 태종太宗 태평흥국太平興國 7년(982년)에 호북湖北 황피현黃陂縣의 지현知縣을 지냈는데, 백성을 자식같이 사랑하고, 악질 토호를 응징하여, 사람들이 정청천程靑天이라 칭하였으며, 사후에는 개부의동삼사이부상서開府儀同三司吏部尙書에 추증追贈되었다. 조모는 효감현孝感縣의 장씨張氏와 장안현長安縣의 장씨張氏이다. 정향程珦, 정번程瑤, 정류程琉, 정유程瑜와 딸하나를 낳았다. 정휼의 형 정적程適은 정림程琳 등 조카 다섯 명을 낳았다.

정호와 정이의 부친인 정향程珦은 송 진종眞宗 경덕景德 3년(1006년 1월 23일)에 개봉開封의 태령방泰寧坊 사제賜第(하사받은 집)에서 태어났다. 18세 때 그의 부친인 정휼이 병으로 세상을 떠났는데, 송 왕조의 음비관제蔭庇官制에 따르면, 집안에 높은 벼슬이 있는 경우는 후대에서 벼슬을 한 것으로 기록할 수 있었다. 그래서 조정에서 구신舊臣으로 기록한 뒤, 정향은 '사교재랑社郊齋郎'으로 임명되었다. 그런데 그는 집안에 보살펴야 할 식구가 많아서, 인사명령을 받들 수 없었다. 그래서 사촌형인 정림程琳[46]이 조정에 그 사정을 자세히 설명하여, 가까운 곳인 황피현黃陂縣의 현위縣尉로 자리를 옮겨 군사軍事및 치안治安을 주관하게 되었다.

정향의 동생 정번程瑤과 정유程瑜는 정림程琳의 음비蔭庇로 관직을 맡게되었다. 정번은 16세에 출사出仕하였는데, 후에 벼슬이 비부낭중比部郎中에 이르렀고, 오품복五品服을 하사받았으며, 정유는 형남감리위荊南監利尉, 지여주용흥현사知汝州龍興縣事, 전중승殿中丞 등의 관직을 잇달아 역임했다. 그 후 정적程適이 개봉에서 세상을 떠난 후, 정향은 백모伯母를 황피黃陂로 모셔 거주하게 하였는데, 정씨 집에는 이미 몇십 명의 식구가 있었음에도 그의 백모를 매우 잘 보살펴 부양하였다.

정향은 현위縣尉의 임무를 맡음에 공정하게 사건을 처리하고, 자신의 집은 식구가 많아 살림살이가 아주 어려웠지만, 곤궁한 사람들을 구제하고 약자를 도왔으며, 친척과 어려운 백성들을 구제하여 '대선인大善人'이라 불렸다. 마침 당시 재상이던 문언박文彦博이 현을 시찰하고 그의 청절淸節함을 알게 되자, 소송蘇頌 등 고위 관리 9명과 함께 황제에게 표表를 올렸다. 이에 황제가 조서를 내려 비단 이백 필을 하사하고, 그 부친의 장례비용을 보조하여, 정향이 비로소 빚을 청산하게 되었다.

정향은 17세 때 후씨侯氏와 결혼하였다. 정호, 정이의 모친인 후씨는 산서山西 태원太原 우현盂縣 출신인데, 그 집안은 대대로 하동河東의 대성大姓 집안이었다. 원래는 하북河北 중부와 서부의 상곡군上谷郡에 거주했는데, 후에 후씨 성의 한 갈래가 다시 남쪽 황피로 이주하였다. 후씨의 부친 후도제侯道濟는 송 진종眞宗 때의 진사進士로, 윤주潤州 단도현丹徒縣(지금의 강소江蘇 진강진江)의 현령을 지냈으며, 사후 상서비부원외랑尙書比部員外郎으로 추증되었다. 후도제는 일찍이 황피黃陂의 그 집안 종친宗親의 초청에 응하여 제자를 가르친 적이 있었다. 후도제의 부인 조씨刁氏는 송 진종 경덕景德 원년元年(1004년) 10월 13일 태원太原 수안현壽安縣에서 정호, 정이의 모친 후씨, 즉 후군군侯郡君을 낳았고, 송 진종 대중상부大中祥符 원년(1008년)에 아들 후가侯可(자字는 무가無可)를 낳았다. 전해지기로는, 후도제가 딸 후씨를 데리고 황피현에 가서 유학游學할 때, 정휼程遹이 연회를 베풀어 초대했는데, 바로 그 인연으로 사돈이 되었다고 한다. 후씨는 정향보다 두 살 위이며, 19세에 정향과 결혼했다.

정이程頤의 『상곡군가전上谷郡家傳』에 따르면, 그의 어머니는 어려서 총명이 남보다 뛰어나, 여자들이 하는 일은 못하는 것이 없었으며, 역사를 즐겨 읽고 고금古今을 널리 알았다고 한다. 후씨의 부친 후도제는 늘 딸 후씨와 조정의 일을 이야기하였는데, 후씨의 말이 매우 그의 뜻과 맞았다. 후도제는 늘 "남자가 아닌 것이 아쉽다!"라고 탄식했다고 한다.

후씨는 정향에게 시집간 후, 시부모를 정성을 다해 모셨으며, 부군夫君을 손님같이 공경하였고, 덕성이 지극하여 내외 친척들이 모두 경애敬愛하였다고 한다. 많은 사람들이 정가程家에 가면 종종 원래 온 목적보다는 부인을 보려

했다고 한다. 그녀는 남을 너그럽게 대하고, 다른 모든 아이들을 자신의 자식과 달리 대하지 않았다. 가족에게 노비를 때리고 욕하지 못하게 하고, 노비를 자식처럼 대하였다. 누군가 노비를 꾸짖는 것을 보면, 그녀는 반드시 훈계하기를, "귀천은 다르지만 사람은 하나다! 네가 이렇게 크면 일을 잘 할 수 있겠느냐."고 하였다. 길에서 버려진 아이를 만나면 그녀는 거두어 보살핀 적이 많았다.

한 소상인小商人이 외출하여 돌아오지 않았는데, 그런 상황에서 그의 아내가 죽자 그 집 아이들이 뿔뿔이 흩어지게 되었다. 그런데 3살짜리 어린 아이만 갈 곳이 없게 되었다. 후씨는 그 아이가 죽게 될까 두려워, 그 아이를 안고 집으로 돌아 왔다. 당시 정가의 식구가 많아 생활이 어려웠으므로, 가족들 모두가 받아들이려 하지 않았다. 후씨는 이에 따로 양식을 팔아 그 아이를 먹였다. 이후 그 아이의 아버지가 돌아와서 매우 감격하며 말하기를, "다행히 거두어 길러 주신 은혜를 입어서 목숨을 보전했으니, 이 딸을 당신에게 바치겠습니다."라고 하였다. 후씨는 "나는 본래 당신이 돌아오기를 기다린 것이지, 당신 집 아이를 원한 것이 아니오."라고 말했다.

그녀는 또 약물藥物을 갖추어 두고 병자를 구제하기를 좋아하였다. 어느 날 큰 추위가 왔을 때, 탄炭을 파는 어떤 사람이 병이 들어 그 집 문을 두드리자, 가족들이 호통을 쳐서 물리쳤다. 그녀는 말리면서 말하기를, "네가 그를 쫓아내면, 그가 병을 고칠 돈도 없는데, 더욱 곤란하지 않겠나."라고 하면서, 문을 열어 그 사람의 병을 치료해 주었다.

후씨는 아이들에게 잘못을 숨기지 말 것과 절약검소를 중시하도록 교육하였다. 그녀는 늘 말하기를, "자식이 재목이 되지 못하는 것은, 그 어머니가 그 잘못을 가리고, 그 아버지가 그 사실을 모르기 때문"이라고 하였다. 그녀는 여섯 명의 아들과 딸 넷을 낳았지만 일찍 죽은 아이들이 많아 아들 둘, 딸 둘만 남았다. 그래서 자식에 대한 자애가 지극할 수 있었지만, 자식 가르치는 방법은 줄곧 너그럽게 봐주지 않는 것이었다.

정이가 막 걸음마를 배우려 할 때, 한 번은 쿵 하고 넘어진 적이 있었다.

가족들이 아이가 놀라서 울까 봐 얼른 가서 붙잡아 안았다. 그러나 후씨는 아이가 스스로 일어나도록 하며, "네가 천천히 걸으면 어떻게 넘어지겠느냐?"고 말했다. 후씨는 밥을 먹을 때 언제나 아이들을 옆에 앉히곤 했는데, 후씨는 그들이 좋은 밥과 좋은 반찬을 먹으려 할 때면 제지하면서, "어릴 때부터 먹고 마시는 것을 좋은 것만 챙기려 하면 커서 어떻겠느냐?"며 호통을 쳤다. 그래서 정호, 정이 형제는 평소 음식과 옷을 가리지 않는, 절약하며 검소한 습관을 길렀다. 이런 습관은 타고난 것이기보다는 후씨 교육의 결과였다.

후씨는 아이들을 가르치는 데 있어 늘 말하기를, "굽힐 수 없음을 근심할 것이지, 펼 수 없음을 근심하지는 마라."고 하였다. 아이들로 하여금 좌절의 시련을 이겨내고, 역경 속에서도 무너지지 않고 때에 따라 굽히고 폄을 능히 할 수 있도록 하라는 뜻이다. 그녀는 또 늘 가족에게 "다른 사람의 장점을 보면 자기의 장점처럼 여겨, 반드시 그것을 같이 이루도록 해야 하며, 다른 사람의 물건을 보면 자기 것처럼 여겨, 반드시 그것을 같이 아껴주어야 한다."고 충고했다.

후씨는 귀신을 믿지 않는 합리적 사고를 가지고 있었다. 강서江西 여릉盧陵에 있을 때, 가족들이 집안에 있으면 괴상한 현상이 자주 생겼다. 가족들이 그녀에게 어떤 귀신이 부채질을 하고 있다고 말하였다. 그러자 그녀는 "자세히 보고 말해라."고 말했다. 가족들이 또 "어떤 귀신이 북을 친다."고 말하니, 그녀는 "몽둥이가 있나? 내가 가지고 가서 그 귀신을 찔러 버리게 해 다오!" 라고 하였다. 그 후 가족들은 감히 귀신이 있다고 더는 말하지 못하였고, 그 현상도 다시 나타나지 않아, 마침내 안거安居하게 되었다고 한다.

후씨에게는 사람을 알아보는 감별력이 있었다. 강응명姜應明이라는 이름의 시험 합격의 신동이 있어 사람들이 다투어 그를 보려 하였다. 그런데 그녀는 "멀리 갈 그릇은 못 된다."고 했다. 이후 과연 그는 죄로 말미암아 몰락했다. 이정 형제가 어렸을 때, 그녀는 그들이 열심히 공부하도록 독려했다. 그녀는 정호의 책의 줄에는 '전전급제殿前及第 정연수程延壽'(정연수는 정호의 어릴 때 이름)라고 쓰고, 정이의 책 위에는 '처사處士'라고 썼다. 나중에 과연 정호는 먼저 진사에 합격하여 벼슬을 했고, 정이는 그렇지 못하고 처사로 집에서 강학했다.

후씨는 글을 읽기는 좋아하였지만, 글을 짓기는 즐겨 하지 않았다. 세상의 부녀자들이 글과 서찰을 다른 사람에게 전하는 것을 보면 옳지 않다고 여겼다. 평생 지은 시는 두세 편밖에 없고, 모두 기록한 적도 없다.

역사책을 읽다가 간사奸邪한 일과 역란逆亂의 일을 보면 언제나 책을 덮고 분개하였고, 충효忠孝·절의節義의 선비를 보면 흠모해 마지않았다. 역사 인물 평가도 곧 잘 했는데, 예컨대 당 태종太宗은 어융지도御戎之道(군사적 식견과 능력)를 얻었으며, 식려識慮가 고원하고 영웅의 기개가 있다고 칭찬했다. 후씨 부인의 동생 후가侯可는 세상에서 이름난 선비로서 재지才智가 매우 높다고 평가되었다(앞서 장재를 말할 때 나온 관학關學의 선구자 중 한 사람). 하지만 그는 늘 스스로 이르기를 자신이 누나보다 못하다고 하였다.

정호程顥(1032~1085년)는 송 인종仁宗 명도明道 원년元年에 태어나, 송 신종神宗 원풍元豐 8년에 세상을 떠났다. 자字는 백순伯淳이고, 세칭 '명도선생明道先生'이다. 인종 가우嘉祐 연간에 진사進士에 합격한 후, 처음에 호현鄠縣과 상원현上元縣의 주부主簿, 진성령晉城令을 지냈으며, 많은 치적治積이 있었다. 이후 벼슬이 태자중윤太子中允, 감찰어사監察御史리행里行에 이르렀다.

왕안석王安石의 변법變法에 참여한 바 있으나, 나중에는 그 변법인 신법新法에 반대하였음으로 인하여, 낙양洛陽으로 좌천되어 가서 경서로京西路제점형옥提點刑獄을 맡았다. 당시 연이어 낙양으로 좌천된 문언박文彦博, 여공저呂公著, 사마광司馬光 등과 서로 연계해, 계속 신법을 반대했다. 신종이 세상을 떠나고 철종哲宗이 즉위하여 사마광이 집정하게 되자, 정호를 종정사승宗正寺丞으로 천거하였지만, 취임하기도 전에 병으로 세상을 떠났다. 남송南宋 영종寧宗 가정嘉定 13년(1220년)에 순공純公이라는 시호가 내려졌다. 남송 이종理宗 순우淳祐 원년(1241년)에 하남백河南伯에 봉封해지고, 공자孔子의 묘정廟庭에 종사從祀되었다.

정호는 어려서 아버지 정향의 명을 받아, 동생 정이와 함께 주돈이周惇頤에게서 학문을 배웠으며, 이로써 공맹孔孟의 도에 뜻을 세우고, 또 제가諸家의 사상도 두루 살펴보았다. 그와 정이는 낙양에서 오랫동안 강학했기 때문에, 이들의 학설은 '낙학洛學'이라고 불린다.

정이程頤(1033~1107년)는 정호가 태어난 이듬해인 송 인종仁宗 명도明道 2년에 태어나, 송 휘종徽宗 대관大觀 원년에 세상을 떠났다. 자字는 정숙正叔이며, 세칭 '이천선생伊川先生'이다. 국자감國子監교수敎授와 숭정전崇政殿설서說書 등을 지냈다. 두 형제가 열네 다섯 살 때 역시 주돈이에게서 배웠다. 태학太學에서 공부할 때 『안자소호하학론顏子所好何學論』을 썼는데, 태학을 주관한 호원胡瑗이 그 재능을 놀라워했다.

왕안석이 정권을 잡았을 때 기용되지 않고, 형 정호와 함께 낙양에서 강학하였다. 사마광이 집정하였을 때 숭정전 설서로 천거돼, 국자감國子監의 조규條規를 다듬었다. 철종에게 시강侍講하는 동안, 천하사에 관한 것을 자신의 임무로 삼고, 세상 인물의 포폄褒貶을 논함에 거리낌이 없었음으로 인하여, 명성이 나날이 높아져 따르는 자가 계속 많아졌지만, 싫어하여 비판하는 자들도 많아졌다.

그 후 정이는 사마광을 반대하는 신당이 집권함으로 인해 좌천되어, 서경 국자감수西京國子監守를 지냈다. 얼마 지나지 않아 관직이 삭탈되어, 사천四川의 부주涪州로 보내졌다. 정이는 좌천된 동안 저서 『주역정씨전周易程氏傳』을 완성했다. 휘종이 즉위하여 사면을 받았으나, 곧 다시 배척당하여, 마침내 용문龍門에 은거하고 제자들을 해산시켰으며, 얼마 있지 않아 집에서 병으로 세상을 떠났다. 남송南宋에 이르러 정공正公의 시호가 추서되었다.

정호와 정이는 동복형제로서 세상 사람들에게 '이정二程'으로 불렸으며, 사후에 낙양洛陽 이천伊川의 이정묘二程墓에 묻혔다. 정이가 만년에 정착한 낙양 숭현嵩縣 정촌程村은 명明의 황제로부터 '이정고리二程故里'로 봉封해졌으며, 안회顏回의 경우를 본떠 만든 이정사二程祠도 있다.

정호, 정이는 어려서의 성격이 아주 달랐다. 정호는 성정性情이 온화하고 과묵하며 늘 손에서 책을 놓지 않았다. 정이는 천성이 움직이기를 좋아해서, 마음을 가라앉히고 책을 읽지 못하였다. 한번은 어머니가 감기에 걸려, 정이가 어머니를 모시고 의원을 보러 갔는데, 산을 넘다가 어머니가 목이 말라 사람의 두개골 안에 있는 빗물을 마시고서 병이 가벼워졌다. 정이가 집으로 돌아와 정호에게 겪었던 상황을 설명하자, 정호는 사람의 두개골은 원래 병을 고칠 수 있다고 일찍이 책에 기록이 있다고 말하였다. 이때부터 정이는 책의 가치에 깊이 계발되어 분발하여 책을 읽었다. 형제 두 사람은 또 섭수聶水 동쪽 기슭에 망로대望魯臺를 세우고, 만세萬世의 사표師表로 평가받는 공자에게 제사를 지내며, 매일 그곳에서 사서史書를 소리 내어 읽었다.

이상은 정호와 정이의 집안 배경과 그들 각자의 기본적 특성인데, 이하는 그들 삶의 역정을 통합하여 구체적으로 서술한 것이다.

인종 명도 원년(1032년), 이 해 정월 15일에 정호程顥가 호북성湖北省 황주黃州 황피현黃陂縣 초묘항草廟巷(지금의 무한武漢 황피구黃陂區 전천가도前川街道)에서 태어났으며, 이듬해인 명도 2년(1033년)에 정호는 두 살이 되고, 이 해 8월 15일에 정이程頤가 역시 같은 곳에서 그의 형 정호와 한 살 터울로 태어났다. 그들의 부친 정향程珦은 그때 황피현 현위縣尉였다.

이정二程의 부친 정향의 『자찬묘지명自撰墓志銘』에 따르면, 정향에게는 아들 여섯이 있었는데, 장남 응창應昌, 차남 천석天錫이 있었지만 모두 어려서 죽었다. 그 다음이 호顥, 또 그 다음이 이頤였다. 또 그 다음은 한노韓奴, 만노蠻奴였는데 모두 요절했다. 딸 넷이 있었는데, 장녀 파교婆嬌는 어려서 죽고, 차녀는 봉례랑奉禮郎 석연년席延年에게 시집갔으며, 그 다음은 풍아馮兒인데 어려서 죽었으며, 그 다음은 도관랑중都官郎中 이정신李正臣에게 시집갔다. 손자가 다섯 명, 손녀가 여덟 명, 증손이 여섯 명 있었다.

인종 보원寶元 원년(1038년), 이 해에 정호는 7세이고, 정이는 6세였다.

이정의 부모는 두 아들의 교육을 매우 중시하였는데, 두 자식들이 각각 일곱 살이 되는 이 해와 그 이듬해 그들에게 고시古詩를 읽게 하고, 아울러 그 지역 의 유명한 스승 두 사람을 청하여, 한 사람은 육예六藝 중 예禮·악樂·서書· 수數의 지식 교육을 맡기고, 또 한 사람에게는 그 중 활쏘기(사射)와 말타기 (어御)의 기능 교육을 맡겼다.

인종 경력慶曆 원년(1041년), 이 해에 정호는 10세, 정이는 9세가 되었다. 정호는 어려서부터 특이한 기질이 있었고, 명혜明惠로 사람들을 놀라게 했다. 열 살이 되지 않아 시서詩書를 외우며 기억력이 남들보다 뛰어났고, 열 살에 는 시부詩賦를 지을 수 있었다. 열 살이던 이 해에 그는 진晉대 사람의 '작탐 천시酌貪泉詩'를 읽고 그 뜻에 동화되어, "마음을 스스로 굳게 하면 바깥 사물 에 어찌 (마음이) 옮겨질 수 있겠는가?"라고 써서, 그 시대 선구자의 지조의 고원高遠함을 찬미한 적이 있었다. 이 내용은 다음과 같은 것이다.

역사서에 따르면, 두 종류의 샘이 있다고 하는데, 하나는 '도천盜泉'으로 서, 공자孔子와 그 제자들이 활동하던 산동山東 사수현泗水縣 북쪽에 있었으며, 그 물을 마시면 도심盜心을 가진다는 말이 있었다 한다. 그런데, 당시 공자의 제자 중 증자曾子는 청렴하여 도천을 마시지 않았다고 하였다. 또 말하기로 는, 한번은 공자가 도천을 지날 때 매우 갈증이 났지만 감히 도천의 물을 마 시지 못했다고 한다.

또 하나는 '탐천貪泉'인데, 그 물을 마시면 탐심貪心을 가진다고 한다. 『진 서晉書』에 따르면, 진대晉代에 오은지吳隱之라는 어떤 청렴한 관리가 광동廣東 의 자사刺史에 임명되어 임지로 가던 중, 석문石門을 지나는데, 그 지역 사람 들이 '탐천貪泉'이라 부르는 샘이 한 곳 있었다. 그때 다른 관원들은 그 물을 마시지 않았으나, 오은지는 오히려 그 물을 마시고는 시를 한 수 썼는데, 그 취지는 설사 탐천이라 해도 백이伯夷·숙제叔齊 같은 청렴하고 훌륭한 사람이 마신다고 해서 탐욕스런 사람으로 변할 리는 없다는 것이었다. 즉 도천은 마 시면 도둑이 되고, 탐천은 마시면 탐욕스럽게 된다는 것인데, 정호는 자신의 마음을 굳건하게 하면 외물에 흔들리지 않는다는 말로써, 오은지의 취지를 이해하고 지지한 것이다.

경력 3년(1043년)(정호 12세, 정이 11세), 이 해에 호부시랑戶部侍郎 팽사영彭思永이 황피黃陂에 순찰巡察하러 갔다가, 당시 12살의 정호가 상서庠序(즉, 학교)에 있는 모습이 어른스럽게 의젓함을 보고, 아주 애중愛重하고는, 곧 그의 막내딸을 정호와 약혼시켰다.

팽사영은 강서江西 여릉廬陵(지금의 길안吉安) 사람으로서, 어려서부터 성품이 고결하여 재물을 좋아하지 않았다. 한 번은 그가 금비녀 하나를 주운 일이 있었는데, 그는 그 자리에서 잃어버린 사람이 찾아오기를 기다렸다는 일화가 있다. 인종 때에 호부시랑戶部侍郎을 맡아 직언直言으로 용기 있게 간諫하고, 일을 처리함이 과단성 있고 결단력이 있었으며, 백성을 사랑하였다. 그 인품은 정호에게 큰 영향을 미쳤다.

경력 6년(1046년), 이때 정향은 대리사승大理寺丞(형옥刑獄을 주관하는 관원) 신분으로 강서 흥국현興國縣의 지현知縣을 맡았다. 그런데 당시 주돈이周惇頤가 남안군南安軍(지금의 강서성江西省 대여현大餘縣)의 사참군司參軍을 맡고 있었다. 정향은 그의 속관屬官이었다. 어느 날 정향은 주돈이를 만나 본 후, 주돈이는 기모氣貌가 대단한 사람이라고 느꼈다. 같이 이야기를 나눈 후, 정향은 주돈이가 도학道學에 깊다고 생각하여 좋은 친구가 되었다. 그리고 정호, 정이로 하여금 그를 스승으로 모시게 했다. 이때 주돈이의 나이는 30세였고, 정호는 15세, 정이는 14세였다.

이어 주돈이는 침현郴縣 현령으로 승진하였고, 이정은 남안南安에서 침현까지 따라가면서 배웠다. 이 당시 이초평李初平이 침주郴州 지주知州로서 현령인 주돈이의 상사였다. 그때 이초평이 주돈이에게 독서의 일을 묻고 학문을 배우겠다고 하였는데, 이정이 당시 그 상황을 보았다. 이로써 이정도 주돈이를 따라 남안에서 침현으로 간 것이지, 아버지 정향을 따라 남안에 머문 것은 아님을 알 수 있다. 주돈이는 침현 현령을 4년간 맡았으며, 인종 황우皇祐 2년(1050년)에 계양桂陽 현령으로 옮겼다. 당시 이정이 주돈이를 따라 침현에 얼마나 오래 머물렀는지, 그것이 주돈이가 계양 현령으로 옮기기 전까지였는지의 여부는 알 수 없다.

인종 황우皇祐 원년(1049년), 이 해에 정호는 18세, 정이는 17세였다. 정이는 이 해에 『논어論語』를 읽기 시작했다. 훗날 그의 제자 양존도楊尊道의 기록에 따르면, 정이는, "나는 17, 8세부터 논어를 읽었는데, 당시 글의 문자 뜻은 이미 이해했지만 계속 읽을수록 의미심장함을 느꼈다. 『논어』라는 책은 읽은 후에도 아무 일 없는 사람도 있고, 읽은 후 그 중의 한두 마디 정도 흡족해 하는 사람도 있고, 읽은 후 (그 감동으로) 자기도 모르게 손과 발이 저절로 춤추게 되는 사람도 있다."고 했다.

이듬해 황우 2년(1050년), 정호는 19세, 정이는 18세가 되었다. 이 해 3월에 정이는 황제 인종에게 봉상서封上書를 써서, 황제가 왕도를 마음에 두고, 세속의 논의를 물리쳐야 한다는 것, 백성이 나라의 근본이니 그들을 평안하게 하여야 하고, 그 방법은 그들의 의식衣食을 풍족하게 하는 것, 천하의 다스림은 현자賢者를 얻음에 있다는 것, 자신은 천하의 대중지도大中之道를 배웠으며, 도는 자신을 채운 후 남에게 베풀어 미치게 하는 것 등 자신의 여러 견해를 말하였고, 황제를 직접 알현하여 자신이 배운 바를 진술하기를 청하였지만, 그의 상서는 인종의 관심을 전혀 끌지 못하였고, 알현의 기회도 얻지 못하였다.

황우 4년(1052년), 이 해 2월 28일, 이정의 어머니 후씨侯氏가 강녕江寧 (지금의 강소성江蘇省 강녕현江寧縣)에서 세상을 떠났는데 향년 49세였다. 정향이 조정에서 임명받은 관리였기 때문에, 조정에서는 후씨를 처음에는 수안현군壽安縣君에 봉封하였다가, 상고군군上古郡君으로 추봉追封하였다. 이때 정호는 21세, 정이는 20세였다. 아내를 떠나보낸 아버지 정향은 이후 공주襲州에서 돌아와 강녕江寧에 우거寓居하였다.

20세이던 당시의 정이는 『춘추春秋』를 읽었는데, 훗날 학생 주백침周伯忱이 묻기를, "『좌전左傳』(즉, 『춘추좌전春秋左傳』)을 믿을 수 있습니까?"라고 하니, 정이는 "다 믿을 수는 없다. 믿을만한 것만 믿을 따름이다. 나는 20세에 『춘추』를 보았는데, 황췌우黃贅隅가 나에게 어떻게 보느냐고 물었다. 그래서 그에게 대답해 주기를, 양구법兩句法이 있는데, 하나는 전傳(『춘추좌전』 등의 『춘추』에 대한 해석)으로써 경經(경전으로서의 『춘추』의 원본)의 사적事迹을 고찰하는 것이고, 다른 하나는 경經으로써 전傳의 진위眞僞를 판별하는 것이라고 하였다."고 하였다.

그해 10월 광연주廣淵州(지금의 베트남 광연廣淵)의 장족壯族 우두머리 농지고儂智高가 변경에서 노략질을 하므로, 적청狄靑이 징벌懲罰하라는 명령을 받고 변경의 일에 능한 이정의 외숙부 후가侯可(후무가侯無可)를 정벌征伐의 군사軍事에 참여하도록 청하였다. 후가는 세상을 떠난 누나 후씨에게 작별 인사를 하였고, 정이는 '문구씨후무가응벽남정시聞舅氏侯無可應辟南征詩'라는 외숙의 남정南征에 관한 시를 썼다. 이정은 어린 시절에 외숙부 후가의 도학의 영향을 받은 바 있다.

인종 지화至和 원년(1054년). 이 해에 정호는 23세, 정이는 22세였다. 6월에 정이가 다음처럼 『양어기養魚記』라는 글을 지었다.

＜양어기養魚記＞

서재 앞쪽에 석분식石盆式의 연못이 있다. 가족들이 작은 물고기를 사서 고양이에게 먹였는데, 물고기가 서로 침으로 촉촉하게 젖는 것을 보고 마음에 차마 그럴 수 없어서, 그 속에서 살 수 있는 것을 골라, 백여 마리나 되는 것을 연못에 키웠는데, 큰 것은 손가락만큼 굵고 작은 것은 젓가락 같았다. 나는 손으로 턱을 괴고 온종일 관상했다. 처음에는 물고기를 물속에 넣어두고서

내심 기뻐했다. 왜냐하면 물고기가 그들의 안식처를 찾았기 때문이고, 나중에 그들을 보니 마음에 감명을 받았기 때문이다.

나는 옛 성인聖人의 책을 읽고, 그들이 정치함에 촘촘한 그물을 큰 연못에 던지지 못하게 하고,[47] 꼬리까지 한 자가 안 되면 잡을 수 없게 하며, 시장에서 팔지 못하게 하고, 사람들은 먹을 수 없게 하였다. 성인의 인자함은 사물을 기르면서 다치지 않도록 함이 이러한 것이다. 생물이 이 같음을 얻을 수 있다면, 우리 사람은 생을 즐기고 본성을 이루려면 어떻게 해야 하는가? 물고기의 이럴 때를 생각하면, 어떻게 곤경에 빠질 수 있겠는가? 이 물고기의 상황을 다른 생물에게 미룬다면, 또 무엇을 알 수 없겠는가?

물고기야! 물고기야! 나는 네가 촘촘한 그물에 잡히는 것을 막을 수 없지만, 나는 너가 요리되어 씹히는 재난을 면하게 할 수는 있다. 나는 강호江湖의 광대함을 알고 있으니, 너의 물을 좋아하는 본성을 만족시키려고 강호 속에 던져 넣고 싶지만, 방법을 찾지 못하고 조그만 물로 너희들의 생명을 이어갈 뿐이다. 너희를 생존하게 한 것은 실로 나의 충정에서 나온 것이다. 너희들 생존해 온 무리는 이미 매우 많다. 그런데 천지간의 만물에 대하여 나의 마음은 또 어떻게 해야 하는가? 물고기야! 물고기야! 내 마음을 감동시킨 것이 어찌 물고기뿐이겠는가? 이에 『양어기』를 지었다. 지화 원년 6월에 씀.

인종 가우嘉佑 원년(1056년), 정호는 25세, 정이는 24세가 되었다. 이 해에 정호는 경성 개봉에 가서 과거시험 준비를 하였는데, 정이도 개봉을 두루 돌아다니면서, 태령방泰寧坊 옛집에 살았다. 이정은 여러 유생儒生들 중에서 성망聲望이 자못 높아서, 다른 유생들이 모두 자신들이 미치지 못한다고 여기고 찾아가지 않을 수 없었다.

이때 섬서陝西 관중關中 학자 장재張載도 경사京師에 있었다. 그는 늘 상국사相國寺에서 호피虎皮를 깔고 앉아 『주역周易』을 강의했는데, 듣는 사람이 매우 많았다. 어느 날, 정호와 정이가 장재를 만나서 함께 『주역』에 대해 담론하였는데, 장재는 이정에 매우 탄복하였다. 다음 날, 그는 호피를 치우고 학자들에게 "내가 평소 여러분들에게 말한 것은 모두 헛소리였소. 『역易』의 도에 깊은 이정이 이곳에 왔는데, 내가 그들에 미치지 못하니, 그대들은 그들을 스승으로 삼으시오. 나는 곧 섬서로 돌아갈 것이오."라고 하였다.

이 해에 정호는 유립지劉立之를 학생으로 받았다. 유립지는 하간河間(지금의 하북河北 창주시滄州市 관할) 사람이다. 유립지의 말에 따르면, "저의 집안은 선생님과 여러 대의 인연이 있었습니다. 선친께서는 기품 있고 지조가 특별하여, 선생님과 아주 친밀하였습니다. 선친께서 일찍 돌아가셨는데, 그때 저는 몇 살밖에 안 되어서, 선생님 형제가 저를 데리고 오셔서 자식처럼 조카처럼 가르치고 길렀습니다. 그래서 마침내 선생님의 문호門戶에 서게 되었습니다."(여기서의 '선생'은 이정의 부친 정향을 가리킨다.) 유립지는 당시 7세였으며, 정호가 받은 첫 학생으로, 이후 30년간 따라 배웠으며, 훗날 진사에 급제하여 선덕랑宣德郎에 임명되었다.

이때 정이는 경사에 있으면서 태학太學을 둘러보며 참관했다. 당시 호원胡瑗(자字는 익지翼之, 993~1059년)이 태학을 주관하고 있었다. 그는 북송 성리학의 선구자이며, 저명한 사상가, 교육자로서 세칭 '안정선생安定先生'이다. 호원은 경력慶曆 2년에서 가우嘉祐 원년까지 태자중사太子中舍, 광록사승光祿寺丞, 천장각시강天章閣侍講 등을 역임하였으며, 손복孫復·석개石介와 함께 '송초삼선생宋初三先生'으로 불린다. 호원은 유가儒家 경술經術에 정통하였는데, 그는 그때 학생들에게 『안자소호하학론顔子所好何學論』(안자가 무엇을 배우기를 좋아하였는가에 관한 논)을 쓰게 했다. 정이는 자신의 『안자소호하학론』에서 "안자顔子가 홀로 배우기를 좋아한 바는 무슨 배움인가? 성인聖人의 도道를 배우는 것이다."라고 하고, 이어서 '성인은 배워서 알 수 있다'고 하였다. 호원은 정이의 글을 읽고는 훌륭한 글이라 하더니, 곧바로 정이를 만나 그에게 학직學職(교직教職)을 맡게 했다.

당시 여공저呂公著의 아들 여희철呂希哲도 태학太學에서 공부하고 있었는데, 정이의 거처와 이웃해 있었다. 여공저는 여희철에게 정이를 스승으로 모시도록 했다. 그래서 여희철이 상국사相國寺에서 이정을 만났는데, 일에 대해 논하는 것이 지극히 상세하였다. 정호는 말하기를, "예나 지금이나 여기서 이런 말을 하는 사람이 있었던 적이 있는지 모르겠다."고 했다. 얼마 후 사방의 선비들이 와서 배우는 이들이 날마다 많아졌다.

가우 2년(1057년), 정호는 26세, 정이는 25세이던 이 해에 열린 과거 시험은 정월 초엿새에서 3월 초닷새까지 만 2개월이었다. 각과 전체적으로 899명이 뽑혔는데, 그 중 진사과進士科는 388명이었으며, 북송 각개 영역의 수많은 대표인물, 정치계, 사상계, 문학계의 각종 신예들이 모두 이 두 달 동안에 재능을 드러냈다. 26세의 정호는 진사과에 응시했다. 당시 한림학사翰林學士 구양수歐陽修가 권權지공거知貢擧로, 한림학사 왕규王珪, 용도각龍圖閣직학사直學士 매지梅摯, 지제고知制誥 한강韓絳, 집현전集賢殿수찬修撰 범진范鎭이 아울러 권權동지공거同知貢擧로 임명됐다.(관직명의 '權'은 '일정 기간', '대리'의 의미이다.)

주 고시는 구양수가 총책임자였고, 왕규, 한강, 매요신梅堯臣이 시험관이 되었다. 황제 인종仁宗은 직접 가서 전시殿試를 주관하였다. 이때 정호는『남묘시일도사민부南廟試佚道使民賦』,『남묘시구서유가론南廟試九叙惟歌論』,『남묘시책제오도南廟試策第五道』를 지었다. '남묘南廟'는 진사 시험 장소를 가리키며, 시제試題를 남묘시책南廟試策이라고 일컫고, 시험에 참가한 사람도 남묘진사南廟進士라고 하였다. 당시 송조宋朝의 과거 시험은 3급으로 나누어 실시되었는데, 바로 발해시發解試, 성시省試, 전시殿試였다. '발해시'는 초급고시, 즉 일차시험으로서 여기에 합격해야 '성시'와 '전시'의 응시 자격이 주어진다. 응시자인 선비가 발해시에 통과한 후 그 선발 명단이 예부禮部로 보내져(이를 '해송解送'이라 한다), 성시省試에 참가할 수 있는 자격을 얻은 정원을 '해액解額'이라고 한다.

정호는 이 해에 진사에 합격했다. 당시 정호와 같은 시험에서 방榜에 이름을 올려 진사進士에 합격한 이로서, 소식蘇軾,[48] 장재張載, 증공曾鞏,[49] 증포曾布(후에 재상宰相의 지위에 오름), 소철蘇轍,[50] 주광정朱光庭(후에 집현원학사集賢院學士가 됨)이 있었다. 한편 정이도 이 해에 발해시에 참가하였지만, 당시 해액解額이 반으로 줄었기 때문에 등과登科하지 못하여, 진사가 되지 못했다.

이 해에 주돈이는 합주판관合州判官이 되었는데, 이정 형제가 두 번째로 방문하여 주돈이에게 배움을 구하였다. 나중에 정호는 말하기를, "주무숙周茂叔을 다시 뵌 후부터, 음풍농월吟風弄月하면서 돌아오게 되었으니, (공자가 말한) '오여점야吾與點也(나는 증점曾點과 더불겠다 – 찬동한다 –)'의 뜻이 있게 되었다."고 하였다.

'오여점야吾與點也'라는 말은 『논어』「선진先進」에 나오는 것으로서, 그 내용은 다음과 같다. 공자가 어느 날 제자 자로子路, 증석曾晳, 염유冉有, 공서화公西華와 같이 있을 때, 그들에게 앞으로 세상에 쓰인다면 어떻게 할 것인가의 꿈을 물었다. 이에 자로를 시작으로 모두가 벼슬을 하여 정치에 참여하는 포부를 말하였다. 그런데, 옆에서 가만히 거문고 연주를 하고 있던 증점曾點[51]은 공자의 물음에 이같이 답했다. "늦은 봄에 봄옷이 마련되면, 성년이 된 대여섯 사람, 어린이 예닐곱 사람과 기수沂水에서 목욕하고, 무우舞雩[52]에서 바람을 쐬고, 노래하며 돌아오겠습니다." 이에 공자는 장탄식하며, "나는 증점의 생각에 찬동한다(吾與點也)"고 했다. 당시 주돈이는 이정형제에게 '吾與點也'의 취지에 대한 전고典故를 들려주며, 그들 각자의 삶의 지향점을 일깨웠다. 그래서 정호는 그러한 지향점을 갖게 됐다고 말한 것이다.

이는 현실참여를 지향하는 유가의 외면적 측면과 다른 내면적 경지를 말한다. 곧 세상을 초월하고 달관한, 맑은 마음의 상태에서 오는 '쇄락灑落'의 경지이다. 유가철학은 이처럼 양면성이 있는데, 그 중 전자의 성격이 강한 쪽이 성리학性理學이고, 후자의 성격이 강한 것은 심학心學이다. 그렇지만, 양자 모두 어느 한쪽만 있는 것은 아니다. 그럼에도 심학 쪽은 성리학 쪽이 이 측면이 부족하다고 생각한다.

그래서 남송대에 심학을 개창하며, 주희朱熹(주자朱子)와 대립한 육구연陸九淵(육상산陸象山)은 북송대 성리학자 중 그래도 자신이 찬동할 만한 학자로는 정호(정명도程明道)를 들고, 정호와 다른 성향을 가진 그의 동생 정이(정이천程伊川)를 계승한 쪽이 주희라고 생각하였다. 그래서 그는 이렇게 말했다. "이정은 주무숙을 뵌 후, 음풍농월하며 돌아오면서 '吾與點也'의 뜻을 가지게 되었다. 나중에 명도는 이 뜻을 그래도 보존하였는데, 이천은 이 뜻을 잃었다."(『육상산어록陸象山語錄』) 철학사적으로 육구연의 철학을 이어받아 심학을 종합집대성한 철학자가 바로 명대明代의 왕수인王守仁(왕양명王陽明)으로서, 그는 초월, 달관의 '쇄락' 경지를 강조한다. 한편, 유가와 달리 전적으로 현실참여 지향을 버리고, 탈현실의 내면 경지만을 강조한 철학이 도가道家 철학이다.

가우 3년(1058년)(정호는 27세, 정이는 26세였다.)에 정호는 경조부京兆府 우현鄠縣(현재의 섬서陝西 호현戶縣)의 주부主簿로 임명됐다. 처음 막 부임했을 때 그곳 현령縣令은 정호가 나이가 어린 것을 보고 다소 얕잡아 보았다. 그런데 당시 이런 사건이 있었다.

그곳 어떤 향민이 그 형의 집을 빌렸는데, 땅을 파니 숨겨진 돈이 있었다. 이에 형의 아들이 현縣 관아에 상소上訴하러 가서, 그 돈은 자신의 아버지가 숨겨둔 것이라고 하였다. 현령은 정호에게 말하기를, "이것은 증거가 없으니 어떻게 판결하겠느냐?"고 했다. 정호는 "이 일은 분별하기 쉽습니다."고 했다. 정호는 고소한 자에게 "너의 아버지가 돈을 숨긴 지 몇 년이 되었느냐?"고 물었다. 고소인은 "40년 됐습니다!"라고 말했다. 정호는 또 피고인에게 "너는 몇 년 동안 집을 빌렸느냐?"라고 물었다. 피고는 "20년 되었습니다."라고 말했다.

여기까지 들은 정호는 곧 사람들에게 돈 일만一萬을 가져오게 하고는, 집을 빌린 사람에게 "지금의 돈은 관청에서 주조한지 불과 5년, 6년 사이에 세상에 유통된 것이다. 그런데, 그대들이 말하는 돈은 모두 그대들이 거주하기 전 몇 십 년 전에 주조한 돈인데, 어떻게 지금의 그대 집 돈이라고 말할 수 있느냐?"라고 말하였다. 이에 피고는 심복心服하여 조카에게 돈을 돌려주었다. 현령은 정호의 판결 재능에 매우 감탄했다. 이 사건의 예는 훗날 역사에서 경전적 사건 예가 되었다.

한편, 이 현의 남산 지역 사찰에는 석불石佛이 있었는데, 그 석불의 머리가 빛을 낸다는 전설이 있었다. 원근의 남녀가 모여 구경하러 와서, 밤낮으로 남녀가 뒤섞여 미풍양속을 해치는 일이 적지 않게 발생하였다. 그런데도 당시의 현령은 그 석불에 영험한 신통력이 있을까 두려워서 감히 금지할 수 없었다. 정호는 부임하자마자 절의 승려에게 "석불이 빛을 낸다는 소리를 들었는데, 그런 일이 있나요?"라고 말했다. 승려는 "그런 일이 있습니다."고 했다. 정호는 "석불이 또 빛을 낼 때, 스님께서는 반드시 나에게 알려 주십시오. 저는 직무상 그 쪽으로 갈 수 없으니, 석불의 머리를 잘라서 저에게 보여주십시오."라고 경고하였다. 이 이후부터 석불은 더 이상 빛나지 않았다고 한다.

정호가 이곳에 있을 때, 장재는 정호에게 '정성定性'(주체를 안정시킴)[53]에 대해 토론하는 편지를 보냈다. 이에 정호는 『답횡거장자후선생서答橫渠張子厚先生書』를 써서 보냈다. 장재가 제기한 문제는 "정성定性하려 하나 결국 (내면이) 움직이지(動) 않을 수 없게 되고, 오히려 외물外物에 누累되고 만다."는 것이다. 즉 '정성定性'의 경지에 이를 것을 원하지만, 늘 밖에서 온 사물에 얽매여 주체가 흔들려 안정되지 못하게 된다는 것이다.

정호는 답신에서, "이른바 '정定'이라는 것은 움직일(動) 때도 '정定'하고 고요할(靜) 때도 '정定'하여, 보내고 맞이함도 없고, 안과 밖도 없습니다. 외물을 바깥 것으로 보고 자신을 이끌어 그것에 따르는 것은 자신의 본성에 안팎의 구분이 있다고 생각하는 것입니다. 더구나 본성이 사물을 따라 밖으로 나갈 수 있다고 생각한다면, 본성이 밖에 남아 있을 때, 지금 이 순간 안에 있는 것은 무엇인가요? 이것은 외부의 유혹을 뿌리치려다 오히려 본성에 안팎의 구분이 없다는 것을 모르는 것입니다. 이미 본성을 안팎의 두 가지 근본으로 억지로 갈라놓고 나서 어떻게 성급하게 '정定'이라고 판단할 수 있겠습니까? 하늘과 땅은 언제나 그 마음으로 만물을 보편화하고 자신은 마음을 두지 않으며, 성인은 언제나 그 정情으로 만사를 따르되 자신은 정情을 두지 않습니다. 그러므로 군자의 학문에는 '텅 비듯 크게 공평하여(廓然而大公)' 사물이 오면 그에 순응하는 것 만한 것이 없습니다."라고 하였다.

즉, 하늘과 땅에는 그 자신의 마음이 없고, 만물의 마음이 바로 그 마음이며, 성인의 정신 경지는 하늘과 땅과 마찬가지로 '확연대공廓然大公'하기 때문에, 그의 호오好惡는 만물에 순응하면서도 자신의 이해에 따른 호오를 없게 할 수 있다는 것이다. 바꾸어 말해, 성인의 정신 경지는 우주와 같이 광대廣大하여, 그 역시 주관과 객관의 분별이 없으므로, 그 자신의 이익만을 위해 감정을 일으키지 않으니, 그의 감정은 무사無私하다는 것이다.

정호가 이어, "그러므로 군자의 학문에는 '확연이대공廓然而大公'하여 사물이 오면 그에 순응하는 것 만한 것이 없다."고 말한 '廓然而大公'은 위에서 말한 천지와 성인의 모습을 표현한 것이다. 그들은 '廓然而大公'하기 때문에 무슨 일이 일어나든 그 자연함에 따라서 반응한다. 이것이 바로 '순응'이며, 바로 인위적 사색이나 고려 없이 자발적으로 반응하는 것이다. 정호의 이 편지는 훗날 『정성서定性書』로 불리게 된 것으로서, 성리학의 중요한 이론 문헌이 되었다.

또, 당시 사사직謝師直이 장안長安 전운사轉運使를 지내면서, 정호와 함께 『주역周易』과 『춘추春秋』에 대해 논한 적이 있었다. 정호는 "운사運使(사사직謝師直)께서는 『춘추』를 논함은 그래도 능력이 있지만, 『역易』에 대해서는 전혀 이해가 부족합니다."라고 했다. 나중에 사사직이 정호의 평가를 정이에게 말하니, 정이는 "저의 견해로는, 두 분은 모두 '역易'의 도道를 깊이 알고 있습니다."라고 했다. 사사직이 왜 그런 말을 하느냐고 물으니, 정이는 "선생께서는 전운사의 지위로서 윗사람인데도 일개 주부主簿에게 자신을 굽혀 물으시며 가르침을 구할 수 있으시며, 지위가 낮은 주부 입장에서는 자신보다 지위가 높은 전운사에게 감히 '역'을 모른다고 하였으니, 만약 '역'의 도를 깊이 알지 못한다면 할 수 없는 것입니다."라고 말하였다.

가우 4년(1059년)(정호는 28세, 정이는 27세였다.)의 봄, 정이는 재차 과거시험을 보았다. 그러나 진사는 됐으나 정시廷試에 낙방하여 마침내 다시 시험을 보지 않고, 일생을 처사處士(덕과 재능은 있으나 관리되길 원하지 않는 사람)의 신분으로 살아가며 성명지학性命之學을 연구했다. 정호, 정이에 대한, 그들의 모친 후씨侯氏의 예견대로 된 것이다.

　이 해에 여공저呂公著가 국자감을 주재하였는데, 그가 직접 정이에게 가서 그를 학정學正54)으로 초빙하였지만, 뜻밖에도 정이는 이를 완곡하게 사절하여 여공저를 유감스럽게 했다. 정이는 여공저(여회숙呂晦叔)에게 『사여회숙대제서謝呂晦叔待制書』를 써서, "옛날에는 공경대부公卿大夫가 선비에게 요청하였으므로, 선비가 비록 스스로 가난한 집을 지키고 있어도 그 이름이 반드시 알려지고 그 재능이 반드시 쓰여졌지만, 오늘날에는 선비가 공경대부에게 요청하므로, 나아가 벼슬하려는 자는 입신출세하고, 도를 지키는 자는 은둔하여 소외됩니다. 저는 오늘날의 입장에서 생각해보니, 재능은 보잘 것 없고 배움은 적어서 감히 도를 굽혀 망령되게 행동할 수 없으니, 비록 친척이나 마을사람 사이라 해도 저의 존재를 아는 자가 드문데, 하물며 감히 공경대부에게 알려지기를 바라겠습니까? 삼가 받드노니, 각하께서 조정대신의 높은 지위를 굽히시고, 저의 보잘 것 없음을 돌아보시어, 두터운 예를 우러러 무릅쓰게 하시니, 부끄럽게도 감당하기에 부족합니다. 아! 공경公卿이 선비에게 자신을 낮추지 않게 된 것이 오래 되었습니다. 저는 천빈賤貧함 속에 은둔하여 세상에서 돌아본 적이 없는데, 공께서만 유독 예를 낮춰 오시니, 현자를 좋아하고 선을 즐기는 깊음이 아니라면 누가 이렇게 할 수 있겠습니까? 참으로 다행스러운 일입니다. 원컨대, 각하께서는 현자를 좋아하시는 이러한 마음을 유지하셔서 그들을 구하는 방향을 넓히시고, 그들을 대우하는 도를 다하셔서 다른 날 묘당廟堂에 오르시어 밝으신 천자의 다스림을 보좌하시고, 그로써 스스로를 도우시면서 천하를 복되게 하신다면, 어찌 (그 은덕이) 두텁지 않겠습니까! 보잘 것 없는 제가 글도 잘 못하면서도 잠시 구구함을 다하여 삼가 사의를 표하나이다."라고 하였다.

　앞서 말한 여희철의 부친 여공저의 자는 회숙晦叔으로서, 당시 천장각대제天章閣待制(진종眞宗의 어제御制 문서를 전문적으로 수장收藏함) 겸 시독侍讀

을 맡고 있는 황제의 근신近臣이었다.

가우 5년(1060년)(정호 29세, 정이 28세) 당시 정호는 재임한지 3년을 채웠으며, 주부主簿를 맡는 동안 특별히 우수함을 보였다. 경조부京兆府에서는 이 점을 특별히 중시하여, 조정에 그를 추천하면서 아울러 그에게 무슨 직을 맡고 싶은지 물었다. 그러자 정호는, 선비를 추천할 때는 그가 무슨 직을 맡을 수 있는 지로써 형량衡量해야지, 그 본인이 무슨 직을 맡고 싶은지 물어서는 안 된다고 하였다. 임기 만료 후, 그는 피친避親, 즉 친척을 피하여 발령하는 규정에 따라, 강녕부江寧府 상원현上元縣(지금의 강소성江蘇省 남경시南京市 일대)으로 전출 가서 주부를 맡게 되었다. 북송 때는 임직任職 시 원적原籍을 기피하도록 규정했다.

정호는 상원현에 부임 후, 조사를 통해 그곳의 전세田稅가 고르지 않음이 다른 곳보다 심각한 것을 파악했다. 그 원인은, 상원현이 상부인 강녕부에 인접해 있어서 비옥한 밭을 모두 귀가부호貴家富戶들이 비싼 값에 사들였고, 향민들은 일시적인 이익을 탐하여 밭을 모두 팔았다는 데 있었다. 정호는 향민이 땅을 판 엄중한 후과를 보고는, 현령을 도와 토지 매매를 허가하지 않는 규정을 만들었다. 처음에는 부자들이 토지 매매를 금지하는 규정에 대해 불만을 가지고 주위를 선동하여 소란을 피우려 하였으나, 나중에는 정호가 단호하고 강하게 밀어붙여 감히 불복하는 자는 한 사람도 없었다. 그 후 그 현은 토지가 크게 고르게 되어, 백성들이 그 혜택을 받게 되었다.

이후 당시의 상원현령이 해임되었는데, 그로 인해 정호는 현의 일을 대행하였다. 이 현은 예로부터 소송이 많아서 매일 200건 아래로 내려가지 않았다. 과거 위정자들은 사건 파악과 검토에 지쳐 근본적 해법을 연구할 시간이 없었다. 그런데 정호는 이에 대한 방안을 내놓았고, 그런 지 한 달도 채 안 되어 바로 백성들의 소송 건수가 크게 줄어들었다.

또, 당시 강남의 이 지방 논은 둑에 의존하여 관개하였다. 이 해 한여름에 폭우가 둑을 무너뜨려 천 명이나 되는 인부들이 이를 막지 못하였다. 규정에 따라 연못을 보수하려면 반드시 부府에 보고하고, 부는 다시 조사漕司에게 보고한 후에야 인부들을 동원하여 복구하도록 되어 있었다. 이래서는 한 달 남짓의 시간이 지나도 공사를 시작할 수 없었다. 정호는 "이러면 논의 벼 이삭이 금방 말라죽는다! 백성들은 장차 무엇을 먹을 것인가? 백성을 구하기 위해서라면 죄를 짓는 일이라도 마다하지 않겠다."고 말했다. 그는 비상 상황이므로 절차를 뛰어 넘어 먼저 인부들을 동원하여 연못을 막은 후에 부府에 보고하였다. 이에 연못의 복원이 제때에 이루어져서 관개가 보장되어 벼가 풍작을 이루었다.

한편, 강녕은 수운水運의 요로에 위치하였는데, 경성에 곡식을 나르는 뱃사공이 병이 나면 머물면서 병을 치료하는 사람이 해마다 몇 백 명이 넘었다. 그런데 때때로 부府에서 그들을 위해 양식을 보냈지만, 그래도 사람들이 굶어 죽었다. 정호가 직접 살펴보니, 이들 뱃사공의 식량 공급은 부에 보고해야 하고, 부에서 식량권을 줘야 식량배급이 가능했다. 조사漕司의 결재를 받았을 때는, 이 뱃사공들은 모두 며칠 동안 굶고 난 후가 되었다. 정호는 조사에게 신고 방법을 바꿔, 미리 쌀을 이 뱃사공들이 거주하는 곳에 보관해 두었다가, 사공이 오면 식량을 주겠다고 보고했다. 이때부터 대다수의 뱃사공이 모두 살아남았다. 후인들은, 그가 "섬세한 조치까지 취해 100명가량이 혜택 받았다."고 평가했다.

송 영종英宗 치평治平 원년(1064년), 정호는 33세, 정이는 32세가 되었다. 이 해에 정호는 택주澤州 진성현晉城縣(현재의 산서성山西省 진성현晉城縣) 현령으로 전보됐다. 당시 그의 아버지 정향은 경관京官 신분으로 자주磁州(지금의 하북河北성 자현磁縣)의 지부知府를 맡고 있었는데, 정호가 부임할 때 자주磁州로 가서 아버지를 문안하였다. 이때 형서邢恕가 스승의 예로써 정호를 만나 봤다. 형서는 이전부터 정이를 따라 배우다가, 이곳에서 정호를 처음 보았다. 그 후 형서는 진성晉城까지 정호를 따라와, 정호가 운영하는 서원에서 공부했다.

이 해 8월 4일, 정호의 아들 단곡端穀이 태어났다.

치평 2년(1065년), 이 해에 정호는 34세, 정이는 33세였다. 정호는 진성에 있는 동안, 백성들에게 효제충신孝悌忠信을 알도록 가르쳐, 집에 들어와서는 부형父兄을 섬기고, 밖에 나가서는 윗사람을 섬기는 도리를 알게 했으며, 향학鄕學을 일으켜 모든 향鄕마다 학교(校)가 있도록 하였고, 한가할 때는 직접 백성의 자제 중 뛰어난 자를 골라 모아서 가르쳤다. 그 읍邑에 간 지 10여 년밖에 안 됐는데, 유복儒服을 입은 자가 수백 명이 되었다. 기록에 따르면 정호가 학교를 일으킨 곳은 72곳으로서, 전국에서 가장 많은 학교를 지었다고 한다.

치평 3년(1066년), 정호는 35세, 정이는 34세이던 해 3월, 여공저가 지채주知蔡州(채주는 지금의 하남성 여남汝南)로 나가게 되었는데, 임지로 떠나기 전 또 당시 황제인 영종英宗에게 상서하여 정이를 추천하면서 말하기를, "남성南省 진사 정이는 나이 서른넷에 남다른 지조와 빼어난 모습을 가지고 있나이다. 가우嘉祐 4년(1059년)에 이미 전시殿試에 참가하였지만, 이후로는 벼슬의 뜻을 버리고 태학太學(즉, 국자감國子監)을 왕래하였으며, 제생諸生들은 그가 스승이 되기를 원하였습니다. 신臣이 당시 국자감을 맡으면서 직접 가서 간곡히 청하였지만, 결국 그 뜻을 굽히게 할 수 없었나이다. 신은 일찍이 그와 말해본 적이 있는데, 경술經術에 밝고 고금古今의 치란治亂에 관한 요체에 통달하여, 실로 경세經世제물濟物의 재능을 갖추고 있어서, 고지식한 선비나 천박한 유생과는 다른 독자적인 장점을 가지고 있습니다. 그를 조정에 두시면 반드시 나라의 그릇이 될 것이니, 엎드려 바라옵건대, 절차에 구애받지 마시고 그를 특별히 중용하시옵소서."라고 하였다. 여공저가 정이의 능력을 인정하는 정도를 이를 통해서 미루어 짐작할 수 있다.

이때 정호는 여전히 진성령晉城令을 맡고 있었는데, 역대 현령에 대한 비碑를 세우고, 『진성현령제명기晉城縣令題名記』를 지어, 과거 현령의 잘잘못을 기록하지 않음으로 인해 "현자賢者의 정政을 불행히도 전해짐이 없게 하고, 불초不肖한 자의 경우는 다시 요행히 그 악을 덮을 수 있도록 하였으니", 앞으로 현령을 맡는 모든 이들이 마땅히 "그 세월의 선후에 따라 순서대로 기록하게 하면", 백성으로 하여금 그 이름을 보면 그 행정을 잊지 않도록 하고, 후세 사람으로 하여금 그에 따라 그 시비是非를 질정하여 본보기로 삼게 하도록 제안하였다.

치평 4년(1067년), 정호는 36세, 정이는 35세이던 이 해에, 정호는 진성령晉城令 임기가 만료되고 저작랑著作郞을 맡게 되었다. 역사에서는, "읍을 다스린 지 3년 동안 백성들은 그를 부모처럼 사랑했으며, 그가 이임하는 날 곡성哭聲이 들을 진동하였다."고 기록하고 있다.

이 해에 영종英宗이 세상을 떠나고, 신종神宗이 즉위하여 선황先皇 영종을 후장厚葬하려 하였다. 이에 정이가 아버지 정향을 대신하여 박장薄葬을 주장하는 상서를 다음과 같이 썼다. "신臣이 보건대, 진한秦漢 이후로 제왕帝王이 된 이는 천하의 존귀함에 있으며, 사해四海의 부를 가졌지만, 살아서 봉양奉養함은 어떠하였으며, 죽어서 그 영구를 임시 안치할 때는 어떠하였는지요? 그럼에도 그 능묘陵墓를 온전히 보전할 수 있는 이들이 적었음은 무슨 까닭이었는지요? 오직 위魏 문제文帝와 당唐 태종太宗만이 황위를 계승하여 효도를 다 할 수 있었고, 이를 위해 먼 앞날을 생각하여 지금까지도 안전함이 사적事迹에 뚜렷하여 간책簡策에 보존되어 있습니다. 아! 두 후계 임금들은 사치함을 높임으로써 자신의 뜻에 따를 것인가에 구애받지 않고, 어버이를 편안히 함을 마음으로 삼았으니, 지극한 효도라 할 수 있습니다. 한漢 무제武帝의 장례는 곽광霍光이 정권을 장악하면서, 대체에 어둡고 사치가 지나쳐서, 능 중에 부장물을 더 수용할 수 없는 정도까지 이르게 하여, 적미赤眉의 난에 결국 발굴 당하였습니다. (위 문제, 당 태종) 두 임금은 검소함을 따랐지만, 후세 사람들이 그들이 불효했다고 이르지 않고, 곽광은 후장厚葬했지만, 천고千古의 죄인 됨을 면치 못했나이다."라고 하였다.

같은 해에 정향은 자주磁州에서의 임기가 만료되어, 사문낭중司門郎中55)의 직급으로 옮겨서, 한주漢州(지금의 사천四川 광한廣漢) 지부知府를 맡게 되었다. 이에 이정 형제는 아버지를 따라 갔다.

송 신종神宗 희령熙寧 원년(1068년), 정호는 37세, 정이는 36세이던 이 해에, 정호는 한주漢州에서 낙양洛陽으로 돌아왔는데, 그의 집안에 안타까운 일이 일어났다. 5월에 정호의 아들 단각端愨이 다섯 살로 죽은 것이다. 정호는『정소공묘지程邵公墓志』(소공邵公은 단각의 유명幼名)를 지어 어린 자식을 앞서 보낸 아비의 마음을 그의 철학적 토대에서 표현하였다.

이 해에 정이는 여전히 한주漢州에 있었는데, 당시 그 부친 정향이 지역 명사名士 우문중윤宇文中允을 한주의 주학州学으로 초빙하여 교육을 맡기려 했다. 이때 그는 아버지를 대신하여『위가군청우문중윤전한주학서爲家君請宇文中允典漢州學書』를 썼다. 백성을 살리는 길은 교육이 근본이라는 취지의 글이었다.

희령 2년(1069년), 정호가 38세, 정이가 37세이던 이 해에, 참지정사參知政事 왕안석王安石이 제치삼사조례사制置三司條例司(당시 변법變法을 주관한 임시 관서명)를 설치하고 신법新法의 실행을 논의하였다. 이 해 3월에 정호와 소철蘇轍 등이 조례사條例司에 들어가 변법에 참여하였고, 4월에는 왕안석이 정호 등 8명을 각지에 보내 농전農田, 수리水利, 부역賦役 등 신법 추진 상황을 시찰하게 하였다.

그런데, 왕안석의 급진적 방식과 흥리興利를 목적으로 하는 신법은 조정의 사마광司馬光·부필富弼·한기韓琦 등과 같은 대신들의 반발을 불러 일으켰다. 어느 날, 정호가 왕안석의 집에서 신법을 토의하고 있을 때, 왕안석의 아들이 집안에서 나와, "이 조정의 한기, 부필을 기시棄市하면, 신법이 행해질 것이다."라며 기세 있게 말했다. 이에 정호가 정색하고 말하기를, "내가 참정參政(즉, 참지정사 왕안석)과 국사를 담론하고 있는데, 그대가 어찌 감히 말참

견을 하는가! 일단 물러나라!"고 하였다. 정호는 이때부터 왕안석과 금이 갔다.

당시 신종神宗이 왕안석의 학문이 어떠냐고 물으니, 정호가 대답하여 말 하기를, "왕안석은 박학하고 견문이 넓지만, 요점을 지키는 데는 부족합니다." 라고 하였다. 왕안석은 통상 정호와 일을 논함에 의견이 합치하지 않으면 정 호에게 말하기를, "공의 학문은 벽을 올라가는 것 같소."라고 하였는데, 정호 가 유가의 도덕이상주의에 치중하여 그 뜻을 현실에서 실현하기 어려움을 비 판한 것이다. 이에 대해 정호는 "참정參政의 학문은 바람을 잡으려 하는 것 같 습니다."라고 하였는데, 왕안석이 실용주의적 재빠름에 치중하여 유학의 근본 원칙에 위배되고, 또한 그 학문이 난잡하고 불순하다고 비꼰 것이다. 왕안석 의 신학과 정호와 같은 이의 리학의 분열을 생생하게 보여주는 것이다.

8월에 어사중승御史中丞 여공저의 추천으로 신종이 정호를 태자중윤太子中 允에 제수하고, 감찰어사리행監察御史里行(관직이 낮은 자가 감찰어사에 임명 되어, '리행里行'을 덧붙임.)[56]의 직을 잠시 대리하도록 했다. 신종은 정호를 불러서 어사御使의 임무에 대해서 물으니, 정호는 "신臣으로 하여금 관리들의 과실을 바로잡고 결점을 보완하도록 하여 조정에 도움이 되도록 하시면 되겠 으나, 신으로 하여금 무리들의 단점과 장점을 주워 모아 곧은 이름만 추구하 게 하신다면 할 수 없겠습니다."라고 대답하였다. 이에 신종은 어사 감을 얻 었다고 여기며 '진정한 어사(眞御史)'라고 일컬었다.

신종은 몇 차례에 걸쳐 정호를 불러 본 후, 정호에게 더욱 감복했다. 신 종은 매번 정호를 불러 보고 나서, 정호가 물러날 때마다 그에게 늘 그대를 보고 싶다고 말했다. 한번은 신종이 정호를 불렀을 때, 군신의 대화에 의기투 합하여 황제가 수라를 들 시간을 지나버려, 정호가 서둘러 물러난 적이 있었 다. 당시 조정의 환관이 정호에게 말하기를, "정어사程御史께서는 설마 황상께 서 아직 수라를 드시지 않은 것을 모르셨던 것은 아니겠지요?"라고 하였다.

『속자치통감續資治通鑑』에 따르면, 이 시기 정호는 황제에게 진언함이 많 았는데, 그 대요大要는 황제가 마음을 바르게 하여 욕망을 억누르고, 현자賢者

107

를 구하고 인재를 육성함을 우선으로 해야 한다는 것이었다. 황제가 늘 인재를 추천하도록 하니, 정호가 수십 명을 추천하였는데, 부친의 외사촌 형제 장재와 동생 정이를 앞세웠다. 또 욕망이 일어나기 전 미연未然의 상태에서 막고, 천하의 선비를 경시하지 말 것을 권하니, 황제는 몸을 굽히며 경계할 것을 약속했다.

또 당시 정호는 『논왕패찰자論王霸札子』를 올려 신종에게 성인聖人의 말을 스승삼고, 선왕지도先王之道를 본받으며, 패도霸道에 따르지 말고, 왕도王道에 따를 것을 건의하였다. 그리고, 그는 『논십사소論十事疏』를 올려, 당시 사회에 존재하는 적폐積弊를 거론하면서, 존사尊師, 관치官治, 민생民生, 치안治安, 선현選賢, 병역兵役 등 10개 방면에서 자신의 견해를 제시하였다.

정호는 또 『논양현차자論養賢箚子』를 올려서, 양현養賢을 건의하였는데, "(하은주夏殷周) 삼대三代가 양현함은 반드시 배움에 근본하면서, 덕화德化를 거기에서 행하고, 치도治道가 거기에서 나오게 했습니다.", "옛날의 선철先哲 임금들이 자신을 비우고 다스림을 구한 방법이 어찌 천하의 인재를 다함으로써 자신의 덕을 이루는 것이 아닌 적이 있었겠습니까! 그러므로 순舜 임금이 위대함은 다른 사람과 같이 함을 잘하여, 다른 사람에서 취하여 자신의 선善으로 삼기를 즐거워했습니다."라고 하면서, 조정에 연영원延英院을 설치하여 사방의 현자를 초빙할 것을 건의하였다. 이는 일종의 고문顧問 제도였다.

이 당시 왕안석이 정권을 잡고 신법을 추진하자, 조정 안팎에서 신법을 시행하면 안 된다고 말하는 이들이 모두 매우 힘을 기울여 공격하였는데, 왕안석이 간녕奸佞한 자들을 임용하여 신법을 강행한다는 의론이 분분하였다. 하루는, 신종이 집정 대신 증공량曾公亮, 진승지陳升之, 사마광司馬光 등과 신법에 대해 토론할 때, 왕안석은 반대 의견을 들을 필요가 없다면서, 몇몇 대신들과 언쟁을 벌이는데 성난 얼굴로 그들을 대했다. 이에 정호가 침착한 태도로, "천하의 일은 한 집안의 사적인 의론이 아니니, 기운을 누그러뜨리고 듣기 바랍니다."고 권했다. 왕안석은 당시 이 말을 듣고 부끄럽게 여겼다.

희령 3년(1070년)(정호는 39세, 정이는 38세) 3월 4일에 정호는 『간신법소諫新法疏』를 상서하고, 4월 17일 『재상소再上疏』를 써서 말하기를, "천하의 리는 간이簡易에 근본하며, 그 행함은 도를 따름에 있습니다. 그러므로 지혜로운 자는 우禹가 물에 대해 행함과 같이 하여, 그 무사無事한 것을 행하여야지, 험조險阻함에 머물면 지혜롭다 할 수 없습니다. 예로부터 정치를 일으키고 일을 성립시키는 데 있어서, 나라 안팎 여론이 불가하다고 하는데도 성공할 수 있었던 적은 없었습니다. 하물며 충량忠良한 이들을 배척하고 공의公議를 막아 없애면서, 천한 자를 등용하여 귀한 이를 업신여기며, 사악한 방법으로 바른 일을 행하려는 것이겠습니까?"라고 하였다.

그런데 정호의 간언은 받아들여지지 않았고, 그는 간언이 받아들여지지 않자 마침내 언직言職을 사임할 것을 청하였다. 이로 인해 4월에 태자중윤太子中允 겸 감찰어사리행監察御史里行 임시 대리 정호를 경서로京西路제점형옥提點刑獄으로 임시 파견하였다. 왕안석은 본래 정호와 사이가 좋았으므로, 비록 서로 정견은 맞지 않았지만, 그 충신忠信스러움을 존중하여 그다지 화내지 않고, 결국 정호를 경서로제점형옥으로 옮겨 임명되도록 했던 것이다.

그러자 정호는 『사경서제형주장辭京西提刑奏狀』을 쓰며 이를 고사하였다. 정호는, 자신에게 경서제형京西提刑을 맡기는 것은 그 은전恩典이 과분하다고 생각하였다. 그는 본래 단지 한 사람의 어사御史일 뿐인데도, 제점형옥提點刑獄을 맡아 경서로京西路 각 주州의 형옥刑獄에 대한 감찰監察을 주관하는 것은 강등이 아니라 승진이므로 고사하였다. 그래서 후에 첨서진녕군절도판관簽書鎭寧軍節度判官57)으로 옮겨 임명되었다.

당시 사마광은 장안에 있었는데, 역시 사직 상소하면서, 정호가 공직公直하여 자신이 그만 못하다고 여기며 그를 칭찬했다. 정호는 전주澶州(현재의 복양濮陽)에 절도판관節度判官58)으로 부임하였다.

11월에, 정호의 악부岳父59)인 팽사영彭思永이 금릉金陵(지금의 남경南京)에서 세상을 떠나자, 정호는 『제팽시랑문祭彭侍郎文』과 『고호부시랑치사팽공행장故戶部侍郎致仕彭公行狀』을 써서, 그의 "인후성서仁厚誠恕함은 자연에서 나왔으며", 그의 "위정爲政은 인혜仁惠에 근본하여, 이민吏民이 그를 부모처럼 사랑하였으며", "선을 기뻐하고 악을 미워하며, 권세와 이익에 현혹되지 않고, 위무威武에 마음을 변치 않았다."며 칭송하였다.

이 해 겨울, 하루는 큰 눈이 왔는데, 하청현河淸縣에서 이고하二股河(송대 황하 동류의 별칭)를 정비하던 병졸 수백 명이 혹한을 견디지 못하고 도망쳐 성문을 에워쌌는데, 성을 지키는 자는 수승水丞(황제가 파견한 치하관治河官)인 정방程昉의 위세에 겁을 먹고 감히 문을 열지 못하였다. 정호가 성을 지키는 자들에게 이르되, "이 병졸들은 필사의 마음을 안고 있으니, 만약 성문을 열지 않으면 반드시 사변을 일으킬 것이오. 성문을 열고 그들을 돌려보내시오. 만약 수승이 문책하면 내가 책임지겠소."라고 말했다. 또 병졸들과, 집에 가서 옷을 챙기고 사흘 안에 다시 와서 강둑을 쌓기로 약속했다. 병졸들이 감격하여, 3일 후에 모두 돌아왔다.

이때 정이는 여전히 사천四川 한주漢州에 있었다. 어느 날 그의 아버지가 그로 하여금 조정의 관원 두 사람과 삼협三峽을 유람하도록 했는데, 도중에 두 관원이 가마를 타면서 정이도 가마를 타라고 하니, 정이는 "저는 차마 타지 못하겠습니다. 이는 분명 사람으로써 짐승을 대신하는 것입니다!"라고 말하였다.

희령 4년(1071년), 이 해에 정호는 40세, 정이는 39세였다. 당시 정호는 여전히 첨서진녕군절도판관을 맡고 있었다. 여름에 연이어 폭우가 쏟아지면서 조촌曹村 쪽의 황하가 무너져 경사 개봉開封이 위태로워졌다. 정호는 개봉부수開封府帥 유공환劉公渙의 영을 이어받아 제방 막는 일을 지휘하였다. 정호는 "조촌이 터지면 경사가 위태로워진다. 나는 신하로서 몸으로 막아도 아깝지 않다!"라고 하였다. 유공환이 "진짜 의사義士다!"라고 말했다.

희령 5년(1072년), 정호는 41세, 정이는 40세였다. 이 해에 정향이 사천四川 한주부漢州府에 있다가 병으로 인해 조정으로 귀환했다. 정이는 아버지를

110

따라 돌아와 먼저 개봉으로 가서 유작游酢[60]을 만났는데, 이때 유작은 20세였다. 그와 이야기를 해 보고 이르기를, "그 자질이 함께 도를 향해 나아갈 만하다(可與適道)"(『논어論語』「자한子罕」에 나오는 말)라고 하였다. 이튿날, 유작은 다시 정이를 찾아뵙고 그에게 가르침을 구하였다. 정이가 말하기를, "군자는 먹음에 배부름을 구하지 않고, 거처함에 편안함을 구하지 않으니, 안자顔子는 한 대그릇 밥과 한 표주박 물로 더러운 골목에 살면서도 그 즐거움을 바꾸지 않았는데, 대그릇 밥, 표주박 물, 더러운 골목이 어찌 즐거울 만 했겠는가? 아마도 그러한 것을 뛰어넘는 또 다른 즐거움이 있었을 뿐이리라."라고 하였다.

당시 정이는 아버지의 부탁을 받고 섬서陝西 예천醴泉에 가서 부동산을 처분하고 낙양에 가서 거주하며 강학하였다.

이 해 12월에 조정에서 교사郊祀를 거행하였다. 정호는 조촌曹村의 제방 터짐을 막은 공으로 폄적貶謫(유배 성격의 좌천)을 면했다. 정향은 숭산嵩山에서 숭복궁崇福宮을 관리하게 됐다. 정호는 아버지를 돌보아 드리기에 편하도록, 굳이 한관閑官을 구하여 낙양 감국監局으로 부임하여, 낙양으로 돌아와서는 이도방履道坊에서 살았다. 이후 낙양에서 거의 10여 년을 살았는데, 동생 정이와 더불어 집에서 강학講學하며 향당鄕黨을 교화하였다.

정호는 낙양으로 돌아와서는 날마다 독서讀書와 권학勸學을 일로 삼았다. 그를 따라 배우려는 선비가 끊임없이 천리를 멀다 여기지 않고 왔으며, 배우려는 이들이 밤낮으로 문전성시를 이루었다. 낙양은 사실상 또 하나의 도읍과 같아서 선비들이 많이 모인 곳으로서, 벼슬하고 있는 자들도 모두 그를 흠모하였다. 마을의 사대부들도 모두 그를 높이 우러러보고 즐거이 따라다니며, 학사들은 모두 그를 종사宗師하였다. 그래서 형서邢恕는 "선생은, 몸은 더 물러나고, 지위는 더 낮아졌지만, 명성은 천하에서 더 높아졌다."고 하였다.

이정의 부친 정향이 숭산崇山의 숭복궁崇福宮을 관리하는 기간에, 이정은 차례로 숭양서원崇陽書院에서 강학하였다. 하루는 조정의 왕선휘王宣徽가 숭복궁에 있는 송 진종眞宗의 어용御容을 참배하러 왔다. 이때 정호가 그 부친을 대신하여 왕선휘와 숭복궁을 안내한 사실에 대한 시를 대신 썼다.

희령 6년(1073년), 정호는 42세, 정이는 41세이던 해의 일이다. 정이는 여전히 낙양에서 살고 있었다. 이때 한지국韓持國이 허창許昌에서 근무하였는데, 정이가 가서 만날 때, 그가 시중市中에서 부도浮圖(불탑佛塔)를 세우는 것을 보고는, "한공韓公께서는 어떤 일로 그러시나요?"라고 물으니, 한지국이 말하기를, "백성을 위해 복을 비는 것이오."라고 했다. 이에 정이가 말하기를, "백성을 위해 복을 만들어 주는 것은 선생께 달려 있는 것이 아니오?"라고 했다. 곧 백성에게 복을 만들어 주는 주체는 사람이지 부처가 아니라는 뜻이다.

희령 7년(1074년), 정호는 43세, 정이는 42세이던 해의 12월에, 정호는 서경西京(즉, 낙양)의 감서경하락추세죽목무監西京河洛抽稅竹木務(하락河洛의 죽목竹木에 관한 세금을 징수하는 일을 맡는 직)로 강임降任되었으며, 왕안석은 파면되어 강녕지부江寧知府에 임명되었다. 이때 진양陳襄이 정호를 천거하며, "태자중윤太子中允 감서경죽목무監西京竹木務 정程 모는 성품과 행실이 바르고 순수하며 의리義理에 밝아 '풍헌風憲'(법기法紀의 집행을 감찰하는 관리, 즉 어사御史를 일컬음)을 맡을 수 있다고 말했다. 황제 신종도 정호를 칭찬했지만 임용하지는 않았다.

이때 여공저·사마광 등이 파직되었으며, 사마광은 낙양에서 『자치통감資治通鑑』을 편찬하였는데, 정향, 정호, 정이와 매우 친하게 내왕하였다. 당시 소옹邵雍은 낙양의 안락와安樂窩에 거주하였는데, 정호, 정이와 같은 동네에 살았다. 그들은 서로 가까이 지내다 보니 나이를 잊고 교제하였다. 이때 정호는 사마광, 소옹과 시詩로써 상호 화답하곤 했다.

당시 이정은 사마광과 함께 역사 문제를 토론한 적이 있었다. 어느 날 사마광이 정호의 집을 방문하였는데, 그때 사마광은 "나는 요즘 마음이 아주 평정平靜하여 마치 평안平安한 곳에 내 자신을 둔듯합니다."라고 하였다. 이에 정호는 "어쩐 일입니까?"라고 말했다. 그러자 사마광은 "내 마음속에 하나의 '중中'자가 있어서 아주 안락安樂함을 느낍니다."라고 했다. 이때 정이가 밖에서 들어오자, 정호는 "군실君實(사마광의 자字) 형이 '중'자를 깨우쳐 마음이 아주 편안해졌다고 하신다."고 했다. 정이는 "군실 형이 만약 늘 염주를 잡으면 마음속이 한결 안정安靜하여 질 것입니다."라고 했다.

이어 그들은 당사唐史에 대해 이야기하게 되었고, 사마광은 "당唐 초의 역사는 쓰기 어려워서, 당唐 태종太宗과 당唐 숙종肅宗은 모두 영명한 군주지만 두 분 모두 찬역簒逆의 죄가 있습니다."고 말했다. 정이는 "그렇지요. 현무문玄武門의 변變에서 당 태종이 사용한 수단은 불명예스러운 것이지요. 또 다른 인물은 위징魏徵인데, 그 사람은 처음에는 태자 이건성李建成을 섬겼지만, 현무문의 변으로 이세민李世民(즉, 당 태종)으로 바꿔 섬겼지요." 사마광은 "나는 위징이 그렇게 행동한 것을 크게 비난할 게 없다고 생각합니다. 이전 역사에서 볼 때 관중管仲이 두 임금을 섬긴 것과 같습니다."고 말했다.[61]

정호는 "관중은 잘못을 알고 바른 곳으로 돌아가서, 죽음을 무릅쓰고 공업功業을 이루었지만, 위징은 단지 원수를 섬겼을 뿐이니 취할 수 없습니다."고 말했다. 사마광은 "이세민이 반드시 명주明主가 되어 바른 곳으로 돌아갈 것이라는 것을 위징이 설마 몰랐을까요? 어찌 단지 원수를 섬긴 것일 뿐이었을까요?"라고 말했다. 정이는 특히 사마광과 사이가 좋았는데, 만약 정이가 한동안 사마광을 만나러 가지 않으면, 사마광은 "정숙正叔이 새 친구를 사귀어 옛 친구인 나를 잊은 것이 아니냐?"라고 말했다.

이정은 소옹과도 관계가 아주 친밀하였다. 소옹은 일생 동안 곤궁하면서도 벼슬하지 않았는데, 앞의 '소옹의 삶'에서 말하였듯이 사마광 등의 사람들이 그를 위해 돈을 내어 집을 사주었고, 이에 소옹은 그 집에다 '안락와安樂窩'라는 이름을 붙였다.

희령 8년(1075년), 정호는 44세, 정이는 43세이던 이 해 10월에 하늘에 혜성彗星이 나타나자, 조정에서 조서를 내려 직언直言을 구하였다. 정호는 상서하여, "조정의 정사가 매우 절박하다."고 하였고, 정이는 여공저를 대신하여 상서하며 말하기를, "인군人君은 억조億兆의 백성을 근거로 하여 존귀하니, 그들을 어루만지고 다스리는 도는 마땅히 그 지성至誠측은惻隱의 마음으로 그들

113

을 아픈 상처처럼 보아야 하나니, 행동에 감히 삼가지 않을 수 있겠습니까? 전전긍긍하며 오직 하나의 정치가 하늘에 따르지 않을까, 하나의 일이 리理에 합하지 않을까를 두려워해야 합니다. 이렇게 함이 왕자王者의 공심公心입니다. … 위정의 도는 민심을 따름을 근본으로 하고, 민생을 두터이 함을 근본으로 하며, 안정되게 하여 어지럽히지 않음을 근본으로 해야 합니다. … 진실로 근심하고 두려워하는 마음을 가지고 언제나 임명된 자가 해당되는 사람이 아닐까, 근거하는 것이 해당되는 도가 아닐까 하고 염려하면서, 오직 천하의 말을 듣지 않을까 두려워하는 것이 성왕聖王이 천하를 보존하는 마음입니다."라고 하였다.62)

희령 9년(1076년), 정호가 45세, 정이가 44세이던 이 해 10월에, 장재張載는 조서에 따라 경사 개봉으로 갈 때 낙양을 지나면서 이정과 만났다. 장재가 "가서도 결국 보탬이 되지 않으니, 차라리 물러나 한거閑居하면서 도의道義를 밝힘으로써 후학後學을 돕는 것이 낫겠소."라고 말하니, 정이는 "어찌 꼭 그럴 것이 있겠소? 의리가 마땅히 갈만 하면 가고, 의리가 마땅히 올만 하면 올 뿐이지요."라고 말했다.

희령 10년(1077년), 정호 46세, 정이 45세인 이 해 5월에, 감서경하락추세죽목무監西京河洛抽税竹木務이며 태자중윤太子中允을 맡고 있던 정호가 태상승太常丞으로 고쳐 임명되었다. 지하남부知河南府인 가창형賈昌衡과 경서북로京西北路전운부사轉運副使인 이남공李南公 등이, 정호가 고금古今에 두루 통하고, 품행이 단정결백하지만, 8년간 관직이 계속 바뀌는 동안, 제대로 심사를 받지 못했다고 말했기 때문이다.

이 해에 이정 주위의 많은 이들이 세상을 떠났다. 먼저 앞서 정호의 아들이 어려서 죽은데 이어, 이 해 6월 임오壬午 날에 또 정호의 어린 딸 전낭澶娘이 천연두에 걸려 죽는 안타까운 일이 생겼다. 전낭이 죽은 지 75일 후에 하남河南 이양현伊陽縣 신음향神陰郷 정씨程氏 선영의 동쪽에 전낭을 장사지냈다.

전낭은 희령 4년 늦가을의 정미丁未 일에 태어났으며, 그 아버지 정호가 당시 좌전연군佐澶淵軍이었으므로 전낭澶娘이라 이름 하였는데, 죽었을 때 겨우 여섯 살이었다. 정이가 조카 전낭을 위해 묘지명墓志銘을 썼다.

다음 달인 7월 계축癸丑 일에 소옹邵雍이 세상을 떠났다. 소옹이 병이 심할 때, 이정 형제는 사마광과 번갈아 그를 지키며 곁을 떠나지 않았고, 소옹이 세상을 떠난 후 뒷일을 처리하였다. 정호는 소옹을 위하여 묘지명을 썼다.

역시 7월에 장재가 벼슬에서 물러나 돌아가면서 낙양을 지나다가, 이정과 함께 학문을 논했다. 당시에 이를 '낙양의론洛陽議論'이라고 했다.

8월에는 이정의 숙부 정번程璠이 이천伊川의 선영에 묻혔는데, 정호가 숙부를 위해 『정낭중묘지程郎中墓志』를 지었다.

앞서 7월에 이정을 만나고 횡거로 돌아가던 장재가 가던 도중 11월에 세상을 떠났다. 이정을 만날 당시 장재는 병중이었던 것이다. 정호가 장재를 위하여 『곡장자후선생哭張子厚先生』을 썼다.

이듬해 신종 원풍元豐 원년(1078년), 이 해에 정호는 47세였고, 정이는 46세였다. 3월에, 정호는 조정의 파견으로 섬서 포성蒲城으로 가서 비를 기원했다. 이 해 겨울, 정호는 부구현령扶溝縣令에 임명되었는데, 당시 상채上蔡 사람 사량좌謝良佐(1050~1103년, 자字는 현도顯道, 세칭 '상채선생上蔡先生')가 와서 정호를 스승으로 모시며 배움을 청했다.[63]

정이는 아버지와 함께 형이 있는 부구扶溝까지 가서 몇 달 동안 그곳에 머물렀는데, 주순명周純明이 와서 그에게 배웠다. 주순명은 전연澶淵 사람인데, 소옹이 그를 아들처럼 부양했었다. 주순명은 나중에 정이의 딸을 아내로 맞이하였다.

정호는 부구에 있으면서 오로지 관후寬厚함을 높이고, 교화敎化를 우선하였다. 그 지역에는 도둑이 많아서 풍년이 들어도 매년 일정한 정도의 절도가 있었지만, 정호의 임기 내에는 도둑질이 잠잠해졌다. 한 도둑이 정호에게 심문을 받을 때, 정호는 "네가 고칠 수 있다면 나는 처벌하지 않겠다."고 말하니, 그 도둑은 머리를 조아리며 새사람이 되기를 원하였다. 몇 달 후에 그 사람은 또 도둑질을 하였다. 포졸이 그 집 문에 들어서려 할 때, 그는 "내가 현령과 다시는 도둑질을 하지 않겠다고 약속을 했는데, 지금 무슨 면목으로 정현령을 보겠소?"라고 말하고는, 마침내 스스로 목숨을 끊었다.

또 이런 일이 있었다. 조정의 환관 왕중정王中正이 여러 현에 순찰을 돌 때였는데, 임금의 그에 대한 신임과 총애가 매우 커서, 여러 현에서 서로 다투어 새 천막을 사서 설치하여 두고 호화롭게 접대하였다. 그런데 당시에 정호는 "내 읍이 가난한데 어찌 다른 읍을 따라 할 것이며, 또 백성에게 뜯어내는 것은 법으로 금지하는 바다. 지금 옛 천막이 있으니 그대로 쓸 수 있다."고 말했다. 왕중정은 정호의 염직廉直함을 알고, 부구현을 우회하여 갔다.

원풍 2년(1079년), 이 해에, 정호는 48세, 정이는 47세였는데, 정월에 정이가 자신이 젊을 때 쓴『양어기養魚記』의 발문跋文을 썼다. 그는『'양어기'를 쓰고 나서』란 글에서 이렇게 썼다. "내가 전에『양어기』를 지은 것이 이제 거의 30년이 다 되었음을 옛 원고 중에서 우연히 보았다. 스스로 가만히 탄식할 것은, 젊어서 가진 뜻을 차마 훼손할 수 없다는 점이다. 옛날에 알던 것을 보고, 오늘날에 도달한 바를 따름은 초심을 저버린 것이니, 자포자기하는 자에 가깝지 않겠는가? 그것을 자식들에게 보여 마땅히 나를 경계로 삼게 해야 한다. 원풍元豐 기미己未 정월正月 무술戊戌, 서재西齋 남창南窗 아래에서 쓰다."

이 해 2월에 조서를 내려 정호를 판무학判武学을 겸하게 하고, 고림顧臨을 개봉부開封府추관推官을 대리하게 하였었는데, 이후 갑인甲寅일에, 정호를 판무학判武學에서 파직하였다. 어사御史 하정신何正臣이 정호의 학술이 우활迂闊하고 지향하는 것이 괴이하다고 말한 때문이었다.

3월에, 정호와 정이는 영천潁川 진공이陳公異의 초청에 응하여 진공이의 집 건물의 낙성落成 계제禊祭에 참가하였는데, 여공저, 사마광, 정호가 시를 읊으며 서로 창화唱和하였으며, 정이는『계음시서禊飮詩序』를 지었다.

6월에 이정의 외숙부 후가侯可가 세상을 떠났다. 정호가 그를 위하여『화음후선생묘지명華陰侯先生墓志銘』을 다음처럼 썼다. "선생의 성姓은 후씨侯氏이며, 이름은 가可이고, 자字는 무가無可이며, 그 선조는 태원太原 사람이다. 외지의 여러 곳에서 벼슬하였기 때문에 집안이 화음華陰으로 이주하게 되었다. 어릴 적부터 성격이 호방하여 매이지 않았고, 기개 있음을 자부하였다. 장성해서는 이전에 좋아하던 것을 다 바꾸었고, 배움의 뜻을 확립하였다. 혹한과 혹서에도 공부를 그만 둔 적이 없었다. 온갖 책을 두루 읽고, 평판이 세상에 널리 알려졌다. 배우러 오는 자들이 날로 많아져 섬서陝西에서 선생의 학문을 존숭함이 많았다. 선생은 순수성실하며 효성스럽고 우애가 있었으며, 곧고 바르며 밝은 결단력이 있어, 의로움이 아니면 남에게 터럭만큼도 굽히지 않았고, 탐사간녕貪邪奸佞한 자를 도둑과 원수같이 보면서 직접 공격하여 꾸짖으며, 그 사람이 고치고 나서야 그만두었다. 평생을 학문을 권하고 백성을 새롭게 함을 자신의 임무로 삼았다."

이 해에 섬서陝西 남전藍田의 여대림呂大臨이 부구扶溝에 와서 정호, 정이를 만나 뵈었다. 장재가 세상을 떠난 후, 여대림처럼 그의 문하 학자는 정호와 정이를 스승으로 모셨다. 여대림이 기록한 정호 어록에, 정호는 강학에서 "내 학문에 비록 전수받은 것은 있지만 '천리天理'라는 두 글자의 의미는 내 스스로 체득한 것이다."라고 했다고 전했다. 정이 역시 당시 부구에서 강학하고 있었다.

또 이 해에 소식蘇軾은 지난해의 오대烏臺(어사대御史臺)에 관한 '오대시사건(烏臺詩案)'이라는 정치적 사건으로 호북湖北 황주黃州의 단련부사團練副使로 좌천되게 되었다. 당시 소식은 그의 보잘 것 없는 봉록으로는 도저히 제대로 생활할 수 없어서, 그는 황주성黃州城 밖의 '동쪽 비탈'(동파東坡)에 황무지를 개간하여 농사를 짓고 살며 '동파거사東坡居士'라고 자칭하였다. 이때부터 세상 사람들이 그를 '소동파蘇東坡'라고 부르게 된 것이다.[64]

원풍 3년(1080년), 정호 49세, 정이 48세이던 이 해 9월에, 정호는 봉의랑奉議郎(문관文官·제16관계官階, 종육품상上從六品上)의 직급에 임명되었다. 그런

117

데, 부구현의 이웃 현에서 어떤 사람이 절도죄로 투옥되는 중에 도주해 왔는데, 후에 조정에서 대사면이 있었으므로, 정호는 이 사람을 다시 추궁하지 않았다. 그런데 누군가가 정호가 도둑을 놓아 주었다고 고하여, 이로 인해 정호가 파면되었다. 이 소식을 들은 수천 명의 백성들이 부府에 가서 정호를 위해 그 억울함을 호소하며, 정호가 그 곳에 남아 있기를 청원하였다. 정호가 결국은 현을 떠나게 된 날, 수백의 백성이 현의 경계까지 따라와, 그를 붙잡고 만류하면서 소리내 울며, 보내어도 가지 않았다.

이 해 말에 정이는 섬서陝西 관중關中 학자의 초청에 응하여 강학하러 갔는데, 옹雍, 화華(지금의 섬서 봉상현鳳翔縣) 지역에 이르렀을 때, 정이가 말안장에 매어 놓은 1천 문文의 은이 없어졌다. 동행하던 학자 중에서 어떤 이가 말하기를, "1,000 전錢의 미물微物이 마음에 둘만한 가치가 있겠는가?"라고 하고, 또 어떤 사람은 말하기를, "물속에 있으나 주머니 속에 있으나 매 한 가지니, 사람이 잃든 얻든 무슨 탄식할 거리가 되리!"라고 하였다. 정이는 말하기를, "누구든 그것을 사람이 얻으면 없어진 것은 아니다. 내가 탄식하는 것은 그 쓸모 있는 사물이 만약 물속에 빠졌으면, 더 이상 아무도 쓸 수가 없게 된다는 것이다."라고 하였다.

원풍 4년(1081년), 정호 50세, 정이 49세이던 이 해에, 한지국韓持國이 영창潁昌(지금의 허창許昌) 지부知府에 임명되어 정향이 거주하도록 초청하여, 이정이 부친을 수행하며 시중을 들었다. 한지국은 이후 정호가 세상을 떠난 후 『명도선생묘지명明道先生墓志銘』에서 이때의 상황을 이렇게 기록했다. "선생(정호)이 부구현령에서 파면되고 난 후로, 집을 마련하지 못할 만큼 가난해지고, 그 부친은 청덕淸德으로 물러났으며, 정숙(정이)은 낙도樂道하며 벼슬을 하지 않았다. 선생과 정숙은 아침저녁으로 그 부친을 봉양하며 뜻을 어김이 없었다."

한지국과 이정은 사이가 좋았다. 한지국은 영창潁昌에서 자신을 낮춰 그들을 모시려 하여, 자제들과 조카들에게 미리 경계시켜, 방과 문, 창문에 이르기까지 깨끗이 준비시켰다. 어느 한가한 날 한지국이 이정과 함께 서호西湖를 유람하면서, 아들들에게 행차를 모실 것을 명하였는데, 그 중에 언행이 공손치 않은 자가 있어서, 정이가 돌아보고 엄한 목소리로 꾸짖으며, "너희들이 어른을 따르면서 감히 이처럼 웃고 떠드는 걸 보니, 한씨의 효근孝謹의 기풍이 쇠하였구나!"라고 말하였다. 한지국이 이에 그들을 쫓아냈다.

이 해에 복건福建의 장락將樂 사람인 양시楊時(1053~1135년, 자字는 중립中立, 호號가 구산龜山으로서, 세칭 '구산선생龜山先生'.)가 경사 개봉으로 전근 가다가, 정호가 영창에 있다는 소식을 듣고 가서 배움을 청하였다. 이때 유작游酢과 사량좌謝良佐가 함께 가서 따라 배웠다. 정호는 늘 "양군楊君이 가장 쉽게 이해한다."고 말하곤 했다. 그 후 양시가 남쪽 복건으로 돌아가자, 정호는 문밖으로 나가 배웅하며 좌객坐客에게 "나의 도가 남쪽으로 가는구나!"라고 말했다고 한다. 훗날 양시는 낙학洛學을 전하여 그 사승 계통이 나종언羅從彦 ―이동李侗―주희朱熹로 이어졌다. 그리고 양시와 유작은 훗날 정이에게 다시 가르침을 청하게 된다.

원풍 5년(1082년), 이 해에, 정호는 51세, 정이는 50세였으며, 그들은 부친 정향과 함께 낙양으로 돌아와서 거주하였다.

이 해 정이가 낙양에서 강학하고 있을 때, 당시 문언박文彦博은 태위太尉의 신분으로 낙양으로 와서 지부知府를 맡았다. 그때 정이는 문언박에게 용문산龍門山 승선암勝善庵 위쪽에 있는 옛 터가 지금껏 황폐하여 쓸모없는 상태가 되어 있으니, 자신에게 제공해 줘 더위를 피하면서 저술과 강학을 할 수 있게 해달라고 부탁하는 편지를 썼다.

이에 문언박이 회신하여, 정이의 덕과 능력을 높이 평가하고, 그를 따르는 제자가 많음을 말하면서, 용문은 오래되어 황폐하므로, 자신이 이궐伊闕의 남쪽 명고鳴皋(지금의 명고진鳴皋鎭. 이천현伊川縣 관할의 진鎭 중의 하나.)의 작은 장원莊園 한 곳의 전답 10경頃을 떼 줄 터이니, 그곳을 책을 쓰고 제자들에게 강학하는 장소로 삼으라고 했다.[65] 문언박은 여기에 서원을 지어주면서,

그에게 거기서 이후 20년 가까이 강학하도록 해 주었다. 이 서원이 '이고서원伊皐書院'이다.

오늘날의 명고진鳴皐鎭에 있는 이고서원伊皐書院은, 정이의 손자 정성程晟에 따르면, 서원의 정방正房, 즉 본채 다섯 칸은 이천 조부가 책을 쓴 곳이라고 한다. 동방東房 세 칸과 서방西房 세 칸은 제자들이 거주하던 곳이다. 대문 편액匾額에는 '이고서원伊皐書院'이라는 글자가 적혀 있고, 사방은 담으로 둘러싸여 있다. 정원의 늙은 고백古柏 한 그루는 정이가 직접 심었다고 전해진다. 정호도 이곳에 자주 와서 제자들에게 강학하고, 정이와 함께 리학의 문제들을 연구하고 토론하였다. 이후 정이가 1086년 숭정전崇政殿 설서說書로 임명된 때와 사천의 부주涪州로 내쳐진 때를 제외하고는, 그가 세상을 떠나기 전 20여 년간 늘 낙양과 명고를 오가며 오랫동안 이곳에서 강학하고 저술했다.

정이의 자술自述에 따르면, 그의 저술 기간은 60세 이후이다. 그는, "나는 40세 이전에는 독송讀誦하였고, 50세 이전에는 그 뜻을 연구하였고, 60세 이전에는 반복하여 연역演繹하였으며, 60세 이후에 책을 썼다."고 했다. 이후 그가 지은 『주역정씨전周易程氏傳』을 비롯한 여러 저술은 그의 60세 이후였음을 알 수 있다. 이 시기에 그는 통상 이고서원에 거주했다. 이 점은 정이의 사상체계와 저술 및 강학이 이고서원과 밀접한 관련이 있음을 말해주는 대목이다. 『주역정씨전』의 저술과 제자들에 대한 전수傳授 대부분이 이고서원에서 있었던 것이다. 정호와 정이가 등봉登封의 숭양서원崇陽書院에서 강학한 것을 제외하고는 낙양 강학의 대부분의 시간이 이고서원에서 있었다.

원풍 6년(1083년), 정호가 52세, 정이가 51세였던 이 해 9월, 정호는 가까운 곳에서 아버지를 돌보기 위해 조정에 글을 올려 여주汝州주무진酒務鎭주세酒税를 맡게 되었다. 이때 유순劉絢과 주광정朱光庭은 연이어 여주에 가서 정호에게 배움을 구하였다. 한 달 넘게 그와 공부하다 돌아온 주광정은, 어떤 사람이 정호에 대한 인상을 묻자, "내가 마치 봄바람 속에 한 달 동안 앉아 있었던 것 같았다."고 말하였다.

이 해 11월에 부필富弼이 세상을 떠나서, 정호가 『제부한공문祭富韓公文』을 지었으며, 생질인 장부張敷로 하여금 나아가 제전祭奠(추모의식)을 치르게 했다.

또 당시 양시가 편지를 보내 정호와 『춘추春秋』에 대해 토론하였다. 정이도 정호를 따라 여주汝州에 갔다.

원풍 7년(1084년)(정호 53세, 정이 52세), 이 해에 정호의 부인 팽씨彭氏가 세상을 떠났다.

이듬해인 원풍 8년(1085년), 이 해 3월 5일에 송 신종神宗이 승하하고, 철종哲宗이 열 살의 어린 나이로 황위를 계승하여, 조모인 태황태후太皇太后 고씨高氏(고도도高滔滔, 영종英宗의 황후皇后이면서 신종의 모母)가 조정에 나가 청정聽政하였는데, 그녀는 사마광司馬光, 여공저呂公著를 집정執政으로 기용하여, 왕안석의 신법을 폐하고 구법을 회복시켰다. 역사에서는 이를 '원우경화元祐更化'라고 일컫는다. 정호는 이때 승의랑承議郎(제23관계官階의 문산관文散官, 즉 직급의 의미만 있음)으로 고쳐 임명되었으며, 5월에 종정사승宗正寺丞(황족 사무를 관장하는 좌관佐官으로서 종육품從六品)이 되었다.

그런데, 다음 달인 6월 15일에 정호가 병으로 인해 향년 54세로 세상을 떠났다. 부부가 한 해 간격으로 세상을 떠난 것이다. 이 해에 정이는 53세였다. 부고가 전해지자, 사대부 중에 그를 알던 이든 모르던 이든 모두 슬퍼하며 탄식하였다. 양시는 남쪽 자신이 있는 곳에 제당祭堂을 설치하고 제전祭奠을 시행했다. 철종은 정호가 세상을 떠났다는 소식을 듣고, 특별히 장지葬地 1경頃 20무畝를 하사했다.

이 해 10월 24일에, 정이는 그의 형 정호를 이천伊川의 선영에 장사지냈다. 여대림이 조사弔辭를 드리고, 문언박이 중의를 모아 그 묘墓에 '명도선생明道先生'이라고 제題하였으며, 한지국이 『명도선생묘지명明道先生墓誌銘』을 지었다.

정이는 『명도선생묘표明道先生墓表』를 지어, "주공周公이 세상을 떠나고 나서 성인聖人의 도가 행해지지 않게 되었고, 맹가孟軻가 세상을 떠나고 나서 성인의 학이 전해지지 않게 되었다. 도가 행해지지 않아서 백세 동안 선치善治가 없었고, 학이 전해지지 않아서 천년 동안 진유眞儒가 없었다. 선치가 없어도, 선비는 그나마 선치의 도를 밝힘으로써 다른 사람에게 그 도를 사숙私淑시킬 수도 있고, 후세에 그 도를 전할 수도 있지만, 진유가 없으면 천하가 어리석어져 갈 바를 알지 못하게 되어, 인욕人欲이 망동하여 천리天理가 사라진다. 선생(정호)께서는 400년 후에 태어나서, 남겨진 경전에서 전해지지 않던 학문을 얻어, 장차 이 도로써 이 백성을 깨우침에 뜻을 두었으니, … 선생께서 나오셔서 성학聖學을 제창하여 사람들에게 보이시고, 이단異端을 가려내고 사설邪說을 물리치셔서, 역사의 미혹됨을 열어 젖히셨다. 성인의 도는 선생을 얻은 후에 밝혀졌으니, 그 공이 크도다."라고 했다.

정이는 또 『명도선생문인붕우서술서明道先生門人朋友叙述序』 중에서, 문인과 친구들의 정호에 대한 평가를 인술引述하여 "맹자 후에 성인의 도를 전한 이는 (명도선생) 한 사람 뿐이다."라고 하였다.

정호에게는 남겨진 두 아들이 있었는데, 장자는 단의端懿로서 채주蔡州 여양현汝陽縣 주부主薄를 지냈고, 차자는 단본端本으로서 진사였으며, 딸은 승무랑承務郎 주순지朱純之와 결혼하였다.

이 해 10월에 주광정朱光庭이 간관諫官에 임명되어 낙양을 지날 때 정이를 만났다.

문하시랑門下侍郎 사마광司馬光, 상서좌승尙書左丞 여공저呂公著, 낙양유수洛陽留守 한강韓絳이 다음과 같이 정이를 천거하였다.

"신臣 등이 가만히 살펴보니, 하남의 처사 정이는 배움에 힘쓰고 옛 것을 좋아하며, 가난함을 편안히 여기고 도를 지키며, 말은 반드시 충신忠信하고, 행동은 예의禮義를 따르며, 나이가 50이 넘었음에도 벼슬을 추구하지 않으니, 참된 선비의 탈속이며, 성세聖世의 유민遺民입니다. 엎드려 바라옵건대, 성상聖上의 자상함으로 특별히 소명召命을 내리시어, 절차를 뛰어 넘는 특별한 발

122

탁을 하시면, 사류士類에 모범이 될 것이며, 풍속 교화에 도움이 될 것입니다."라고 하였다.

또 간관 주광정은 조정에 상주上奏하여 정이를 추천하면서, "정이는 도덕이 순수하게 갖추어져 있으면서 학문이 깊고 넓으며, 하늘과 땅을 두루 다스리는 재주가 있고, 예禮와 악樂을 만드는 재능이 있습니다. 실로 천민天民의 선각先覺이며, 성세聖世의 진유眞儒이옵니다."라고 하였다.

11월에 정이는 여주汝州단련추관團練推官 직함으로, 서경국자감교수西京國子監教授를 맡았다. 이에 정이는 『사면서경국자감교수표辭免西京國子監教授表』를 올려 사임하였지만, 조정이 이를 허락하지 않자 『재사면표再辭免表』를 올렸다.

철종哲宗 원우元祐 원년(1086년), 정이 54세이던 이 해 윤 2월 18일, 왕암수王岩叟가 천거하여 조정에서 정이를 승봉랑承奉郎으로 임명하고, 그 후 또 선덕랑宣德郎 겸 비서성秘書省 교서랑校書郎으로 임명하였다.[66]

윤 2월 12일에, 주광정이 상주하여 정이를 강관講官으로 삼기를 청했다.

정이는 같은 달 14일에 『사면관직장辭免館職狀』을 올리고, 황제를 알현하여 은혜에 감사를 표명하고 싶어 했다. 이 달 24일 정이가 선덕랑宣德郎 겸 비서성秘書省 교서랑校書郎을 사양하였다. 이에 소대召對하여 태황태후가 직접 분부로 숭정전설서崇政殿說書로 삼아, 어린 황제(즉, 철종)를 지도하도록 하였다. 정이는 사양하였으나 얻지 못하여 서경국자감교수西京國子監教授를 맡았다가, 다시 상주하여 경연經筵에 관해서 세 문제를 논하는 세 상주문을 잇달아 써서 성덕聖德을 보양輔養하는 도를 논하였다. 얼마 후에 명이 내려와, 통직랑通直郎의 직급으로 숭정전설서를 맡았다.

4월 초엿새에 왕안석이 쓸쓸히 종산鍾山(지금의 강소성 남경시에 있는 명승지)에서 병으로 세상을 떠나니, 향년 66세였다.[67] 그는 태부太傅로 추증되었으며, 강녕江寧 반산원半山園에 묻혔다. 그런데 이 해 9월 초하루에, 사마광이 병으로 세상을 떠나니, 향년 68세였다. 이로써, 지난 해 정호가 세상을 떠난 것뿐 아니라, 왕안석으로 하여금 신법을 추진하도록 한 신종이 세상을 떠난 이듬해 왕안석과 그의 대표적 정적인 사마광이 같은 해에 연이어 세상을 떠난 것이다.

그런데 사마광이 세상을 떠나자 조정에서 정이에게 명하여 그 상사喪事를 주관하게 하면서 뜻밖의 한 사건이 일어난다. 늦가을 길吉한 신일辛日에 명당明堂에서 3년에 한 번 거행하는 제천祭天의 대례大禮를 거행하는데, 예가 끝나고 이소二蘇 형제(소식蘇軾과 소철蘇轍)가 가서 사마광을 위해 곡하였다. 그리고 나서 길에서 주광정을 만났는데, 주광정이 말하기를, "온공溫公(사마광)을 위해서 곡하였다는데, 정程선생의 견해로는 경조慶弔는 같은 날에 하지 않는다고 합니다." 이 말을 들은 이소 형제가 유감스럽게 생각했다. 그런데, 이 일로 이후 작지 않은 파문이 일게 되었다. 당시 역사 속에서 이 우연의 사건으로 비롯된 필연 같은 사건이 파생하게 된 것이다.

당초 가우嘉祐 원년 소순蘇洵(두 아들 소식, 소철과 함께 삼소三蘇로 일컬어지며 모두 당송팔대가로 불림)이 두 아들 소식, 소철을 데리고 입경入京했을 때, 정향程珦도 정호, 정이와 함께 같은 해에 경성에 도착했다. 다른 점은 소식·소철 형제가 당시 이름을 나란히 하여 급제했고, 정호·정이는 먼저 국자감에 들어가 공부했는데, 국자감 해액解額이 반으로 주는 바람에 정호 한 사람만 등과登科했다는 것이다. 이후 세월이 흐르면서, 그들은 각자의 삶의 궤적을 따라 각기 다른 분야에서 뛰어나게 독보적인 면모를 보였다.

그런데, 사마광이 세상을 떠나고, 그날 황제 철종이 문무백관을 거느리고 남교南郊에서 명당明堂 사전祀典을 거행하고, 신종의 위패를 태묘太廟에 안치했다. 9월 6일에 전례典禮가 끝나고, 조신朝臣들은 모두 서둘러 재상부宰相府로 조문하러 갔다. 정이는 급히 모두를 말리면서 말하기를, "『논어』에, 하루 동안 울기도 하고 노래하기도 하면 안 된다고 말하고 있습니다. 오늘 명당의 길례吉禮가 막 지났는데, 어찌 또 상례喪禮를 행할 수 있겠습니까? 경조慶弔가 날을 같이 함은 고례古禮와 맞지 않습니다."라고 하였다.

『논어』에, "공자께서 이 날에 곡했다면 노래하지 않으셨다(子於是日哭, 則不歌)."라고 한 것에 근거한 것이다.68) 그러자 당시 어떤 사람이 반박하기를,

124

공자께서는, 울면 노래하지 않는다고 말씀하셨지만, 노래하면 울지 않는다고 말씀하시지는 않으셨다고 했다.

그러자 정이는, 『논어』의 해당 부분의 취지가 단순히 순서에 관한 것이 아니라 경조慶弔를 한 날에 하지 않는다는 것으로서, 그 반박이 궤변이라 생각했지만, 자신에 동조하지 않는 무리 속에서 그런 반박을 받자, 갑자기 난처한 감정을 느끼고는 자기도 모르게 언성을 높이며 논쟁을 이어갔다.

그런데 이 모든 것이 소식蘇軾의 눈에 비치면서, 그는 정이의 융통성 없이 엄숙함에 불편한 감정을 느꼈고, 정이의 쉴 새 없는 말은 더 눈에 거슬렸다. 이에 앞으로 나가 조롱하면서 말하기를, "이것은 곧 오조피리鏖糟陂里 출신 숙손통叔孫通이 만든 예禮다."라고 하였다.

숙손통은 진한秦漢 때의 유생으로, 유방劉邦이 황제를 칭하자, 그는 한漢의 새로운 제도를 만들었다. 이에 그는 고례古禮를 채택하면서 진秦의 제도와 결합한 일련의 규장規章예의禮儀를 제정하였다. 오조피鏖糟陂는 북송 도성 개봉 밖의 한 늪지대로서 지저분한 곳이었다. 한마디로 정이가 지저분한 곳에서 온 사이비 숙손통이라는 뜻이다. 소식이 보기에, 정이는 소절小節에 얽매여 변통할 줄도 모르며, 세상 물정에 어두운 촌학구村學究였다. 당시 소식의 말이 끝나자, 백관百官이 큰 소리로 떠들며, 장내가 온통 웃음바다가 되었다.

이것은 본래 소식의 농담이었지만, 이 농담이 정이에게 너무나 치명적이어서, 마음의 상처가 되었다. 당시 정이 쪽 사람들은, 많은 사람들이 보는 가운데 소식이 이렇게 정이를 풍자하고 비웃었는데, 정이가 어떻게 아무 일 없었던 것처럼 가만히 있을 수 있겠는가, 또한 정문程門 출신으로서 정이를 성인과 같이 바라보던 낙학洛學의 제자들이 어떻게 이대로 가만히 있을 수 있겠는가 하고 생각하여, 이 사건은 그들에게 트라우마가 되었다. 이렇게 소蘇·정程의 원한이 맺어져, 훗날 결국 장기적인 '낙촉당쟁洛蜀黨爭'으로 변할 줄은 당시 사람들은 상상도 못했다.[69]

소식은 나중에 자신을 '오조피리鏖糟陂里도정절陶靖節'이라고 불렀는데, 자신도 사이비 도연명陶淵明이라는 뜻이다.[70] 그만큼 소식은 농담이었다. 또한 소동파는 유머러스하고 호탕한 성격으로 늘 친구들이나 주위 사람들과 농담을 하곤 했다. 그러나 정이와 같이 엄숙하고 매사 진지한 사람은, 소식 같은 사람이 보기에, 고집불통이고, 고지식하며, 황제의 스승을 자처하며 남이 보기에 억지스러움도 그렇지 않은 척 감추는 사람이었다.

정이는 영종英宗과 신종神宗의 양조兩朝에서 대신들의 거듭된 추천에도 벼슬을 하지 않으려 하였으며, 30여 년간 가르친 제자들이 조야朝野에 널리 분포하여 당시 학술계에서 영향이 컸다. 철종이 즉위한 후 사마광과 여공저가 연명으로 그를 철종의 스승으로 천거하였었다.

당시 시대에는 황제의 스승이 되는 것은 많은 문인의 꿈이라고 할 수 있었다. 정이는 나이가 반백이 넘도록 포의의 몸으로 있다가, 처음 벼슬길에 오르자 곧 소년 황제 철종의 스승이 되었다. 이것은 큰 영광이지만, 정이는 경솔하게 말하거나 웃지도 않으면서, 걸핏하면 하夏상商주周 삼대三代의 고례를 읊고, 입만 열면 요순堯舜공맹孔孟을 말하며 엄숙하게 사도師道를 자처하는 등 보통 사람과 달랐다. 이런 원칙주의자 정이였으므로, 황제의 스승이라 해도 어린 황제의 공부에 대한 흥미를 끌어내는 측면에는 그다지 집중하였다고 하기는 어렵다. 그래서 어린 철종은 매번 경연經筵의 공부를 마칠 때마다 늘 정이와 불편한 감정으로 헤어졌다.[71]

정이는 총명한 사람임에는 분명하여, 이 점 소옹도 "오늘날 천하에서 제일 총명한 사람은 정이이다."라고 말한 적이 있다. 그런데 총명함은 총명함이지만, 이 진부한 모습은 어린 철종이 불쾌해 할 뿐만 아니라, 거침없는 성정으로 자유를 숭상하는 소식이 보기에 거슬리고 불편하였던 것이다. 그를 천거한 사마광은, 그 역시 근엄하게 생활하면서 조금도 빈틈없는 사람이었는데, 그조차도 정이는 너무 고리타분하다고 느꼈다. 사마광은 생전에 문인들에게, 인주人主가 선비에게 접근하기를 꺼리는 것은 바로 이런 진부한 사람들이 있기 때문이라고 말하였다.

그만큼 정이의 진지함은 주위 사람들에게 진부함으로 느껴졌고, 소식에게는 그것이 좀 도를 넘었다고 여겨졌다. 소식은 정이를, 정이는 소식을 눈에

거슬려했는데, 정이도 여러 차례 소식에게 종횡가縱橫家의 권모술수의 버릇이
있음을 지탄하였다. 소옹이 병이 중하였을 때, 소식이 문병 오자, 마침 정이와
정호 형제가 곁에 있으면서 소옹이 소식을 보지 못하게 막기도 했다.

그 후 소옹이 머지않아 세상을 떠날 상황이 되자, 정이는 병상 앞에서도
여전히 끊임없이 소옹과 진지하게 언쟁을 벌였다. 소옹은 자기도 모르게 빙그
레 웃으며 놀리면서 말하기를, "정숙은 정말 생강 같다."고 하였다.

정이는 그래도 시종 엄숙하게, "선생님과 결별해야 하는데, 선생님께서
또 당부하실 말씀이 있으십니까?"라고 말했다. 소옹은 숨결이 약한 상태에서
천천히 두 손을 들어 손짓으로 의사를 표현하였다.

정이는 얼굴 가득 엄숙한 표정으로 몇 가지 뜻을 시험 삼아 추측해 보았
다. 소옹은 모두 고개를 저으며, 혼신의 힘을 다해 천천히 "앞의 길은 넓어야
하지요. 길이 좁아 스스로 몸 둘 곳이 없는데, 하물며 다른 사람을 보내오?"라
고 말했다. 소옹이 말하는 것은 바로 정이와 소식의 은원恩怨이다. 다만 소옹
의 화해 중재가 먹혀들지 않았을 뿐이다.

어쨌든, 이번 소식의 농담은 철저히 소·정과 그 두 파의 투쟁을 촉발했
으며, 게다가 양 쪽 문인門人이 파란을 더 크게 키우는 상황으로 이어졌고, 이
에 따라 물과 불처럼 서로 용납 못하며 비난을 그치지 않는 '낙촉당쟁'으로 이
어진 것이다. 소식의 자유분방하고 호탕함도 높이 살만 하지만, 농담은 마땅
히 사람을 가려서 해야 하며, 이 세상에는 항상 농담을 해서는 안 되는 사람
이 있다. 그보다 소식의 정이에 대한 농담은 조롱의 방식이어서 상대에게 모
욕감을 줄 수도 있음을 소식이 역지사지의 입장에서 헤아리지 못한 지나침이
있었던 것이다. 예컨대 소식이 자신에게도 '오조피리鏖糟陂里도정절陶靖節'이라
고 부르며 자신을 깎아내리는 농담을 했다 하더라도, 그것은 어디까지나 자신
이 자신에게 하는 말이고, 남에 대해서 하는 경우에는 상대편에게 모욕이 된
다는 예의의 문제로서 양자가 전혀 다른 것이라는 점을 인식하지 못한 것이
다.[72]

또 다른 날 국기國忌에 상국사相國寺에서 기도 의식을 행했는데, 정이가

소찬素饌을 올리도록 했다. 이를 보고 소식이 말하기를, "정숙正叔은 부처를 좋아하지 않는데, 어찌 소식素食을 하시오?"라고 하였다. 그러자 정이는 "예禮에, 상중喪中에는 술이나 고기를 먹지 않소. 기일忌日은 상의 연장이오." 그렇지만 소식蘇軾은 육식을 갖추도록 하며 말하기를, "위류씨자좌단爲劉氏者左袒"이라고 말하였다.[73] 그러자 범순부范淳夫 쪽 무리는 소식素食을 선택하고, 진황秦黄 쪽 무리는 고기를 먹었다. 또한 여공저가 재상이 되고 나서, 매사에 의문이 있으면 반드시 정이에게 물었다. 인재의 진퇴 문제에서 소식과 소철은 정이가 힘이 있다고 의심하고는 정이를 극구 헐뜯었다고 한다.

동지冬至에는 백관이 모두 표表를 올려 황제에게 하례賀禮한다. 그런데 숭정전설서崇政殿說書 정이는 신종神宗 상喪이 아직 끝나지 않았으므로, 거상居喪의 예를 잃고, 천하의 풍속을 교화할 도리가 없어질까 두렵다면서, '하賀'를 '위慰'로 고칠 것을 청하였으나, 채택되지 않았다.

원우 2년(1087년), 이 해에 정이는 55세였다.

정이가 막 입궁했을 때, 조정에서 녹봉을 제때 주지 않아, 할 수 없이 옷가지를 저당 잡혀 생활해야 했다. 그럼에도 그는 자신의 직무에 매우 충실하였다. 정이가 어린 철종에게 강서講書를 하는 것이 매우 경건하여서, 매번 강서 전날 밤에는 언제나 목욕을 하고 옷을 갈아입으며, 정신을 가다듬고 정성을 다하여 성상聖上을 감동시키기를 기원하였다. 강서할 때는 누차 인주人主가 정심正心하도록 계도하였다.

정이는 "치도治道에는 근본에서부터 말하는 것도 있고, 실제 일에서부터 말하는 것도 있다. 근본에서부터 말하면, 군심君心의 잘못을 바로잡는 데서 시작하여, 마음을 바르게 함(正心)으로써 조정을 바르게 하고, 조정을 바르게 함으로써 백관百官을 바르게 한다."고 말하였다. 또 정이는 군심의 잘못을 바로잡는 데서 출발하여, 군신君臣이 함께 천하를 다스려야 한다는 주장을 폈다. 정이는 "온 세상의 넓음과 억조億兆의 백성은 한 사람이 혼자 다스릴 수 없으니, 반드시 보필하는 현자에게 의뢰한 후에 천하의 일을 이룰 수 있다."고 말하였다. 정이가 책을 강의할 때면 태황태후도 가서 들었고, 사마광, 여공저 등의 대신들도 가서 청강했다.

　하루는 어린 철종이 강서를 다 들은 후, 대전 앞으로 가서 버드나무 가지를 꺾어서 놀았다. 이에 정이는 그 행동을 제지하면서 말하기를, "사물에도 정情이 있으므로, 성인聖人은 정을 해치지 않습니다."라고 하였다. 또, 정이는 철종이 궁중에서 걸어가거나 양치질을 할 때 땅강아지와 개미를 밟아 해칠까 두려워한다는 말을 전해 듣고, 강서 중에 그런 일이 있었는지를 철종에게 물으니, 철종은 "그렇습니다. 내가 그들을 해칠까 정말 두렵습니다."라고 하였다. 이에 정이가, "원컨대 폐하께서는 이 마음을 미루어 사해四海에까지 미치어 가면, 천하가 매우 행복해질 것입니다!"라고 말하니, 철종이 이 말에 흐뭇해했다.

　또, 정이가 철종이 내실內室에서 사용하는 물통이 금으로 만든 것임을 보고는, 이를 너무 사치스럽다고 여겨 교체할 것을 요구하였다. 어떤 사람이, 궁중에서는 숭경崇慶 연간부터 금통金桶을 사용하기 시작했다고 말하니, 이에 정이는 말하기를, "이것은 성덕聖德의 큰일을 보양輔養함에 관한 것이니, 언제부터 시작하였는 지와 상관없이 단지 지금의 황상께서 금통을 사용하신다면, 나는 감히 간諫하지 않을 수 없다."고 하였다.

　정이는 경연經筵을 할 때, 매번 말씀을 드릴 때마다 재계齋戒하고 미리 삼가며 준비하고, 깊이 생각하며 존성存誠함으로써 황제의 뜻을 감동시키기를 바랐다. 말씀을 드릴 때는 언제나 글 뜻의 밖에서 반복하여 미루어 밝혀, 그것을 인주人主의 경우로 귀납시켜 설명했다. 하루는 '안자불개기락顔子不改其樂' 장章을 강의하니, 문인이 이 장章은 인군人君의 일이 아닌데, 어떻게 설명하실 건지 의문을 제기하였다. 이에 강의가 끝나고 그 문의를 설명하였다. "누항陋巷의 선비는 인仁과 의義가 자신에게 있으면 그 빈천貧賤함을 잊습니다. 인주人主는 숭고崇高하고, 봉양이 지극히 갖추어져 있는데, 진실로 배움을 알지 못하면 어찌 부귀에 흔들리지 않을 수 있겠습니까? 게다가 안자顔子는 왕을 보좌할 수 있는 인재이지만 단사표음簞食瓢飮하였고, 계씨季氏는 노나라의 좀[두

蠱]이지만 주공周公보다 부유하였습니다. 노나라 임금이 인재의 등용과 버림을 이같이 하였으니, 후세에 대한 거울이 아니겠습니까?"라고 하였다. 이를 듣는 사람들이 탄복하였고, 철종도 수긍하였다. 이후 정이는 문인들에게 말하기를, "모르는 자들이 지나치게 상세하다고 하지만, 이런 경우에 정성을 다하지 않으면, 어디서 그러겠는가?"라고 하였다.

어느 날 철종이 약을 먹을 때, 그 당일에 의관에게 기거起居할 바를 물었다. 그때 대신들이 입시入侍하였는데, 어린 황제의 용모가 매우 근엄하고 장중하였다. 당시 문언박文彦博이 입시하였을 때, 나이가 이미 82세가 된 그가 황제 곁에 공손히 시립侍立하면서 종일토록 흩뜨려지지 않자, 황제가 문언박에게 잠시 쉬라고 하였으나, 그는 가지 않았다. 어떤 이가 정이에게 이에 대해, "임금의 근엄함은 문로공文潞公(즉, 문언박)의 공손함을 본 영향인 것 같은데, 그 득실이 무엇인가요?"라고 물으니, 정이는, "로공潞公은 사조대신四朝大臣으로서 어린 임금을 섬김에 부득불 공손하게 대하지 않을 수 없다. 나 역시 포의布衣로서 임금 가르침을 맡았으니, 감히 자중하지 않을 수 없다."고 말했다.

정이는 이 당시 태황태후에게도 그녀에게 충고하듯 자신의 생각을 곧이곧대로 말하기도 했다. 이 해 봄에 정이가 태황태후에게 상소上疏하기를, 태황태후가 수렴청정하는 날 정무를 처리한 뒤 황상에게 강학講學의 진전과 어떻게 계도하는지 등의 상황을 물어, 태황태후가 인주를 보양輔養하는 도리를 천하가 알도록 했으면 한다고 했다.

하루는 철종이 창진瘡疹에 걸려 강의를 들을 수 없었다. 정이가 대전에 이른 후 태황태후가 대전에 앉아 있는 것을 보고, 그곳을 그녀에게 양보하고 강서했다. 정이가 강서를 마치고, 재신宰臣에게 말하기를, "황상께서 병이 있어 대전에 와서 강의를 들을 수 없는데, 태황태후가 단독으로 대전에 와서 혼자 앉아 있으면 안 됩니다. 이것은 예절에 부합하지 않습니다."라고 하였다. 통상 태황태후는 강서할 때 수렴한 후 강의를 듣는 것이다. 정이의 이 말에 태황태후가 불쾌해했다.

이처럼 매사 도덕적 원칙을 논하며, 그것을 스스로 철저히 지킬 뿐만 아니라, 다른 사람들 심지어 최고 권력자에게도 지키도록 강조하고 충고하는 정이의 성품은 그를 따르고 배우려는 문인門人, 제자들에게는 숭배 대상이 되었지만, 그러한 것을 중시하지 않는 사람들이나, 일정 부분 동의한다 하더라도 정이가 지향하는 목표가 너무 지나치게 높다고 보는 사람들에게 현실적 피로감을 주게 되었다. 세상에는 이 틈을 노리는 소인배들의 시기, 질투, 중상모략 등이 흔히 있다. 그리고 정치 세계에는 정적이 있고, 정이에게도 그러한 자들이 있었다. 그 정적들이 소인이기도 하면 더욱 위험한 행동을 할 수 있다. 정이의 근엄, 장중한 성품은 그들에게 모략의 빌미를 주었다.

8월에 간의대부諫議大夫 공문중孔文仲이 정이를 두고 그가 참람하고 분수를 잊는다는 점을 비롯한 여러 가지 명목으로 탄핵하여, 그가 전리田里로 돌아가도록 함으로써 전형典刑을 보이기를 청하였다. 이에 조정에서 정이의 숭정원설서 직을 파하고, 그에게 서경인 낙양으로 가서 국자감을 관리하도록 했다.

정이 역시 원래 벼슬을 추구하지 않았으므로, 관직에 연연하지 않았다. 11월과 12월에 정이는 글을 올려 직접 귀전歸田하기를 요청하고, 국자감교수를 사임하면서, 그 이유로 그가 본래 무관無官하고 단지 설서說書의 명목으로 조정의 관리를 맡았으나, 설서마저 파직되었는데도 조정의 관리 신분으로 가는 것은 전혀 의리가 맞지 않다는 점을 말하였으나, 조정에서 불허했다.

원우 3년(1088년), 정이가 56세 되던 해에, 그는 다시 벼슬을 사임하고 전리田里로 돌아가 쉬려한다는 글을 세 차례 올렸지만 조정에서는 불허하였다.

원우 4년(1089년), 2월에 사공동평장사司空同平章事 여공저呂公著가 향년 72세로 세상을 떠나서, 정이는 부친을 대신해 그를 위해 『위가군제려신공문爲家君祭呂申公文』을 지었다.

원우 5년(1090년), 정이가 58세이던 이 해 정월 13일에 정이의 부친 정향程珦이 서경국자감西京國子監의 공사公舍에서 향년 85세로 세상을 떠났다.

4월 10일에 정이는 부친을 이천伊川의 선영에 장사지냈다. 그리고 『선공태중가전先公太中家傳』을 지어, 그 부친이 부모에 효도하고, 윗사람을 따르며, 어린아이에게 자애롭고, 백성을 다스림에 너그러웠으며, 비록 벼슬이 사품四品에 이르렀어도 마치 가난한 선비처럼 매우 검소하여, 흰 비단 옷 한 가지를 2, 30년을 입으면서 바꾸지 않았고, 평생 잔치가 아니면 고기를 중하게 여기지 않았음을 말하였다. 또 부친 정향의 자술自述을 인용하여, "내가 12 관직을 두루 맡으며 녹을 누린 지 60년이지만, 그저 청렴하면서 언행을 삼가고, 너그럽게 조화를 추구하면서, 밤낮으로 성실하기만 하면 될 줄 알았을 뿐, 나라에 보답하는 공로도 없고, 백성에 영향을 줄만한 특별한 정치업적도 없다."는 부친의 겸사謙辭를 말하였다.

당시 윤돈尹焞이 스승 모시는 예로써 정이를 뵈었는데, 처음 왔을 때 학문의 방법을 묻자, 정이는 독서를 강조했다. 그러면서, "책은 꼭 많이 읽을 필요는 없고, 그 요점을 알아야 하며, 많이 읽고도 그 요점을 모르면, 책이 무질서해질 뿐이다. 나는 어릴 때 책을 많이 읽을 욕심이 많았지만, 지금은 많이 잊어버렸다. 반드시 성인의 말씀을 완미하여 마음에 기억한 후에 힘써 실천하면, 저절로 얻음이 있을 것이다."라고 충고하였다.

원우 6년(1091년), 정이는 섬서陝西 예천醴泉에 가서, 선조 정우程羽의 묘를 이천伊川의 선영으로 이장했다. 이 해에 정이는 59세였다.

원우 7년(1092년) 정이가 60세이던 해에, 부친에 대한 수상守喪 기간이 끝나자 조정에서는 정이를 직비각直祕閣 판서경국자감判西京國子監(국자감 관리管理를 돕는 관료)에 임명했지만, 정이는 『사면복제직비각판서경국자감장辭免服除直祕閣判西京國子監狀』을 올리며 다시 사임을 청했다. 당시 소철蘇轍이 집정대신執政大臣이었는데, 정이가 황제의 시강侍講으로 있을 때 그 문중에 귀속하려는 자가 매우 많았고, 소식蘇軾이 한림翰林에 있을 때도 역시 그에 붙는 자가 많았기 때문에, 마침내 낙당洛黨과 촉당蜀黨의 다툼이 있었다. 두 당의 이념이 달라 서로 비방하여 정이는 결국 그만두게 되었는데, 소철이 태황태후 太皇太后에게 정이가 입조入朝하면 아마 조용히 있으려 하지 않을 것이라고 진 언하여, 태황태후가 그 말을 받아들였다. 그래서 정이가 다시 불려가지 못한 것이었다.

감찰어사監察御史 동돈일董敦逸은 정이가 올린 『사면복제직비각판서경국 자감장辭免服除直祕閣判西京國子監狀』에 대해 상주하여, 정이의 말에 원망과 경 박함이 있다고 하면서, 정이가 민간 출신으로서 경연經筵에서 강의하면서 망 령되게 자신을 높였다고 말하였다. 그러면서 동돈일은 또, '정이는 그럼에도 폐하의 성명聖明으로 은혜를 입었지만, 지금도 그는 스스로를 헤아리지 못하 고 방자하게 광언狂言을 일삼으며, 공자孔子, 맹자孟子, 이윤伊尹을 끌어대 빗대 면서, 자신은 유자儒者가 지킬 진퇴進退의 의義를 얻었다고 말하니, 사람들을 현혹하고 윗사람을 업신여김이 이보다 심함이 없다'는 등의 말로 정이를 비판 하였다.

결국 조정에서 정이의 직비각直祕閣 판서경국자감判西京國子監 사임을 허 락하고, 관구숭복궁管句崇福宮(숭복궁 관리직)으로 고쳐 임명하였다. 정이는 그에 대한 감사의 글을 올리고 그 직에 나아갔다.

이전에 정호와 정이 형제가 당시에 박학博學한 학자로 알려져, 진사進士인 양시楊時가 자신의 학문을 풍부하게 하려고, 의연毅然히 고관후록高官厚祿을 버 리고, 하남의 영창潁昌으로 달려가서 정호에게 절하고 스승으로 모시면서 가 르침을 구하였다. 나중에 정호가 세상을 떠나고 나서, 8년 후 그의 나이도 이 미 41세에 이르렀지만, 여전히 뜻을 세워 학문을 추구하여, 각고刻苦하며 공 부하려고 하여, 다시 또 낙양으로 달려가 정호의 동생 정이에게 절하고 스승 으로 모시고자 했다.

그래서, 원우 8年(1093년) 정이 61세 되는 해의 5월에, 양시는 그의 친구 인 유작游酢과 함께 정이의 집으로 가서 정이를 뵈려고 했지만, 마침 정이는

133

눈을 감고 양신養神하다가, 앉은 채로 잠시 잠들어 있었다. 이때 밖에는 눈이 내리기 시작했다. 양시와 유작 두 사람은 스승을 구求할 생각이 간절하여 매우 공경하는 태도로 한 쪽 옆에 모시고 서 있으면서, 말도 하지 않고 움직이지도 않은 채로 있었다. 그들이 한참 동안 그렇게 기다린 후, 정이가 비로소 천천히 눈을 떴다. 그때 정이는, 양시와 유작이 면전에 서 있는 것을 보고는 놀라서 말하기를, "아니! 두 사람이 아직 안 가고 여기 있었는가?"라고 하였다.

이때 문 밖에는 눈이 이미 한 자나 넘는 두께 만큼 쌓여 있었는데도, 양시와 유작은 조금도 피로하거나 짜증스러운 기색이 없었다. 훗날의 사람들은 이 일을 두고 '정문입설程門立雪'이라 불렀다. 배움을 구하는 이의 스승에 대한 존경과 그 마음의 성실함 및 의지의 굳음을 이렇게 표현한 것이다.

철종 소성紹聖 원년(1094년), 정이가 62세이던 해 봄, 앞서 지난해에 친보수파의 고태후高太后가 병으로 세상을 떠나고, 철종이 친정親政하게 되었는데, 이러한 상황에서 이 해에 정이의 직비각直祕閣 판서경국자감判西京國子監의 관직을 회복시켜주었다. 그러나 정이는 다시 사양하고 받지 않았다.

3월에 주광정朱光庭이 세상을 떠나서, 정이가 그를 위해 제문祭文을 지었다.

같은 달 윤돈尹焞이 과거시험에 참가했는데, 시제試題를 보니 '원우元祐의 정政'을 헐뜯고 왕안석의 신법을 회복시키는 것이었다. 윤돈은 "어찌 사록仕祿을 위해 절개를 굽힐 수 있겠는가!"라고 탄식하고는, 곧 시험을 치르지 않고 나왔다. 그는 정이에게 "저는 영원히 과거 시험을 치르지 않을 것입니다!"라고 말했다. 그러자 정이는 "어머니를 고려하지 않느냐?"고 했다. 윤돈이 집으로 돌아가서 그 생각을 어머니에게 말하니, 그 어머니는 "나는 너를 선善으로 기르는 것만 알지, 너를 이록利祿으로 기르는 것은 모른다."고 말하였다. 이를 들은 정이는 "현모賢母로다!"라며 감탄했다.

철종 소성 3년(1096년), 정이가 64세이던 해, 양시가 호남湖南 유양瀏陽에서 직을 맡고 있으면서, 정이에게 편지를 써 장재가 지은 『서명西銘』에 대해 토론했다. 정이는 그에 대한 답신에서, "『서명』이란 글은 리理를 미루어 가서 의義를 보존하는 것이며, 이전 성인이 발휘하지 못한 것을 넓힌 것으로서, 맹자의 성선性善·양기養氣의 공功과 같은 것이다."라고 했다. 또, 양시가 묻기를, 『서명』에서 말하는 천지天地부모父母, 대군大君종자宗子의 만물일체의 경지는 묵자墨子의 '겸애兼愛'의 유폐流弊와 비슷한 점이 있다고 하자, 정이는 이에 대해 답하기를, "『서명』은 '理一而分殊'(리理는 하나이지만 그 나뉨에 있어 달라짐)를 밝힌 것이고, 묵씨墨氏는 '二本而無分'(근본을 둘로 하면서 나뉨이 없음)이다. 분수分殊의 폐단은 사사로움이 앞서서 인仁을 잃어버림이고, 무분無分의 죄는 똑같이 사랑하면서(兼愛) 의義가 없는 것이다. 나뉨이 세워져 '리일理一'로 미루어 감으로써 사사로움을 앞세우는 유폐를 그치게 함이 인仁의 방법이며, 구별을 없이 하여 겸애에 미혹되어 아비 없음의 극단에 이름은 의義를 해치는 것이다. 자네가 이러한 것들을 견주어 동일시함은 잘못으로서, 체體만 말하고 용用에 미치지 않은 것이다."(『답양시서명서答楊時西銘書』)라고 하였다. 정이의 생각은, 모든 사람을 당연히 인애仁愛해야 함은 '리일理一'이지만, 같지 않은 대상에 대해서는 인애 역시 차별과 차이가 있어야 하니, 이것이 곧 '분수分殊'라는 것으로서, '리일理一'은 도덕원칙의 통일이고, '분수分殊'는 통일적인 도덕원칙이 같지 않은 도덕규범으로 표현됨이다.

소성 4년(1097년), 정이가 65세 되던 해 2월에, 조정이 신법新法을 회복하려고 하면서, 이미 세상을 떠난 사마광, 여공저 등에게 강직降職 처분을 내렸다. 그리고 정이가 지은 글이 훼손되고, 정이 자신은 전리田里로 추방되었다.

이 해 6월에 숙부叔父 정류程琉가 세상을 떠나, 정이가 『숙부조봉묘지명叔父朝奉墓志銘』을 썼다. 정류는 수무현修武縣 주부主薄, 택주단씨현령澤州端氏縣令, 하중부용문河中府龍門, 여주양성현사汝州襄城縣事를 역임하고, 그 관직은 대리사승大理寺丞, 조봉랑朝奉郎에까지 이르렀다.

11월에 조정에서 정이를 사천四川의 부주涪州(지금의 부릉涪陵)로 좌천시켰다.

소성 5년(1098년), 정이가 66세 되던 해 11월에 정호의 아들, 즉 정이의 조카인 단본端本이 진사로서 당시 섬서陝西 예천현령醴泉縣令을 맡고 있었는데, 돌팔이 의사로 인해 죽게 되었다. 정이가 『제사십일랑문祭四十一郎文』을 썼는데, 41랑은 단본을 말한다. 또 『상사수사직서上謝帥師直書』를 써서 그 돌팔이 의사를 징치懲治할 것을 요구했다.

철종 원부元符 2年(1099년) 1월에 67세의 정이는 『주역周易』을 스스로의 견해로 해석한 『역전易傳』, 즉 『주역정씨전周易程氏傳』(약칭 『주역정전周易程傳』, 『역정전易程傳』. 또는 『이천역전伊川易傳』이라고도 함.)을 완성하였다. 그는 그 책에서 『주역』에 대한 해석을 통해 그의 자연, 사회, 인생철학에 대한 견해를 표현하여, 그로써 역학易學을 바탕으로 한 그의 완정完整한 성리학 체계를 구성하였다.

이듬해인 원부 3년(1100년), 정이가 68세가 된 해 1월에, 철종哲宗이 25세의 어린 나이로 세상을 떠나고 휘종徽宗이 계위繼位했다. 정이는 협주峽州(지금의 의창宜昌)로 이거移居했다.

이 해 4월에, 정이는 새 황제 즉위의 대사면으로 선덕랑宣德郎을 회복하여 낙양으로 돌아갔다. 기록에 따르면, 그는 당화黨禍로 인해 부주涪州로 가게 되었지만, 거기서 자신의 『주역』에 대한 해석을 제자들에게 강학하면서, 자신의 정치적 고난을 근심거리로 여기지 않았고, 사면을 받아 돌아오고도 그것을 기쁨으로 여기지도 않아서, 달관達觀의 모습을 보였다고 한다.

이때 남쪽의 학자 나종언羅從彦이 양시楊時에게서 배웠는데, 양시가 『주역』을 강론하면서 「건괘乾卦」'구사九四 효爻'에 이르자, "정숙 선생의 강해가 가장 훌륭하다."고 하였다. 그래서 나종언은 밭 한 구역을 팔아 낙양으로 가서 정이를 만나 뵈니, 정이는 그에게 『주역』을 반복하여 강해해 주었다. 이후 나종언은 남쪽으로 돌아가 사운사舍雲寺에서 강학하며 낙학洛學을 전파하였다.

당시 정이가 涪陵부릉에서 낙양으로 돌아왔을 때, 그의 『역전易傳』은 이미 완성되어 있었지만, 다른 사람들에게 보여주지는 않았었다. 어떤 문인門人과 제자가 정이에게 『주역』에 관해 더 청하자, 비로소 사람에게 명하여 책을 꺼내 직접 제자들에게 나누어 주었다. 청하지 않으면 절대로 많이 배포하지 않는다는 것이다. 윤돈이 스승 정이의 강의를 듣고 나서 책을 집으로 가져가 며칠을 읽었는데, 그 후 정이가 그에게 어떻게 느꼈는지를 물었다. 이에 윤돈이 말하기를, "선생님께 여쭈어 보고 싶은 문제가 있지만, 감히 묻지 못하겠습니다."라고 하였다. 정이가 말하기를, "무엇에 대한 것이냐?"라고 하니, 윤돈은 "'지미자리야至微者理也, 지저자상야至著者象也, 체용일원體用一源, 현미무간顯微無間'74)이라는 말은 천기天機를 너무 누설한 것 같습니다."라고 했다. 그러자 정이는 그의 말을 찬탄하며 말하기를, "요즘 학자들 중에 자네 같은 생각을 하는 경우가 어디 있었던가? 바로 이 때문에 내가 어쩔 수 없이 이렇게 분명하게 말할 수밖에 없었다."라고 했다.

당시 정이는 영창潁昌으로 가서 한지국韓持國을 만난 일이 있었다. 한지국은 그때 아침저녁으로 정이에 대한 식사대접에 정성을 다하였다. 하루는 한지국이 그의 아들에게 말하기를, "선생께서 먼 길을 오시니 달리 성의를 표할 것이 없어서, 무게 30냥의 황금黃金 약첩藥帖 한 갑을 선생께 축수祝壽의 예물로 드리고 싶다. 그런데 내가 평소 선생의 사람됨을 잘 알고 있는데, 면전에서 드려서 만일 받아 주지 않으면 매우 난감하게 된다. 지금 나는 외출할 일이 있으니, 너는 기회를 봐서 선생께 내 뜻을 말해 보거라."라고 하였다. 다음 날 식사 때 그의 아들이 정이에게 자신의 아버지가 금을 드리려 하신다고 말하자, 정이는 "나와 자네 부친은 도의道義로 사귀므로 먼 거리라도 멀게 여기지 않고 왔는데, 그가 어떻게 이렇게 할 수 있는가?"라고 반문했다. 이를 안 한지국은 감동하여 말하기를, "감히 직접 대면하여 말할 수 없었던 것이 바로 그가 거절할까 두려웠기 때문이었다. 정숙正叔은 안빈낙도安貧樂道하여, 집안

137

이 전혀 부유하지 않은데도, 돕고 싶어도 도울 수가 없구나!"라고 했다.

이 해 10월에 조정에서 정이를 통직랑通直郎으로 회복시키고, 서경국자감西京國子監의 관리管理를 돕는 일을 하게 하여, 정이는 『사복관표謝復官表』를 올려 감사의 뜻을 표시했다. 그런데, 제자 윤돈이, 그의 스승 정이가 조정에서 벼슬을 회복시켜 줌을 받아들인 것을 적절하지 않다고 여겼다. 이에 정이는 말하기를, "상上(휘종徽宗)께서 새로 즉위하셔서, 처음으로 큰 은혜를 입었는데, 받아들이지 않으면 어떻게 덕의德意를 우러러 받들 수 있겠냐? 조정의 뜻은 단지 내 가난함을 가련히 여겨, 한데서 굶주리지 않게 하려는 것이니, 나는 조정의 후의를 받아 들여야 한다. 그렇지만 내가 벼슬하지 않기로 한 것은 이미 결정된 일, 한 달 봉록을 받아서 조정의 선의만 받들고, 그 후에는 내가 하고 싶은 대로 할 것이다."라고 하였다.

휘종徽宗 숭녕崇寧 원년(1102년), 정이 70세가 된 9월에, 채경蔡京이 집정執政하여, 문언박文彦博, 여공저呂公著, 사마광司馬光 등 22인, 소식蘇軾 등 35인, 진관秦觀, 정이 등 48인을 간당奸黨의 리스트에 올려, 황제 휘종徽宗에게 직접 그 당인黨人의 명단을 써서, 돌에 새겨 단례문端禮門에 세우기를 청하여, 이에 시행되었다.

겨울이 되어 정이는 이천伊川에 잠시 거처하다가 그곳에 정착할 계획을 세웠다.

숭녕 2년(1103년) 2月에 71세의 정이는 『인명印銘』을 지어, "나의 선조 교백喬伯께서 처음 정程에 봉해졌는데, 후세에 이르러 그 국명을 성姓으로 삼았다. 내 선친께서 정程 가까운 곳에 정착하시고, 백작伯爵으로서의 작위爵位를 회복하여, 자손이 이를 칭하였다."고 하였다.

이 해 4月에, 정이는 『춘추전서春秋傳序』를 지었다.

그런데, 채경이 '간당비奸黨碑'를 써서, 모든 주州에 칙령을 내려 그것에 의거하여 새기도록 했다. 그리고는 당인黨人이 기현畿縣(수도 근방의 현縣 지역)에 오는 것을 금禁하였다.

4월 30일, 조정에서 조서를 내려, 정이를 관원官員 명부에서 제명, 말소하고, 그가 이후 책을 써서 출판, 배포할 경우에는 관부官府의 심사를 받도록 함으로써, 사실상 정이가 자신의 서적을 저술, 출판, 배포하는 권리를 박탈하였다. 정이는 이에 용문산龍門山 남쪽의 파루산耙樓山 아래(지금의 숭현嵩縣 전호진田湖鎭 정촌程村)로 거처를 옮겼다. 그리고는 사방의 학자들이 자신에게 오는 것을 삼가도록 했다.

그즈음 범치허范致虛가 말하기를, "정이는 간사한 언행으로 사람들을 현혹시키고, 윤돈尹焞과 장역張繹이 그를 돕는다."고 하고는 마침내 하남부河南府에 내려 보내 직접 조사했다. 학자들이 송별하며 세태를 말하므로, 정이는 "삼대三代의 정치는 회복할 수 없다. 현군賢君이 일어나서 소강小康을 이룰 수 있으면 있게 되리라."라고 하였다.

7월에, 정이의 아들 단언端彦이 언릉鄢陵에서 현위縣尉를 맡았지만, 그 지역이 경성인 개봉과 부계府界75)에 속하므로 해임되었다. 당시 규정으로 문책 받아 강임된 사람의 자제는 경성과 부계에서 직을 맡을 수 없었기 때문이었다.

이러한 상황에서 마신馬伸이 정이를 뵙고 따라 배우게 되었다. 마신은 당시 서경낙양법조西京洛陽法曹를 맡고 있었는데, 장역을 통해 정이를 찾아뵙기를 청하였지만, 당시 학금學禁 상황이 바야흐로 일어나고 있어서, 정이는 고사固辭하였다. 마신이 전후로 10차례를 찾아뵙고 의연毅然히 정이에게 말하기를, "저로 하여금 아침에 도를 듣게 하신다면, 저녁에 죽은들 무슨 유감이 있겠습니까!"라고 하였다. 정이가 감동하여 그를 제자로 받았다. 마신은 공가公暇 때면 정이에게 가서 가르침을 구하여, 정이는 그에게 『중용』의 가르침을 주었다.

숭녕 3년(1104년), 이 해에 정이는 72세가 되었는데, 윤돈과 장역은 여전히 정이를 따라 배웠다. 정이가 용문산에서 이고서원으로 와서 강학하였으며,

숭현의 육혼산陸渾山(지금의 정촌程村)에 옮겨 살았다.

숭녕 5년(1106년), 이 해에 74세가 된 정이가 승무랑承務郞 직을 회복했다. 그렇지만 그는 여전히 사직하였다. 이 당시 『역전』이 책으로 완성된 지는 이미 오래되었지만, 학자들에게 전수傳授할 수 없었다. 어떤 이가 강의를 청하기도 했지만, 그는 자신의 기운이 아직은 쇠하지 않았지만 조금 더 나아지기를 바랐다. 그렇지만, 그 후에 병이 들게 되고서야 비로소 윤돈과 장역에게 전수해 주었다.

그런데, 그때 채경蔡京이 재상에서 해임되고, 조정에서는 조서를 내려 당인黨人이 기현畿縣에 올 수 있도록 허락하여 정이를 통직랑通直郞76)으로 임명했지만 그는 사임했다.

휘종 대관大觀 원년(1107년), 이 해에 정이는 75세가 되었다. 정이는 만년에 윤돈과 장역이 주로 따랐다. 윤돈의 기술에 따르면, 이 해에 정이는 풍비증風痺症(통풍痛風)에 걸려, 대승기탕大承氣湯을 복용하고 난 후 좋아졌다. 이 해 9월 16일 병문안차 방에 들어가 보니, 정이는 흰 이불을 덮고 대나무 침대에 앉아 있으면서, 문안객에게 손을 들어 읍할 수 있는 정도가 되었다. 그 문안객은 정이가 비록 병은 나았으나 원기元氣가 회복되기를 기다려야 하는 상황이었다고 전하였다. 그러나 이튿날인 9월 17일에 정이의 병세가 위중해져, 문인이 들어가 보고 다시 문을 나오기도 전에 정이는 세상을 떠났다. 정이는 삶을 통해 여러 우여곡절을 겪었지만, 그의 학설이 당시 세상과 조정의 인정도 제대로 받지 못한 상태로 세상을 떠난 것이다.

정이의 장례는 낙인洛人들이 다른 당을 두려워하여 감히 배웅할 자가 없었다. 제자 윤돈尹焞, 장역張繹, 범역范域, 맹후孟厚만이 그의 장례를 치렀다. 을야乙夜(즉, 이경二更)에 소의素衣를 입고 백마白馬를 타고 온 사람이 있었는데, 제자들이 보니 소백온邵伯溫의 아들 소부邵溥(소백온邵伯溫의 장자長子, 즉 소옹의 장손長孫)가 역시 다른 사람이 볼까 두려워, 밤이 되고 나서야 성을 들어

와서, 그로 인해 늦게 조문한 것이었다.

이전에 정호가 동생 정이에 대해 말하기를, "훗날 사람들로 하여금 스승의 도를 존엄하게 할 수 있는 이는 나의 동생일 것이다. 그런데, 후학을 이끌어 그 인재의 소질을 따라 성취하도록 하는 측면이라면 나는 양보할 수 없다."고 말한 적이 있다. 정이가 세상을 떠났을 때 그의 이전 문인門人 고제高弟들 중 많은 사람들이 먼저 세상을 떠난 후여서, 그의 덕의 아름다움을 형용할 수 있는 이가 없었다. 그러나 정이는 장역에게 이렇게 말한 적이 있다. "내가 옛날에 (형인) 명도 선생의 행장을 썼었는데, 나의 도는 대체로 명도와 같다. 이후 나에 대해 알고자 하는 이는 이 글에서 찾으면 될 것이다."라고 했다.

장역이 『제문』을 써서 말하기를, "선생의 도는 언어로 표현할 수 없으니, … 단지 태산泰山으로써 그 높음을 표현하고, 일월日月로써 그 밝음을 표현하고, 춘풍春風으로써 그 따뜻함을 표현하고, 엄상嚴霜으로써 그 맑음을 표현할 따름이다."라고 하였다.

사량좌와 양시 등에게서 학문을 배워, 이정의 학문을 전수한 호안국胡安國(1074~1138년)은 『주장奏狀』에서 말하기를, "성인聖人의 도가 만세萬世에 가르침을 드리움은 『중용中庸』이 아님이 없다. 그러나 『중용』의 뜻이 밝혀지지 않은 지가 오래다. 그런데 정이의 형제가 그것을 밝히고 난 후에 그 뜻을 생각하여 얻을 수 있게 되었다. … 공맹의 도가 전해지지 않은 지가 오래 되었는데, 정이의 형제가 그것을 밝히고 난 후에 그 도를 배워 이를 수 있게 되었다."라고 하였다.

주석

1) 그의 이름자 중 '惇'을 '敦'으로 표기하는 경우가 많다. 그러나 노사광勞思光은 '惇'으로 쓰는 것이 타당하다고 주장하고, 풍우란馮友蘭은 그가 초년에 쓴 『중국철학사中國哲學史』에서는 '敦'으로 표기했으나, 그가 만년에 쓴 『중국철학사신편中國哲學史新編』에서는 '惇'을 앞세워 쓰고 괄호 안에 '敦'으로도 쓴다고 하였다. 여기서는 '惇'을 우선하되, '敦'을 특별히 배척하지도 않겠다.

2) 이 경우도 '周惇實'로 표기해야 할 수도 있다.

3) 송宋 영종英宗의 원래 이름은 조종실趙宗實이었는데, 후에 조서趙曙로 개명하였다.

4) 중국 전통사회에서는 여성의 이름을 드러내지 않고 성씨만을 기록하였으므로 이렇게 표현되었다. 이 책의 이후 내용에서도 마찬가지이다.

5) '周敦賁'의 '賁'의 음은 '분'과 '비'가 있으나, '비'라고 읽어야 한다고 생각한다. 주돈이의 '이頤'와 주돈비의 '비'는 모두 『주역周易』 64괘卦의 괘명으로서, '이頤'는 27번째 괘인 '이괘頤卦 ䷚', '비賁'는 22번째 괘인 '비괘賁卦 ䷕'를 말하는 것으로 여겨진다. '이괘'의 육삼효六三爻의 음陰이 양陽으로 변하여 구삼九三의 효爻가 되면 '비괘'가 된다. 둘 다 『주역』과 관련시켜 이름을 지은 것으로 보인다. 또 만일 주돈이의 '돈'이 '惇'이라면, '周敦賁' 역시 '周惇賁'가 될 수 있다.

6) '반고씨盤古氏'라고도 함. 중국 신화에서 인간의 거인 모습을 한 창세신創世神. 그는 혼돈混沌 속에서 잉태되어 태어나, 위로 하늘을 밀어내고, 아래로 땅을 박차서 하늘과 땅이 열렸다고 하며, 이것이 곧 천지개벽天地開闢이다. 그리고 그의 몸의 여러 부분이 해와 달, 초목, 산 등 자연계의 여러 현상이 되었다고 한다. 말하자면 천지가 열린 후 조화와 질서의 우주宇宙 cosmos(『천자문千字文』의 처음이 천지天地와 우주宇宙로 시작한다.)가 생겼는데, 이 자연현상이 반고의 몸이 변하여 생긴 것이며, 그 이전이 혼돈混沌chaos인데, 반고는 이 혼돈의 의인화擬人化에 의한 사람 모습의 창세신이다. 즉, 혼돈에서 천지우주가 생겼음을 신화적으로 표현한 것이다. 중국 신화에서는 반고씨 다음이 천황씨天皇氏, 그 다음이 지황씨地皇氏, 또 그 다음이 인황씨人皇氏라는 통치자들이 다스렸다고 하는데, 이러한 것은 곧 혼돈에서 하늘과 땅의 우주가 생기고, 그 다음 사람이 생겼다는 것으로서 시간적 순서를 의인화한 것이다.

7) 『논어論語』 「위정爲政」: "吾十有五而志于學."

8) 이 책의 내용 중 '현縣'을 관장하고 다스리는 관직에 '현령縣令'과 '지현知縣'이 번갈아 등장하고 있다. 그래서 그 의미와 차이에 대해 잠시 언급할 필요가 있다. '현령'과 '지현'이라는 두 관직명은 비록 한 글자 차이이지만, 실제는 큰 차이가 있다. 그러나 오늘날의 대부분의 사람들은 이 둘을 같은 의미로 생각하는 경우가 많은데, 일반인의 이 분야 지식의 부재와 별 책임감 없는 사극에서 이 두 호칭을 엄격하게 구분하지 않는 것의 영향일 수도 있다. 이 두 관직명의 이면에는 각 왕조의 행정제도와 관원 선발 과정이 관련되어 있다. '현령縣令'이란 말은 전국시대戰國時代 위魏, 조趙, 한韓, 진秦 등에 처음 등장했다. 이들 국가들은 그 속지屬地를 지방의 기본 행정단위로 구분했는데, 진秦이 대표적이다. 진에서는 상앙商鞅의 변법

變法으로 향鄕이 현縣에 병합되고, 이후 현급 행정 구역은 직접 국군國君에 의해 장악되었다. 이 과정을 통해 통일 진나라까지 군현제郡縣制가 이루어지고, 현縣은 군郡의 하위 행정 단위가 된다. 이때 한 현의 책임자는 현장縣長 또는 현령縣令이라 불렸는데, 그 구별은 해당 인구의 호적 수였다. 한 현의 호구戶口가 천구 호 이상이면 '현령', 그 아래는 '현장'이라 하였다. 현령은 작은 벼슬이지만, 국가의 가장 기본 단위로서 온갖 자질구레한 일을 관장하기 때문에, 황제는 국가 전체의 관리를 위해서 현령의 일을 중시하였다. 수당隋唐 이전에는 과거 제도가 아직 완전히 보급되지 않았으므로, 조정의 상하 관리들은 '찰거察擧'의 제도로 추천되었다. 이 제도가 잘 시행되면 좋은 인재를 확보할 수 있지만, 사실상 관료들이 연고에 따라 '찰거'하기 때문에, 어느 지방에서 나온 관료들이 같은 집안이나 함께 수학한 동문을 추천하는 일이 많았다. 지방 관료들의 세력이 복잡하게 얽혀 있고, 곳곳에 연고가 깔려 있으면 중앙에서 통제하기 어렵다. 그래서 중앙 집권을 강화하기 위해 역대 황제들은 지방 관료의 권세를 억제하는 방법을 모색했다. 그러다 지금 이 책에서 말하는 송대宋代에 이르러 현령·현장의 호칭 외에 또 다른 호칭이 등장하였는데, 즉 '지현知縣'이다. 한 현의 장長으로서, 본질적으로 '지현'은 '현령'과 크게 다르지 않다. 유일한 차이점은 임명 방식이 다르다는 것인데, '지현'은 중앙에서 직접 파견하여 비교적 특수한 현에 많이 파견하거나, 또는 돌발 상황이 있어서 중앙정부에서 비교적 중요한 현의 장을 임명할 경우 '지현'이라고 하였다. '지현知縣'의 '지知'는 '장악하다', '관장하다', '관리하다'의 뜻으로서, '지현知縣'은 즉 한 현을 장악, 관장, 관리한다는 뜻이다. '지주知州', '지부知府'의 '지知'도 마찬가지 의미이다. 또한 관원이 지방 세력을 형성하지 않도록 하기 위해, 송나라 이후 조정에서는 지방 관원은 자신의 고향이나 아내의 고향에서 관직을 수행할 수 없다고 명시하였다. 명대明代에 이 규정은 더욱 엄격해져서 남쪽 사람은 북쪽에서 벼슬을 해야 했고, 북쪽 사람은 남쪽에서 벼슬을 해야 했다. 그래서 이 무렵의 '지현'은 이미 지방 관료로서의 성격이 전혀 아니라, 중앙의 황제에 종속된 관리였다. '지현'은 황제에 의해 임명된 관리로서 황제의 신임이 두터워, 지방의 정사政事는 물론 군사軍事 업무까지 관할하는 곳도 있었으므로 황제에게 중요했다. 이 관료들은 황제가 직접 파견하여 황제에게 책임을 지는 자들이므로, 황제의 지방 관할과 장악을 강화하는 역할을 했다. 송宋을 세운 조광윤趙匡胤은 지방 관료의 권력을 억제하고 인사권을 확고히 장악하려 하였으므로, 중앙에서 직접 지방 관료를 임명함으로써 지방 관료의 권한을 억제하였다. 그 후 이전 왕조에서 유행했던, 자사刺史, 태수太守, 현령縣令 등의 직위는 역사 무대에서 사라져 갔다. 이에 따라 '지주知州', '지현知縣', '지부知府' 등의 호칭이 정치 무대에 등장하였고, 이런 호칭은 민국民國 시대까지 계속되었다.

9) 조변은 권세가를 두려워하지 않고 탄핵하며, 강직하고 사심私心이 없어, 당시 세상에서 '철면어사'라고 불렸는데, 후에 일반적으로 권세가를 두려워하지 않고, 사사로운 정에 얽매이지 않으며, 공정하고 엄명한 관리를 두루 이렇게 부르게 되었다.

10) 왕안석은 당시 북송 정국의 소용돌이의 중심인물로서, 이 책의 주인공들인 북송北宋 오자五子 모두와 관련되어 나온다.

11) 남강군南康軍(현재 여산廬山)은 정구政區의 명칭, 982년에 건립되고, 강남동도江南東道에 속했다.

12) '이천伊川'은 현재 하남성河南省 낙양시洛陽市 관할의 현縣의 지명이다. 북송 당시 소옹이 여기 살면서 자칭 '이천옹'이라 했지만, 역사에서는 역시 이곳과 연고가 있는 정이程頤를

세상에서 흔히 '이천선생伊川先生'이라 부른다.

13) 그런데 다른 주장으로는 송 인종 강정康定 원년(1040년), 소옹 30세에 모친이 세상을 떠났다고도 한다.

14) 소옹은 일생을 통해 많은 시를 썼는데, 그는 이처럼 주로 일상 속의 일을 마치 일기 쓰듯 시로 남겼다. 『이천격양집伊川擊壤集』이 그의 대표적 시집이다.

15) '수술數術'은 '술수術數'라고도 하며, 중국 고대의 신비문화의 주요 내용이다. 그 특징은 수數로써 방술方術을 행하는 것인데, 그 기초는 음양오행陰陽五行, 천간天干과 지지地支, 납갑법納甲法, 하도낙서河圖洛書, 태현갑자수太玄甲子數 등이다. '술術'은 방술方術을 가리키고, '수數'는 기수氣數, 수리數理, 즉 음양과 오행의 상생상극으로 만들어진 수리를 가리킨다. 그런데, '술수術數'라고 말할 때는 그것은 한편으로는 '수술數術'과 같은 의미이지만, 또 다른 편으로는 '술책術策'의 의미도 가지고, 한국어에서는 특히 '술수'란 말은 '권모술수權謀術數'와 같은 부정적 의미도 함유하고 있으므로, 표현 취지에 따라 구별해 써야 하며, 또 한국어에서는 '수술'이란 용어는 쓰지 않음도 감안해야 한다.

16) 도가道家와 도교道教는 다르다. 도가는 노자老子, 장자莊子 같은 철학자의 사상적 학파를 말하고, 도교는 중국 고대 원시종교로부터 이어져 온 민간신앙이 한대漢代에 전래된 불교 사상의 영향을 받으면서 종교로 조직화된 것이다. 그 안에는 불교사상, 유교사상 등 다른 사상의 요소도 있다. 도교에서도 노자, 장자와 같은 도가의 인물을 내세우는데, 도교에서의 노자, 장자와 같은 이들은 그 종교를 위하여 신비화시켜 이용한 '바지사장'일 뿐이다. 흔히 도가와 도교의 다른 점을 이야기할 때 예로 드는 것 중에 이런 것이 있다. 즉, 도가는 무위자연無爲自然의 태도로 삶을 살며, 인위를 배제하여 죽음조차도 자연스런 것으로 그에 순응하지만, 도교는 삶과 죽음의 문제를 자연스럽게 받아들이기보다는 오히려 인위적으로 장생불로長生不老, 심지어 장생불사長生不死까지도 꿈꾼다는 것이다.

17) 예컨대 훗날 명대明代의 왕수인王守仁(즉, 왕양명王陽明)이 도를 깨달았다는 귀주貴州 수문현修文縣 용장龍場의 '완역와玩易窩'는 필자가 실제 가서 들어가 본 적이 있는데, 그냥 평지보다 약간 낮은 곳에 있는 습기 찬 동굴이다.

18) 필자는 사마광의 이와 관련한 사상에 대해서 논문을 쓴 바 있으니 참고 바람.

19) 술자리를 마련해 시부詩賦를 지으며 서로 즐기는 친목단체로서, 관직 등급순이 아닌 나이 순으로 운영했다고 한다. 결국 정치적으로는 왕안석의 신법당에 반대하는 모임의 의미를 가진 것이다.

20) 이후 말하게 될 이정二程, 즉 정호程顥, 정이程頤의 외숙부이기도 함.

21) 여대균(1029~1080년)의 자는 화숙和叔으로서, 경조京兆 남전藍田(지금의 섬서陝西 남전현藍田縣) 사람이다. 그는 덕업상권德業相勸, 과실상규過失相規, 예속상교禮俗相交, 환난상휼患難相恤의 '여씨향약呂氏鄉約'의 창립자로서 유명하다. 장재의 제자.

22) 여대림(1042~1090년)의 자는 여숙與叔으로서, 역시 경조京兆 남전藍田 사람이다. 처음 장재에게 배우다가, 장재 사후 정호程顥, 정이程頤에게 배움.

23) 장재와 동 시대의 소식蘇軾(즉, 소동파蘇東坡)이 인종 가우嘉祐 6년(1061년)에 벼슬한 곳이기도 한데, 그는 당시 첨서봉상부판관簽書鳳翔府判官에 임명되어 4년간 재직한 바 있다.

24) 인종의 생모는 원래 장헌황후章獻皇后의 시녀侍女였던 이신비李宸妃였다. 인종은 어려서

부터 장헌황후章獻皇后를 생모로 알고 자랐는데, 생모가 먼저 세상을 떠나고, 수렴청정하던 장헌황후章獻皇后, 즉 장헌태후章獻太后가 세상을 떠나고 나서야 출생의 비밀을 알게 되었다. 이에 그의 생모 이신비를 '장의황태후莊懿皇太后'로 추존하였다가, 나중에 '장의황후章懿皇后'로 고쳤다.

25) 원래 서하의 지역은 송에 속해 있었는데, 당시의 그 지역 당항족黨項族 우두머리 이원호李元昊가 송에서 독립하여 스스로 황제를 일컬었는데, 국호를 '대하大夏'라 하였으며, 역사에서는 '서하西夏'라 부른다.

26) 중경重慶은 당시는 사천四川 지역이었지만, 지금은 사천성四川省에서 독립한 직할시이다.

27) 고대 귀족자제가 일정한 나이(흔히 10세)가 되면 가장家長의 청으로 학업을 교도敎導할 스승을 모셔 배우는데, 그때 따라 배우는 스승을 '외부外傅'라고 하였다.

28) 이 해에 소식蘇軾(소동파蘇東坡)이 사천四川 아미峨眉에서 태어났는데, 사천 지역이 옛날 촉蜀 지역이므로 그의 학문을 촉학蜀學이라 한다. 그런데 장재의 아버지 장적이 사천 부주涪州(지금의 중경重慶 부릉현涪陵縣)에서 지주知州로 있어서 장재가 어린 시절을 보낸 곳이 사천 지역이다. 또한 앞서 말한 대로 장재가 아버지 사후 가족과 정착한 봉상鳳翔은 소식蘇軾이 4년 간 벼슬하던 곳이기도 하니, 묘한 우연이다.

29) 송 태조 조광윤이 연회를 베풀어 무혈無血 숙군肅軍의 방법으로 장수들의 병권兵權을 빼앗은 사건. 즉 술자리에서 자신의 고민을 토로함으로써 하루아침에 군벌軍閥들의 세력을 넘겨받아 중앙으로 복속시킨 사건. 그러나 이로써 중앙집권을 강화하였지만, 송의 전체 국방력은 약화되는 결과를 낳았다.

30) 범중엄范仲淹은 앞서 '주돈이의 삶'에서도 언급된 바 있다.

31) 감찰어사'리행'은 관직은 낮으면서 직무는 감찰어사와 대략 동일하고, 2년 정도 시보격으로 일하다 정식 어사가 된다. 그 정원은 감찰어사의 반 정도이며, 정식 감찰어사보다 봉록은 조금 적다.

32) 필자는 왕안석이 그의 이러한 입장을 정당화하는 그의 기본적 철학에 대해 논문을 쓴 바 있으니 참고하기 바람.

33) '乾稱父, 坤稱母'는 『주역周易』「설괘전說卦傳」에 나오는 말이다. 이 말은 『주역』의 팔괘八卦를 가족의 각 구성원에 대응시킨 말 중에서, 자연의 천天에 상응하는 건乾을 가족관계의 아버지, 자연의 지地에 상응하는 곤坤을 가족관계의 어머니에 상응시킨 것이다. 나머지 여섯 괘는 그 부모의 자식들에 상응한다. 장재는 이러한 역학적 세계관에 바탕 하여, 세계의 모든 존재들을 하늘과 땅을 부모로 하는 한 가족이라는 사상을 표현하였다.

34) 천지天地를 부모父母로 할 때, 그 안에 구축된 인간사회의 정치적 관계 속에서 최고 권력자는 가족관계 속의 종자宗子, 즉 종가宗家의 맏아들로, 그 권력자의 신하들은 그 종자가 이끄는 종가의 가상家相을 비롯한 가신家臣 조직의 구성원으로 유비類比시킴으로써, 고대로부터 시작하여 중세에 이르는 봉건적 정치 체제를 가족구조와 동일한 것으로 보는 것이다. 장재의 중세 봉건적 정치의식을 반영하는 면이다. 장재 뿐 아니라 주돈이를 비롯한 성리학자들의 일반적 의식으로서, 성리학의 중세 철학적 의의를 보여 주는 것이다. 『서명』은 그러한 의미의 상징적이고 압축적인 요약이다.

35) 출처는 『시경詩經』「주송周頌」'아장我將'이다.

36) '신神'과 '화化'는 『주역』「계사전繫辭傳」의 '궁신지화窮神知化'와 같은 말에 나오는 용어이다. 장재는 이 개념들을 자신 철학의 중요 요소로 삼았다. 구체적인 것은 그의 철학 부분을 참조.

37) 하夏나라 우禹를 말한다. 숭백崇伯은 우의 아버지인 곤鯀.

38) 정鄭나라의 영고숙潁考叔. 봉인封人은 그의 벼슬 이름.

39) 공자의 제자인 증삼曾參(증자曾子)을 말한다. 효자孝子로 유명했으며, 부모로부터 받은 신체발부身體髮膚를 온전히 함이 도의 시작이라는 공자의 가르침대로 했음을 말하는데, 여기서는 천지를 부모에 빗대어 말한 것이다.

40) 주周의 태사太師인 윤길보尹吉甫의 아들. 계모의 참소를 받았으나, 아버지의 명령을 잘 좇았다고 한다. 여기서는 하늘의 명인 천명天命을 잘 받듦에 비긴 것이다.

41) 장재의, 삶에서의 성실함과 생사를 초월·달관한 경지가 반영된 말이다.

42) 『서명』과 『동명』 뿐 아니라 장재의 『정몽』 전체가 단순히 그 문장만 피상적으로 읽어서는 그 의미를 이해하기 어렵다. 그가 말한 수많은 내용이 중국 고전의 문장들과 관련된다. 그러므로 그 유래된 바의 고전 문장을 알고, 그러한 것과 관련시켜 이해하지 않으면 안 된다. 필자는 이전에 번역 출판한 『완역完譯 정몽正蒙』(명문당)에서 『정몽』의 문장과 관련되는 고전의 출처를 추적하여 많은 주석을 달았다. 여기서는 일부만을 말하였다. 보다 구체적이고 상세한 것은 필자의 『완역 정몽』을 참고하기 바란다.

43) 필자의 『완역 정몽』에서는 원래의 상태대로 「건칭편乾稱篇」 속에 모두를 다 함께 넣었다.

44) '정백부정伯符'라고도 하며, 정씨程氏의 개종開宗 세조世祖이다. 일명 '이화二和'라고도 하는데, 주周나라 제후로서 정程에서 식읍食邑하였으며, 정국백程國伯에 봉해졌다. 그는 상商나라 말 주周나라 초에 살았고, 주공周公 희단姬旦, 주일정周日正과 함께 주周의 성왕成王을 도와 나라의 도읍을 정했다고 전해진다.

45) 어떤 연구에서는, 옛날의 정국程國은 낙양洛陽시 동쪽, 언사偃師와 맹진孟津의 경계에 있어서, 역사에서 '상정취上程聚'라 부르고, 함양咸陽 부근의 정읍程邑은 정휴부程休父가 옮겨 봉해진 곳이라고 주장한다.

46) 태상박사太常博士에 임명되고 나서, 삼사호부판관三司户部判官을 분장分掌하다가, 후에 개봉부윤開封府尹과 승상丞相에 임명되었다. 1056년에 세상을 떠났고, 송 인종仁宗에 의해 중서령中書令으로 추봉追封되었으며, 시호는 문간공文簡公임.

47) 『맹자』「양혜왕梁惠王」 내용 중의 표현과 관련됨.

48) 소식蘇軾(1037~1101년)의 자는 자첨子瞻, 또는 화중和仲이며, 호는 철관도인鐵冠道人, 동파거사東坡居士, 세칭 소동파蘇東坡이며, 미주眉州 미산眉山(지금의 사천성四川省 미산시眉山市) 사람. 후에 예부상서禮部尙書가 되었으며, 당송팔대가唐宋八大家 중 한 사람. 이후 정이와 관련하여 다시 자세히 말할 것임.

49) 증공曾鞏(1019~1083년)의 자는 자고子固이며, 강서江西 무주撫州 남풍南豊 사람임. 후에 중서사인中書舍人이 되었으며, 당송팔대가 중 한 사람이다.

50) 소철蘇轍(1039~1112년)의 자는 자유子由 또는 동숙同叔이며, 만년의 호는 영빈유로潁濱遺老이다. 미주眉州 미산眉山 사람. 소식蘇軾의 동생이며, 후에 문하시랑門下侍郎과 부상副相이 되었다. 당송팔대가 중 한 사람.

51) 자字는 증석曾晳으로서, 역시 공자의 제자인 증삼曾參(『논어』에서 '증자曾子'로 등장)의 아버지.

52) 하늘에 기우제 지내는 곳. 제사지내는 터에 나무가 있어서 그 그늘에서 쉴 수 있다.

53) 여기서의 '성性'은 '심心'의 의미로 봐야 하며, 주희도 그렇게 보았다. 사실상 성리학의 '성性'은 주체의 본질적 측면을 말하고, '심心'은 주체의 실존적 측면을 말한다. 그런데, 이때 장재와 정호의 논의 속에서는 이 둘을 특별히 구분하지 않았으며, 오히려 실존적 측면인 '심'의 의미로 사용하였다. 정이의 경우는 분석적 경향이 있어서 '성'과 '심'을 논리적으로 구분하였고, 정이를 따른 주희 역시 그러하였다. 그런데 어쨌든 장재와 정호의 '정성定性'의 논의에서의 '성'은 실존적 주체인 '심'을 의미하는 것이다. 이후 심학心學, 특히 왕수인王守仁(왕양명王陽明)의 철학에서는 '성'은 '심'의 본체로, '심'은 '성'의 실존적 측면으로 보아 그 둘을 엄밀히 구분하는 주자학에 대해 양자의 긴밀한 관계를 중시하였다. 특히 그의 '사구교四句敎'에 그 점이 요약적으로 나타난다. 이 점을 보면 정호 철학의 특성은 심학적 경향과 통하는 부분이 있다고 할 수 있다.

54) 송대의 국자감國子監에서는 학정學正과 학록學錄을 두었는데, 그들로 하여금 학규의 집행, 그리고 시험 및 지도에 대한 관장을 하도록 하였다.

55) 관문關門, 진량津梁, 도로道路의 금령禁令 및 그 폐지와 이전복구 등의 일을 관장했으며, 모든 출입 관리, 궁민宮民, 상인 등의 위법한 일을 조사했음.

56) 장재張載의 동생 장전張戩도 이 직을 맡은 바 있음이 앞에서 나왔음.

57) 본래는 '첨서簽署'라고 하였는데, 당시 영종英宗인 조서趙曙의 휘諱와 유사함을 피하여, '첨서簽書'란 표현으로 고쳤다.

58) 송대에 각 주州, 부府, 로路에 경관京官을 뽑아 파견하여 임무에 충당하였으며, 첨서판관簽書判官이라고도 하였다. 직위는 대략 부사副使보다 낮으며, 좌리佐理를 도와 문서 사무를 관장하였다.

59) 아내의 부친, 즉 장인.

60) 유작游酢(1053~1123년)의 자는 정부定夫 또는 자통子通이며, 세칭 광평선생廣平先生. 건주建州 건양建陽 사람.

61) 당唐나라 초기 위징魏徵은, 처음 은태자隱太子 이건성李建成(당唐 고조高祖 이연李淵의 적장자嫡長子. 죽은 후 시호諡號가 '은隱'이었으므로 '은태자'라고 일컬어짐.)을 섬기며, 그에게 그의 동생 이세민李世民(즉, 이후의 태종太宗)을 제거할 것을 건의하였다. 그런데, 이건성이 이를 듣지 않다가, 이세민과의 권력다툼 끝에 현무문사변玄武門事變으로 이세민에게 죽자, 위징은 이세민에게 죽을 각오를 하면서도, 자신은 당시 이건성을 섬겼으므로 그때 그 위치에서 한 행동을 정당하다 여겼다. 이후 태종 이세민은 위징을 오히려 등용하였고, 위징은 태종을 성심으로 섬기면서 수많은 직간直諫을 하였으며, 태종이 위징을 자신의 거울로 여긴 것이 역사에 유명하다. 이를 이전 춘추시대 관중管仲의 경우에 빗댄 것이다. 춘추春秋 오패五霸의 첫 번째 패자霸者인 제齊 환공桓公(B.C.685~B.C.643년 재위, 진晉 문공文公과 더불어 '제환진문齊桓晉文'으로 일컬어짐)은 당시 제나라의 내란을 피해 형인 공자규公子糾는 노魯나라로, 자신은 거莒나라로 도망갔지만, 제나라에 다시 정변이 있어 되돌아오는 과정에서, 형보다 먼저 돌아와 제나라의 임금이 되었다. 이 과정에서 공자규 편에 섰던 관중

147

管仲을 죽이려는 것을, 관중의 오랜 친구 포숙아鮑叔牙(관중과 포숙아의 '관포지교管鮑之交'의 고사가 유명)의 건의를 받아들이는 포용력을 보여, 그를 재상으로 임명하여서, 안으로 부국강병을 이루고 밖으로 천하의 제후들을 제압하여, 세칭 '춘추오패春秋五霸'의 첫 번째 패자霸者가 되었다. 당 숙종肅宗의 경우는 이러하다. 755년(당唐 천보天寶 14년), 안녹산安祿山이 반란을 일으켜 낙양을 점령하고, 756년에는 동관潼關에서 당唐의 20만 대군을 격파하고, 수도 장안長安(지금의 서안西安)으로 진격해 왔다. 이때 당시 황제 현종玄宗(이융기李隆基)이 그가 총애하는 양귀비楊貴妃, 황태자 이형李亨 및 조정 대신들과 함께 반군을 피해 사천四川의 성도成都로 피신하기 위해 가던 중, 현종의 행렬이 마외역(馬嵬驛, 지금의 섬서성陝西省 흥평興平)에 이르렀을 때, 금군禁軍 병사들이 양귀비와 그녀의 친척으로서 양귀비 덕에 등용되어 재상까지 된 양국충楊國忠을 죽일 것을 요구하며 반란을 일으켰다. 현종은 할 수 없이 양국충과 양귀비를 죽이고 사천으로 피신하였고, 황태자 이형은 환관인 이보국李輔國의 건의를 받아들여, 사천으로 가지 않고 금군의 일부를 이끌고 북상하여 당의 군대를 정비하였다. 이형은 토벌군을 이끌고 봉천奉天(지금의 섬서성 건현乾縣)을 거쳐 삭방절도사朔方節度使의 주둔지인 영무靈武(지금의 영하寧夏회족자치구回族自治區 영무시靈武市)에 이르렀고, 그곳에서 스스로 황위皇位에 오르고 연호를 지덕至德이라 하였다. 이가 바로 당의 숙종肅宗이다. 그는 그 뒤 곽자의郭子儀, 이광필李光弼 등을 앞세워 장안과 낙양을 되찾았다. 이처럼 그가 황위에 오른 것은 현종의 양위讓位를 받아서 이루어진 것은 아니었으며, 현종은 나중에서야 태자 이형에게 제위를 물려주고 태상황으로 물러앉아 할 수 없이 숙종의 즉위를 인정하였던 것이다.

62) 혜성은, 오늘날의 천체물리학적 지식으로는 태양을 초점으로 하여 타원 궤도로 운행하는 천체임을 알고 있다. 하지만, 근대 이전의 과학적 지식으로는 동서양을 막론하고, 일정한 궤도를 가지고 예측 가능하게 운행하는 천체와 달리 갑자기 나타나는 것으로 인식하여, 그 출현을 불길하게 보았다. 그래서 그것을 인간 사회의 정치와 도덕에 관련짓는 경우가 많았으며, 송대 당시 역시 그러하였던 것이다.

63) 사량좌는 정이도 스승으로 모셨으며, 이정 문하의 유작游酢, 여대림呂大臨, 양시楊時와 더불어 '정문사선생程門四先生'이라 불린다. 사량좌는 이후 청대淸代에 공묘孔廟에 종사되었으며, 저서에 『논어설論語說』이 있다.

64) 소식蘇軾이 황주黃州에 있을 때 지은 유명한 작품이 바로 『적벽부赤壁賦』로서 『전적벽부前赤壁賦』, 『후적벽부後赤壁賦』가 있다. 소식은, 삼국시대三國時代 당시 유비劉備와 손권孫權의 연합군이 조조曹操의 군대를 물리친, 그리고 그 중 중요한 인물인 제갈량諸葛亮이 활약한 유명한 적벽대전赤壁大戰의 실제 장소가 바로 황주에 있었으며, 『적벽부』 내용에서 묘사된 곳이 바로 그곳이라고 생각하였으므로, 『적벽부』라는 작품을 썼다. 그러나 현재 호북성 내 무한武漢(우한)에서 동쪽의 인접시인 황강시黃岡市 소속의 황주구黃州區에 있는, 소식이 배를 띄워 적벽부를 지은 장소인 그곳은 지금 '동파적벽東坡赤壁'이라고 부른다.(청조淸朝 강희康熙 연간年間에 붙여진 이름). 그런데, 무한(무한은 20세기 전반에 무창武昌, 한구漢口, 한양漢陽 세 지역을 합쳐 형성된 도시로서 이때 생긴 이름)의 남쪽으로 조금 더 가면 있는 시市는 아예 시명市名을 '적벽시赤壁市'라고 하고 있으면서, 그곳에서는 거기가 적벽대전의 장소라고 주장하면서 크게 관광지로 만들고 '적벽'을 선점하려 하고 있다. 이 적벽시는 원래 포기蒲圻현縣이던 것이 포기蒲圻시市(1986)로 되었다가 1998년에야 '적벽시

148

赤壁市'로 이름하였다. 필자가 2019년에 답사하였을 때, '적벽시'에는 수많은 관광객이 있었으나, '동파적벽'은 당시 필자를 포함한 세 사람만 그 내부에 한가하게 관람할 정도로 별로 사람이 찾지 않는 한산한 곳이었다. 그렇지만 그곳은 그곳대로 소식이 생각하였듯이 그곳이 적벽대전의 장소라고 주장하였다. 지금 동파적벽은 일명 '문文적벽'으로, 적벽시의 적벽은 '무武적벽'으로 부르기도 한다. 그런데 무적벽은 실제 지금 장강長江(중국 입장에서 볼 때 외국인들이 이 강을 양쯔강揚子江(양자강)이라고 부르지만, 원래 장강의 하류를 일컫는 이름인데, 외국인의 오해로 장강 전체를 부르는 이름으로 인식되어 지금에 이르고 있다.)이 흐르고 있는 곳이지만, 문적벽인 동파적벽은 장강과 거리를 둔 조그만 못처럼 되어 있었다. 다만 100여 년 전까지는 장강변으로서 장강이 흐르고 있었지만, 토사가 퇴적되어 호수화되었다고, 그곳 관리인이 말하였다. 그런데 그곳에서 구입한『적벽지전전지연구사赤壁之戰戰地研究史』(王琳祥 著)란 책에는 이 두 곳 외에도 적벽대전의 장소라고 주장되는 수많은 적벽이 있었다. 여담이지만, 필자가 동파적벽을 답사하였을 때 달력을 보니, 그 시점이 마침 소동파의『적벽부』첫머리에 나오는 '음력 7월 16일(기망旣望)'이었다. 전혀 의도하지 않았는데, 기묘한 일치였다.

65) '이궐伊闕'은 곧 용문산龍門山이다. 용문은 낙양 남쪽의 천연 문호門戶로서, 동쪽의 향산香山과 서쪽의 용문산龍門山이 마주 보고, 그 가운데로 이수伊水가 흐르고 있는데, 멀리서 바라보면 마친 천연의 문궐門闕 같아서 춘추전국시대 이래로 '이궐伊闕'이라고 부른다. 수隋 양제煬帝가 낙양의 황궁의 대문이 이궐과 바로 마주하고 있어서, 제왕의 상징이 용龍이라는 뜻을 취하여 '용문龍門'이라는 이름이 생겼다고 한다.

66) 비서성 교서랑은 전적典籍을 교열하고, 저작물을 교정하는 일을 관장하며, 정구품正九品이다.

67) 왕안석은 자신이 추진하던 변법이 반대에 부딪혀 정치적 갈등도 많이 겪었지만, 변법파 내부에서도 분열이 심해 변법을 계속 추진하기 어려운 상황이 된 데다가, 10년 전인 희령 9년(1076년)에 그의 장자長子인 왕방王雱이 병으로 죽어 극도의 비통함을 느끼고, 그 해 재상의 직을 사임하고 지방의 외직으로 나가, 자신의 부친이 벼슬을 하기도 했던 강녕江寧(지금의 남경南京에 속하는 지역) 등지에서 벼슬하고 있었다.

68)『논어論語』「술이述而」에 나오는 "子食於有喪者之側, 未嘗飽也. 子於是日哭, 則不歌.(공자께서는 상을 당한 사람의 곁에서 음식을 먹을 때는 배불리 먹은 적이 없으셨다. 공자께서 이날에 곡했다면 노래하지 않으셨다.)"라는 말에 관한 것이다.

69) 소식, 소철 형제는 사천四川 사람이고 사천은 이전 촉蜀 지방이었으며, 정호, 정이 형제는 낙양洛陽 사람이므로, 이로 인해 '낙촉당쟁'이라는 말이 생겼다.

70) 도연명陶淵明(약365~427년)은 역사에 유명한 동진東晉의 전원田園 시인으로서, 이름은 도잠陶潛이고, 자字는 원량元亮이며, 별호別號는 '오류선생五柳先生'인데, 세상을 떠난 후 사시私諡가 '정절靖節'이어서 세칭 '정절靖節선생先生'이라 하였다. '사시私諡'는 죽고 난 후 친척, 친구 또는 문인門人들이 지은 시호諡號이다.

71) 정이가 철종에게 강학하는 상황은 이후 나올 것이다.

72) 정이가 태어난 곳은 호북성湖北省 황주黃州 황피현黃陂縣이다. 그런데, 소식은 앞서 말한 대로 '오대시 사건'이란 정치적 사건으로 황주로 좌천되게 되었다. 즉, 소식은 정이의 출생지로 좌천된 것이다. 한편 정이 역시 만년에 소식의 출생 연고지인 사천四川으로 좌천되었

으니, 기묘한 운명이다.

73) 한漢 고조高祖 유방劉邦이 만년에 병이 중해지자, 그 황후인 여후呂后가 권력을 장악하였는데, 유방이 세상을 떠난 후에 여후는 직접 청정하면서, 동성同姓 여씨呂氏의 세력을 조정에 심었다. 이에 조정의 여러 신하들이 매우 불만스럽게 여겼다. 그러다 여후가 죽기 전의 유조遺詔에서, 그녀의 형제 여산呂産을 상국相國으로 삼았다. 그래서 여씨의 세력이 갈수록 커져 준동蠢動하면서 급기야 유씨의 천하를 여씨의 천하로 만들려는 정변政變을 획책했다. 이러한 위급 상황에서 태위太尉 주발周勃과 노신老臣 진평陳平 등이 은밀히 상의하고는, 먼저 기선을 제압하여 정변을 분쇄하기로 하였다. 주발은 비밀리에 조정의 호위대에 가서 신속히 여씨의 병권을 탈취하고는 관병官兵에게 명령하기를, "爲呂氏者右袒, 爲劉氏者左袒(여씨를 지지하는 자는 오른팔을 걷고, 유씨를 지지하는 자는 왼팔을 걷어라)!"고 하였다. 그 순간 관병들이 잇달아 왼팔을 드러내었고, 설사 오른팔을 드러내고 싶던 자라 하더라도, 형세를 보아 왼팔을 드러내었던 것이다. 이런 상황을 본 주발은 이 관병들을 이끌고 조정을 장악하고 있던 여씨 친속親屬들을 신속하게 주살誅殺하여, 여씨들이 곧 일으키려던 정변을 과감하게 분쇄하였던 것이다. 소식은 이러한 역사적 사실에 빗대어 말한 것이다.

74) '至微者理也, 至著者象也, 體用一源, 顯微無間' 즉 '지극히 미세한 것이 리理이고, 지극히 드러난 것이 상象(현상)이며, 체體와 용用은 그 근원을 하나로 같이하고, 드러난 것과 미세한 것 사이에는 틈이 없다.'라는 이 말은 정이의『주역정씨전』의 서문에 있는 유명한 말이다.

75) '부계府界'는 부府의 관할 지역인데, 송대에는 특히 수도 개봉부開封府의 관할 지역을 말하였다.

76) 통직랑은 문산관文散官 성격의 관직이다. 산관散官은 관명만 있고, 직무가 없는 관리이다. 산관散官에는 문산관文散官, 무산관武散官이 있다. 송에서는 종육품從六品이었다.

2부
북송오자北宋五子의 철학

1
주돈이周惇頤의 철학

　주돈이周惇頤는 북송北宋에서 시작된 성리학性理學(리학理學)의 선두 주자로 평가받는다. 물론 북송의 대표적 다섯 철학자들이 동시대에 거의 비슷하게 철학 활동을 했음에도 그가 이렇게 평가받는 것은 그만큼 그의 철학 취지가 그 시작점의 대표성을 띠기 때문이다. 그것은 당시 사상계에서 유가학자들이 자괴감을 느낄 만큼 도가道家, 도교道敎 그리고 불교佛敎가 더 청년과 일반 지식인의 관심을 끌었기 때문에, 주돈이 철학이 그러한 사상과는 다른 차별성을 앞서 보여 주었기 때문이다. 그것은 바로 이 유가 철학의, 다른 사상들과는 다른 그 가치의식에 있다. 그러므로, 유가 철학으로서의 이 가치의식이 주돈이 철학에서 어떻게 자리 잡고 있는가 하는 점이 곧 주돈이 철학 이해의 관건이라고 할 수 있다. 이러한 점은 그가 그의 자연철학을 바탕으로 하여 거기에서 도덕철학을 어떻게 끌어내는가 하는 데서 알 수 있다. 이러한 점을 보여줄 수 있는 주돈이의 주저는 『태극도설太極圖說』과 『통서通書』인데, 전자는 『주역周易』 사상을 근거로 하여, 자연철학을 중심으로 하면서 도덕철학을 지향하

고, 후자는『중용中庸』사상을 토대로 하여 이미 자연철학에서 유래된 가치의
식에 따른 도덕철학이 중심이 된다.

『태극도설太極圖說』 속 자연철학과 도덕철학

『태극도설』은 매우 짧은 글이다. 그렇지만 이 간략한 글이 주돈이 자신의
철학사상은 물론 향후 성리학의 방향을 제시한다. 이 글은,『태극도太極圖』[1]라
는 그림에 대한 설명으로서, 내용상 4개층으로 이루어진다.

[제1층]
　無極而太極. 太極動而生陽, 動極而靜, 靜而生陰, 靜極復動. 一動一靜, 互
爲其根. 分陰分陽, 兩儀立焉. 陽變陰合, 而生水火木金土, 五氣順布, 四時行焉.
五行一陰陽也, 陰陽一太極也, 太極本無極也.

　무극無極이면서 태극太極이다. 태극이 움직여 양陽을 낳고, 움직임이 지극
하여 고요하게 되는데, 고요하게 되어 음陰을 낳으며, 고요함이 지극하여 다
시 움직이게 된다. 한 번은 움직이고, 한 번은 고요해짐이 서로 그 뿌리가 된
다. 음을 나누고 양을 나누어 양의兩儀가 세워진다. 양이 변하고 음이 합하여,
수水, 화火, 목木, 금金, 토土를 낳고, 이 오기五氣가 순조롭게 펼쳐져 사철이 운
행된다. 오행五行은 하나의 음양이요, 음양은 하나의 태극이며, 태극은 본래
무극이다.

[제2층]
　五行之生也, 各一其性. 無極之眞, 二五之精, 妙合而凝. 乾道成男, 坤道成
女. 二氣交感, 化生萬物. 萬物生生, 而變化無窮焉.
　오행의 생겨남은 각각 그 성질을 하나씩 가진다. 무극의 진수와 이二(음
양)와 오五(오행)의 정수가 오묘하게 결합한다. 건도乾道는 남男을 이루고, 곤

154

도坤道는 여女를 이룬다. 이기
二氣가 교감하여 만물을 변화
시키고 낳는다. 만물이 생겨
나고 또 생겨남을 거듭하면
서, 변화가 거기에서 한 없이
이루어진다.

[제3층]

惟人也, 得其秀而最靈.
形旣生矣, 神發知矣, 五性感
動, 而善惡分, 萬事出矣. 聖人
定之以中正仁義(自注 : 聖人
之道, 仁義中正而已矣), 而主
靜(自注 : 無欲故靜), 立人極
焉. 故聖人與天地合其德, 日
月合其明, 四時合其序, 鬼神
合其吉凶. 君子修之吉, 小人
悖之凶.

오직 사람만이 그 빼어남
을 얻어 가장 영묘하다. 형체
가 생겨나고 나서 정신이 지
각작용을 발휘하며, 다섯 성
질이 느껴져 발동함으로써 선
善과 악惡이 나뉘고, 이에 온
갖 일이 발생한다. 성인聖人은
중정인의中正仁義를 정하여(자
주自注: 성인의 도는 인의중정

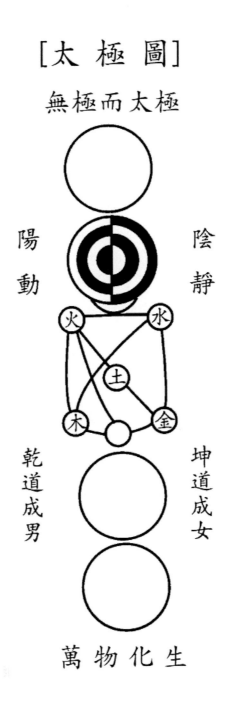

[太 極 圖]

無極而太極

陽動 陰靜

火 水
土
木 金

乾道成男 坤道成女

萬 物 化 生

일 뿐이다), 이에 고요함을 주로 함으로써(자주: 무욕無欲하기 때문에 고요하다), 인극人極을 거기에 세운다. 그러므로 성인은 천지天地와 더불어 그 덕을 합하고, 일월日月과 더불어 그 밝음을 합하며, 사시四時와 더불어 그 순서를 합하고, 귀신鬼神과 더불어 그 길흉吉凶을 합한다. 군자君子는 그것을 닦으니 길하고, 소인小人은 그것을 어기니 흉하다.

[제4층]
故曰 : "立天之道, 曰陰與陽, 立地之道, 曰柔與剛, 立人之道, 曰仁與義." 又曰 : "原始反終, 故知死生之說." 大哉! 易也. 斯其至矣.

그러므로 (『주역』에) 말하기를, "하늘의 도를 세워 음陰과 양陽이라고 하고, 땅의 도를 세워 유柔와 강剛이라고 하고, 사람의 도를 세워 인仁과 의義라고 한다."고 하며, 또 말하기를, "시작의 근원을 찾으면서 끝으로 돌아가므로, 죽음과 삶의 설說을 안다."고 하였다. 크도다! 역易이여. 이것이 그 지극함이다.

[제1층] 존재의 본질을 말하는 4가지 개념

『태극도설』에서 말하는 존재의 본질을 논하기 위해서는 우선 다음의 전제로부터 시작해야 한다. 즉, 일체 존재의 본질은 중국철학에서 고대부터 오랜 동안 이야기되어 온 '물질', '생명력'으로서의 '기氣'라는 것이다. 주돈이가 '기'를 그 철학의 중심에 두고 많은 말을 하고 있는 것은 아니지만, 중국철학사의 연속성 속에서는 이 점이 그 바탕에 있다. 일체 개별자들의 총화總和로서의 현상적 만물은 이 기의 전개요 드러남이다. 개별자들의 차별상은 기의 자기 전개로 인한 다양성이다. 주돈이의 『태극도설』은 먼저 기와 현상과의 관계와 그 현상화 과정을 나타내고 있다.

이 글의 가장 처음을 장식하는 '무극이태극無極而太極'[2]이란 주사主辭 없는 하나의 명제는 기로 구성되는 현상에 대한 그 근원체의 본질 자체에 대한 표

156

현이다. '무극이태극'이란, 이 본질은 '그 궁극을 말할 수 없으면서도 지극히 궁극적인 것이다.'라는 것이다. '무극無極'과 '태극太極'은 언어 논리로서는 모순 관계이다. 일체 존재의 본질은 언어로 규정지을 수 없는 것이다. 마치 『노자老子』의 '도道'에 대해 형용함과 같다. 그런데 이보다 그 철학적 의미를 진일보하게 표현한 것이 이 '무극이태극'이다. '무극'만 말하든가 '태극'만 말하든가 하면 보편적 생명력이 언어논리의 한계 속으로 들어와 규정되어 버린다. 본래 특정한 언어로 규정할 수 없는 근원은, 우리가 만일 그것을 언어로 표현하고자 한다면 언어논리로서는 모순되는 상태로 표현할 수밖에 없다.[3]

'무극이태극'은, 근원이 언어논리를 벗어나지만 그것을 굳이 언어논리적 표현으로 하자면, 모순 관계에 있는 개념들의 모순을 지양하여, 그 사이의 조화로운 통일을 지향하는 방식으로 할 수 밖에 없다는 취지이다. 온갖 현상과 그 근원의 관계는 언어로 형용하기 어려울 만큼 신비로워서 단순한 인식대상에 대응되는 규정적 사고로는 그것에 대한 정보를 알아낼 수도 표현할 수도 없다. 그러므로, 모순개념들을 논리적 연언連言conjunction의 형식으로 표현하여 '무극이태극無極而太極'이라 한다.

그런데, 만상의 근원인 태극은 '생명력'인 기의 원초적 측면을 말하므로 죽음의 상태를 배제한다. 그것은 쉬지 않고 운동하며, 자기 전개하고 또 자기 전개하지 않을 수 없다. 그러므로 '태극동太極動'이다. 나아가 '태극동이생양太極動而生陽'은 태극의 자기전개의 측면을 언어적으로 한정짓는 것으로 그 구체적 표현이 바로 '양陽'이다.

'동動함(움직임)'은 태극의 드러남이고, '양陽'은 태극의 드러내어진 모습이다. 그런데, 만일 태극이 그 드러남의 측면만을 가지고 있다면, 그것은 진정한 근원이라고 할 수 없다. 일면성만 가진 것은 만상萬象을 드러낼 존재의 근원이라 할 수 없다. 일면성이란 것은 한정적인 것이고, 일면성으로만 방향 지워진 것은 만상의 근원일 수가 없다. 따라서 근원은 이미 나타내어진 일면적 표현에 반대되거나 모순되는 표현도 가능한 것이어야 한다. 그래야 장차 다양한 현상을 전개해 내는 존재 근원의 본연으로서의 격格을 갖추며, 동시에 그

것이 적합한 표현일 수가 있는 것이다.

만일 '동動함'이 태극 양상의 모든 것이라면 이미 태극은 만상의 주체가 될 수 없다. 그 반대의 양상도 가능해야 한다. 그 반대의 양상은 동함의 한계 상황, 즉 그것의 극極함이다. 동함이 더 이상 동함일 수가 없을 때, 즉 하나의 측면이 그 자체로 지극해질 때 오히려 그 반대의 것으로 말해진다. 어떠한 것이 철두철미하게 그것일 때 오히려 그것에 반대되는 것이다. 그러므로 '동극이정動極而靜'이다.

'정靜함(고요함)'은 감추어짐이다. '동함'에 대한 반대개념이다.4) 정함은 태극의 정함이다. 태극이 자기를 감추는 반면의 속성이다. 그 속성의 구체적 표현이 바로 '음陰'이다. 그러므로 '정이생음靜而生陰'이라 한다. '정함' 또한 마찬가지로 그것만으로 태극을 말한다면 태극이 일면적인 데로 떨어지게 된다. 이 또한 반드시 그 반대 개념을 동반해야 한다. 정함, 그것의 철두철미한 한계상황 역시 그 반대인 동함이다. 그래서 정함의 극極함이 다시 앞에서 말한 동함이 되므로, '정극부동靜極復動'이라고 한다.

이상과 같은 태극의 양면성을 묶어 표현한 것이 '일동일정一動一靜'이다. 즉, 이것은 태극이 어떤 일면성만 갖지는 않는다는 것이며, 그것은 오히려 반대되는 것을 하나로 묶어 말함으로써 태극이 일체 존재를 포괄하는 속성을 드러내는 것이다. 또한 동動과 정靜이란 반대개념들은 각각의 철두철미함이 오히려 그 반대편이며, 동시에 일면이 그 반대편의 일면을 말하는 근거가 되고, 일면이 반대편 일면의 존재 근거가 됨을 말한다. 그래서 '호위기근互爲其根'이라 한다.5)

다음의 '분음분양分陰分陽, 양의입언兩儀立焉'이란 태극이 동動하고 정靜하는 양면성을 지님을 구체적 개념으로 분화시켜 정립하는 것이고, 또 음양이란 개념은 동정動靜이란 양면의 양상을 본뜬(儀) 것이므로 『주역周易』「계사전繫辭傳」의 표현대로 '양의兩儀'라고 한다. 또 태극을 그 근원으로 삼는 현상계는 이 두 형식의 상호관계에 의해 전개되어 이루어진다. 그러므로, '양변음합陽變陰合'이라고 한다.

이 음양은 어떤 실체가 아니다. 이것은 현상을 이루는 질료인 '기'의 대대
적對待的 두 양태를 말한다. 현상에 적용하는 측면에서는 형식이지만, 현상으
로 드러나는 측면에서는 양태이다. 주돈이는 전통적인 견해에 따라 이 기를
질적으로 다섯 가지 종류로 나눈다. 그것은 수水·화火·목木·금金·토土의 '오
기五氣'이다. 이 오기가 음양의 두 형식에 따라 서로 교섭한다. 이것이 '오기순
포五氣順布'이다.

그런데 현상세계를 말하면 곧 시간과 공간을 말해야 한다. 음양과 오기는
질료인 기가 공간을 점유하는 형식과 내용이다. 그러나 공간은 반드시 시간을
동반함으로써 변화를 이룬다. 이것이 곧 '사시행언四時行焉'이다. 오기가 사시
에 따라 운행(行)하는 측면으로 설명될 때 곧 '오행五行'6)이라는 개념으로 화
한다. 즉 '오행'은 '오기五氣의 운행運行'이다. 그런데 오기의 운행만으로는 현
상세계의 변화와 운동을 설명할 수가 없다. 그래서 다시 구체화되어 목·화·
토·금·수는 각각의 동動과 정靜에 따라 음양의 상태를 가진다. 목의 기가 동
정함에 따라 목의 양과 음이, 화의 기가 동정함에 따라 화의 양과 음이 등등
으로 말해질 수가 있다.

따라서, 오기가 동정함에 따른 오행은 음양의 개념을 동시에 포함하고 있
으므로, '오행일음양야五行一陰陽也'라고 한다. 그런데, 음양은 태극의 동정에
다름 아니므로, '음양일태극陰陽一太極'이라고 한다. 그런데 태극은 그 모순개
념으로서의 무극에 다름 아니므로, 아예 두 가지가 본래 동일한 것이라고 선
언하여 '태극본무극太極本無極'이라고 한다. 즉, 두 개념의 종합적 통일이 일체
존재의 포괄적이고 보편적인 속성을 가장 잘 드러내는 것이다. 이렇게 하여,
무극으로부터 오행으로 개념을 전개하여 갔다가, 오행으로부터 무극으로 수
습해 들어온다. 사실상 일체 존재를 하나의 전체인 보편자로 볼 때는 '무극이
태극'이지만, 현상계의 개별자에서 보면 그 개별자들의 총화總和이다.

[제2층] 존재본질의 현상화

기로 구성된 일체 존재의 근원인 태극의 구체적 활동은 오기五氣의 운행運行인 오행五行의 작용으로 전개된다. 오기가 운행할 때 그것들은 각각 그 고유한 속성을 유지한 채로 현상전개에 참여하면서 동시에 그 고유한 속성을 발휘한다. 그러므로, '오행지생야五行之生也, 각일기성各一其性'이라고 한다. 비록 '오행지생五行之生'으로 현상이 전개되나, 만상의 전개는 이로써만 이루어지는 것은 아니다. 이미 말한 음양, 태극, 무극이 모두 관계된다. 그러나, 오행, 음양, 태극, 무극은 궁극적으로 일체 존재를 각 측면에 따라 개념적으로 분별해 부른 것이지 각각 분리된 독립적 실체가 있는 것은 아니다. 오직 하나의 '생명력' 총체, 즉 '일기一氣'만이 있을 뿐이다. '일기'의 자체 활동으로 만상이 전개됨을 각각 측면에 따라 구분하여 개념화한 것이 무극, 태극, 음양, 오행이므로, 이러한 전개를 체계적으로 개념화하여 설명하려면 이상의 개념을 모두 적용하여야 한다. 그러므로, '무극지진無極之眞, 이오지정二五之精, 묘합이응妙合而凝'이라고 하였다.

'무극지진無極之眞'은 '무극이태극無極而太極'으로 표현되는 만상의 본체인 일기의 생명력이 그 자체 진실무망眞實无妄함을 말한다. 그 중에서 무극에 특히 '진眞'자를 붙인 것은 무극이 허무虛無한 것이 아님을 주장한 것이다.[7] '이오二五'는 음양과 오행이다. 그것의 '정精'은 다양한 현상 전개 이전의, 그 전개의 토대인 음양과 오행의 순수한 것을 말한다. 즉, '이오지정二五之精'이란 순수음양과 순수오행이다. 이것은 현실적으로 어떤 음양과 오행이란 것이 있고 그것의 가장 순수한 것을 말하는 것이 아니다. 경험적 현실세계의 다양한 만물은 이미 음양과 오행이 착잡하게 얽혀 있고, 각각의 상대적인 음양·오행의 상태로 존재하여, 또한 그 인식도 그러한 점에서 이루어져야 한다. '이오지정'은 경험세계에 대해, 그 경험세계를 설명하는 음양과 오행의, 논리적으로 선험적인 영역을 말한다.

'묘합이응妙合而凝'이란, 무극, 태극, 음양, 오행이라는, 생명력에 대한 개념 범주들이 그 단독으로는 생명력의 만상 전개로서의 그 현현顯現을 설명하기가 어렵고, 이러한 개념들을 총체적이고 통일적으로 적용해야만 설명이 됨을 말한다. 동시에 경험세계의 현상 전개 또한 이 개념들을 그와 같이 적용해야 설명이 가능하다는 것이다. '묘妙'는 바로 그들 독립적인 개념들을 조화롭게 통일시킴을 말하는 것이다. 모순을 지양하여 종합하는 일종의 변증법적 통일과 같은 것이다.

이상의 각 개념들이 총체적으로 적용되어질 때에야 비로소 현상적 경험세계 만물의 전개와 변화에 대하여 말할 수가 있다. 현상적 경험세계의 변화·운동을 설명하는 기본 개념이 곧 '건도乾道'와 '곤도坤道'이다. 건도와 곤도는 음양양의陰陽兩儀의 현실 적용상의 범주이다. 그러나 여기에는 이미 무극, 태극, 음양, 오행이 모두 반영되어 있다. 태극의 양陽은 현실에서 건도로 쓰인다. 태극의 음陰은 현실에서 곤도로 쓰인다. 이에 비로소 경험세계를 말할 수가 있다. 건도는 양으로 규정되는 현실의 모든 사사물물事事物物을 포괄한다. 곤도는 음으로 규정되는 현실의 모든 사사물물을 포괄한다. 건乾의 기氣와 곤坤의 기氣가 각각 그 원리가 되는 건도와 곤도에 의하여 남男과 여女를 이룬다.8) 여기서의 남과 여는 인류의 남과 여만을 말하는 것이 아니라, 현상적 자연세계의 모든 수컷과 암컷을 말한다. 즉, 이것은 생물학적 생명체뿐만 아니라 음양 관계로 해석되어지는 모든 무생물체를 포괄하는 만물 전체에 대한 것이다. 여기서 남녀는 구체적 만물을 말하는 것이 아니다. 아직도 역시 그 토대일 뿐이다. 이 두 기가 상호작용하여 현상의 만물을 전개해 낸다. 그러므로, '이기교감二氣交感, 화생만물化生萬物'이라고 한다.9)

현상세계의 만물은 정지되어 있을 수 없다. 만물은 일기一氣 생명력의 현현이므로 생명력의 속성상 고정과 정지는 있을 수 없다. 그러므로, 생명력의 현현인 만물 또한 그 자체 한 없이 운동·변화하지 않을 수 없다. 그러므로, '만물생생萬物生生, 변화무궁언變化無窮焉'이라고 한다.

[제3층] 세계 속의 인간존재의 의의와 도덕문제

인류도 다른 만물과 마찬가지로 '이기교감二氣交感'으로 생겨난다. 그런데 주돈이는 여기서 인류와 다른 만물과의 차이를 서술하고 있다. '오직(唯)' 사람만이 그 빼어난 것, 즉 '수秀'를 얻어 가장 신령스럽다는 것이다. 그러나 '수秀'라는 것은 사실개념이 아니라 가치개념이다. 주돈이는 여기서 '사실'에서 '가치'로 논리적 비약을 단행한다.

사람이 그 '수秀', 즉 '빼어남'을 얻었다는 것은 이기교감한 결과의 빼어남을 얻었다는 것이다. 이 '수'를 가치개념으로 볼 경우, 이기교감한 결과 중에서 '수'와 그렇지 못한 것의 차이를 어떻게 볼 것인가 하는 문제가 생긴다. 즉, 이기교감을 어떻게 해야 '수'가 되고 또는 그렇지 않은 것이 되는가 하는 점이다. 『태극도설』 자체가 간략한 명제들의 집합일 뿐, 거기에 상세한 논증을 가하고 있지는 않기 때문에 자세히 알 수가 없다. 그러나 '수'를 사실개념으로 볼 경우에, 이기교감한 것 중 어떤 질적인 차이에 의하여 구분이 생길 수 있고, 그것에 의해서 '수'와 그렇지 않음의 차이가 생길 수 있음을 다음과 같이 추리할 수도 있다.

'수秀'를 얻은 결과로 '최령最靈'하다고 하였다. '령靈'하다는 것은 어떤 고정된 상태로 인식할 수 없는 상태이다. '령靈'도 가치개념으로 이해할 수 있지만, 일단 사실개념으로 이해한다면, 그것은 어떤 사물 내부의 구성 요소가 고정된 상태로 있지 않고 운동이 활발함을 말한다. 따라서 '수'는 그 활발함이 가능하도록 구성요소가 가장 운동성을 띤 것을 말한다.

인류라는 종種은 만물의 종들 중에서 가장 그 구성요소의 활발성을 강하게 지닌 존재라고 해석할 수 있다. 구성요소의 활발성은 만물의 원질인 일기一氣 생명력의 속성에 따라 말하여도 논리가 통할 수 있다. 보편적 생명력은 그 자체가 고정된 상태를 부정하고 항상 활발하여 운동할 수 있는 능력을 의미한다.

그러나, 그것이 구체적인 사물로 규정될 때는, 비록 그 총화總和가 활발하

162

게 운동할 수 있는 생명력이지만, 만물 각개는 각각 다른 정도의 활발성과 운동성을 분유分有하게 된다. 즉, 생명력이 어떤 특수한 상황에 따라 한정되고 규정되는 것이다. 이것은 시간적·공간적 특수성에 따른 생명력의 특수한 제한이다. 이러한 정도는 천차만별하게 되고, 이 천차만별한 것이 바로 만물의 차별상이다. 그 중에서 가장 활발하게 운동하는 것이 '사람'이라는 것이다. 즉, 사람이 생명력의 본질을 가장 잘 실현하는 존재라는 의미이다.

어쨌든 이기二氣의 교감交感으로 만물이 생성되는데, 만물이 각각 개별자로 구체화되는 것은 그것이 형체화됨으로써이다. 생명력이 현상 각개의 측면에서 한정적으로 규정되면 '형形'이 된다. 즉, '형形'이 '생生'하는 것이다. 이렇게 '형'으로 되는 것은 생명력의 음양작용 중 음으로 인한 것이다. 음은 수렴적·한정적 작용을 하고, 양은 발산적·유통적 작용을 한다. 여기에서 정신과 육체의 문제가 생긴다. 정신과 육체는 모두 생명력으로 환원시켜 표현할 수 있다. 거꾸로 말해, 정신과 육체는 생명력의 현현이다. 특히, 인류라는 종에 있어서 육체는 '형'이며, 정신은 '형'의 내부 유통 작용이다. 정신은 '형'을 단순히 한정적·규정적으로만 두지 않으려는 생명력의 자기 운동이다. 정신은 '신神'으로 표현된다. 이 '형'과 '신'은 둘이 아니다. '형'은 생명력의 규정적 측면이며 음의 작용으로 인한 것이다. '신'은 생명력의 속성을 그대로 이은 그 유통적 측면인 양의 작용으로 인한 것이다. 넓게 보면 둘 다 생명력이며 그 양면의 표현이다. 이 정신으로서의 '신神'으로 인해 '앎[知]'이라는 활동이 있게 된다. 그래서 '형기생의形旣生矣, 신발지의神發知矣'라고 하는 것이다.[10]

그런데, 주돈이는 이제 명확히 가치 개념으로 볼 수 있는 말을 한다. 그것은 '五性感動, 而善惡分, 萬事出矣.'라는 말이다. 이미 앞에서 '五行之生也, 各一其性.'이라고 하였다. '오성五性'은 바로 오기五氣의 운행인 오행의 생生함으로 인해 그 오행이 각각 독자성을 지닌 것을 말한다.[11] 즉, 수·화·목·금·토가 운행함에 있어서 그들 각각이 지니고 있는 속성이다. 이들 속성들이 서로 감感하고 동動하여 선善과 악惡이 나뉜다고 보았다. 즉, 선과 악이라는 가치개념·도덕개념이 오행의 속성들 상호관계에 의하여 도출된다는 것이다.

163

이것은 '오성감동'이라는 사실문제에서 가치문제를 끌어 낸 것으로, 사실판단을 전제로 하여 가치판단의 결론을 끌어 낸 것이다.[12]

'오성감동'의 결과로 선악이 나뉠 수 있을 뿐만 아니라 '만사萬事'가 출현하게 되는데, 선악의 나뉨과 만사의 출현은 본질적으로 같은 차원에서 이야기될 수 있는 것이다. '만사'라는 것은 선악의 가치문제와 관계되는 삶의 온갖 일들이기 때문이다. 결국 이러한 언표는 '오성감동'으로 도덕의 문제가 발생한다는 것이다. 이미 도덕문제에 대한 논의로 진입하였다면, 이제 가장 마땅함으로서의 도덕적 표준인 도덕 법칙을 끌어내는 일이 있어야 할 것이다. 즉, 인간의 삶에 있어서 가장 이상적인 것, 그리고 구체적으로는 가장 이상적인 행위는 어떠한 기준에 의한 것인지 판단해야 할 것이다.

주돈이는 우선 가장 이상적 삶을 사는 인간형을 '성인聖人'으로 규정하면서 인간형의 이상적 표준을 말하였다. 그렇다면 가장 이상적 도덕 법칙은 성인이 사는 삶의 방식일 것이고, 우리가 이상적 삶의 방식을 좇는다는 것은 성인이 사는 삶의 방식을 좇는다는 것일 것이다. 거꾸로 말해, 성인이 정하는 것이 이상적 도덕 법칙일 것이다. 그러므로, '聖人定之以中正仁義'라고 하였다. 즉, 이상적 인간형인 성인이 이상적 도덕법칙으로서 '중정인의中正仁義'를 정하였다는 것이다. 바꾸어 말해, 이상적 도덕법칙인 성인의 도道 자체가 '중정인의'이다. 그래서 스스로 '성인지도聖人之道, 인의중정이이의仁義中正而已矣'라고 해석하였다.[13] 즉, 만사萬事('정지定之'의 동사 '정定'의 목적어 '지之')를 '중정인의'로 정하였다고 하였으니, 만사는 '중정인의'라는 표준에 맞춰야 마땅하다는 것이다.

그런데, 그는 만사萬事를 중정인의로 정하되, 주정主靜하여 인극人極을 세운다고 하였다. '정靜'은 기로 이루어진 인간 주체의 원초적 상태를 표현한 것이다.[14] 이것은 생명력을 인간의 도덕적 주체성의 측면에서 볼 때, 그것이 만사, 즉 세상에서 벌어지는 온갖 도덕적 사안에 응하기 전의 원초적 상태를 상정하여 말한 것이다. 이것은 그의 입장에서는 '무욕無欲' 상태를 말한다. 즉, 도덕적 대상을 도덕적 주체가 접하기 전에 가치의 분별을 아직 하지 않은, 그

주체 자체의 선험적 상태에 도덕의 표준을 맞추어야 한다는 것이다.15) 이렇게 하여 마련한 도덕적 표준으로서의 도덕법칙이 '인극人極'이다.

이상은 모두 존재법칙과 당위법칙을 하나의 원칙으로 합치시킨 것이다. 이것은 사실문제와 가치문제가 동일한 근원에서 나옴을 말한다. 즉, 생명력 그 자체와 인간 최고의 이상적 상태를 하나로 보았다. 이것은 자연법칙과 도덕법칙을 합일시키는 것, 이른바 '천인합일天人合一'이다. 또 이것은 '무극이태극'의 일기 생명력의 본질 그 자체와 인간의 최고 이상적 상태인 '성인聖人'을 하나로 본 것이다. 생명력을 가장 잘 실현하는 종種이 인류인데, 그 중에서도 가장 이상적으로 실현하는 존재로서의 '성인'을 상정하고 그에 따른 행위의 법칙을 도덕법칙으로 마련한 것이다. 그래서 자연법칙과 도덕법칙을 하나로 한다는 표현을 다음과 같이 하고 있다. 즉, "그러므로, 성인聖人은 천지天地와 그 덕德을 합슴하고, 일월日月과 그 밝음을 합슴하며, 사시四時와 그 순서를 합슴하고, 귀신鬼神과 그 길흉吉凶을 합슴한다."16)는 것이다.

이처럼 '성인'을 이상적 상태로 규정할 때, 성인을 따를 경우와 따르지 않을 경우를 상정할 수 있을 것이다. 하나의 도덕법칙이 정립되면, 이를 따르는가 따르지 않는가 하는 문제가 발생한다는 것인데, 여기서 따르려 하는 존재를 '군자君子'라고 하고, 그렇게 하지 않는 존재를 '소인小人'이라고 본다. 그래서, '군자수지길君子修之吉, 소인패지흉小人悖之凶'이라고 한다. 즉, 자연법칙과 도덕법칙의 합일상태를 지향하는 도덕 실천자인 존재가 '군자'이고, 그렇지 못한 존재가 '소인'이다. 따르고 따르지 않음에 따라 길흉이 정해진다. 이것 또한 가치개념인데, 여기서 길흉은 세속적인 개념이기보다는 도덕적인 개념이다.

[제4층] 존재법칙과 도덕법칙의 정립

이렇게 하여 주돈이는 『태극도설』의 끝부분에서 『주역』의 말을 인용하여 자연법칙과 도덕법칙을 구분해서 제시한다. 그는, 『주역』「설괘전說卦傳」의

"하늘의 도道를 세워서 음陰과 양陽이라고 하고, 땅의 도道를 세워서 유柔와 강剛이라고 하고, 사람의 도道를 세워서 인仁과 의義라고 한다."라는 부분을 인용하는데, 이것은 일기 생명력 자체의 근원과 운동에 인간이 참여하는 것을 말함이고, 그 참여가 인간에게 있어서는 도덕의 문제가 된다.[17] 이러한 사상 은『주역』의 이론에 의거한 것이므로, 주돈이는『주역』에 대해서 찬미하며 『태극도설』을 끝맺는다.

『통서通書』의 도덕이상道德理想: 성誠과 성聖

주돈이周惇頤의 철학적 전제에 따르면, 도덕 판단을 하는 인간도 자연철 학적으로는 '태극太極'으로부터 생성되었으므로 당연히 그 근원은 태극에 있 다. 그런데 주돈이에 있어서 모든 가치판단의 근거가 되는 도덕의 근원 역시 태극에 있다. 그렇다면 태극은 존재의 근원인 동시에 도덕의 근원인 셈이고, 존재법칙과 더불어 도덕법칙까지도 태극으로부터 구해야 할 것이다. 주돈이 는 아직 도덕주체로부터 도덕법칙의 근거를 구하지는 않았다.[18] 그래서 도덕 법칙 역시 존재세계의 근원으로부터 구하여 존재와 도덕의 세계를 근원에서 일치시키고자 하였다. 그런데 이것은 사실상 도덕적 가치의 문제를 존재상의 사실의 문제와 일치시키는 셈이 된다. 사실명제에서 가치명제를 도출해 내는 것은 윤리학적 측면에서 논란거리가 된다. 하지만 주돈이는 양자를 도출관계 로 보기보다는 근원적으로 같은 것으로 보았다. 이것은 주돈이가 이후 주희朱 熹 도덕형이상학의 선구가 되는 점이다. 주희는 '리理'를 가지고 사실로서의 존재와 가치로서의 도덕을 일치시키려 했지만, 주돈이에게 있어서는 아직 명확히 표현할 철학적 언어가 없었다. 이때 이 문제의 해결을 위해 주돈이 가 동원한 것이『중용中庸』의 '성誠'이고, 이 점을 그의『통서通書』에서 말하고 있다.

『태극도설』에서 이미 존재 본연의 속성이 생명력임을 말하고, 그것을 '무

극이태극無極而太極'으로 표현하였다. 그런데, '태극'은 일기一氣의 생명력을 단
지 존재의 측면에서 말하기에 유용한 개념이었으므로, 『태극도설』에서는 존
재와 당위를 두 층으로 나누어 존재에서 출발하였다. 그러면서도 대부분 존재
의 문제에 치중하여, 당위의 문제는 끝부분에서 간략히 언급하고 있다. 『태극
도설』에서 간단히 언급되었던 당위의 도덕문제는 이제 『통서』에서 '성誠'을
도입함으로써 설명된다.

'성誠'은 생명력의 근본속성을 잘 나타내는 말이다. 일기一氣의 생명력은
쉼 없는 존재의 자기 활동력이다. 만일 쉼이 있으면 생명력의 근본속성에 어
긋나서, 일체의 존재를 말할 수조차 없다. 『중용』에서는 이를 '성誠하지 않으
면 존재는 없다(不誠無物)'라고 하였다. 주돈이는 이렇게 '성誠'을 존재의 근원
으로 끌어옴과 동시에, 『주역』의 '건원乾元' 개념을 가져와 이에 접목시킨다.
'건원'은 『주역』 '건괘乾卦'의 만물 생성의 속성을 대표한다. 이것은 태극의 생
명력을 드러내는 시원적 의미를 지닌다.

'건원'이 '태극'을 대표한다고 할 때, '태극'은 '성誠'이 아니라 '성'의 근원
이라 한다면, '태극' 또는 '건원'은 '성'보다 우선되는 개념이라는 말이 된다.
바꾸어 말해, '성誠'은 태극이나 건원에서 나온다는 것이 된다. 이렇게 말한다
면, 태극 또는 건원이 있고 그 다음에 '성誠'이 있다는 것이 되므로, 존재의 근
원과 가치의 근원이 합일될 수가 없다. 그러나, 이것은 '성誠'이라는 가치개념
이 태극·건원이라는 존재개념에서 도출됨을 말하는 것이지, 태극·건원이
'성'보다 우선된다는 것은 아니다.

그리고, 주돈이는 『주역』 「계사전繫辭傳」의 "한번은 음이 되었다가 한 번
은 양이 되었다가 함을 도道라고 하고, 그러한 것을 잇는 것을 선善이라 하며
(繼之者善), 그러한 것을 이루는 것을 성性이라 한다."는 말을 인용하였는데, '
일음일양一陰一陽'의 도道는 천도天道의 '성誠'함을 구체적으로 표현한 것이다.
또 그는 이러한 것을 『주역』의 '원형리정元亨利貞'으로 보아, '원형元亨'은 '성誠'
의 '통通'이고, '리정利貞'은 '성誠'의 '복復'이라고 하였다.[19) 여기서는 이러한
사실적 도리를 그대로 이어 받아 가치개념으로 만들었는데, 이것이 '계지자선

167

繼之者善'이다. 즉, 자연의 성誠한 것을 그대로 잘 받아들임이 선善이라 하는 것이니, 사실과 가치를 합일시킨 것이다.

주돈이가 보기에 '성誠'은 언어적으로 이중성을 띠고 있는 것이다. 이것은 『중용』에서 하늘의 도道로 정의한 것이다.[20] 이때 이것은 존재법칙이다. 그리고 이것은 동시에 『주역』에서 말하는 '천행天行이 건健한'[21] 것으로 달리 표현될 수 있는 것이다. 그런데 이 하늘의 도인 성誠은 사람이 이어서 추구해야 할 도덕적 이상理想의 근거로 된다. 『중용』에서 "성誠하려고 하는 것은 사람의 도道이다.(誠之者, 人之道也.)"라고 한 것이 이것이다. 또 이것은 『주역』에서 말하는 바의 "군자는 그것을 근거로 하여(以) 스스로를 힘쓰도록 노력하며 쉬지 않는다(君子以自彊不息)."의 의미이기도 하다. 『중용』의 '성誠하려고 함'과 『주역』의 바로 앞 명제의 '以'는 곧 도덕적 존재로서의 인간이 그 도덕적 근거를 존재의 근원에서 구하려는 것이다. 주돈이는 이런 관점으로 존재와 도덕을 일치시키고자 한다.

이때 그가 이용하려 한 것은 '성誠'이라는 글자가 가진 의미의 이중성이다. 이 '성誠'은 한편으로는 끊임없이 생성·변화하는 자연세계의 존재법칙적 속성을 지님과 동시에, 또 한편으로는 인간이 체득하여 자신의 도덕적 이상으로 삼는 바의 목적대상이 되는, 양면성을 지닌 언어이다. 주돈이는 『통서』에서 이 점을 활용하여 그가 『태극도설』에서 '태극'으로는 말하기 어려웠던 도덕의 근원문제를 해결하려 한 것이다. 즉 '성誠'은, 존재의 문제로는 '태극'의 다른 이름이면서, 동시에 도덕의 근원역할도 하는 것이다. 『통서』에서 주돈이는 '성誠'의 이러한 측면을 다각도로 표현하였다.

먼저 '성誠'이 '태극'처럼 존재근원으로 역할 하는 측면을 보자. 그는,

적연부동寂然不動한 것이 성誠이다.(『통서通書』「성聖4」)

라고 하였는데, 이 '寂然不動', 즉 고요하여 움직임이 없는 상태는 통상 『주역』에서 태극을 묘사하는 것으로 해석되는 것이다.[22] 주돈이는 '성'과 '태

극'을 존재근원의 측면에서 동일시한 것이다. 이어서 주돈이는 『중용』과 『주역』의 사상을 자신의 사상체계 속에서 융합하려 하였다. 『주역』에서 태극이 활동하여 만상萬象을 전개할 때의 그 변화양상은 64괘卦라는 범주로 상징된다. 그 중의 대표가 '건괘乾卦'인데, 건乾은 본체로서의 태극이 작용으로서의 64괘로 드러나는 운동과 변화를 대표한다. 주돈이에 있어서 이것은 곧 성誠이 그 모습을 드러내는 것이기도 하다. 그래서 그는 앞서의 '건원乾元'을 꺼내어 다음과 같이 말한다.

> 크도다! 건원乾元이여. 만물이 이에 힘입어 시작되니, 바로 성誠의 근원이다. 건도乾道가 변화하여 각각 성性과 명命을 바르게 하니, 성誠이 바로 여기에서 세워진다.(『통서』「성誠상上1」)23)

그런데 이러한 성誠의 존재근원의 측면은 또 다른 측면인 도덕근원의 속성도 지니고 있다. 이 도덕근원이 곧 도덕이상道德理想이다. 도덕이상은 도덕적 가치로 말할 때 순수한 최고선最高善으로 말해질 수 있다. 그래서 그는 성誠은 '순수지선純粹至善한 것'(『통서』「성誠상上1」)이라고 말한다. 그런데 도덕의 근원과 이상은 모든 덕德과 도덕적 행위의 표준으로서의 근원이다. 그러한 원리를 실현함을 성性, 즉 본성이라 한 것은 그 원리를 실현하는 도덕적 주체를 말한 것이다. 더불어 성性과 명命24)을 하나의 근원에 두는데, 이것도 사실과 가치의 합일이다.

이러한 '성誠'의 도덕적 이상으로서의 측면이 인간에 내면화되어 질 때 그것을 '성聖'이라 일컫는다. '성聖'은 도덕적 이상으로서의 '성誠'이 인간에게 내면화되어진 상태인데, 이 상태를 획득한 인간존재가 곧 '성인聖人'이다. 달리 말한다면 '성인'이란 도덕적 실천자인 '군자君子'가 '성지誠之'하여 내면에 성誠을 획득하여 성聖의 상태로 화化한 존재이다. 성誠을 획득하여 성聖하게 되었다는 말은 결국 그 의미가 같다. 그래서 "성聖은 성誠일 따름이다."(『통서』「성誠상上1」)라고 하는데, 다만 성誠은 인간이 성인되기 위해 추구해야 할 이상적 상태이며, 성聖은 이미 이상화된 상태의 경지 측면에서 말한 것으로서, 그 일컫는 측면이 다를 뿐이다. 따라서 성인의 근거는 결국 성誠이므로 주돈이는 『통서』 제일 첫머리에 "성誠이란 성인聖人의 근본이다."(『통서』「성誠상上1」)라고 하였다.

'성誠'은 존재의 근원이요 가치의 이상이다. '성聖'은 인간이 얻은 이상적 상태이다. 그 이상적 상태를 얻은 존재가 '성인'이다. 그러면 이 이상적 상태의 내용은 무엇인가. 그것을 주돈이는 '성인지도聖人之道'라고 하였다. 이것은 모든 인간존재가 지향해야 할 이상적 도덕표준으로서의 내용이다. 이 '성인지도'의 구체적 내용을 주돈이는 '인의중정仁義中正'(『통서』「도道6」)25)이라고 하였다.26) 또 "성인지도는 지공至公일 따름이다."(『통서』「공公37」)라고도 하였다.

이렇게 하여, 주돈이는 '태극'에서 만물의 전개를 끌어내듯이, '성誠'·'성聖' 합일체에서 사실과 가치가 합일된 상태의 도덕적 현상을 풀어낸다.

이상理想에서 현실現實로

존재의 근원인 '태극'은 그 자체 사적死寂의 체體가 아니므로 반드시 운동하여 만물로서의 현상을 전개한다. 태극은 존재 측면의 성誠이기도 하다. 따라서 태극의 운동은 동시에 '성'체誠體27)의 운동이다. 태극이 현상을 전개하는 과정은 『태극도설』에 요약적으로 묘사되어 있고, '성체誠體'의 현상전개는 『통서』에 서술되어 있다. 그리고 『통서』에서는 『태극도설』에서 말하지 않았던, 본체에서 작용으로의, 참으로 묘사하기 어려운 부분을 서술하고 있다. 주돈이는 이에 대해 다음과 같이 말하고 있다.

적연부동寂然不動이란 성誠이다. 감이수통感而遂通이란 신神이다. 동動하되 유有와 무無의 사이에서 아직 드러나지 않은 상태가 기幾이다.(『통서』「성聖4」)

이 부분은 『주역』에서 역체易體인 태극이 운동하여 현상을 전개하는 표현으로 해석되어 온, "寂然不動, 感而遂通天下之故."를 주돈이가 『중용』의 사상과 결부시켜 자신의 철학관점으로 해석한 것이다. 여기서 도입된 용어인 '신神' 역시 『주역』「계사전」의 용어이다. 이 말은 태극이나 성誠이 어떻게 그 자체 운동하여 만상을 전개하는가에 대해 주돈이가 고심한 결과이다. 주돈이의 철학 속에는 세계 밖에서 세계의 운동을 추동하는 원인은 없다. 그 동인動因은 세계 내부에 있으면서 세계를 운동케 한다. 그 자체가 운동하는 어떤 내적 힘을 따로 표현할 길 없어서 '신神'으로 묘사한 것이다. 이곳이 이후 주희朱熹가 이정二程, 즉 정호程顥와 정이程頤의 철학에 힘입어 표현한 '리理'로 발전한 사상적 싹이 있는 부분이다.[28] '기幾'는 곧 태극 또는 성誠이 신神이라는 동인에 의해 현상화되어지는 순간(논리적 순간)이다. 이 용어 역시 『주역』「계사전繫辭傳」의 것이다. 신神의 힘에 의해 기幾라는 논리적 틈새이면서 갈림길을 거쳐 현상화된 결과가 곧 '물物'이다. 이 물物의 총화가 당연히 만물萬物이다.

그런데 여기서 주돈이는 신神과 물物에 대해 매우 간명하고도 적절한 표현을 하고 있다. 그는 다음과 같이 말하였다.

동動하여 정靜함이 없고, 정靜하여 동動함이 없는 것이 물物이다. 동動하면서도 동動함이 없고, 정靜하면서도 정靜함이 없음이 신神이다. <동動하면서도 동動함이 없고, 정靜하면서도 정靜함이 없음>이란 부동不動도 부정不靜도 아니다. 물物은 통通하지 않지만, 신神은 만물萬物을 묘妙하게 한다.(『통서』「동정動靜16」)

여기서 주돈이는 '물物'에 대해서 그 속성에 적합하게 잘 정의하고 있다. 현상의 각 구체적 개별자인 물物은 모두 자신이 부여받은 속성에 제한되어 있어서 그것 외의 다른 종과 구별되는 배타성을 지닌다. 그것들은 모두 <그 자신 '아닌' 것>이 '아닌' 것이다. 그것은 그 자신일 뿐이다. 동動한 것은 동動하

171

고 정정(靜)한 것은 정정(靜)할 뿐이다. 그래서 그것은 다른 것과는 불통不通한 관계에 있다. 이에 대해 여기서 행한 신神에 대한 표현은 이미 생명력인 기氣 활동력의 무제한성으로 표현되는 『태극도설』의 '무극이태극無極而太極'에서 주장된 것과 같은 논리이다. 즉, 서로 모순개념인 무극과 태극을 동시에 연언連言으로 긍정하여 기氣의 무제한적 활동성을 표현했듯이, 서로 모순개념의 짝들인 <동動과 무동無動>, <정정(靜)과 무정無靜>을 연언으로 동시에 긍정함으로써 신神의 무제한적 속성을 표현한 것이다.29)

물物은 구체적이고 특수하다. 물物은 '그렇게' 규정된 것이다. 그 규정은 기氣의 보편적 활동력에 대한 국면적인 한정에 의해서 이루어진다. 그것은 어떠한 상태로 고정됨을 말한다. 동動이면 동動, 정정(靜)이면 정정(靜)일 뿐이다. 그래서, '물物은 통通하지 않는다'고 한다. 이것은 원래 보편적이던 기氣가 물物로 개별화되면서 다른 개별자인 다른 어떤 물物과 서로 통하는 기능이 없고, 그 자체의 제한된 생명력만을 가짐을 말한다.

이에 대해 보편적 생명력의 자유성을 표현하는 '신神'은 만물의 생명력 전체를 보편적으로 통하게 하는 측면에서 말한 것이므로 '신神은 만물萬物을 묘妙하게 한다'고 하였다. 이것은 생명력의 자유성이 제한적 만물에 총체적으로 작용함을 말한다. 이 '묘妙'라는 동사는 서로 모순되는 개념들을 종합·통일함을 말한다. 즉, '동動'과 '무동無動'이나 '정정(靜)'과 '무정無靜' 같은 관계를 서로 조화하여 통일시킨다는 뜻이다. 신神이 만물 각개의 물物이 가진 '불통不通'의 성질을 두루 통하게 하므로, 그렇게 통하게 하는 측면을, 모순을 종합·통일한다는 의미의 '묘妙'로 표현한 것이다. 그래서 신神은 물物과는 달리 '부동부정不動不靜'한 것이 아니라고 하였다.30) 이처럼 기氣의 보편적 본체는 태극 또는 성誠이라 할 수 있고, 그 내면의 자유로운 활동력은 신神이며, 이러한 작용을 통해 기氣가 한정되어 구체화된 현상의 사물들이 곧 물物이다.

이상以上과 같은 본체의 작용이 현상화되는 과정은 가치에 있어서 이상理想이 현실화現實化되는 것에 대응한다고 할 수 있다. 성誠은 존재의 본체이면서 가치의 본연이다. 가치의 본연으로서의 성誠은 도덕 행위의 측면에서 볼

172

때 하나의 이상理想이다. 그것은 구체적 행위가 있기 이전이다. 그래서, '성誠은 무위無爲이다'(『통서』「성기덕誠幾德3」)[31]라고 한다. 그런데 이 성誠의 이상적 상태는 가치상으로 '순수지선純粹至善한 것'이다. 이것은 그 자체가 절대선인데, 이때는 '무위無爲'의 상태이다. 이것이 도덕적 활동의 상태로 들어가면 마침내 선善·악惡의 분기점이 생긴다. 이 분기점이 곧 '기幾'이다.

이 분기점을 거쳐 무위無爲한 성誠의 '순수지선'체純粹至善體가 그대로 실현 될 때는 현실 속에서의 상대적 선이 되지만, 그렇지 못할 때는 상대적 악이 된다. 만일 우리의 행위에 대한 동기가 선하여 행위까지도 선하게 되는 경로를 말한다면 그것은 무위無爲한 성誠이 자신을 드러내어 그 속성을 충분히 발휘함이 되는데, 그 드러남이 곧 '도道'이다(『노자老子』의 '도'가 아닌 변화과정으로서의 '도'). 이 과정에서 성誠의 이상적인 면을 이어받는 것을 선善이라 하겠다. 주돈이가 『주역』「계사전」의 '一陰一陽之謂道, 繼之者善也.'를 인용한 또 다른 이유이기도 하다.[32]

그런데 여기서 한 가지 덧붙여 언급할 것은, '성誠' 자체는 '순수지선'하나 현실에서 상대적 선·악이 생김에 대해, 이 선악은 동등한 자격을 가지고 서로 대립하는 것으로 해석하기는 곤란하다는 점이다. 이때의 상대적 선은 비록 상대적이지만 '성誠' 자체의 선함을 이어 받은 것이고, 상대적 악은 상대적 선에 대립하여 나오는 것이 아니라 선을 이어 받지 못하여 생기는 것이다.

이에 관해서는 조사하趙師夏가 주희朱熹에게 질문하면서 자신의 견해를 밝힌 것 중, 호굉胡宏(세칭 호오봉胡五峰)의 선악관점에 대한 비판이 그림으로 표현된 것에 잘 나타나 있다. 그것은 바로 옆의 그림인데, 그림 중 오른편이 주돈이의 원의임을 보인 것으로서 현실의 선은 '성誠'을 이어 받은 것이지만, 그에 상대적인 악惡은 적극적인 개념이

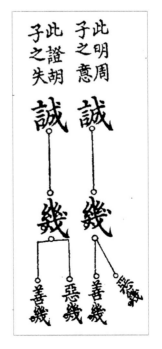

173

아니라 곁가지로 묘사되어 있다. 왼편의 것은 호굉이 선악을 동등하게 상대적으로 본 오류를 묘사한 것으로서, 현실의 상대적 선과 악이 완전히 같은 자격으로 대립화되어 있다.

현실의 차별상과 악惡의 문제

기氣의 본체인 태극太極이 그 자신을 드러내어 일음일양一陰一陽의 상호과정을 통해 만물로 전개됨에는 수水·화火·목木·금金·토土의 '오기五氣'가 그 질료를 이룸이 있다. 만물은 이 오기를 얻어 그 자신의 성性과 명命을 바르게 한다. 즉, 오기가 가진 성性으로서의 '오성五性'이 감동하여 그 배합비율에 따라 천차만별한 현상을 전개한다. 그런데 사실의 세계에 오기가 있듯이 가치의 세계에는 이른바 '오상五常'이라는 다섯 가지의 덕德이 있다. 이 중 사랑의 측면은 인仁이고, 마땅함의 측면은 의義이며, 질서의 측면은 예禮이고, 통합의 측면은 지智이며, 지킴의 측면은 신信이다.[33] 이 오상은 성체誠體가 도덕적 행위주체인 인간에게 가치규범으로 적용되어 그것이 실현된 것이다. 마치 태극이나 사실 측면의 성誠이 오기五氣의 근본이듯이, 가치 측면의 "성誠은 오상五常의 근본이다."(『통서』「성誠하下2」) 가치세계에서 이 '성'은 궁극적으로 온갖 행위로 전개된다. 그래서 '성'은 결국 "온갖 행위의 근원"(『통서』「성誠하下2」)인 것이다. 이러한 것은 『태극도설』의 "오성五性이 감동感動하여 선善과 악惡이 나뉘고, 만사萬事가 출현한다."의 부분에 해당한다. 사실의 세계에서 오기의 다양한 조합으로 만물이라는 현상세계가 드러나듯이, 가치의 세계에서는 오성이 느끼고 움직여 선과 악이 나뉘고 온갖 도덕적 행위와 일이 드러나는 것이다.

주돈이는 현실세계에서 선과 악이 나뉘는 것을 여러 가지로 분류하였다. 그는 다음과 같이 말한 바 있다.

성性이란 강剛과 유柔와 선善과 악惡에서 그 중中일 따름이다. (중中에) 이르지

174

못한 상태를 보면, 강선剛善의 경우는 의義, 직直, 단斷, 엄의嚴毅, 간고幹固이고, (강剛)악惡의 경우는 맹猛, 애隘, 강량强梁이며, 유선柔善의 경우는 자慈, 순順, 손巽이고, (유柔)악惡의 경우는 나약懦弱, 무단無斷, 사녕邪佞이다. 오직 중中만이 화和한 것이고, 절도에 맞는(中節) 것이며, 천하天下의 달도達道이고, 성인聖人의 일이다. 그러므로, 성인은 가르침을 세워 사람들로 하여금 스스로 그 악惡을 바꾸게 하여, 스스로 그 중中에 이르러 머물게 하였다.(『통서』「사師7」)

여기서 그는 성性을 개별성으로 이해했다.[34) 『태극도설』에 "오행五行의 생生함이 각각 그 성性을 하나로 한다."고 한 바 있다. 여기서부터 이미 주돈이의 성性은 수·화·목·금·토라는 질료적 성질을 기초로 함을 알 수 있다. 『통서』의 위 글들은 바로 오행의 기가 다양하게 배합되어 현상적 만물의 차별상을 드러내듯이, 인간에 있어서는 그 다양한 개별성을 드러냄을 말하는 것이다. 이로 인해 현실 속의 다양한 인간의 기질적 차이가 드러나고 동시에 온갖 다양한 현실의 도덕적 문제가 발생한다. 그는 인간의 다양한 기질적 차별상을 강유剛柔와 선악善惡의 조합으로 나타냈다. 즉 강剛이면서 선善, 강剛이면서 악惡, 유柔이면서 선善, 유柔이면서 악惡이라는 4가지 개별성으로 분류하였다.[35)

이미 말했듯이 본래 '성誠'은 순수지선純粹至善한 것이다. 그런데 이 '성誠'은 현실 속의 선과 악으로 차별화되는 다양한 인간상으로 전개된다. 그리고 이로 인해 현실 속의 선과 악이 존재한다. 성誠은 원래 선善하므로 현실 속에 선이 있음은 당연하다. 그런데 현실 속의 악惡은 어떻게 해서 생기는 것인가. 악의 근원문제는 모든 철학과 종교의 난제이다. 주돈이 철학에 있어서도 마찬가지이다. 악 문제 해결에 있어서 가장 걸림돌이 되는 것은 일체의 근원을 선 그 자체로 보는 사상의 경우에 주로 발생한다. 왜냐하면 일체의 근원이 선한데 악은 어디서 오는가 하는 근본적 모순 때문이다. 즉, 만일 그 선한 근원에서 악이 나온다면 일체의 근원이 선하다는 전제에 모순되지 않을 수 없기 때문이다. 만일 다른 곳에서 온다면, 어떤 것을 이미 일체의 근원으로 상정해

놓고, 또 그 외에 다른 악의 근원이 있다고 상정하는 것이 되어 어떤 것을 일체의 근원으로 전제한 것에 모순된다. 주돈이 철학에서도 마찬가지로 이 문제가 발생한다. '성誠' 그 자체가 순수지선하다면, 모든 것이 이 성체誠體의 현현인데 어디에서 악이 발생되는지가 문제이다. 또한 악이 성체에서 발생한다면, 성체에 이미 악이 내재되어 있는 것이 되어 그것이 순수지선하다는 전제에 위배된다. 또 악이 나오는 다른 근원이 따로 있다면 일체 가치의 근원으로 전제한 성체 이외에 또 다른 근원을 상정해야 하는 문제가 생긴다.

또한 『주역』「계사전」에 "일음일양一陰一陽을 일러 도道라 한다. 그것을 잇는 것이 선善이요, 그것을 이루는 것이 성性이다."라고 하였는데, 주돈이는 이 부분을 『통서』에 인용하여 긍정하였다. 그런데 이 부분은 일음일양에 관한 도, 즉 존재법칙을 이어 가는 것이 선이라 함으로써 사실에서 가치로 넘어 와 버리는 문제가 생겼다. 여기서 말하는 선은 존재법칙을 실현시키는 것이다. 그런데 한편 그 존재법칙을 이루는 것이 '성性'이라 하였는데, 이 '성'은 주돈이에 있어서 이미 말한바 강선剛善, 강악剛惡, 유선柔善, 유악柔惡으로 분별되는 것이다. 그렇다면 주돈이 입장에서는 여기서 악이 발생함은 존재법칙을 잘 잇지 못해서일 것이다.

그런데 존재법칙을 잘 잇거나 잇지 않음은 타고난 대로일 수밖에 없다. 따라서 현실의 상대적 선악은 타고난 대로이며, 악의 발생 또한 타고난 대로 생겨난 것이다. 이것 또한 성체誠體의 자기전개에 포함될 수밖에 없다. 그렇기 때문에 악惡한 성품을 타고난 이의 도덕적 책임을 따질 수가 없게 된다. 따라서 이것은 윤리학적으로 충분치 못한 이론이 되는 것이다. 굳이 도덕적 책임을 논한다면, 그것은 이미 주어진 성품을 인정한 전제하에서 선의 회복과 악의 제거를 위해서 얼마나 노력하는가 여부에 달려 있다.

현실現實에서 다시 이상理想으로: 선善의 회복과 악惡의 제거

주돈이는 현실의 악惡이 어떻게 생겨났든 그것을 선善으로 되돌리는 문제를 생각하였다. 이때 그가 생각한 것이 『중용中庸』의 '중中'이다. 주돈이가 보기에, 앞서 말한 강선과 유선도 진정한 선은 아니다. 오직 '중'만이 진정한 선이다. '중'이 아닌 개별성들은 모두 '중'에 도달치 못한 치우침이다. 존재를 말할 경우, 태극이나 성誠의 본체가 현상으로 전개될 때 각 부분에 있어서는 통通하는 부분도 있고 통通하지 않는 부분도 있다. 부분에 있어서는, 즉 특수한 개체나 상황에 있어서는, 기의 불통이 있을 수 있고 그러한 부분을 악이라 볼 수 있을 것이다. 불통의 측면으로 보면 강선과 유선도 마찬가지이다. 그래서 주돈이는 '중'의 상태를 이상적으로 보고 그것을 진정한 선으로 본다.

만일 악을 기의 부분적 불통으로 본다면, 강선, 강악, 유선, 유악을 넘어서서 절대선은 기가 전체적으로 잘 소통됨이다. 그래서 성체誠體가 선善한데 어떻게 현실의 악惡이 존재하는가 하는 문제에 대해서는, 부분적 불통으로 인한 상대적 악을 포괄한 총화로서의 성체 그 자체는 절대적으로 선하지만, 부분적 개체의 불통으로 인해 악이 생긴다고 설명할 수도 있을 것이다. 그렇지만 현실 속의 악은 사실상 이 부분적 불통에 관한 상대적 악이고, 실존적 인간이 해결해야 할 문제도 바로 이것인 한, 이것은 충분한 설명이 될 수는 없다.

이상의 악惡의 문제를 또 달리 말해보자. 이미 말했듯이 악은 기의 부분적 불통에서 생긴다. 이러한 것을 도덕 주체인 인간의 측면에서 볼 때는 오상五常이 실현되지 못한 것이다. 이미 수·화·목·금·토의 오성五性이 감동하여 선·악이 나뉜다 하였으니, 그러한 감동이 태극 또는 성체 실현에 지장이 있는 측면이 있다면, 그것이 곧 악이 될 것이다. 이 오성은 인간의 도덕 주체 측면에서는 '오상五常'이다. 오상 또한 '성誠'을 근본으로 삼고 있으므로, 오상이 제대로 실현되지 않음은 역시 성체가 실현되지 않은 것이다.

또한 성誠은 온갖 행위의 근원이라 하였으므로, 성 나아가서 오상이 실현되지 못함은 행위에 있어서 악을 가져옴이 된다. 따라서 행위의 주체인 도덕

177

주체에 있어서는 이 오상이 실현되지 못할 때 악이 된다. 그래서 주돈이는

> 인仁이 아니고 의義가 아니고 예禮가 아니고 지智가 아니고 신信이 아닌 것은 모두 사邪이다.(『통서』「신동愼動5」)

라고 한 것이다. 이 사邪가 곧 악惡임은 물론이다.

그러면 절대선을 이루는 길은 무엇인가. 이상과 같은 치우침이 아닌 '중中'의 실현이다. '중'에 부달不達할 때 악이 되기 때문이다. 그리고 악을 바꾸어 선하게 하는 것도 '중'에 머무는 것이다. 이 '중'의 현실적 실현은 곧 '화和'이며 '중절中節'이다.36) 또 오상五常의 실현이기도 하다. 이러한 것이 인간에게 실현된 것이 곧 '성聖'이고 그것을 얻은 인간존재가 '성인聖人'이다. 그래서, '중中'에 관한 것을 '성인聖人의 일'이라고 한 것이다. 그리고 오상을 실현함 역시 성誠을 실현하는 이상적 존재로서의 성인의 일임은 말할 것도 없다. 그런데 인간에 있어서 이러한 이상실현은 어떻게 이루어지는가. 그것은 수양修養을 통해서이다.

수양修養 정도에 따른 인간의 유형

주돈이는 인간의 존재유형에 대해, 수양修養의 최고 목표인 '성聖' 그리고 그 실현자인 '성인聖人'을 이상적 목표로 설정해 놓고, 그것과 더불어 현실적 존재를 『태극도설』과 『통서』를 통틀어 나름대로 다음과 같이 분류하였다. 이 것은 성인을 이상적 상태로 삼아 단계에 따라 설정한 수양정도의 등급이기도 한 것으로서, 이에는 성(인)聖(人), 현(인)賢(人), 사士로 분류된 것37)과 성인聖人, 군자君子, 소인小人으로 분류된 것이 있다. 이 이중의 분류는 어떻게 봐야 할 것인가? 먼저 성인, 군자, 소인의 경우, 성인은 최고의 이상이다. 그리고 군자는 그러한 상태를 목표로 하여 자신을 닦는(修) 존재이므로 일반적인 도

덕 수양의 실천자이다. 소인은 그것을 거스르는(悖) 존재이므로 성인의 상태
를 지향할 적극적 의사가 없음은 물론, 도리어 그에 반하거나 해로움을 끼치
는 자이다. 그러므로 성인에 대한 범인凡人은 군자와 소인으로 나뉘며, 군자와
소인은 성인을 지향하느냐 아니면 그에 반하느냐에 따라 구별된다.

군자는 이상理想에 대한 계속적인 실천자이다. 사실상 현실에서 이상을
지향하는 데 관련되는 유학이론상의 실제 주체는 바로 이 군자이다. 주돈이는
군자에 대해 다음과 같이 말한 바 있다.

> 군자君子는 성誠을 지향하여 근면하게 힘쓰며 쉬지 않는다.(『통서』「건손익동
> 乾損益動31」)
>
> 실實이 (명名보다) 나으면 선善이고, 명名이 (실實보다) 나으면 부끄러움이다.
> 그러므로 군자는 덕德에 나아가 업業을 닦으면서, 부지런하게 쉬지 않고 실實
> 이 낫도록 힘쓴다. 덕과 업이 드러나지 않을 경우 다른 사람이 알까 두려워함
> 은 부끄러움을 멀리 하기 위해서이다.(『통서』「무실務實14」)

군자는 아직 완전한 존재가 아니고 이상적인 상태인 성聖을 지향하는 미
완성의 존재이다. 따라서 잘못이 있을 수도 있다. 그러나 중요한 것은 그것을
알면 고치려 하면서 성誠으로 한 걸음씩 나아가려 한다는 데에 있다.

소인에 대해서는 설명이 군자보다 많지는 않다. 그러나 소인은 군자와 반
대로 지향하는 존재이므로 군자가 어떠한가를 말하면, 그렇지 않은 소인에 대
해서도 자연히 이야기되는 셈이다. 그래서, 군자가 이상以上과 같이 함에 대
해, '소인은 거짓으로 할 뿐이다.'(『통서』「무실務實14」)라고 하고, '군자는 날
마다 편안하다.'(『통서』「무실務實14」)에 대해 '소인은 날마다 근심한다.'(『통서』
「무실務實14」)라고 한다. 무엇보다 소인은 성인의 도를 거스른다(悖).

그러면 성聖, 현賢, 사士의 분류는 어떤 의미를 지니고 있는가. 주돈이는
다음과 같이 말한 바 있다.

179

성聖은 하늘(天)을 바라고, 현賢은 성聖을 바라며, 사士는 현賢을 바란다. 이윤伊尹과 안연顔淵은 대현大賢이다. 이윤은 그 임금이 요堯·순舜처럼 되지 못하는 것과 한 사나이라도 그 마땅한 자리를 얻지 못하는 것을 마치 저자에서 매 맞는 것처럼 부끄럽게 여겼다. 안연은 분노를 옮기지 않고, 같은 잘못을 반복하여 저지르지 않았으며, 석 달 동안 인仁을 어기지 않았다. 이윤이 뜻한 바를 뜻하고 안자顔子가 배운 바를 배워, 그 경지를 넘어서면 성聖이고, 그 경지 정도까지 미치면 현賢이며, 그 경지에 미치지 못하더라도 아름다운 이름 정도는 잃지 않을 것이다.(『통서』「지학志學10」)

안자는 한 대그릇의 밥과 한 표주박의 물을 가지고 누추한 거리에 있으면서도, 다른 사람들은 그 근심을 견디지 못하지만, (그는) 그 즐거움을 고치지 않았다. 부귀란 사람들이 사랑하는 바인데도, 안자는 (그것을) 사랑하지도 추구하지도 않으면서 가난함을 즐긴 것은 홀로 무슨 마음에서였던가? 하늘과 땅 사이에는 (사람들이) 사랑스럽게 여길 만하고 추구할 만한 지극히 귀하고 지극히 부유한 것이 있어도 (그의 경우) 저들과 달랐던 것은, 그 큰 것을 보고 그 작은 것을 잊었기 때문이다.38) 그 큰 것을 보면 마음이 편안해지고, 마음이 편안해지면 부족함이 없으며, 부족함이 없으면 부귀하든 빈천하든 그 처함이 한결같다. 처함이 한결같으면 능히 화化하여 (성인과) 나란해진다. 그러므로 안자는 아성亞聖이다.(『통서』「안자顔子23」)

위의 두 인용문을 종합해 보면, 우선 주돈이는 '성聖'을 인간 수양의 최고의 단계로, '현賢'을 '성'의 다음 가는 단계로, '사士'는 '현', 나아가서 '성'을 이루려 지향하는 도덕실천자의 단계로 말하였음을 알 수 있다. 위의 글에서 주로 맞춰지는 초점은 '현賢'이다. 그래서 그 '현'이 어떠한 정도의 단계인가를 이윤과 안자의 예를 들어 설명하고 있다. '현'은 '성' 다음 가는, 글자 그대로 '아성亞聖'이라고 규정할 수 있다. 그리고 이러한 '현' 또는 '아성'의 경지가 어떠한가는 위의 이윤과 안자에 대한 표현에서 알 수 있다.39) 또 이때 '사士'는 표현된 대로 '현賢'을 바라고 추구하는 존재이다. 그런데 '현'이 '성'을, '성'이 '천天'을 바라므로, '사'는 연쇄논법에 의하여 역시 '성聖'과 '천天'을 바란다고 할 수 있다. 다만 단계를 뛰어 넘어 말하지 않은 것은, 수양에는 이러한 단계가 있음을 보임과 동시에, 그 단계의 과정에 최종 목표가 있음을 보인 것이다.[40]

그렇다면 '성인', '군자', '소인'과 '성', '현', '사'의 분류는 어떤 관계를 가지고 있는가. '사'가 '현'·'성'을 바라고 '군자'는 '성인'을 바란다. 그렇다면 군자는 '현'인가 '사'인가. 현은 아성의 정도까지 이른, 거의 수양의 결과로서 '성'에 근접한 정도를 표현한 것이지만, 논리상 아직 성인은 아니다. 따라서 굳이 대응시키자면, 군자는 사와 현 모두를 포괄하며 대응하는 개념이라고 할 수 있다. 다만 현은 성에 매우 근접한 군자이고, 사는 초보적 군자로서 아직 많은 수양을 요하는 존재라는 점이 다르다고 해석할 수 있다.

그런데 성, 현, 사의 분류에는 소인이 없다. 그것은 그 분류의 목적이 다르기 때문이라고 할 수 있다. 성, 현, 사는 처음부터 성인이 됨을 그 목표로 잡지 않는 소인은 논외로 하여, 도덕실천자와 도덕목표만을 들어서 이야기한 것이고, 성인, 군자, 소인의 분류는 그 이상적 상태를 성인으로 설정하여, 그에 대해 그것을 지향하는 존재인 군자와, 그것에 반反하는 존재인 소인을 대비시키기 위한 것이다.

이 두 분류 방법은, 주돈이가 도덕적 수양의 목표와 단계 등을 말함에 있어서, 그의 사상을 서술하는 측면에 따라 달리 나온 것이다. 어쨌든 양쪽 모두 그 최고 이상은 '성聖'으로, 그것을 획득한 존재는 '성인聖人'으로 보고 있다. 그런데 이러한 이상은 과연 실현될 수 있는 것인가. 이미 군자는 성인의 도를 닦는다고 하였고, 또 사는 현을 현은 성을 바란다고 하였다. 그런데 닦고 바란다고 하여도 과연 그 상태로 될 수 있는 것인가? 만일 될 수 있다면 어떤 방법으로 될 수 있는가?

이상理想의 실현방법: 성인聖人되는 방법

유가儒家 철학을 개창한 공자로부터 맹자, 순자와 같은 선진先秦 철학자들은 덕이 있는 우수한 존재를 이상적 존재로서의 성인聖人으로 정형화하고, 그 예로서 요堯·순舜·우禹·탕湯 등을 들었다. 그런데 이 선진 철학자들은, 신화적 시대와는 달리 성인이란 어떤 특정한 계급에 한하여만 있을 수 있다고 보지 않고, 누구나 그렇게 될 수 있다는 진일보한 관점을 제기하였다. 맹자가 "요순堯舜도 보통 사람과 같다."(『맹자』「이루離婁하下」)고 하면서, 사람은 모두 요순이 될 수 있다고 본 것[41])이나, 순자가 "요堯나 우禹 같은 사람도 나면서부터 갖춘 이들이 아니다."(『순자荀子』「영욕榮辱」)라고 하며, "길가는 사람도 우禹와 같이 될 수 있다."(『순자』「성악性惡」)고 한 것 등이 그것이다.

그러나 진한대秦漢代를 거치면서 정치의 배후에 종교적 권위를 두는 정치신학적 입장이 오히려 더 강화되고, 철학계에도 철학을 가장한 정치신학이 횡행하였다. 한대漢代의 천인감응설天人感應說, 참위설讖緯說 등이 이러한 것이다. 이에 유가 사상내부에도 이상적 존재로서의 성인에 대한 종교적 관점이 나왔다. 즉, 한대 금문경학今文經學의 춘추공양학파春秋公羊學派 쪽에서 공자를 성인으로 추앙하다 못해 신격화시킨 것이 바로 그것이다. 비록 공자를 인간으로 본다 하더라도, 그에게 어떤 특수한 지위를 부여하기도 하였다. 즉 공자를 나면서부터의 성인으로 보아 보통사람과 그 격格을 구별하였다. 이것은 선진대先秦代의 유가사상에서처럼 누구나 성인이 될 수 있다는, 보통사람에게 희망이 될 수 있는 주장과 정면으로 배치되는 것이다. 그 후 이러한 관점에 반발하여 원시유가를 회복하자는 운동이 당대唐代에 이르러 한유韓愈, 이고李翶 등에 의해 제기되었지만 아직 미흡하였다.

그런데 송대宋代가 되자 유학의 새로운 운동이 시작되면서 성인에 대한 관점도 달라지게 되었다. 당시 이러한 관점의 대표가 송대에 있어서 새로운 유학의 진정한 효시로 평가되는 주돈이였다. 그는 이 이상적 존재로서의 성인에 대한 관점을 기존과 달리하여, 『통서』에 다음과 같은 문답의 형식으로 표현하고 있다.

성聖은 배울 수가 있는가?

말하기를, 그럴 수가 있다.

말하기를, 요점이 있는가?

말하기를, 있다.

청컨대 듣고자 한다.

말하기를, 하나(一)가 그 요점이다. 하나란 무욕無欲이다. 무욕이란 가만히 있을 때는 허虛한 상태로 있고, 행동할 때는 곧게 하는 것이다. 가만히 있을 때 허하면 밝게 되고, 밝게 되면 통通하게 된다. 행동할 때 곧게 하면 공公하고 공하면 두루 미친다. 밝고 통하고 공하고 두루 미치면 거의 (성聖에) 가까워지게 되리라.(『통서』「성학聖學20」)

여기서 주돈이는 '성聖'이 후천적인 배움을 통하여 가능함을 말하고 있다. 이러한 견해는 주돈이만 가진 것이 아니라 당시 새로운 유학을 시도하는 학자들 간에 이미 공감대가 형성되기 시작한 것이었다. 주돈이는 이러한 관점을 자신의 입장에서 서술한 것이다. 한대의 공양학파는 공자를 선천적인 성인으로 보았지만, 사실상 『논어論語』에서 볼 수 있는 공자의 자신에 대한 말, 즉 열다섯에 배움에 뜻을 두고, 그 다음 일련의 과정 후 최종적으로 칠십의 단계인, 마음이 하고자 하는 바를 따라도 법도를 넘어서지 않는 경지, 즉 '종심소욕불유구從心所欲不踰矩'의 경지에 이른 단계가 바로 '성인'의 단계이다. 따라서 공자는 선천적으로 타고 난 성인이 아니라, 후천적 노력을 통하여, 그것도 만년에 비로소 성인이 된 사람이다. 이렇게 해석해야 범인凡人으로 태어난 일반인에게 희망이 생긴다. 주돈이가 '성聖'이란 배워서 될 수 있는 것이라고 말한 것은 이러한 실질적 의의를 지닌다. 만일 '성'을 얻은 존재인 성인이 배워서 될 수 있는 존재가 아니라면, 범인들은 처음부터 '자포자기自暴自棄'[42]해야 할 것이다. 주돈이와 같은 송대 철학자들의 이러한 생각은, 성인관에 있어서 한당적 차별관을 타파하여 인간존재의 평등을 주장한 의의도 지닌다.

이러한 관점은, '성인'이란 선천적으로 그러한 능력을 구비하여 나타나는 존재라기보다는, 후천적인 수양을 통해 이룰 수 있는 존재임을 강조한 것으로, 성인되는 학문으로서의 유학인 '성학聖學'의 보편화를 언명한 것이다. 그래서 자연히 후천적 교육을 강조하게 되어, 이러한 성인됨은 교육을 통해서 이룰 수 있는 것이라고 보았다. 주돈이의 다음 글을 보자.

어떤 이가 묻기를, 누가 천하를 선善하게 하는가?
말하기를, 스승(師)이다.
말하기를, 무엇을 이름인가?
말하기를, 성性이란 강강과 유유와 선善과 악惡에서 그 중中일 따름이다. (중中에) 이르지 못한 상태를 보면, 강선剛善의 경우는 의義, 직直, 단斷, 엄의嚴毅, 간고幹固이고, (강剛)악惡의 경우는 맹猛, 애애隘, 강량强梁이며, 유선柔善의 경우는 자慈, 순順, 손손巽이고, 유(柔)악惡의 경우는 나약懦弱, 무단無斷, 사녕邪佞이다. 오직 중中만이 화和한 것이고, 절도에 맞는(中節) 것이며, 천하天下의 달도達道이고, 성인聖人의 일이다. 그러므로, 성인은 가르침을 세워 사람들로 하여금 스스로 그 악을 바꾸게 하여, 스스로 그 중에 이르러 머물게 하였다. 그러므로, 선각先覺이 후각後覺을 깨우치고, 어두운 자는 밝은 데서 구하여 사도師道가 서게 된다. 사도師道가 서면 선인善人이 많아진다. 선인이 많아지면 조정이 바르게 되고 천하가 다스려진다.(『통서』「사師7」)

앞에서 일부 이미 거론한 바 있는 이 말은, 치우친 개별적 성性을, '중中'으로 표현되는 성인의 상태로 되게 하는 데 있어서, 스승이 행하는 교육의 역할이 중요함을 말한 것인데, 역시 성인됨의 후천적 가능성을 주장한 것이다. 동시에 이러한 교육의 효과가 극대화되면 천하의 안정을 도모할 수 있음을 그 공효로서 말하고 있다.

그러면 주돈이의 철학에 있어서 성인이 되는 방법은 구체적으로 무엇인가. 이미 위에서 주돈이는 그것을 '하나'라는 요점으로 제시하면서 '무욕無欲'이라고 말하였다. 그리고 『태극도설』에서는 '정靜을 위주로 함(主靜)'을 말하였다. 그의 관점으로는 무욕하면 '정靜'해지게 된다. 그의 이러한 주장은 거꾸로 말한다면 성인이 되지 못하는 원인은 욕망의 발동에 있다는 것으로서, 현

184

실의 실존적 인간들은 자신의 욕망을 가라앉혀서 그것을 '고요하게(靜)' 만들면 성인이 될 수 있다는 것이다. 아니 글자 그대로 말하면 욕망이 없어야 되는 것이다. '정靜'은 한편으로는 욕망이 사라져 고요해지는 것이지만, 다른 한편으로는 인간행위 실행 이전의 의미도 지닌다. 그래서 그는 "'무욕'이란 가만히 있을 때는 허虛한 상태로 있고, 행동할 때는 곧게 하는 것이다."라고 하여, '정靜'을 행위하기 전의 가만히 있을 때로, '동動'을 행위할 때로 보았다.[43]

그렇다면 주돈이에 있어서 성인이 되지 못한 상태인 욕망을 가진 실존적 존재는 어떤 것인가. 그것은 그의 네 가지 기질적 존재와 연관시켜 생각해야 할 것이다. 즉, 그가 말한 '강선剛善', '강악剛惡', '유선柔善', '유악柔惡'과 그 하위분류에서 나타나는 인간존재의 양상이 모두 욕망으로 인해서 드러나는 현실적 인간인 범인凡人의 차별상인 것이다. 그가 여기서 '중中'을 지향함은 결국 '무욕無欲'을 지향함이다.[44] 이러한 것이 정리되어 하나의 도덕 경지로 제시된 것이 '중정인의中正仁義'이다.[45]

이상理想의 실현상태: 성인聖人된 상태

앞에서 '성聖' 또는 '성인聖人'의 상태가 어떠한 것인지 그 기본적인 것은 말하였다. 이제 현실의 여러 치우친 상태에서 다시 실현된 이상의 상태가 어떠한 것인지를 더 말해 보자. 주돈이는 우선 성인을 성誠·신神·기幾의 종합적 상태로서 설명하고 있다.

고요하여 움직이지 않는 상태(寂然不動)가 성誠이고, 감感하여 드디어 통通하는 것(感而遂通)이 신神이다. 동動하되 유有와 무無의 사이에서 아직 드러나지 않은 상태가 기幾이다. 성誠은 정밀하므로 밝고, 신神은 응應하므로 묘妙하며, 기幾는 미세하므로 그윽하다. 성誠하고 신神하고 기幾함을 성인聖人이라고 한다(誠神幾曰聖人).(『통서』「성성聖4」)

사실상 '성聖'은 '성誠'만으로도 말할 수 있다.46) 그러나 그것은 성聖이 인간에게 얻어진 상태를 정태적으로 추상한 것이다. 이러한 상태를 얻은 인간이 성誠을 드러내는 측면으로 말하면, 성인이 그 성誠함의 역량을 드러내는 작용을 총체적으로 드러내는 것이어야 한다. 그것이 곧 '성誠하고 신神하고 기幾함을 성인聖人이라고 한다(誠神幾曰聖人)'는 말이다.47)

또 이러한 성인의 역량을 종합적으로 다음과 같이 표현하고 있다.

「홍범洪範」에 이르기를, '생각(思)은 슬기로워야(睿) 하고', '슬기로움은 성聖을 이룬다.'고 하였다. 생각함이 없는 상태(無思)는 근본(本)이요, 생각하여 통함(思通)은 작용(用)이다. 기幾가 저기에서 동動하면, 성誠은 여기에서 동動한다. 생각함이 없으나 통通하지 않음이 없음(無思而無不通)이 성인聖人이다. 생각하지 않으면 미微에 통通할 수 없다. 슬기롭지 않으면 통하지 않음이 없는 상태(無不通)가 될 수 없다. 그렇다면 통하지 않음이 없는 상태는 미微에 통함에서 생겨난다. 미微에 통함은 생각에서 생겨난다. 그러므로, 생각이라는 것은 성인이 공功을 이루는 근본이요 길吉함과 흉凶함이 나뉘는 기幾이다. 『역易』에 이르기를, "군자君子는 기幾를 보고 행동하지 종일토록 기다리지는 않는다."48)라고 하고, 또 이르기를, "기幾를 아는 그 신神함이여!"49)라고 하였다.(『통서』「사思9」)

또 한편으로는 이미 말한 대로 "성聖은 하늘을 바라고, 현賢은 성聖을 바라고, 사士는 현賢을 바란다." 여기서 하늘을 성聖 위에 상정해 놓았지만, 하늘은 곧 성聖이고 성聖은 곧 하늘에 다름 아니다. 그것은 성인이란 하늘과 같은 존재를 지향하면서 궁극적으로 그것과 같게 되는 존재로 상정되기 때문이다. 그래서 '성聖은 하늘과 같다.'라고 하기도 한다. 또 『태극도설』에서는,

성인은 천지와 그 덕을 합하고, 일월과 그 밝음을 합하며, 사시와 그 순서를 합하고, 귀신과 그 길흉을 합한다. 군자는 그것을 닦으므로(修) 길하고, 소인은 그것을 거스르므로(悖) 흉하다.

라고 하기도 하였는데, 주돈이는 성인의 상태를 사실과 가치의 합일상태로 보았기 때문이다. 또 한편으로 성인의 상태는 다음과 같이 말해질 수도 있다.

> 성인의 도는 지공至公일 따름이다. 어떤 이가 말하길, '무슨 말인가?'하기에, '천지는 지공至公일 따름이다.'라고 하였다.(『통서』「공公37」)

공公은, 특정한 곳에 제한된 '사私'에 상대되는 보편적인 것을 말한다. 지공至公은 그 공公의 지극한 상태이다. 이것은, 하늘이 자연의 일체 존재에 대해서 치우침 없이 지공하다고 보아, 인간의 이상인 성인 역시 지공을 그 원칙으로 함을 말하는 것이다. 공公한 것은 보편적임을 말한다. 하늘과 성인은 각각 만물과 만인에 대해 보편적인 자연법칙과 도덕법칙을 제공한다. 이러한 보편적인 것은 개체를 표현하는 특수한 속성을 말할 때 쓰는 한정적인 언어로 표현하기에는 어렵기 때문에 다음과 같이 말하기도 한다.

> 성인의 도는 귀로 들어 와서 마음에 보존된다. 그것을 쌓으면 덕행이 되고, 그것을 행하면 사업이 된다. 그것을 문사文辭로만 표현하는 것은 누추한 것이다.(『통서』「루陋34」)

문사文辭는 다만 내용을 전달하는 수단이기 때문이다. 그래서,

> 문文은 도道를 싣는 수단이다. 수레바퀴와 수레끌채를 잘 꾸며도 사람들이 쓰지 않으면 다만 꾸밈일 뿐이다. 하물며 빈 수레임에랴. 문사文辭는 예藝이고 도덕道德은 실實이다. 그 실實을 두텁게 하고서, 예藝를 가지고 거기에다 글로 표현하는 것이다.(『통서』「문사文辭28」)

라고 하였다.

2

소옹邵雍의 철학

소옹邵雍은 세계를 나름대로 해석하고 인식하는 데에 관심을 가진 철학자로서, 그는 시간적인 면, 공간적인 면을 포괄하는 하나의 세계관을 정립하려 하였다. 거기에는 인간에 관한 문제까지도 포함하여 모든 것이 하나의 체계 속에 있도록 구조화되도록 하였다. 이러한 그의 사상체계는 그의 주저인 『황극경세皇極經世』50)에 나타나고 있다. 이 저서는 「관물편觀物篇」과 「관물외편觀物外篇」으로 구성된다. 「관물편」은 소옹 자신의 저작이고, 「관물외편」은 그의 제자들이 그의 사상을 기술한 것이라고 한다.51) 그런데, 그의 사상이 기술된 것으로 보이는 「관물편」은 「관물외편」과 그 구성내용에 있어서 상당히 다른 측면도 내포하고 있다.52) 본서에서는 「관물(내)편」과 「관물외편」이 내용상 가지고 있는 차이점에 주목하면서, 흔히 '선천학先天學'53)이라고 일컬어지는 소옹의 사상을 이 두 편의 내용에 따라 살펴보기로 한다.54)

소옹邵雍 선천역학先天易學의 일반 범주

소옹이 그의 세계관을 이루는 일반적 형식을 얻은 것은 귀납적 추리의 과정을 통한 것이라 볼 수 있다. 특히 그는 귀납추리의 하나인 유비추리類比推理로써 그의 역학에서의 선천적 형식을 얻었다. 역학에 있어서 이러한 유비추리는 이미 역易의 괘卦가 마련될 때에 행해졌다. 그것은 『주역周易』「계사전繫辭傳」에 보이는 바의, 상고上古의 전설적인 성인聖人인 복희씨伏羲氏에 의한 8괘卦라는 역의 범주에 관한 것이다.

소옹의 선천역학의 핵심은 복희씨의 추리에서 얻어진 범주처럼 그 역시 자신의 추리를 통해 세계에 보편적으로 적용하는 자신의 독자적인 범주를 만들었다는 것이다. 이것은 『황극경세皇極經世』「관물편觀物篇」에 보이는 것이다. 그렇다고 해서 그가 복희씨가 추리한 『주역』의 범주를 도외시한 것은 아니다. 그것은 「관물외편觀物外篇」이 관련되고 있다. 먼저 「관물편」에 보이는 그의 독자적 범주를 보자.

소옹에게는 모든 존재에 적용하는 일반적 범주가 있다. 그의 『황극경세』「관물편」의 전체는 이 범주를 각 방면에 적용한 예들을 보이고 있다. 예들만 보이고 있을 뿐, 이 범주를 어떻게 추리했는가는 보이지 않고 있다. 그러나 각 방면에 모두 동일한 범주를 적용하였다는 것은 모든 존재와 그 존재의 각 방면이 동일한 범주가 적용될 동일한 원리와 체계에 따르고 있음을 주장하는 것이다.

소옹은 그의 삶을 통해 한 편으로는 많은 문헌을 읽고, 또 한 편으로 세상을 경험하여 자신 스스로의 관찰과 경험을 통하여 몇 가지 사례에서 일정하게 적용될 수 있는 어떤 일관된 원리를 발견하고는, 그것이 모든 경우에 적용될 수 있지 않을까 하는 가설을 스스로 만들고, 그 다음에 그것을 경험적으로 검증해 나갔다. 이것은 각각의 귀납적 사례를 경험함에서 출발하여, 모든 사례에 동일하게 적용되는 일관된 어떤 원리를 귀납적으로 일반화시키고, 그러고 나서 그 검증과정을 거치면서 그 원리를 일반원리로 받아들여, 나아가서는 모든 사례에 적용하는 것이다. 말하자면 그는 하나의 귀납추리를 행하였는데, 그는 이러한 하나의 귀납추리 중에서도 특히 유비추리를 적용하였다. 즉, 몇 가지 사례의 각각에서 동일한 얼개를 발견하고, 아직 경험하지 않은 사례도 그 내적인 얼개가 전자들과 마찬가지임을 유추해냈다는 것이다.

소옹은 우선 그의 가설로서 이야기될 수 있는 범주 형식, 즉 순수 형식의 기초를 만들기 위해 다음처럼 생각하였다.

물物의 큰 것에 하늘과 땅만한 것이 없다. 그러나 이 또한 다함이 있다. 하늘의 큰 것은 음陰과 양陽으로 다 할 수 있다. 땅의 큰 것은 강剛과 유柔로 다 할 수 있다. 음과 양이 다하여 사시四時가 이루어진다. 강과 유가 다하여 사유四維가 이루어진다. 저 사시와 사유라는 것은 하늘과 땅의 지극히 큰 것을 이르는 것이다. 크다고 말하는 것은 모두 이것을 넘어 설 수는 없고, 또 크다는 것을 스스로 얻었다고 여긴 적도 없다. 그러므로 그 큼을 이룰 수 있는 것이니, 어찌 지극히 위대하다고 이르지 않겠는가.(『황극경세』「관물편51」)

여기서는 물物의 큼 전체를 하나로 보고, 그것을 하늘과 땅의 양 측면으로 볼 수 있다는 것인데, 여기서 다시 하늘을 음양, 땅은 강유의 두 측면을 가지게 되는 것으로 보게 되어, 하늘과 땅은 모두 네 가지 형식을 갖게 되는 것이다.[55] 또 음양은 사시四時로서의 네 가지 형식을 갖게 되고, 강유는 사유四維로서의 네 가지 형식을 갖게 되어, 전체는 여덟 가지의 형식으로 되게 된다.

이렇게 볼 때, 이것은 1, 2, 4, 8의 형식의 분화로서 이루어지는 논리적 과정을 거쳐, 이상과 같은 순수 형식만을 추출해 낼 수 있게 된다.[56] 그런데, 이러한 범주 형식은 이미 복희씨의 추리를 통하여 얻어진 것이기도 하다.

소옹이 복희씨가 이미 추리한 형식의 확인을 한 것인지,[57] 아니면 순전히 독창적인 것인지는 논의할 필요가 없다. 중요한 것은 동일한 논리의 인정이라는 점이다. 비록 소옹이 복희씨의 추리를 반복하였다 하더라도, 그 추리의 설명에는 그의 독창성이 있다. 즉, 그는 『주역』「계사전」의 1, 2, 4, 8의 논리를 『주역』 「설괘전說卦傳」의 명제들, 하늘의 도를 음양, 땅의 도를 강유(그리고 사람의 도를 인의)로 말하는 명제들(주돈이의 『태극도설』에서도 인용된 명제들이기도 하다.)과 결합하여 적용한 것이다. 어쨌든 그는 이러한 원리가 만유에 모두 만물제일성萬物齊一性의 원리로서 적용되는 것을 인정한 것이다. 소옹은 이에 따라 다음의 과정을 통하여 8가지의 범주를 추출해 내었다.

> 하늘은 동動함에서 생겨나고, 땅은 정靜함에서 생겨난다. 한 번 동하고 한 번 정함이 사귀어 하늘과 땅의 도道가 다하게 된다. 동함이 시작되면 양陽이 거기에서 생겨난다. 동함이 극極에 이르게 되면 음陰이 거기에서 생겨난다. 한 번 음하고 한 번 양함이 사귀어 하늘의 용用이 다하게 된다. 정함이 시작되면 유柔가 거기에서 생겨난다. 정함이 극極에 이르게 되면 강剛이 거기에서 생겨난다. 한 번 유하고 한 번 강함이 사귀어 땅의 용用이 다하게 된다.
> 동動의 큰 것을 일러 태양太陽이라고 한다. 동動의 작은 것을 일러 소양少陽이라고 한다. 정靜의 큰 것을 일러 태음太陰이라고 한다. 정靜의 작은 것을 일러 소음少陰이라고 한다. 태양은 일日이 되고, 태음은 월月이 되고, 소양은 성星이 되고, 소음은 신辰이 된다. 일월성신이 사귀어서 하늘의 체體가 다하게 된다. 정의 큰 것을 일러 태유太柔라고 한다. 정의 작은 것을 일러 소유少柔라고 한다. 동의 큰 것을 일러 태강太剛이라고 한다. 동의 작은 것을 일러 소강少剛이라고 한다. 태유는 수水가 되고, 태강은 화火가 되고, 소유는 토土가 되고, 소강은 석石이 된다. 수화토석이 사귀어서 땅의 체體가 다하게 된다.(『황극경세皇極經世』 「관물편觀物篇51」)

여기서는 비록 하늘·땅의 생성 형식을 빌어서 우주론적으로 설명하였지만, 여기에는 우주론적인 의미 못지않게 모든 존재에 적용되는 기본적인 범주가 제시되어 있다. 이것을 범주론적인 의미로 볼 경우는, 하늘과 땅이 형성되는 데에 모두 8가지의 범주가 적용되는 것을 알 수가 있다. 이 8가지가 전개되는 데는 우선 '음양陰陽강유剛柔'의 4가지 범주가 이야기되고, 이들이 또 재분류되어 '태양太陽·태음太陰·소양少陽·소음少陰·태유太柔·태강太剛·소유少

柔・소강少剛'의 8가지 범주가 제시된다.58) 이 4범주와 8범주는 소옹 철학체계의 기본 얼개가 된다.

소옹邵雍 선천수학先天數學 중의 범주範疇와 수數의 대응

소옹은 이상과 같은 8측면의 범주를 '수數'로 전환하였다. 그는 다음과 같이 8범주와 수를 대응시켰다.

태양太陽의 체수體數는 10이다. 태음太陰의 체수體數는 12이다. 소양少陽의 체수體數는 10이다. 소음少陰의 체수體數는 12이다. 소강少剛의 체수體數는 10이다. 소유少柔의 체수體數는 12이다. 태강太剛의 체수體數는 10이다. 태유太柔의 체수體數는 12이다. 태양·소양·태강·소강의 체수를 나아가게 하고(進), 태음·소음·태유·소유의 체수를 물러나게 함(退)을 일러 태양·소양·태강·소강의 용수用數라고 한다. 태음·소음·태유·소유의 체수를 나아가게 하고, 태양·소양·태강·소강의 체수를 물러나게 함을 일러 태음·소음·태유·소유의 용수用數라고 한다. 태양·소양·태강·소강의 체수는 160이고, 태음·소음·태유·소유의 체수는 192이다. 태양·소양·태강·소강의 용수는 112이고, 태음·소음·태유·소유의 용수는 152이다. 태양·소양·태강·소강의 용수로써 태음·소음·태유·소유의 용수를 부름(唱)을 일러 일日·월月·성星·신辰의 변수變數라고 한다. 태음·소음·태유·소유의 용수로써 태양·소양·태강·소강의 용수에 화답함(和)을 일러 수水·화火·토土·석石의 화수化數라고 한다. 일·월·성·신의 변수變數는 17,024인데, 이것을 일러 동수動數라고 한다. 수·화·토·석의 화수化數는 17,024인데, 이것을 일러 식수植數라고 한다. 일·월·성·신·수·화·토·석의 변變과 화化에 다시 부르고 화답하는 통수通數는 289,816,576인데, 이것을 일러 동動·식植의 通數라고 한다.(『황극경세』「관물편觀物篇61」)59)

이상을 우주론적인 의미로 볼 때는, 앞에서 이미 말한 하늘과 땅의 생성에 이어 하늘과 땅을 존재마당으로 삼는 자연의 8가지 기본요소인 일日·월月·성星·신辰·수水·화火·토土·석石의 생성, 그리고 나아가서 동물과 식물의 생성을 이야기하는 것이 된다. '태양·태음·소양·소음·태유·태강·소유·소강'이 '일·월·성·신·수·화·토·석'이 됨은 '태양 … 소강'이라는 범주의 직접적인 적용으로 설명되지만, 하늘과 땅 사이에 존재하는 동식물들은 이들 범주의 직접적인 적용에서 한 걸음 더 나아가서 범주들끼리의 상호 연관 관계에서 그 생성이 설명된다.

그것은 소옹이 이들 범주에 대응시킨 수數들의 상호 연관 관계로서 대치되어 행해진다. 즉, '태양 … 소강'에 부여된 기본적인 수인 체수體數들을 나아감과 물러남의 작용에 따라 응용의 수로서의 용수用數로 만들고, '태양 … 소강'의 용수를 부름과 화답함의 주도 순서에 따라 번갈아서 '일日·월月·성星·신辰'의 변수變數와 '수水·화火·토土·석石'의 화수化數로 전개해 내는데, 이것들은 각각 동물의 수와 식물의 수가 되어, 다시 이들끼리의 부름과 화답함에 따라 모든 동물과 식물의 수가 전개되는 것이다. 그래서, '태양 … 소강'의 범주에 부여된 수로서의 범주는 궁극적으로 하늘과 땅 사이에 존재하는 동식물에 적용되는 수로서의 범주로 발전해 나가는 것이다. 이러한 것들은 범주이므로 곧 바로 구체적 현상 그 자체임을 말하는 것은 아니고, 구체적 현상의 존재 방식임과 동시에 그에 대한 인식의 방식이다.[60]

소옹邵雍의 선천범주先天範疇의 적용

소옹은 우선 범주의 조합으로 현상의 조합에 대응시켰다. 그가 말한 가장 일반적이고 기본적인 범주는 '태양·태음·소양·소음·태유·태강·소유·소강'이다. 이것은 소옹의 입장에서는 모든 존재에 적용될 수 있는 보편적 범주이다. 이것은 궁극적으로는 모든 존재가 '대對'라는 양면성으로 설명될 수 있다는 것으로서, 8가지의 범주란 그 '대'라는 양면성의 범주에 대한 분할에 다름 아니다. 이것은 『주역』에서 말하고 있는 8괘에 대응되는 것이다. 다만 『주역』의 사고 논리를 소옹 자신의 방식으로 소화시켜 응용한 것이다. 이들 범주는 경험적 현상에 적용되는 순수 논리적 범주이므로 '선천적a priori'인 것이다.

소옹은 자신의 이 선천적 8범주를 보다 구체적인 현상에 적용시켜 나갔다. 그래서 먼저 그 범주를 자연현상에 적용하였다.

> 일日은 서暑가 되고, 월月은 한寒이 되고, 성星은 주晝가 되고, 신辰은 야夜가
> 된다. 서·한·주·야가 사귀어서 하늘의 변變이 다하게 된다. 수水는 우雨가
> 되고, 화火는 풍風이 되고, 토土는 로露가 되고, 석石은 뢰雷가 된다. 우·풍·로
> ·뢰가 사귀어서 땅의 화化가 다하게 된다.(『황극경세』「관물편51」)

이 말은 '일·월·성·신·수·화·토·석'이 보다 더 구체적인 현상으로까지 전개되면서, 동시에 '태양 … 소강'의 8범주의 적용도 한 걸음 더 나아갔음을 말하는 것이다. 그는 이어서 또 다음과 같이 말하였다.

> 서暑는 물物의 성性을 변變하게 하고, 한寒은 물物의 정情을 변하게 하고, 주晝
> 는 물物의 형形을 변하게 하고, 야夜는 물物의 체體를 변하게 한다. 성·정·형
> ·체가 사귀어서 동물과 식물의 감感이 다하게 된다. 우雨는 물物의 주走를 화
> 化하게 하고, 풍風은 물物의 비飛를 화하게 하고, 로露는 물物의 초草를 화하게
> 하고, 뢰雷는 물物의 목木을 화하게 한다. 주·비·초·목이 사귀어서 동물과
> 식물의 응應이 다하게 된다.(『황극경세』「관물편51」)

이상의 말은 하늘의 현상에 속하는 '서暑·한寒·주晝·야夜'가 각각 동식물의 '성性·정情·형形·체體'를 변變하게 하고, 땅의 현상에 속하는 '우雨·풍風·로露·뢰雷'가 각각 동식물의 '주走·비飛·초草·목木'을 화化하게 함을 말하여, 하늘과 땅의 현상이 동식물에 대해서 행하는 작용을 말하고,[61] 동시에 구

194

체적 현상의 구성요소로서의 '성·정·형·체'와 그들 현상의 생존과 활동의 방식으로서의 '주·비·초·목'의 사귐으로써 동물과 식물의 입장에서 하늘과 땅의 현상이 그들에게 미쳐오는 작용에 대한 반응으로서의 감感과 응應을 말한 것이다. 앞에서 말한 8가지의 범주가 하늘과 땅 사이에서 벌어지는 구체적 현상활동에까지 적용된 것이다. 그러고 나서 소옹은 이제 역逆으로 8가지의 범주의 틀로 규정된 동식물의 입장에서 하늘과 땅의 현상이 작용해오는 데에 대한 그 반응인 감感과 응應을 보다 구체적으로 서술한다. 그는 말하기를,

주走가 서暑에 감感하여 변變하는 것은 성性의 주走이고, 한寒에 감하여 변하는 것은 정情의 주走이고, 주畫에 감하여 변하는 것은 형形의 주走이고, 야夜에 감하여 변하는 것은 체體의 주走이다. 비飛가 서暑에 감하여 변하는 것은 성性의 비飛이고, 한寒에 감하여 변하는 것은 정情의 비飛이고, 주畫에 감하여 변하는 것은 형形의 비飛이고, 야夜에 감하여 변하는 것은 체體의 비飛이다. 초草가 서暑에 감하여 변하는 것은 성性의 초草이고, 한寒에 감하여 변하는 것은 정情의 초草이고, 주畫에 감하여 변하는 것은 형形의 초草이고, 야夜에 감하여 변하는 것은 체體의 초草이다. 목木이 서暑에 감하여 변하는 것은 성性의 목木이고, 한寒에 감하여 변하는 것은 정情의 목木이고, 주畫에 감하여 변하는 것은 형形의 목木이고, 야夜에 감하여 변하는 것은 체體의 목木이다.(『황극경세』「관물편51」)

라고 하였다. 이상은 감感에 관한 것이다. 다음에는 응應에 관하여 말하기를,

성性이 우雨에 응應하여 화化하는 것은 주走의 성性이고, 풍風에 응하여 화하는 것은 비飛의 성性이고, 로露에 응하여 화하는 것은 초草의 성性이고, 뢰雷에 응하여 화하는 것은 목木의 성性이다. 정情이 우雨에 응하여 화하는 것은 주走의 정情이고, 풍風에 응하여 화하는 것은 비飛의 정情이고, 로露에 응하여 화하는 것은 초草의 정情이고, 뢰雷에 응하여 화하는 것은 목木의 정情이다. 형形이 우雨에 응하여 화하는 것은 주走의 형形이고, 풍風에 응하여 화하는 것은 비飛

의 형形이고, 로露에 응하여 화하는 것은 초草의 형形이고, 뢰雷에 응하여 화하는 것은 목木의 형形이다. 체體가 우雨에 응하여 화하는 것은 주走의 체體이고, 풍風에 응하여 화하는 것은 비飛의 체體이고, 로露에 응하여 화하는 것은 초草의 체體이고, 뢰雷에 응하여 화하는 것은 목木의 체體이다.(『황극경세』「관물편51」)

라고 하였다. 그리고 나아가서 구체적인 현상의 구성요소인 '성性·정情·형形·체體'는 어떤 대상에 관계되는가를 이렇게 말하였다.

성性의 주走는 색色을 잘하고, 정情의 주走는 성聲을 잘하고, 형形의 주走는 기氣를 잘하고, 체體의 주走는 미味를 잘한다. 성性의 비飛는 색色을 잘하고, 정情의 비飛는 성聲을 잘하고, 형形의 비飛는 기氣를 잘하고, 체體의 비飛는 미味를 잘한다. 성性의 초草는 색色을 잘하고, 정情의 초草는 성聲을 잘하고, 형形의 초草는 기氣를 잘하고, 체體의 초草는 미味를 잘한다. 성性의 목木은 색色을 잘하고, 정情의 목木은 성聲을 잘하고, 형形의 목木은 기氣를 잘하고, 체體의 목木은 미味를 잘한다.(『황극경세』「관물편51」)

그리고 또 그는 활동방식인 '주·비·초·목'이 어떤 감각기관에 관계되는가를 다음과 같이 말하였다.

주走의 성性은 이耳를 잘하고, 비飛의 성性은 목目을 잘하고, 초草의 성性은 구口를 잘하고, 목木의 성性은 비鼻를 잘한다. 주走의 정情은 이耳를 잘하고, 비飛의 정情은 목目을 잘하고, 초草의 정情은 구口를 잘하고, 목木의 정情은 비鼻를 잘한다. 주走의 형形은 이耳를 잘하고, 비飛의 형形은 목目을 잘하고, 초草의 형形은 구口를 잘하고, 목木의 형形은 비鼻를 잘한다. 주走의 체體는 이耳를 잘하고, 비飛의 체體는 목目을 잘하고, 초草의 체體는 구口를 잘하고, 목木의 체體는 비鼻를 잘한다.(『황극경세』「관물편51」)

196

이상은 모두 비록 그가 자연현상을 분류한 것이지만, 이것은 현상에 대한 경험적 관찰을 바탕으로 하여 분류한 것이 아니라, 그가 이미 확립한 선천적 범주의 틀에 따라 현상을 끼워 맞춰 분류한 것이다. 역逆으로 봐서 만일 이를 우주론적으로 말한다면, 현상이란 선천적 범주의 후천적 실현인 것이다. 그런데 더 나아가면 반드시 인류의 문제도 제기될 것이다. 그래서 그는 말하기를,

사람이란 서暑·한寒·주晝·야夜에 변變하지 않음이 없고, 우雨·풍風·로露·뢰雷에 화化하지 않음이 없으며, 성性·정情·형形·체體에 감感하지 않음이 없고, 주走·비飛·초草·목木에 응應하지 않음이 없다. 그러므로, 목目은 만물의 색色에 잘 대응하고, 이耳는 만물의 성聲에 잘 대응하고, 비鼻는 만물의 기氣에 잘 대응하고, 구口는 만물의 미味에 잘 대응하니, 만물보다 신령스럽다고 함이 또한 마땅하지 않겠는가.(『황극경세』「관물편51」)
사람이 만물보다 신령스러울 수 있는 까닭은, 말하자면, 그의 목目은 만물의 색色을 능히 거두어들일 수 있고, 그의 이耳는 만물의 성聲을 능히 거두어들일 수 있고, 그의 비鼻는 만물의 기氣를 능히 거두어들일 수 있고, 그의 구口는 만물의 미味를 능히 거두어들일 수 있다는 것이다. 성聲·색色·기氣·미味란 만물의 체體이고, 이耳·목目·비鼻·구口란 만인의 용用이다. 체體에는 정해진 용用이란 없고, 오직 변變만이 용일 따름이다. 용에는 정해진 체란 없고, 오직 화化만이 체일 따름이다. 체와 용이 사귀어서 사람과 물物의 도가 이에 갖추어지게 된다.(『황극경세』「관물편52」)

라고 하였다. 이상의 말들은 인간의 인식주관과 그 대상과의 관계를 말하면서, 인식은 사람의 감각기관을 잘 활용함으로써 이루어짐을 말하는 것인데, 소옹은, 인간이 다른 생물에 비하여 자신의 감각기관을 그 대상에 따라 잘 활용함에서 그 신령스러운 우위성을 가지고 있는 것으로 보는 것이다. 그런데, 여기에서 소옹은 다른 유학자들과 마찬가지로 성인聖人의 문제를 끄집어내고 있다. 그의 성인관은 물物과 사람의 관계를 말하는 논리의 연장선상에 있다. 그는 다음과 같이 말한다.

그렇다면, 사람도 역시 물物이고 성聖(인人)도 역시 사람이다. 일물一物의 물物이 있고, 십물十物의 물物이 있고, 백물百物의 물物이 있고, 천물千物의 물物이 있고, 만물萬物의 물物이 있고, 억물億物의 물物이 있고, 조물兆物의 물物이 있다. 조물의 물에 작용하는 것은 어찌 사람이 아니랴? 일인一人의 인人이 있고, 십인十人의 인人이 있고, 백인百人의 인人이 있고, 천인千人의 인人이 있고, 만인萬人의 인人이 있고, 억인億人의 인人이 있고, 조인兆人의 인人이 있다. 조인의 인에 작용하는 것이 어찌 성聖(인人)이 아니랴? 이로써 사람이란 물物의 지극한 것이며, 성(인)이란 사람의 지극한 것임을 알 수 있다.(『황극경세』「관물편52」)

말하자면, 물物 중에서도 가장 우위에 있는 존재가 사람이고, 사람 중에서도 가장 우위에 있는 존재가 성인聖人이라는 것이다. 그래서 사람이 다른 동식물과는 달리 모든 감각기관에 능하듯이, 성인도 다른 사람과는 달리 이러한 감각기관을 바탕으로 하여 사유함이 뛰어나다는 것이다. 그래서 그는 성인을 다음과 같이 묘사한다.

그(성인聖人)는 능히 하나의 심心으로써 만심萬心을 보고(觀), 하나의 신身으로써 만신萬身을 보며, 하나의 물物로써 만물萬物을 보고, 하나의 세世로써 만세萬世를 볼 수 있는 존재라고 말할 수 있다. 또 그는 능히 심心으로써 천의天意에 대신하고, 구口로써 천언天言에 대신하고, 수手로써 천공天功에 대신하고, 신身으로써 천사天事에 대신할 수 있는 존재라고 말할 수 있다. 또 그는 그렇게 함으로써 능히 위로는 천시天時를 알고, 아래로는 지리地理를 다하며, 가운데로는 물정物情을 다하고 인사人事를 두루 비추어 볼 수 있는 존재라고 말할 수 있다. 또 그는 그렇게 함으로써 천지天地를 두루 포괄하고, 조화造化를 출입出入시키며, 고금古今을 진퇴進退시키고, 인人과 물物을 표리表裏할 수 있는 존재라고 말할 수 있다.(『황극경세』「관물편52」)

사실상 이러한 성인聖人은, 소옹에게 있어서, 그가 제시하는 선천적 범주를 꿰뚫어 알아서 일체의 존재에 적용할 수 있는 존재인 것이다. 따라서, 이상적 인간으로서의 이상적인 인식은 대상으로부터 받아들인 감각자료에 선천적 범주를 바르게 적용하는 것이라고 할 수 있다. 이때 인식의 주체인 '심心'이나 그 대상의 존재방식은 모두, 소옹의 입장에서는 그가 이미 확립한 범주에 따르는 것이며, 인식은 이 양자의 일치에 의한다고 해야 할 것이다.

그렇다면, 인식주관이 대상을 만나 스스로 취하는 상태는 대상에 따라서 그 자신을 범주에 맞게 재 정렬하는 것일 것이다. 이 경우에 심心도 총체적 하나에서 동動과 정靜의 과정을 통하여 8범주에 따를 수 있는 준비상태로 될 것이다. 그래서 대상이 8범주에 맞추어 존재하는 데에 따라 상호 대응할 수 있도록 하는 것이다. 이렇게 볼 때, 8범주는 인식의 대상과 주관에 모두 적용된다고 보지 않으면 안 될 것이다. 소옹은 그의 선천범주가 모든 것에 적용되는 것으로 여겼으므로 이 경우도 예외가 아닌 것이다.[62]

이상은 소옹의 범주 적용에 있어서 현상의 공간적 측면인데, 그는 이 범주를 시간에도 적용시키면서 역사를 말한다. 앞의 우주론은 공간을 구성하는 현상적 요소들을 말한 것이고, 역사는 시간적 현상을 말한다. 특히 소옹과 같은 중국철학자들은 시간적 현상에 가치판단을 개입시킨다. 이때 그의 가치판단에는 이미 그가 정립한 선천적 범주가 적용되어, 사실상 그가 말하는 역사란 그의 선천범주의 실현에 다름 아니다.

그렇다고 해서 이러한 소옹의 선천범주의 실현이라는 측면에서 본 그 범주의 시간적 적용은 단지 가치판단이 개입되는 인간의 삶이 있는 시기에만 한하지는 않는다. 그것은 인간의 삶 이전과 이후에도 적용된다. 왜냐하면, 역사는 이미 선천범주가 시간에 있어서 실현된 틀 속에 있지만, 역사가 있기 이전과 이후에도 선천적 범주에 따른 시간은 있기 때문이다.

소옹은 시간 및 역사에 범주를 적용하기 위하여, 우선 이미 설명된 현상에서부터 출발하여 그가 창안한 시간 범주의 큰 틀을 말한다. 그 시간 범주의 큰 틀은 곧 그의 철학의 대표적 범주의 하나인 원元·회會·운運·세世이다. 그는 앞서 말한 일·월·성·신을 그가 제기한 이 시간범주인 원·회·운·세에 대응시키고 있다. 그는 말하기를,

일日은 하늘의 원元을 다스리고(經), 월月은 하늘의 회會를 다스리고, 성星은 하늘의 운運을 다스리고, 신辰은 하늘의 세世를 다스린다.(『황극경세』「관물편 60」)

라고 한다. 그래서 일·월·성·신의 작용을 통해 시간범주인 원·회·운·세의 작용을 알 수 있게 된다는 것이다. 그래서 그는 또 말하기를,

일日로써 일日을 다스리면, 원元의 원元을 알 수 있다. 일日로써 월月을 다스리면, 원元의 회會를 알 수 있다. 일日로써 성星을 다스리면, 원元의 운運을 알 수 있다. 일日로써 신辰을 다스리면, 원元의 세世를 알 수 있다. 월月로써 일日을 다스리면, 회會의 원元을 알 수 있다. 월月로써 월月을 다스리면, 회會의 회會를 알 수 있다. 월月로써 성星을 다스리면, 회會의 운運을 알 수 있다. 월月로써 신辰을 다스리면, 회會의 세世를 알 수 있다. 성星으로써 일日을 다스리면, 운運의 원元을 알 수 있다. 성星으로써 월月을 다스리면, 운運의 회會를 알 수 있다. 성星으로써 성星을 다스리면, 운運의 운運을 알 수 있다. 성星으로써 신辰을 다스리면, 운運의 세世를 알 수 있다. 신辰으로써 일日을 다스리면, 세世의 원元을 알 수 있다. 신辰으로써 월月을 다스리면, 세世의 회會를 알 수 있다. 신辰으로써 성星을 다스리면, 세世의 운運을 알 수 있다. 신辰으로써 신辰을 다스리면, 세世의 세世를 알 수 있다.(『황극경세』「관물편60」)

라고 하였다. 이렇게 하여 일·월·성·신의 공간적 범주는 시간적 범주로 대치되는데, 이것은 다시 수數에 대응되어 위에서 말한 원의 원에서 세의 세까지의 답이 나오게 된다. 다음은 소옹이 산출한 답을 도표로 정리한 것이다.

	元	會	運	世
元	1	12	360	4,320
會	12	144	4,320	51,840
運	360	4,320	129,600	1,555,200
世	4,320	51,840	1,555,200	18,662,400

(세로줄의 표제를 먼저 읽고 난 다음에 가로줄의 표제를 읽어서, '元의 元'은 1, '元의 會'는 12, …, '世의 運'은 1,555,200, '世의 世'는 18,662,400 등으로 본다.63))

이를 토대로 소옹은 하나의 긴 연표年表를 만든다. 그의 『황극경세』의 「관물편」은 바로 이 연표로부터 시작된다. 우선 그는 원元의 원元으로서의 1원元의 표를 만들었는데, 그 안에는 '원으로써 회1을 다스린다(以元經會一)'는 데서부터 시작하여, '원으로써 회12를 다스린다(以元經會十二)'까지의 제1회에서 제12회까지의 1원의 표가 제시되어 있다. 1원은 12회이기 때문이다. 원은 십간十干으로 표현되는데, 「관물편」에는 그 한 단위의 첫 번째인 갑甲의 원으로 나타나 있다. 회는 십이지十二支로 표현되어 제1회인 자子의 회에서 제12회인 해亥의 회까지 나타나서 갑의 원을 구성하고 있다. 1회는 모두 30운運으로 구성되는데, 십간이 세 번 반복된다. 그래서 1원은 360운이 된다. 1운에 또 12세世가 있어서 십이지로 표현된다. 그래서 1회는 360세世가 되며, 동시에 1원은 모두 4,320세가 되는 것이다. 그런데, 이미 말했듯이 일·월·성·신이 원·회·운·세를 다스리므로, '원으로써 회1을 다스린다(以元經會一)'는 데서부터 '원으로써 회12를 다스린다(以元經會十二)'까지의 전체 과정은 일·월·성·신으로 제시되어 있다. 이것이 「관물편(1)」에서 「관물편(12)」까지의 내용이다.

그리고 나서, 소옹은 위의 원칙에 따라 위의 연표를 보다 구체적으로 제시하여, 한 원元에서의 '개물開物'에서 '폐물閉物'까지를 나타내었다. 그의 연표에 따르면, '일日의 갑일(甲一)'의 '월月의 인삼(寅三)' 중에 개물開物하였다고 한다. 즉, 한 원元에 있어서 세 번째 회會인 인寅의 회에서 개물開物했다는 것이다. 그리고는 시간이 다시 지나 본격적인 인류역사에 접어들게 된다. 그것을 나타내기 위하여 그는 '일日의 갑1(甲一)'의 '월月의 사6(巳六)'의 '성星의 계180(癸一百八十)'의 '신辰의 자2149(子二千一百四十九)'부터 표를 보다 구체화하여 한 해씩 표시해 나가고 있다. 그의 연표에 있어서 1세世는 30년年인데, 그는 2세, 즉 60년을 한 단위로 하여 십간과 십이지의 조합인 60갑자甲子로써 표시하고 있다. 이렇게 되면 결국 1원元은 129,600년年이 된다.

소옹은 '일日의 갑1甲一'의 '월月의 사6(巳六)'의 '성星의 계180(癸一百八十)'의 '신辰의 미2156(未二千一百五十六)'의 갑진년甲辰年에 당요唐堯의 시대가 시작된다고 표시하고 있다. 그래서 역사적 사실에 있어서는 그의 시대의 임금의 때인 신종神宗 희령熙寧10년까지 표시되어 있다.[64] 그리고, 그의 연표에 따르면, '일日의 갑1(甲一)'의 '월月의 술11(戌十一)'의 끝에 폐물閉物한다고 되어 있다. 그의 이 두 번째 표에는 그가 정리한 많은 역사적 사건들이 표시되어 있다. 이것이 「관물편(13)」에서 「관물편(24)」까지의 내용이다. 그 다음 세 번째의 표에서는 역사적 사실들에 초점을 맞추어 두 번째에서보다 더 상세히 적고 있다.[65] 그리고 이러한 것은 단지 1원으로 끝나지 않고 무궁하게 그 과정이 계속 반복되는 것이다.[66]

이상과 같은 '원元·회會·운運·세世'에 관한 이론은 먼저 '일日·월月·성星·신辰'으로 표현되는 공간적 범주에서 출발하였지만, 그의 사상의 성립과정으로 보면 역시 시간에 있어서의 유비추리에 의한 것이라고 볼 수 있다. 그것은 '원·회·운·세'를 '춘春·하夏·추秋·동冬'에 비유하여 대응시키고 있음에서도 알 수 있다. 그는 말하기를,

> 원元의 원元은 춘春으로써 춘春을 행하는 때이다. 원元의 회會는 춘春으로써 하夏를 행하는 때이다. 원元의 운運은 춘春으로써 추秋를 행하는 때이다. 원元의 세世는 춘春으로써 동冬을 행하는 때이다. 회會의 원元은 하夏로써 춘春을 행하는 때이다. 회會의 회會는 하夏로써 하夏를 행하는 때이다. 회會의 운運은 하夏로써 춘春을 행하는 때이다. 회會의 세世는 하夏로써 동冬을 행하는 때이다. 운運의 원元은 추秋로써 춘春을 행하는 때이다. 운運의 회會는 추秋로써 하夏를 행하는 때이다. 운運의 운運은 추秋로써 추秋를 행하는 때이다. 운運의 세世는 추秋로써 동冬을 행하는 때이다. 세世의 원元은 동冬으로써 춘春을 행하는 때이다. 세世의 회會는 동冬으로써 하夏를 행하는 때이다. 세世의 운運은 동冬으로써 추秋를 행하는 때이다. 세世의 세世는 동冬으로써 동冬을 행하는 때이다.(『황극경세』「관물편60」)

202

라고 하였는데, 이는 '원·회·운·세'의 조합과 '춘·하·추·동'의 조합을 동일시함과 동시에 '원·회·운·세'와 '춘·하·추·동'이 동일한 구조에 따른 유비추리의 결과임을 말하고 있다. 역시 동일한 범주의 적용인 것이다. 이러한 유비추리는 '원·회·운·세'의 시간단위에서도 나타난다. 즉, 1원의 구성은 1년의 구성에 대응될 수 있다. 1원元이 12회會임은 1년年이 12월月임에 대응되고, 1회會가 30운運임은 1월月이 30일日임에 대응되고, 1운運이 12세世임은 1일日이 12시時임에 대응된다. 미시적 시간은 거시적 시간의 축소판이고, 거시적 시간은 미시적 시간의 확대판으로서, 양자는 그 구조에 있어서는 동일한 범주로 구성된다는 것이다.

그런데, 앞에서 소옹의 역사에 관한 철학에는 가치판단이 개재된다고 하였다. 그는 역사적인 평가에 있어서 당대의 통치자의 도덕적 역량에 따라 '황皇·제帝·왕王·패伯(覇)'로 나누었다. 이것은 도덕적 역량에 따른 가치판단의 개념이다. '황·제·왕·패'로 나뉘는 것은 통치자가 무엇에 의존하여 다스리는가에 따른 분류이다. 그는 통치자가 의존하는 통치의 방법을 '도道·덕德·공功·력力'으로 나눈다. 즉, 황皇－도道, 제帝－덕德, 왕王－공功, 패伯－력力인 것인데, 이는 모두 가치판단에 의거한 것이다. 그에 있어서 역사의 흥망성쇠는 도덕의 흥망성쇠에 비례한다.

소옹은 역사에다 가치를 개입시키지만, 역사는 이미 정해진 선천범주의 필연적 틀 속에 있으므로, 그 가치는 사실에 포섭되어 결국은 순환론적 숙명론이라는 비판을 받을 소지가 있게 된다. 이러한 그의 사상은 인간의 자유의지에 따른 세계를 넘어선 객관적 세계가 선재한다는 해석을 가능케 한다. 또 다른 측면으로는 예정조화설로 보이기도 한다. 이것은 "사람이 도道를 넓히는 것이지, 도道가 사람을 넓히는 것이 아니다."(『논어論語』「위령공衛靈公28」)라는 공자孔子의 말을 무색케 할 수도 있다. 물론 공자도 천명을 이야기하였지만, 소옹은 그보다 더 필연을 강조하는 색채를 띠고 있다. 소옹에게 있어서는 인간세계보다 더 거시적인 세계가 먼저 있고, 이 세계를 관통하는 법칙인 그의 선천범주에 모두가 포섭된다는 것이다.

이렇게 볼 때, 소옹의 역사철학은 이미 자연적 사실개념에 적용되었던 범주의 도식을 그대로 사용한 것이기 때문에, 가치로서의 역사철학을 사실로서의 자연철학으로 만들어 버린 것이다. 비록 그가 애써 사실개념과 가치개념을 동등하게 보려 하고 그것에 공통적으로 적용되는 범주를 내세우지만, 이미 전제된 논리적 범주를 획일적으로 적용함은 가치로서의 도덕철학에 전제되어야 할 자유의지가 배제되어 도덕철학의 자연철학화, 즉 당연법칙의 필연법칙화를 가져 왔다. 즉, 그는 역사를 그가 이야기하는 도덕의 실현 여부에 따라 그 시대를 구분하여, 역사에 도덕적 판단을 개재시켰으나, 그 도덕의 실현에는 미리 전제된 선천적 범주가 있다는 것이다. 황皇·제帝·왕王·패伯와 도道·덕德·공功·력力은 바로 그 범주의 적용에 따른 분류인 것이다. 그의 다음 말은 그가 주장하는 역사의 필연성을 잘 나타내고 있다.

> 극란極亂에서 극치極治에 이르기까지 반드시(必) 세 번 변變한다. 삼황三皇의 법法에는 살殺이 없었다. 오패五伯의 법法에는 생生이 없었다. 패伯가 한 번 변變하여 왕王에 이른다. 왕王이 한 번 변變하여 제帝에 이른다. 제帝가 한 번 변變하여 황皇에 이른다.(『황극경세』「관물편59」)

여기에서 '반드시(必)'라고 함은 곧 역사의 필연성을 말한다. 역사가 필연적이면 인간의 도덕적 노력은 무의미해질 것이다. 그러나 미시적인 도덕적 노력에 부여된 자유의지가 거시적인 필연으로 나타나는 것일지도 모른다. 공자도 천명은 어찌할 수가 없었기 때문이다. 역사에 있어서 자유는 다만 미시적인 영역이고, 필연은 거시적이라 함이 소옹을 떠나서 타당한지도 모른다. 다만 소옹은 거시적인 측면에서 일체를 관통하려 하였기 때문에, 필연의 측면이 더욱 부각되어 보이는지도 모를 일이다.[67]

이상은 소옹의 「관물편觀物篇」에 따른 그의 선천역학 사상을 말한 것이다. 그런데 그의 저작으로 알려진, 이와는 결이 다른 「관물외편觀物外篇」이 있다. 이제 이에 대해 보자.

「관물편觀物篇」과 「관물외편觀物外篇」의 차이

「관물편」과 「관물외편」은 내용상 다른 면을 내포하고 있다. 주로 쓰인 용어와 그 개념에도 차이가 있으며 그 논의영역도 다르다. 우선 양자 모두 '역易'의 사상에 근간을 둔 점은 같다. 그런데 「관물편」은 비록 『주역』「설괘전說卦傳」에서 아이디어를 빌었지만, 거기에서 그리는 전체적인 구도와 논의방식은 『주역』과 달라서 『주역』에서 쓰인 범주를 채택하지 않았다. 그 대신 소옹의 독창적인 범주가 제시, 적용되고 있다. 그러나 「관물외편」은 『주역』의 용어를 그대로 사용하면서, 그것을 토대로 하여 그와 관련된 역학이론을 논의해 가고 있다.(68)

그렇다고 하여 「관물외편」이 전적으로 「관물편」과 무관하다는 것은 아니다. 그 중에는 「관물편」과 연관되는 부분도 있고, 또 그렇지 않은 부분도 있다. 「관물외편」을 굳이 「관물편」과의 연계성에 주목하여 말한다면, '역易' 외의 별도 '역'인 「관물편」을 『주역』과 관련시켜 설명하려 한 것이라 말할 수 있다. 그러나 「관물외편」을 「관물편」과 다른 면을 중심으로 말한다면, 거기에는 「관물편」에서는 언급되지 않은 『주역』의 문장과 내용에 관한 많은 해설과 견해가 포함되어 있다는 것이다. 그리고 체제의 측면에서도 차이를 보인다. 「관물편」은 한 사람의 저자가 계획을 가지고 저술한 것이므로, 전후가 상관성이 있고 정리된 모습을 띤다. 그러나 「관물외편」은 후학들의 단순편집이므로 그렇지 못하다.

세상에서는 여태까지 「관물편」과 「관물외편」의 사상을 모두 소옹의 역학사상으로 간주하여 왔다. 심지어 그 중에서도 「외편」을 보다 부각시켜 왔다. 왜냐하면 주희가 특히 이 부분을 자신 철학의 중요한 이론적 요소로 받아 들였기 때문이다. 그런데 「관물편」은 순수한 소옹의 저작인 반면, 「외편」의 내용은 꼭 그렇지는 않다. 『논어論語』가 후학의 편집이지만 공자孔子의 사상을 담은 것으로 보듯이, 「관물외편」도 당연히 소옹의 사상으로 볼 수는 있지만, 「관물외편」의 경우는 단순한 편집이 아니라 그 속에 소옹의 아들 소백온邵伯

溫이나 소옹의 제자들의 견해가 상당부분 끼어들어 있을 수가 있다. 「관물외편」은 「관물편」에서 보이는 학설을 토대로 소백온과 소옹의 제자들이 그 취지에 따라 확충하여 해석한 것으로 볼 수도 있다. 따라서 「관물외편」은 전적으로 소옹의 것이거나 또는 그렇지 않거나 한 것이 아니라, 그 토대는 소옹의 것이되 상당 부분 후학의 것이 가미된 것으로 볼 수 있다.

이러한 생각을 다시 정리해 본다면 다음과 같다. 즉, 소옹은 그의 학문 출발시 당연히 기존의 '역易'인 『주역周易』에서 시작하였다. 그리고 그것을 나름대로 해석하였을 것이다. 그러다가 한 걸음 더 나아가서 독창적인 역 이론을 내세웠을 것이며, 그것을 저술화한 것이 「관물편觀物篇」일 것이다. 그러면서도 평소에 『주역』에 관한 언급도 하였을 것이고, 그것과 「관물편」과의 관련성도 이야기하였을 것이다. 그래서 「관물외편觀物外篇」에는, 소옹이 「관물편」을 이루기 전이든지 이루고 난 이후든지, 기존의 역인 『주역』에 대한 견해를 평소 아들과 후학들에게 강의한 내용이 상당 부분 포함되어 있을 것이고, 나아가 그 아들과 후학들이 소옹 사후에 소옹이 평소 강의한 내용에 근거하여, 그들의 관점을 포함시켜 확대해석한 부분도 포함되었을 것이다. 따라서 그 속에는, 비록 「관물편」에 쓰인 용어와 개념과는 다른 부분인 기존 역학의 것들이 포함되어 있지만, 그 이론적 상호연계성도 상당부분 존재하고 있을 것이고 실제 그러한 면을 보인다. 하지만 소옹이 「관물외편」과 같은 글을 직접 남기지는 않았으므로, 그 둘 차이에 있는 소옹 스스로의 의도적인 차별성도 있을 수 있다.

「관물외편觀物外篇」의 수數

「관물외편」의 세계해석방법은 이미 말한 대로 『주역』을 토대로 한 것이다. 그런데 여기에 또 도입되는 중요한 범주가 있는데 그것이 바로 '수數'이다.[69] 소옹은 『주역』의 범주를 수에 대응·환산하여 만상萬象을 설명하고자

하였다. 「관물편」이 소옹 자신이 만든 독특한 범주를 수로 환산한 것을 내용으로 삼고 있다면, 「관물외편」은 『주역』의 범주인 괘卦를 수數에 대응시켜 환산한 것을 주 내용으로 삼고 있다. 「관물외편」에서는 첫머리부터 수에 관한 이론을 전개하고 있는데, 이때의 수는 『주역』「계사전繫辭傳」 중에 보이는 "天一地二, 天三地四, 天五地六, 天七地八, 天九地十. 天數五, 地數五."를 그 근거로 한 것이다. 「관물외편」의 처음은 이렇게 시작된다.

> 천수天數 다섯(5)과 지수地數 다섯(5)이 합해져 10이 되는데, 곧 수數의 완전함이다. 천天은 1을 가지고 4로 변하며, 지地도 1을 가지고 4로 변하는데, 4라는 것은 체體를 가지고 있지만, 그 1이란 체가 없다. 이것을 일러 유有와 무無의 극極이라고 한다. 천의 체수體數는 4이지만, 용用하는 것은 3이고, 용하지 않는 것은 1이다. 지地의 체수도 4이지만, 용用하는 것은 3이고, 용用하지 않는 것은 1이다. 이런 까닭으로, 체 없는 1을 가지고 자연自然에 견주고, 용하지 않는 1을 가지고 도道에 견주며, 그것에 용하는 3을 가지고 천天·지地·인人에 견준다.(『황극경세』「관물외편觀物外篇上上」)

먼저 『주역』「계사전」에서 말하는 천지의 수는 역의 '짝'관념인 음양을 수로 환산한 것이다. 음양의 대표적 현상물은 천지天地이다. 이 천지라는 음양적 현상을 1에서 10까지의 수로 번갈아 대응시킨 것이 천지의 수이다. 역에서는 홀수를 양陽으로 짝수를 음陰으로 간주하므로 1, 3, 5, 7, 9의 양의 수로 양물陽物인 천에 대응시키고, 2, 4, 6, 8, 10의 음의 수로 음물陰物인 지에 대응시킨다. 그래서 천수가 다섯 개가 되고 지수가 다섯 개가 되는데, 소옹은 이것들을 합한 전체인 10을 수의 완전함으로 보았다. 이것은 10진법을 수의 주된 운용방법으로 하는 관념의 소산이라 볼 수 있다.

「계사전」의 이상과 같은 수 관념에 기초하여 소옹의 위 인용문에서 주목할 것은 수1에 대한 관념이다. 그는 1을 하나인 전체에 대응시켰다. 그래서 이것을 다른 수와 그 성격을 달리 하는 것으로 보았다. 그는 천수이든 지수이든 각 다섯(5) 중 1(하나)이 나머지 4(넷)로 변한다고 생각하였다. 1은 존재의 전체이며 그것이 변하는 양상이 4로 전개된다고 본 것이다. 1년에 대비시키면, 1은 1년의 전체이고, 4는 4시時에 대응된다고 볼 수 있다. 이때의 1은 어떤 존재의 근원적 전체로서 구체적 현상에 대응되지 않으므로, 그는 그것을 체體가 없는 1로 보았다. 그리고 나머지 4는 그에 대해 체가 있는 수로서의 체수體數로 보았다.

그런데 실제 현상의 구체적 변화와 전개는 이 체수인 4에 의해서 진행되는데, 이것이 작용으로서의 용用이다. 작용상에서 말할 때, 1과 나머지 3이 다시 구분된다. 그래서 여기서의 1은 작용하지 않는 수가 되고, 나머지 3이 작용하는 수가 되는 것이다. 그런데 소옹은 여기서 처음의 체 없는 1을 자연自然에, 그 다음 체가 있으면서 용하지 않는 1을 도道에, 그리고 끝으로 용하는 3을 천天·지地·인人에 대응시켰는데, 이것은 『노자老子』의 "人法地, 地法天, 天法道, 道法自然."(『노자』25장)이란 명제에서 영향 받은 것이라 할 수 있다.[70] 이 점에서 소옹은 유가와 도가를 동시에 넘나들었음을 확인할 수 있다.

이를 시작으로 소옹은 수를 자신의 세계해석방법에 적용하는데, 그것은 주로 역의 범주인 괘를 수로 환산하여 현상의 복잡다단함을 설명하는 것으로 이루어진다. 이때 그는 자신이 접한 당시의 천문天文과 역법曆法의 지식을 동원하여 거기서 얻어지는 수치를 역의 개념들과 결합시킨다. 여기서 중요하게 활용되는 것 역시 『주역』「계사전」의 수들이다. 소옹은 앞의 천수와 지수를 비롯하여 「계사전」의 "大衍之數五十, 其用四十有九."를 거쳐, 건책乾策과 곤책坤策을 운용하는 수와 같은 것을 현상에 적용한다. 「계사전」에서는 다음과 같이 말하고 있다.

건乾의 책策이 216이요 곤坤의 책策이 144이다. 모두 360으로서 1년에 해당된다. 두 편篇의 책策은 11,520으로서 만물의 수數에 해당된다.

여기서 건책乾策과 곤책坤策은 역을 이용해 점占을 치는 것과 관련된다.

「계사전」은 이러한 점 행위와 그 결과를 모두 1년의 자연운행에 견주고 있다. 그리고 궁극적으로는 자연현상인 만물의 수에 대응시킨다. 소옹은 「계사전」의 이러한 발상을 응용하여 자기 나름대로 더 확장하였다. 이 확장과정은 「관물편」에서 전개한 것과 관련된다. 「관물편」에는 자연현상에 견준 중요한 범주로서 일日·월月·성星·신辰이 있다. 소옹은 「관물외편」에서 수를 만물에 적용시킬 때 곧 이와 관련시킨다. 그는 말하기를,

> 일日도 1위位이고 월月도 1위位이며 성星도 1위位이고 신辰도 1위位이다. 일에 4위가 있고 월에도 4위가 있으며 성에도 4위가 있고 신에도 4위가 있어서 4×4＝16위가 있다. 이것이 1변變하여 일월의 수數를 다하게 된다. 천에 4변變이 있고 지에 4변變이 있는데, 이 변에 자람(長)도 있고 사라짐(消)도 있어서, 16변하여 천지의 수가 다하는 것이다.
> 일日은 1에서 시작하고, 월月은 2에서 시작하며, 성星은 3에서 시작하고, 신辰은 4에서 시작한다. 이것을 확장하여 응용하면 양수陽數는 언제나 6이고 음수陰數는 언제나 2임으로서 대운大運과 소운小運이 다하는 것이다.(『황극경세』「관물외편觀物外篇上」)

라고 한다. 이를 바탕으로,

> 360이 변變하여 129,600이 되고, 129,600이 변하여 167억億9,616만萬이 되며, 167억9,616만이 변하여 28,211조兆990만7,456억이 된다. 360을 시時로 삼고, 129,600을 일日로 삼고, 167억9,616만을 월月로 삼고, 28,211조990만7,456억을 년年으로 삼으면 대운大運과 소운小運의 수數가 세워진다.(『황극경세』「관물외편觀物外篇上」)

라고 하는 과정을 거쳐, 수數가 만물에 견주어지도록 확장된다. 이때 동시에 『주역』의 괘도 수와 연계, 수치화된다. 예컨대 그는 말하기를,

건괘乾卦는 1이지만, 건乾의 오효五爻가 나뉘어 대유괘大有卦가 되어 360의 수數에 해당되고, 건乾의 사효四爻가 나뉘어 소축괘小畜卦가 되어 129,600의 수數에 해당되며, 건乾의 삼효三爻가 나뉘어 리괘履卦가 되어 167억億9,616만萬의 수數에 해당되고, 건乾의 이효二爻가 나뉘어 동인괘同人卦가 되어 28,211조兆990만萬7,456억億의 수數에 해당된다. 건乾의 초효初爻가 나뉘어 구괘姤卦가 되어 7자秭9,586만6,110해垓9,946만4,008경京8,439만1,936조兆의 수數에 해당된다.(『황극경세』「관물외편觀物外篇상上」)

라고 한다. 이렇게 시작하여 역의 각 괘를 수에 배당하고 그것을 다시 변용하여 역의 여러 개념을 수와 관련시켜 설명한다.[71]

「관물외편觀物外篇」의 괘卦

64괘의 연역과정에 대해서는 역학사易學史상 많은 견해가 있다. 그런데 그 중에서 가장 많이 알려진 것은 주희朱熹의 부각과 발휘로 인하여 유명해진 소옹의 견해이다. 소옹의 견해는 주희가 그의 『주역본의周易本義』와 『역학계몽易學啓蒙』에서 논함으로써 유명해졌다. 이 소옹의 견해라는 것이 바로 다음처럼 「관물외편」에 나타나는 것이다.

태극太極이 나뉘고 나면 양의兩儀가 선다. 양陽이 아래로 가 음陰과 사귀고, 음이 위로 가 양과 사귀어 사상四象이 생생生한다. 양이 음과 사귀고 음이 양과 사귀어 천天의 사상을 생생生하고, 강剛이 유柔와 사귀고 유가 강과 사귀어 지地의 사상을 생生한다. 이에 팔괘八卦가 이루어진다. 팔괘가 서로 섞인(錯) 후에 만물이 생한다. 그러므로 1이 나뉘어 2가 되고, 2가 나뉘어 4가 되고, 4가 나뉘어 8이 되고, 8이 나뉘어 16이 되고, 16이 나뉘어 32가 되고, 32가 나뉘어 64가 된다.(『황극경세』「관물외편觀物外篇상上」)

그런데 이것은 「계사전」의 "易有太極, 是生兩儀, 兩儀生四象, 四象生八卦, 八卦定吉凶, 吉凶生大業."이라는 부분을 확대해석하여 괘 연역방법으로 삼은 것이다. 이러한 것은 태극을 존재전체를 지칭하는 범주로 삼아서, 이 범주를 단계적으로 분할하는 것으로서, 매우 단순한 논리의 발상이다. 그런데 여기에는 8괘까지의 단계만 있을 뿐 더 이상은 없다. 그러나 소옹은 이 분할의 방법을 더욱 확장해 나가서 64괘의 연역방법으로까지 삼고 있다. 64괘야 당연히 『주역』에서 실제적으로 운용되는 괘이지만, 이러한 분할과정상에서 「계사전」에는 없는 16과 32의 단계가 자연히 나타나게 된다. 어떤 학자는 이 점을 들어 『주역』에 근거가 없고 명칭도 붙일 수 없는 16과 32의 단계만 보더라도 소옹의 괘 연역방법이 온당하지 못함을 말하기도 한다. 이렇게 비판하는 쪽에서는 「계사전」에 충실하여, 8괘까지만 그 연역의 근거로 삼고, 64괘는 8괘를 단순히 거듭하였다고 본다.

「계사전」의 내용이 어떠하든 「관물외편」의 이러한 논리 방법에 따른다면 단지 64개의 범주가 나오는 단계에서 그 분할을 멈출 이유는 없다. 이 논리는 매우 단순한 것으로서, 그 분할은 64의 단계를 더 넘어 설 수 있음은 물론이다. 그래서 「관물외편」에서도 이러한 발상에 대해 언급하여,

십十이 나뉘어 백百이 되고, 백百이 나뉘어 천千이 되고, 천千이 나뉘어 만萬이 되니, 마치 뿌리에 줄기가 있고, 줄기에 가지가 있으며, 가지에 잎이 있음과 같아서, 커질수록 더욱 적어지고, 세밀해질수록 더욱 번다해진다. (하지만) 이를 합하면 하나가 되고, 이를 펼치면 만萬이 된다.(『황극경세』「관물외편觀物外篇상上」)

라고 하였다. 즉 범주의 분할은 무한히 진행될 수 있으며, 또 이것이 아무리 무한히 진행된다 하더라도, 결국은 전체로서의 일자一者를 분할한 것이므로, 다시 모으면 전체로서의 하나, 즉 태극으로 환원된다는 것이다.

이러한 생각은 『주역』의 괘가 문헌상으로는 비록 64괘로 그치지만, 세계

를 설명하는 논리는 『주역』이라는 특정 문헌을 떠나 객관적이고 보편적임을 주장하는 것이다. 소옹은 이미 「관물편」에서 보여준 대로, 문헌으로서의 『주역』 자체에 얽매이지 않고 자유롭게 자신의 범주를 독창해 낼 정도의 인물이므로, 이러한 발상은 그에게 그다지 문제가 되지 않을 것이다. 그러나 역학사에 있어서 소옹의 이러한 생각은 주희가 바로 이어 이 학설을 받아 들였기 때문에, 주자학朱子學 계통에서는 중요한 학설이 되었고, 동시에 주희의 생각과 더불어 후대의 비판도 받게 되었다.[72]

또한, 『주역』「계사전」의 "易有太極, 是生兩儀, 兩儀生四象, 四象生八卦."의 말은 흔히 각각의 전자가 후자를 생生함은 그 전자 외의 별물別物을 생함이 아닌 것으로 보고 있다. 즉, 생함에 따라 그만큼 별물이 불어 가는 것이 아니라는 것이다. 그래서 64괘까지 이른다 해도 각각의 후자는 그 전자를 보다 세분하여 설명함에 불과한 것이 된다. 그래서 소옹 역시 만물 속에는 이러한 과정이 이미 내재하는 것으로 보아, "만물은 각각 태극, 양의, 사상, 팔괘의 차례도 가지고 있고, 고금古今의 상象도 가지고 있다."(『황극경세』「관물외편觀物外篇上」)고 말한다. 이와 같은 맥락으로 주희도 "양의에서 사상으로 나누어지면, 양의 또한 태극이 되고, 사상 또한 양의가 된다."(『역학계몽易學啓蒙』)고 한다. 이러한 것은 결국 동일한 것을 수학적 2분법을 통해 보다 세밀히 설명해 가려는 방법이다. 그래서 주희는 이 방법을 계속해 나가면, "백천만억百千萬億의 무궁함에까지 나아갈 수 있다."(『역학계몽』)고 한다.

소옹의 이러한 2분법적 방법은 일체존재의 전체를 하나로 보아, 그것을 계속 2분해 가는 것이지만, 이 방법은 양과 음의 두 획畫을 제시하고 나서 양획陽畫과 음획陰畫 각각에 다시 양획과 음획을 얹어서, 양과 양, 양과 음, 음과 양, 음과 음을 위로 연속하여 만들고, 다시 이 4종의 2획짜리마다 양획과 음획을 순차적으로 얹어서 8종의 3획을 만들고, 다시 같은 방법으로 계속하여 64괘를 도출하는 것과 같은 결과를 가져오는 것이다. 이렇게 하는 것을 '가일배법加一倍法'이라고 한다. 2분법이나 가일배법은 논리적으로 결국 같은 것이다. 주희의 『역학계몽』에는 이 가일배법이 도식화되어 있고, 그의 『주역본의』

에도 그 첫머리에 이 방법을 말하고 있다. 이렇게 해서 만들어진 도식이 곧「복희팔괘차서도伏羲八卦次序圖」와「복희육십사괘차서도伏羲六十四卦次序圖」이다. 즉 '복희伏羲'라는 표현을 내세워 복희씨伏羲氏가 이렇게 획괘했다고 주장하는 것이다. 후자는 전자를 계속 분할해 가면 도출되는 도식이므로, 후자만 아래에 제시하도록 하겠다.

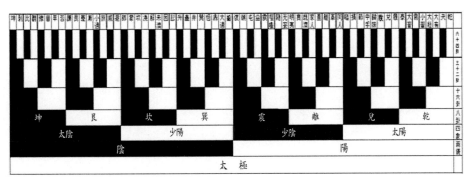

복희육십사괘차서도(伏羲六十四卦次序圖)

「관물외편觀物外篇」의 역易철학적 주제들

소옹은 자신의 학문 성격을 스스로 규정하고 있다. 그리고 이 규정은 훗날 후인들에 의해서도 그대로 쓰이고 있다. 그는 자신의 학문을 '선천학先天學'으로 일컬었다. 그는 자신의 선천학에 대해 다음과 같이 규정하고 있다.

선천학先天學은 심법心法이다. 그러므로 도圖가 모두 중中으로부터 일어나며, 온갖 변화와 온갖 일은 심心에서 생겨난다.(『황극경세』「관물외편觀物外篇 하下」)

여기서 심心은 관념일반이다. 그래서 그의 선천학은 하나의 관념론임을 스스로 말한 것이 된다. 따라서 그가 이해하는 『주역』의 범주들은 모두 관념의 소산이며, 그 이론은 관념론이다. 동시에 그가 독자적으로 창출한 '역'에 관련된 이론 역시 관념론이다. 구체적으로 말한다면, 역의 괘전개는 관념의 전개이며, 그 전개 이전의 상태인 태극은 곧 관념 자체인 것이다. 그래서 그는 이렇게 말한다.

> 심心도 태극太極이고, 도道도 태극太極이라고 한다.(『황극경세』「관물외편觀物外篇상上」)

즉 심心의 전개는 곧 태극의 괘卦로의 전개인데, 동시에 만상의 근원이 만상으로 전개됨에 대응된다.[73] 또 그는

> 선천학先天學은 성誠을 위주로 한다.(『황극경세』「관물외편觀物外篇하下」)

라고 하기도 하였는데, 이것은 『중용』의 "성誠이란 하늘의 도道이고, 성誠하려는 것은 사람의 도이다."라고 한 데서 근거하여, 객관적, 주관적 관념을 성誠으로 지향하고자 한 것이다. 또 그의 선천先天개념은 후천後天개념에 대응하는 것이다. 그래서 그는 선천학에 대해서 후천학後天學도 이야기하였다. 그는 말하기를,

> 선천先天의 학學은 심心이요, 후천後天의 학學은 적迹(현상)이다.(『황극경세』「관물외편觀物外篇하下」)

라고 하였는데, 선천학은 주관에 관한 학문이며, 후천학은 대상인 현상에 대한 학문임을 말한 것이다. 그런데 이 주관인 심은, 그로부터 전개된 선천적 범주인 괘와 그로부터 환산된 범주인 수數로써 자취(迹)인 현상을 인식하고 장악한다. 따라서 선천학은, 그 대상을 연구하는 후천학에 대해서 대상에 대

한 주도권을 장악하는 심과 심으로부터 전개되는 범주를 연구하는 학이다. 그는 이에 심의 주도적인 면을 강조하여,

심心은 하나여서 나누지 못하지만, 온갖 변화에 응할 수 있다. 이것이 군자가 심을 비워 움직이지 않게 하는 까닭이다.(『황극경세』「관물외편觀物外篇下」)

라고 하기도 한다. 한편 소옹은 선천과 후천의 개념을 약간 다른 측면에서 이야기하기도 한다. 그는 말하기를,

요堯임금 이전은 선천先天이고, 요堯임금 이후는 후천後天이다. 후천은 바로 법法을 본받는 것일 뿐이다.(『황극경세』「관물외편觀物外篇上」)

라고 하였다. 여기서는 요堯의 시대를 기준으로 해서 그 이전을 선천, 그 이후를 후천으로 하여 그 상대적인 면을 이야기하였다. 요의 시대는 「관물편」에서부터 이야기된 그의 원元·회會·운運·세世의 설에 의거해 볼 때, 우리가 살고 있는 이 시공적 영역의 한 원元, 즉 지금 이 우주의 한 단위에서 그 절정인 정점에 해당되는 것이다. 그래서 그 이전은 발전의 상승 국면을 띠고, 그 이후는 하강 국면을 띤다. 그 하강의 시대인 후천의 때에는 선천에서 제시된 법法을 본받아야 하는 것이다. 그런데 이러한 선후천 분류는 이후 어떤 한 주기의 시간적 범위를 그 중간의 기준선을 중심으로 그 전후로 나누어 상대적으로 규정하는 근거가 되었다.

한편, 이 관념일반인 심이 범주를 전개하여 활동하는 것을 소옹은 '신神'으로 부른다. '신神'은 『주역』의 「계사전」이나 「설괘전」을 통해 거듭 나오는 용어이다. 이 용어는 『주역』에서의 원래 뜻이 무엇이든 간에 여러 송대 철학자들에 의해서 중요하게 취급되면서, 그 정의는 각자의 철학적 입장을 반영하였다. 이 개념은 주돈이周惇頤나 장재張載의 우주론적 철학에 의해서, 객관세계에 내재되어 그 운동을 일으키는 역동적 힘으로 역할하면서, 향후 이정二程

215

의 '리理'로 발전하는 단서가 되었다. 소옹에 있어서의 신神은 주돈이나 장재의 면도 보이지만, 궁극적으로는 그의 관념론적 역학에 의해 주관으로 수렴된다. 우선 그의 신神에 대한 다음과 같은 언급들을 보자.

> 하늘의 상수象數는 추리推理해 볼 수 있지만, 그 신神의 작용은 헤아려 볼 수 없다.(『황극경세』「관물외편觀物外篇상上」)
>
> 형체는 나눌 수 있으나 신神은 나눌 수 없다.(『황극경세』「관물외편觀物外篇상上」)
>
> 하늘에도 숨고 땅에도 숨으면서, 가지 않아도 이르며, 음양에 의해 제한 받지 않는 것이 신神이다.(『황극경세』「관물외편觀物外篇하下」)

여기서 말하는 신神은 주돈이나 장재의 그것과 비슷하다. 그래서 그것은 세계의 운동과 변화를 일으키는, 규정하기 어려운 어떤 힘을 말하는 것으로 이해될 수 있다. 그가 "태극은 1로서 움직이지 않다가 2를 낳는다. 2는 신神이다."(『황극경세』「관물외편觀物外篇하」)라고 할 때의 신神은 주돈이나 장재의 그것과 매우 닮았다. 그런데 그의 이론의 중심에는 심心이 있고 이 심은 곧 태극이다. 따라서 태극으로부터 전개되는 신神은 곧 논리상 심心으로부터 전개되는 것이 된다. 그래서 그의 신은 결국 관념적 심에 의해 통섭되는 것이다. 또 이 심을 인간의 주관으로 설정하여 말할 때, 당연히 신은 심의 전개로 드러나는 것이다. 그 점과 관련해서 그는 다음과 같이 말한다.

> 신神은 사람의 주인이다. 자려할 때는 비脾에 있고, 깊이 잠들어 있을 때는 신腎에 있으며, 깨려고 할 때는 간肝에 있고, 깨어 있을 때는 심心에 있다.(『황극경세』「관물외편觀物外篇하」)
>
> 천지天地가 크게 깨어 있을 때는 여름이고, 사람의 신神은 심心에 있다.(『황극경세』「관물외편觀物外篇하」)[74]

그런데 이렇게 구체적 인간에서 이야기되던 '신神'도 결국은 이에만 머물

216

지 않고, 보편적 심心과 더불어 보편적 신神으로 나아간다. 그래서 그는 다음과 같이 말한다.

사람의 신神은 천지의 신神이다.(『황극경세』「관물외편觀物外篇하」)
신神은 있는 곳도 없고, 있지 않는 곳도 없다. 지인至人이 다른 사람의 심心과 통하는 것은 그가 하나에 근본하기 때문이다. 도道와 하나는 신神의 억지 이름이다.(『황극경세』「관물외편觀物外篇하」)

이러한 심心의 전개에서부터 신神으로의 활동은, 괘卦나 수數의 범주로 전개되어 현상세계로까지 나아간다. 그래서 그는 다음과 같이 말한다.

신神은 수數를 낳고, 수數는 상象을 낳으며, 상象은 기器를 낳는다.(『황극경세』「관물외편觀物外篇하」)

즉, 심心의 전개인 신神의 활동은 궁극적으로 현상세계의 전개로 설명될 수 있다는 것이다. 그렇기 때문에 소옹의 역 철학의 주제는 자연스럽게 상象과 수數 및 그와 관련된 개념으로 전개되게 된다. 그래서 "군자는 역易에서 상象과 수數와 사辭와 의意를 완미하는"(『황극경세』「관물외편觀物外篇하」) 것이다.

소옹은 '의意', '언言', '상象' 등에 관해서 다음과 같이 말한다.

의意가 있으면 반드시 언言이 있고, 언言이 있으면 반드시 상象이 있으며, 상象이 있으면 반드시 수數가 있다. 수가 서면 상이 생겨나며, 상이 생겨나면 언이 환히 드러나고, 언이 환히 드러나면 의가 나타난다. 상과 수는 통발(筌)과 올가미(蹄)이며, 언과 의는 물고기와 토끼로서, 물고기와 토끼를 얻으려면 반드시 통발과 올가미를 가지고 해야 한다고 할 것이니, 통발과 올가미를 버리고 물고기와 토끼를 구할 경우, 그것들을 얻은 것을 본 적이 없다.(『황극경세』「관물외편觀物外篇상」)

그런데 이러한 문제들은 역철학사에 있어서 삼국시대三國時代 위魏의 왕필王弼이 『장자莊子』의 내용과 관련시키면서 논의하여, 역철학의 중요한 주제가 된 것이다. 여기서 잠시 소옹의 견해를 왕필의 그것과 한 번 비교해 보자. 왕필은 말하기를,

상象이란 의意를 나타내는 것이고, 언言이란 상象을 밝히는 것이다. 의를 다하는 데는 상만한 것이 없고, 상을 다하는 데는 언만한 것이 없다. 언은 상에서 생겨나므로 언을 탐색함으로써 상을 볼 수 있고, 상은 의에서 생겨나므로 상을 탐색함으로써 의를 볼 수 있다. 의는 상으로써 다하고, 상은 언으로써 드러난다. 그러므로 언이란 상을 밝히는 수단이니, 상을 얻으면 언을 잊는다. 상이란 의를 보존하는 수단이니, 의를 얻으면 상을 잊는다. 올가미는 토끼를 잡는 수단이니, 토끼를 얻으면 올가미를 잊는다. 통발은 물고기를 잡는 수단이니, 물고기를 얻으면 통발을 잊는다. 그렇다면 언言이란 상象의 올가미이고, 상象이란 의意의 통발이다. 이런 까닭으로 언言을 보존하는 자는 상象을 얻은 자가 아니고, 상象을 보존하는 자는 의意를 얻은 자가 아니다.75)

라고 하였다. 왕필은 의意에 대해 상象은 그 도구이고, 상에 대해서는 언言을 그 도구로 보았다. 그런데 소옹은 의를 우선 제시하지만, 상을 말하기 전에 의와 언을 먼저 직접 결부시키고, 언을 말한 연후에 상을 말하면서 언과 결부시켰다. 게다가 왕필과 달리 상象 다음에 수數를 말하여 결부시킴으로써, 이른바 '상象·수數'를 직접 연관시켰다. 따라서 소옹에게 있어서는 의意, 언言, 상象, 수數로 그 우선순위가 이야기된다. 그러면서도 이 개념들은 각각이 서로 요청되는 필연적 연관관계에 있음이 특히 강조되고 있다. 하지만 그렇다 하더라도 그 우선되는 지위는 분명히 다르다. 소옹은 왕필이 그랬던 것처럼, 『장자莊子』의 비유를 들어 상수象數를 통발과 올가미라는 수단으로 보고, 의언意言을 물고기와 토끼라는 그 목적으로 보면서, '상수' 위에 '의언'이 있음을 분명히 하였다. 그렇지만 목적을 이루는 데 있어서 그 수단의 역할 없이는 가능하지 않음을 강조하여, 수단과 도구가 되는 상수의 중요성을 소홀히 하지 않

218

았다.

이상에서 논의된 소옹의 역철학적 관점을 조금 요약하여, 그의 다음과 같은 말로 표현할 수 있다.

태극太極은 움직이지 않으니 존재의 본성을 말한다. 전개를 시작하면 신神하게 되고, 신神하면 수數가 있고, 수가 있으면 상象이 있고, 상이 있으면 기器가 있고, 기器가 변하여 다시 신神으로 돌아간다.(『황극경세』「관물외편觀物外篇하」)76)

이것은 소옹이 「관물외편」에서 보인 관념론적 우주론의 요약이다. 그 취지를 설명하면 다음과 같이 말할 수 있을 것이다. 즉, 모든 존재의 최고 보편적 근원은 일자一者로서의 태극太極이며, 이 태극은 모든 존재의 근원적 본성이다. 이 태극은 그 자체는 운동하지 않지만, 운동변화가 있는 삼라만상을 전개해 낸다. 그 전개과정은 우선 이 태극의 일자一者가 둘을 생성하여 그 신神함을 드러내는데, 이것은 곧 다자多者로서의 삼라만상을 전개함이다. 이 다자의 존재성이 곧 수數이다. 이 수가 현상화되어 드러나는 측면이 곧 상象이다. 그리고 이 드러남의 구체화가 바로 삼라만상의 현상적 속성인 기器이다.

이 기器의 세계는 구체적 개별자들의 세계인데, 이 개별자들은 다시 신으로 돌아가게 된다. 이것은 곧 모든 현상적 존재는 그 근원이 있고, 그 생성은 근원으로부터 전개하여 다시 근원으로 돌아감을 말하는 것이다. 다만 태극으로 돌아간다고 말하지 않고 신으로 돌아간다고 말한 것은, 존재의 궁극적 근원은 비록 태극이지만 운동변화를 중심으로 말한다면, 운동변화의 신묘한 속성인 신神에 초점이 맞춰지기 때문으로 보여진다. 그렇지만 이러한 우주론은 결국 '심心'으로 환원하여 통섭되는 것이다.77)

「관물외편觀物外篇」의 문제점

소옹에 대해서는 상반된 두 평가가 있다. 하나는 전통적인 입장, 특히 주희에 의해서 종합된 주자학적朱子學的 성리학性理學의 입장으로서, 여기서는 소옹의 이론이 중요한 위치를 점하고 있다. 이 입장은 주자학이 지배한 만큼 그 영향력도 컸던 입장이다. 여기서 소옹은 역학易學에 출중한 학자로서 그만큼 지혜의 수준이 높았던 이로 평가된다. 그래서 설사 그의 이론이 매우 복잡하여 이해하기 어렵다 하더라도, 그것은 그 이론에 문제가 있다기보다는 이해하려 하는 쪽의 문제로 치부된다. 그럴 경우 그만큼 소옹의 이론은 일체 만상의 존재와 변화에 관한 진리를 담고 있는 것으로 신비화되어져, 만일 이 이론을 이해하려 하는 사람이 충분한 능력이 있어서 그것을 체득해 낸다면, 일체 세계의 모든 것을 장악하는, 그래서 『서경書經』 '홍범구주洪範九疇'의 중심으로서 일체를 장악할 수 있는 '황극皇極'의 지위에서 '경세經世'하는, 즉 세상을 다스리는, 소옹이 말하는 '성인聖人'의 경지에 들게 된다고 보게 된다. 만일 그럴 만한 능력이 없다면, 소옹의 이론은 다만 선망의 대상으로 여길 수 있을 뿐, 감히 비판의 대상으로 삼을 수는 없다는 것이다.

이러한 평가에 대해, 전통적 중세사회를 벗어나 근대화되고 난 이후 오늘날의 사회에서처럼 전통적 이론들이 재검토되는 상황에 있어서는, 소옹의 이론은 근거 없는 황당한 이론으로 비판되는 경우도 많다. 이러한 입장에는, 소옹의 이론은 곳곳에 견강부회가 많고, 근거 없는 숫자의 유희를 하였다는 것에서부터 그가 마련한 범주에 모든 것을 억지로 끼워 맞추려 했다는 비판 등이 있다. 특히 이 경우 현대의 자연과학적 성과에 비추어 볼 때, 전혀 진리성이 없는 학설들을 토대로 이론을 제기하였다는 것이 문제가 되기도 한다.

소옹의 이론은 사실상 오늘날까지 축적되어온 자연세계에 대한 이론들에 비추어 볼 때, 객관적인 진리성이 부족한 측면이 많다. 그래서 그의 이론을 일정 부분이라도 수용하려 한다면, 이러한 부분보다는 그 시대적인 상황을 고려한 입장에서, 주자학의 역사적 역할과 연계하여 당시의 그 나름의 역할을 검토해 보는 선에서 이루어져야 한다. 그리고 오늘날에도 그의 이론 중 유효성을 지니는 측면을 고려하려면, 소옹이 이해한 자연과학적 지식을 억지로 양해해 주려 하는 태도보다는 그러한 면을 배제해도 남는 부분, 예컨대 역의 음양적 시각에 바탕한 변증법적 세계관과 같은 면이나 그 외 다른 긍정적인 부분을 살려내는 선에서 접근태도를 마련해야 할 것이다. 그러면 본서의 입장에서 검토한 소옹의 학설에 내재한 문제를 살펴보자.

소옹은 천차만별한 현상세계를 관통하는 일관된 한 벌의 틀을 마련하여, 그 틀만 장악하면 일체현상이 그 속에 포괄되기를 기도하였다. 그렇게 함으로써 혼돈으로 보이는 현상세계에 질서를 부여하려 하였다. 이 과정은 먼저 현상세계에 대한 경험적 자료를 귀납함에서 시작된다. 이 귀납을 통하여 그는 이 세계를 관통하는 일관된 원칙인 '대對', 즉 '짝'이 존재함을 확인하였다. 이것은 『주역』에서 이미 주장된 것으로서, 그 이후 소옹에 이르기까지 중국철학사를 통해 중국의 여러 철학자들에 의해 승인된 것이다. 소옹 역시 이것을 경험적 자료를 통해서 확인하는데, 이때 그는 자신이 살고 있던 당시 중국의 경험과학인 천문역법天文曆法 등의 자연과학적 성과를 동원하게 된다. 바로 여기에 소옹이 안게 되는 문제와 한계가 있다.

소옹은 당시의 천문역법의 수치들을 자신의 역학에 대입하고, 또 동시에 『주역』의 수치와 자신이 만들어낸 역학 이론에 대해, 이 천문역법의 수치로써 그 정당성을 증명하려고 하였다. 그의 역학의 '수數'는 이렇게 이루어진 것이다. 그런데 당시 중국의 자연관은 지구중심적 천동설天動說에 입각해 있었으며, 천문역법의 성과도 당연히 이에 따른 것이었다.[78] 물론 오늘날도, 비록 지동설地動說이 자연과학적 진리로 받아들여지고 있지만, 지구에서 쓰이는 역법曆法은 지구중심의 천동설적 입장에서 천문天文의 공간적 운동에 대한 관측결과를 시간화한 것이다. 그러나 이것은 지구에서의 시간측정의 편의를 위한 하나의 방편일 뿐이다. 소옹의 문제는 지구중심의 천문관측결과를 보편적 진리로 믿고 있었다는 데 있다. 게다가 그는 그 중에서도 북반구 중심 그것도 중국 중심의 관점에 있었다. 그는 이러한 중첩된 문제를 안고 있었다. 다음의 글들이 그 예이다.

하늘은 남쪽에서 나타나서, 북쪽에서 숨는다.(『황극경세』「관물외편觀物外篇상」)
남쪽 끝은 매우 덥고, 북쪽 끝은 매우 추워 물物이 살 수 없다.(『황극경세』
「관물외편觀物外篇상」)
하늘은 둥글고, 땅은 네모나다. 하늘은 남쪽이 높고, 북쪽이 낮다. 그래서 멀
리서 바라보면 비스듬한 덮개 같다. 땅은 동남쪽이 낮고, 서북쪽이 높다. 그래
서 동남쪽에는 물[水]이 많고, 서북쪽에는 산山이 많다.(『황극경세』「관물외편
觀物外篇상」)
남쪽 끝은 매우 덥고, 북쪽 끝은 매우 춥다. 그러므로 남쪽은 녹아 있고, 북
쪽은 얼어 있어 만물이 죽어 있는 땅이다. 여름에는 해가 두수斗宿를 따라 북
쪽으로 치우쳐 있고, 겨울에는 해가 두수를 따라 남쪽으로 치우쳐 있다.(『황
극경세』「관물외편觀物外篇상」)
하늘의 양陽은 남쪽에 있으므로 해가 그 곳에 있고, 땅의 강剛은 북쪽에 있으
므로 산이 그 곳에 있다. 그래서 땅은 서북쪽이 높고, 하늘은 동남쪽이 높다.
(『황극경세』「관물외편觀物外篇상」)
대저 땅은 네모반듯하여(直方) 가만히 있는데(靜), 어찌 둥글게(圓) 움직이는
(動) 하늘과 같은 상태를 얻을 수 있겠는가.(『황극경세』「관물외편觀物外篇
하」)

소옹이 생각한 우주는 이 땅덩어리에서 바라 본 경험적 자료를 토대로
상상한 우주이다. 그가 바라봤던 하늘은 일日·월月·성星·신辰의 범주로 관측
되는, 둥글면서도 움직이는 것이고, 그가 딛고 섰던 땅은 수水·화火·토土·석
石의 범주로 인식되는, 네모나면서도 정지된 것이었다. 게다가 그 땅덩어리
중에서도 남반구는 생각지도 못하고, 북반구 중에서도 중국을 중심으로 한 것
이었다. 그래서 남쪽은 지나치게 더운 곳, 북쪽은 지나치게 추운 곳으로서 만
물이 살 수 없다고 생각하여, 소옹이 살던 지역을 중심으로 한 곳이 살기에
적합한 곳으로 여겼다. 그가 살던 중국이 천하天下의 주된 중심이라고 여긴

222

것이다. 이에 따라 중국 땅에서 상대적으로 고도가 낮고 수량이 많은 남부 장강長江유역과 그에 대해 상대적으로 고도가 높은 서북부 산악지역을 땅덩어리의 일반적이고 보편적인 상태로 인식한 것이다.

당시 소옹과 같은 이러한 관찰자의 입장에서 보여진 현상세계에 대한 경험을 토대로 마련된 것이 그의 우주론적 선천학先天學이다. 그의 선천학 속의 우주에 대한 수數 구사는 매우 장대하여 그 끝을 알지 못할 정도로 규모가 크다고 하나, 그가 '원元'이라는 단위로 지칭한, 한 단위의 우주는 시간적으로는 129,600년에 불과하며, 공간적으로는 그가 처해 있던 시대의 중국이라는 우물 안에서 바라보고 유추한 경계에 따른 크기였다. 그의 수數 구사가 장대해 보이는 것은 이러한 한 단위의 수를 계속적으로 반복함으로 인한 것이다. 그것을 계속적으로 반복하면 무한에 이름은 수의 당연한 이치이다. 이러한 수치가 아무리 반복되어도 그의 우주는 그가 생각했던 그 크기이다.[79)]

소옹의 이러한 당시 우주론적 세계관은 주희, 즉 주자에 의해 수용되어 중국 중세적 세계관의 대표 중 하나가 되었다. 이는 서양의 경우에 대비해 볼 때, 역시 서양의 중세 기독교 사회의 프톨레마이오스적 세계관의 천동설과 유사성을 가진다고 할 수 있다. 양쪽의 중세는 자연과학적으로도 철학사상적으로도 유사하여 문명사적 의의를 볼 때, 땅 중심의 세계관, 특히 자신들의 지역 중심적인 한계 속의 세계관을 가진 유사성이 있다는 측면에서 시사하는 바가 있다고 할 수 있다.

3
장재張載의 철학

세계는 무엇으로 구성되었으며, 세계의 현상적 사물은 어떠한 원리와 과정으로 인해 나타났는가 하는 것은 동서고금을 막론하고 철학의 기본 관심 영역에 속한다. 중국은 고대부터 기氣라는 개념의 정립을 통해 세계의 구성 원질을 이야기해 왔다. 그리고 다음의 주된 관심은 그 기로 구성된 세계가 어떻게, 어떤 원리와 과정을 통해서 운동·변화하는가에 대한 것이었다. 이러한 관심이 집결된 대표적인 사상이 '역易'의 사상이고, 그것을 우리는 오늘날 『주역周易』이라는 문헌의 형태로 접할 수 있다. 『주역』은 세계의 운행을 음기陰氣와 양기陽氣의 상호전화로 설명하는 대표적인 문헌이다. 중국의 역대 사상가들은 기의 운행을 통해 세계를 설명할 때, 이 『주역』의 개념과 용어를 빌어서 논하는 경우가 많았고, 당시의 자연과학적 지식의 개념도 『주역』의 용어를 도입하여 설명하는 경우가 많았다.

북송北宋 때의 장재張載 역시 그의 철학 사상의 토대를 『주역』을 비롯한 여러 유교 경전의 응용에다 두었다. 그의 사상의 기본틀은 특히 『주역』을 중심으로 하여, 그것과 여러 다른 경전의 사상을 연관 지으면서 마련되었다. 그리고 그의 사상 내용은 주로 『주역』 등의 여러 경전을 그 자신의 관점과 이해 방식으로 구성한 것으로 이루어진다. 그의 기철학氣哲學도 바로 그러한 것의 산물이다.

세계구성의 원질로서의 기氣와 태허太虛 및 만물萬物과의 관계

중국의 철학사에서 장재張載를 언급할 때는, 특히 그의 기氣철학을 떠올리게 되지만, 사실상 장재만 이 세계의 구성 원질을 '기氣'로 본 것은 아니다. 이 사고는 중국 고대부터 중국 문화에서 일반화된 것이며, 장재와 동시대의 정호程顥, 정이程頤처럼 '리理'와 같은 관념적인 개념을 중시하는 학자라 하더라도, 자연 세계 구성의 기본 원질을 기로 보기는 마찬가지이다. 그러나, 그러한 사람들이 '리'에 비중을 두고 중시한 것에 대해, 장재는 상대적으로 '기'를 특히 중시하고 강조한 것이다. 장재가 기를 중시했다는 것은 단순히 현상화된 만물의 질료로서의 기만을 말한 것이 아니라, 현상화되기 전의 상태도 모두 기라고 본 것인데, 이 점이 그 전에 기를 말한 다른 사람들과 차별화되는 것이다. 다시 말해, 장재는 아직 경험적 감각으로 알 수 없는, 드러나지 않은 경우라 하더라도, 일체 만물의 현상이란 모두 근본적으로 기가 아님이 없다고 보았다. 좁은 의미로는 드러난 경우만 현상으로 보지만, 넓은 의미로는 드러나지 않은 경우도 역시 현상으로서 그 원질은 기라고 본 것이다. 그래서 장재의 관점으로 말하면, 만물이 현상적으로 드러나기 전이나, 기로써 구성되어 만물이 현상적으로 드러난 후나, 모두 그것의 원질은 기이며 그 기의 성질을 언제나 유지하고 있다는 것이다.

장재는 그의 『정몽正蒙』 「태화편太和篇」에서 이렇게 말한다.

천지天地의 기氣는 비록 모이고 흩어지며, 물리치고 취하는 작용이 온갖 과정

225

으로 되지만, 그것의 이치의 성격은 순조롭고도 망령되지 않다. 기의 성질은, 흩어져 형태가 없는 상태로 들어가도 본질적 상태를 유지하며, 모여서 현상화(象)되어지는 경우에도 본래의 항상성을 잃지 않는다.(『정몽』「태화편」)

기는 본래 운동·변화하는 속성을 가지고 있고, 그로써 세계 내 현상적 존재가 있게 만드는 토대이다. 즉, 이 기의 속성 때문에 세계는 운동과 변화가 없을 수 없는 것이다. 그러나 이러한 속성에 따라 운동·변화함에 있어 그 운동이나 변화가 어떠한 것이든지 그 성질에 있어 어떤 상태에서나 본질적으로 자기 동질성을 유지하고 있다. 그래서 그 존재 양태는 다를지라도 존재를 있게 하는 기본 원질은 언제나 변함없이 자기의 성질을 유지하고 있으므로, '순조롭고도 망령되지 않는다'고 하는 것이며, '본래의 항상성을 잃지 않는다'고 하는 것이다.

전통적으로 중국 철학에서 기는 현상계의 만물을 이루는 구성 원질이라고 보고,[80] 이는 앞서 말한 주돈이의 철학을 말할 때도 마찬가지였는데, 장재는 이러한 관점을 보다 특징적으로 심화한 셈이다. 현상계 만물의 구성 원질이 기라는 것은 현상계의 구체적 사물은 모두 이 기의 응결이라는 것이다. 그리고 이렇게 응결의 결과로서 사물이 된 것도 자연법칙에 따라 생성과 소멸이 있기 때문이며, 응결로 생성이 있고 이후 그 수명이 다하면 다시 흩어져 기로 돌아간다는 것이 중국 철학의 전통적 생각인데, 이를 보다 구체화한 것이 장재의 생각이다. 그런데 장재 이전의 생각은 구체적 사물이 기로 구성되고 그것이 언젠가는 흩어져 사라진다는 정도이지만, 장재는 그 흩어져 돌아가는 곳을 뚜렷이 말하고 있다. 그것이 '태허太虛'이다. 장재는 이 '태허太虛가 기의 본래의 상태(氣之本體)라고 한다. 이에는 깊은 이해가 요구된다. 그는 말하기를,

태허太虛의 형태가 없는 상태가 기氣의 본래의 상태(氣之本體)[81]이니, 그것이 모이고 흩어지는 것은 변화의 일시적 상태(客感)[82]일 따름이다.(『정몽』「태화편」)

라고 하였다. 만물의 원질은 기氣이지만 이 기의 시간적·공간적인 원초 상태는 '태허太虛'이다.[83] 글자 그대로의 의미로 '크게 비어 있음'이란 '태허'는 중국 전통의 자연철학적 우주론에서건 자연과학에서건 만물이 존재의 장場으로 삼고 있는 텅 비어 광막한 우주 공간이다. 이 '태허'는 기로 구성된 현상적 만물이 아직 만들어지기 전 그저 광막한 우주 공간을 말하는 데서부터 그 의미가 시작된다. 그런데 '태허'는 우리가 경험하는 이 현상 세계의 우주론적 최초 상태만은 아니다. 즉, 이것은 시간적인 태초의 상태라고도 말할 수 있지만, 지금 현재라 하더라도 시간적으로 그러한 것을 말할 수 없는 것은 아니어서, 바로 이 순간에도 미래에도 관계되는 존재의 항恒시간적 장場이다. 철학적 우주론이건 자연과학적 우주론이건 사실상 그 시초는 그 순간에만 한하는 것이 아니라, 그 원리는 통시간적으로 적용되는 것이며, 장재의 철학 역시 그러하다. 장재는 이러한 자신의 철학 취지의 기본이 되는 생각을 다음과 같이 말한다.

> 태허太虛에는 기氣가 없을 수 없고, 기는 모여서 만물萬物이 되지 않을 수 없으며, 만물은 흩어져 태허太虛로 되지 않을 수 없다. 이러한 과정을 따라 나가고 들어오고 하는 것은 모두 부득이한 자연스런 것이다. 그렇다면 성인聖人은 그 사이에서 도道를 다하여 각 상태를 겸하면서도 누되지 않는 이로서, 신神을 보존함이 지극한 존재이다.(『정몽』「태화편」)

즉, 태허·기·만물 이 세 가지는 상호 소통되는 개념이고, 또 실제로도 서로 전화轉化되어지는 것이다. 그리고 이 전화는 지극히 자연스런 것이며 동시에 필연적인 것으로서, 어느 하나의 상태로만 영구히 있을 수는 없다는 것이다. 그렇지만 어느 상태라 하더라도 이 세 가지의 본질은 동일한 것임을 말하였다. 다만 장재는 먼저 '태허太虛에는 기氣가 없을 수 없다'라고 하면서, 태허를 기가 충만되어 있는 공간의 의미로 사용하다가, '만물은 흩어져 태허로 되지 않을 수 없다'고 함으로써, 만물이 태허로 변하는 것처럼 이야기함으로써, 기가 태허로 돌아간다는 것인지, 태허로 전화된다는 것인지 명확하게 구분하여 말하지 않아서, 그의 철학의 진의를 파악하는 데 혼선을 초래하는 한계가 있기도 하다. 어쨌든 비록 깔끔하지는 못하지만, 그가 보기에 '태허', '기', '만물'은 별개의 것이 아닌 상호 전화되는 관계라는 것을 강조하고 있다. 그러면서도 그의 철학은 이 세 개념 중 '기'가 중심 역할을 하므로, 세 가지의 본질은 결국 '기'로 귀결됨을 그는 강조하고 있다.

이 세 가지 개념 중 '태허'는 그 용어의 유래상으로는 광막한 우주공간에서 그 의미가 비롯되었지만, 장재는 우주론적 차원에서 '기'가 존재하게 된 시간과 공간의 원초적 상태라고 본다. 그렇지만 그렇다고 해서 그것이 현상세계를 초월한 형이상학적 실체라고는 말할 수 없다. 그러한 상태가 비록 이 순간에도 관계되는 것으로서, 지금도 만물이 기로 또 태허로 전화하여 마지않지만, 그렇다고 해서 태허가 초시간·초공간적이라 말할 수는 없다. 동시에 시간·공간보다 논리적, 이념적으로 먼저 있었던 것이라고도 말할 수 없다. 즉 그의 철학은, 아직 우주론의 단계이므로, 자연과학의 우주론도 그렇듯이 우주는 자연적 존재물과 공존하는 존재 형식으로서의 시간과 공간이라는 점과 관련된다.

따라서 장재의 우주론적 철학에서 말하는 '태허'는 이후 말할 정호程顥와 정이程頤의 '리理'와는 분명히 다르고, 이를 받아들인 주희朱熹의 설과도 다르다. 비록 장재, 정호, 정이는 모두 동시대에 서로 학문을 토론하고 사적으로도 인간적 교류가 있는 관계이지만, 철학의 발전 단계에 있어서는, 장재는 우주론의 단계이고, 정호, 정이 철학의 경우에서야 비로소 형이상학을 말하는 단계가 된다. 왜냐하면 정호와 정이는, 우주론에서 말하는 현상을 존재할 수 있게 하는 바의 논리적, 이념적으로 앞서는 '리'를 비로소 주장하였기 때문이다.

이후 주희는 이 장재의 기와 정호, 정이의 리와 기를 종합하여 자신의 '리기설理氣說' 체계를 세웠고, 또 그는 리理와 기氣의 개념 구분을 분명히 하고, 원래 '기'의 속성을 가진 주돈이의 '태극太極'을 정호, 정이의 '리'와 연계시켜, 형이상학적 실체로 만들어 그의 형이상학을 체계화하였다. 그러나 장재의 단

228

계에서는 아직 리와 같은 형이상학적 실체를 세우지 않고, 태허를 기로 보며, 태허, 기, 만물 삼자의 관계를 그의 우주론의 기초로 삼았다는 것이다. 다시 말해, 장재의 태허는 주희의 리기설의 측면으로 볼 때는 만물에 앞선 상태를 말함에 있어서 리理와 가까워지는 듯하나, 형이상학적 실체를 세우지는 않은 우주론적 측면에서 어디까지나 기이고, 심지어 기가 담겨 있는 공간에 머물러 있는 측면이 있다. 이처럼 장재의 태허는 시간·공간 속 만물의 근원적 유래 인데, 그렇다고 해서 만물을 초월한 실체는 아니면서도, 그렇다고 해서 현상 적 만물이 그저 담겨 있기만 하는 그릇과 같은 것만도 아니다. 이는 장재의 관점이 명확히 정립되지 않은 탓인지, 그의 표현이 미흡한 탓인지 규정하기는 어렵다.

이러한 측면을 고려하여 이렇게 정리할 수 있다. 즉, 태허는 만물과 어디 까지나 연속적이면서 상호전화되는 것이지, 형이상形而上의 실체로서의 불연 속적 지위를 가지고 있는 것은 아니다. 태허는 비非시공적이면서도 초超시공 적이 아닌, 시공과 불가분리한 개념이다. 이것은 장재의 태허 개념 이해에 대 한 관건이다. 태허를 시공적 개념으로 이해하려고 보면 시공적 제한 속의 만 물이 아니고, 시공을 초월한 개념으로 이해하려고 보면 시공 속의 만물이 그 로부터 나옴과 동시에 앞에서 말한 바대로 본질적으로 동일한 것이다. 결국 '태허'와 '만물'과의 관계 이해는 '기'라는 개념으로 통일적으로 이해하는 태도 로 귀결된다. 비록 장재가 '태허', '기', '만물'의 세 가지 관계를 이야기하였지 만, 그것들을 동질적으로 관계 맺는 대표는 '기氣' 개념이다.

만일 장재의 '태허'를 이해함에 있어서 그것을 주돈이周惇頤의 태극太極이 나 이정二程의 리理, 또 그 둘을 동일시한 주희朱熹의 '태극즉리太極卽理'의 철 학 이론적 지위와 같은 것으로 본다면, 장재의 의도를 오해한 것이다. 장재는 '태허'로서 어떤 실체를 세우려고 한 것이 아니라, 그는 일체를 기로 말하려고 했을 뿐이다.[84) 장재가 '태허'를 말한 것은 도가의 『노자老子』 및 불교佛敎에 대한 그의 태도와 관계 지어 이해해야 한다. 장재는 다음과 같이 말하였다.

만약 '허虛'가 '기氣'를 낳을 수 있다고 말한다면, '허'는 무궁하고 '기'는 유한하여, 본체와 작용[85])이 확연히 달라져서, 노씨老氏(즉, 노자老子)의 '유有는 무無에서 생긴다.'[86])라는 '자연自然'의 론論에 들어가게 되어, 이른바 유와 무는 하나로 혼융된 상태라는 항상된 이치를 알지 못하는 것이다. 만약 만상萬象이 태허 가운데에 나타난 사물이라고 말한다면, 사물과 허虛는 서로 관계없는 것으로 되어 형形은 그저 형形일 뿐이고, 성性은 그저 성性일 뿐인 것이 되어 형形과 성性 및 천天과 인人이 서로 관계없이 존재하는 것으로 되어, 불교도의, 산하山河와 대지大地를 견병見病으로 간주하는 설說에 빠지게 된다.(『정몽』「태화편」)

장재는 '유有는 무無에서 생긴다'는 『노자』의 설이나, 현상적 유有를 '가유假有', '환유幻有', Māyā로 보는 불교의 설을 모두 비판하였다. 그는 세계의 일체 존재를 '실유實有'로 봄과 동시에 그것은 '무無'에서 나오는 것도 아니며, 존재론적으로 어디까지나 '유有'임을 주장하였다. 만일 아무 것도 없는 상태에서 어떤 현상적 존재가 생긴다고 한다면, 그것은 곧 『노자』의 '무'에서 '유'가 생긴다는 이론에 빠지는 것임을 그는 경계하였다. '유'에서 '유'가 나오지, '무'에서 '유'가 나오는 것이 아니라는 것이다. 그는 '무'라는 것은 처음부터 없다고 보았다. 우리의 경험적 감각에 포착되지 않는다고 해서 없다고 보지 말라는 것이다. 이러한 관점은 도가와 불교의 세계관과 다른 유가적 세계관으로서, 장재가 그 특징을 명확히 한 것이다.

'태허太虛'라는 용어는 사실상 일상생활에서 거론되는 바의, 우리의 경험적 감각으로는 단지 '허공虛空'으로 보이는 것을 극대화한 개념을 말하는 것이다. 이 '허공'을 우주론적으로 확대하면 '태허'가 되는 것이다. 즉, 우리의 일상에서 사물이 존재할 수 있는 주위의 공간 개념을 '허공'이라고 할 때, 그러한 것이 가능한 가장 지극한 상태를 말하는 것을 '태허'라고 하여, 흔히 중국 전통 속에서 어떤 극대화된 개념 앞에 '태太'자를 붙인, 예컨대 '태극太極', '태소太素', '태현太玄', '태시太始' 등과 같은 용어의 어법에 따른 것이다. 그럼에도 그런 개념에서 느낄 수 있는 근원적 원리 차원까지는 나아가지 않은 우주론적 용어라고 할 수 있다. 장재의 의도는 '허공'의 정도를 아무리 확대하여 말한다 하더라도, 그 속성은 마찬가지임을 말하는 것이다. 따라서, '허공'이라 하든 그 지극한 상태 개념인 '태허'라 하든 그 본질에는 차이 없이, 그것들은 실제 아무 것도 없는 '무'로 규정될 수는 없다는 것이 장재의 생각이다.

그래서 장재가 보기에, 먼저 '태허' 전 단계의 개념인 '허공虛空' 역시 당연히 '기氣'로 채워져 있는 것이므로, '허공虛空 그것이 곧 기氣'이다. '기氣'가 '유有'이므로 '허공'도 '무'가 아닌 것이다. 나아가 광활한 허공으로서의 이 시공적 우주 모두가 기로서 유이며, 이것을 궁극적인 것으로 유추해 봐도 역시 유를 낳는 바는 유이다. 이때 동원되는 개념, 즉 허공인 상태의 그 궁극을 가정할 때 나타나는 개념이 곧 '태허'인 것이다. 이처럼 '태허'가 '허공'이 확대된 우주론적 개념이지 초월적 형이상학적 개념이 아님은 그가, '태허로 말미암아 천天의 이름이 있다(由太虛, 有天之名).'(『정몽』「태화편」)고 한 말에서도 분명하다. 우리가 일상에서 경험하는, 자연적 공간인 '천天'의 이름이 곧 '태허太虛'를 일상적으로 지각한 것에서 유래한다는 것이다.

'허공'이나 '태허'는 결국 본질적으로 같은 것이고, 태허는 다만 허공을 극대화한 개념이라는 것은 장재가 한 편으로는 "허공이 곧 기라는 것을 알면, 있음과 없음, 감춰짐과 드러남, 신神과 화化, 그리고 성性과 명命이 하나로 통하여 둘이 없으며, 다만 모이고 흩어지고, 나가고 들어오고, 나타나고 나타나지 않고 하는 상태의 차이일 뿐이다."라고 하면서, 또 한 편으로는 "태허太虛가 곧 기氣임을 알면 무無란 없는 것이다."라고 하기도 하여, 양자 모두 상호 대체하여 사용하더라도 말하는 바는 결국 같은 취지라는 점에서도 증명될 수 있다. 장재가 바로 이 '태허太虛가 곧 기氣임을 알면 무無란 없는 것이다'라고 하는 말에서 주장하는 바는, '허공'이 '유'임을 말할 수 있는 이유가 그것이 '기'이기 때문이라면, '태허' 역시 그것이 '기'임으로서의 '유'이며, '허공'이 그 궁극적인 것으로서의 '태허'든지 우리 감각에 포착되는 현상의 만물이든지 그 본질은 모두 '기'라는 것이다.

장재가 보기에, 사람들이 '유有'와 '무無'의 구분을 두는 것은, 그것이 현상적으로 경험 대상이 될 수 있는 경우와 그렇지 못한 경우로 나누어, 전자를 '유'로 후자를 '무'로 보기 때문인데, 현상적 경험 대상이 되지 못 할 때, 즉 감각에 포착되지 않을 때라 하더라도, 그것은 진실로 존재론적 '무'는 아니며, 어디까지나 '기'로서의 '유'이다. 현상적 '유', 즉 경험 대상에 들어오는 것은 다만 '기'가 모여서 만물로서의 형태가 있게 되었기 때문이며, '기'가 흩어져서 만물의 형태가 다시 궁극적으로 '태허'로 돌아간다 해도 그것을 '무'라고 할 수는 없다는 것이다.

장재가 자신의 사상의 핵심적 부분에 해당하는 이러한 취지를 설명하는 것은 당시 일반인이 당연한 상식이라고 생각하는 것이 사실은 그가 보기에는 큰 오류라는 것인데, 일반인의 소박한 관점으로는, 예컨대 우리가 어떤 방 안에 있을 때 우리의 감각적 경험으로 느낄 수 있는 구체적 사물만이 실제 존재하는 '유'라고 생각할 수 있다는 것이다. 당시 일반인의 관점으로는 이는 너무나 당연한 것으로서, 장재가 그러한 구체적 사물이 없는 빈 공간에도 '기'라는 존재가 '있어서(有)' 아무 것도 '없는(無)' 상태가 아니라고 하는 주장을 들었을 때는, 이야말로 비상식적이고 우스꽝스러우며 미친 망상으로 여겨질 수 있다는 것이다. 즉, 감각되어지는 사물이 아무 것도 없는 빈 공간에 어떤 것이 있다는 것은 당시 일반인의 관점으로는 전혀 이해되지 않을 수 있기 때문이다.

비유하자면, 지구 중심적 천동설이 관찰과 실험 수단이 발달한 오늘날의 수준에서는 일반인도 진리가 아닌 것으로 알고 있지만, 그렇지 못한 시대에는 태양 중심적 지동설이야말로 정말 말도 안 되는 미친 망상으로 여겨졌고, 오늘날의 우리가 그 당시 일반인이었다면 역시 마찬가지로 그렇게 생각할 수 있었을 충분한 개연성이 있는 것과 같다. 당시는 일반인이 아닌 전문적인 지식인이라 하더라도, 태양 중심적 지동설은, 그것을 주장하는 사람과 견해가 다르면 납득되지 않는 주장이었던 것이다.[87]

232

장재가 보기에 감각의 대상이 되어 누구라도 '유'의 상태라고 동의할 수 있는 경우는 바로 장재가 주장하는 '기'가 모여 응결된 상태의 물체로 화했을 경우이다. 이 경우에야말로 세상 사람들이 부인할 수 없을 만큼 구체적 존재가 있어서 감각 기관의 대상이 되는 것으로 인정되는 경우인데, 이 경우는 원래 없다가 있는 것이 아니라, 다만 기가 흩어져 있어서 감각 기관의 대상이 안 되던 것이 모여서 감각 기관의 대상이 된 것에 불과한 것이다.

그래서 그는 이렇게 말하였다.

기氣가 모이면 리명離明88)이 베풂을 얻어 형태가 있게 되고, 기가 모이지 않으면 리명離明이 베풂을 얻지 못하여 형태가 없게 된다.(『정몽』「태화편」)

즉, 기가 모여야 이처럼 감각 기관인 '리명離明'의 대상이 되어 누구라도 '유'라는 것을 알 수 있는 상태가 되고, 기가 모이지 않으면 현전하는 '리명'의 대상이 없으므로 실제 '유'인 기가 존재하고 있음에도 그 상태를 '무'라고 오인하게 되는 것이 일반인이나 견해 다른 전문 지식인의 오류라는 것이다. 이렇게 기가 모여 '리명'의 대상이 된 것이 바로 우리가 흔히 말하는 현상계의 사물이다.

그런데, 기로 구성된 사물은 현상이기 때문에 영원하지 않다. 그것은 현상의 속성으로 일반적으로 말하는 생성과 소멸이 있는 존재이기 때문이다. 이렇게 생멸이 있다는 것은 그 과정의 모든 상태가 '일시적'이라는 것이다. 생성도, 그 생성 후 소멸되는 과정도 그리고 궁극적으로 소멸됨도 '일시적'이다. 그러한 '일시적인 상태'를 장재는 '객客'으로 표현했다. '객', 즉 '손님', '나그네'는 '주主', 즉 '주인'에 대해서 그 주인의 뜰에 배회하며 '잠깐 그대의 뜰에 머무르게'만 할 수 있는 '일시적인 존재'이다. 그래서 장재는 다음과 같이 말했다.

그것이 모이려 할 순간이라도 어찌 그것을 '객客'이라 하지 않을 수 있겠으며, 그것이 흩어지려는 순간이라도 어찌 그것을 성급하게 '무無'라고 이를 수가 있겠는가.(『정몽』「태화편」)

기가 모여서 된 모든 현상, 그래서 '리명'의 대상이 되는 모든 현상은 '나그네'의 상태이다. 언젠가는 이 현상계에서 소멸해 사라진다. 그렇지만 '객'이라 하더라도, 그렇게 소멸된다고 하더라도, 그 소멸의 상태는 진정한 소멸이 아니다. 그러므로 "그것이 흩어지려는 순간이라도 어찌 그것을 성급하게 '무無'라고 이를 수가 있겠는가" 하는 것이다. 그것은 실제 존재론적으로 '무'의 상태가 아니라, 기가 흩어져 '리명'이라는 감각기관의 대상이 안 되어 있는 상태에 불과하다. 그래서 "태허太虛가 곧 기氣임을 알면 무無란 없는 것이다." 즉, 현상이라는 '객'의 상태에서 '태허'의 '기'로 회귀했을 뿐, 그 태허 속에 기의 상태로 '있는' 것이다. 그러므로 어떤 경우든, 즉 모여서 사물이 되어 있는 상태이든, 흩어져 '태허'의 '기'로 돌아간 상태이든, 모든 것은 '유'이지 '무'인 상태는 없다는 것이다. 각 상태는 일시적인 '나그네'의 상태이고, 모든 상태를 관통하는 진정한 존재로서의 '주인'은 곧 모든 존재의 본질인 '기'이다. 즉, 기는 끊임없이 모였다 흩어졌다 하는 성질을 가지고 있으므로, 그것이 모일 때든 흩어질 때든 모두 일시적 상태일 뿐이고, 그 본질은 오직 기이다.

그럼에도, 보통의 일반인이 아닌 전문적 사상가들(제자諸子, 즉 노자나 불교 사상가들) 중에도 이러한 이치를 알지 못하고, 잘못된 지식을 진지眞知로 착각하는 망상을 가지고, 청년과 일반적 지식인을 호도하고 있는 이들이 있다고 장재는 생각하였다. 그래서 그는 이렇게 말한다.

그러므로 성인聖人은 우러러 보고 굽어 살피어, 다만 유幽와 명明의 까닭을 안다고 했을 뿐이지, 유有와 무無의 까닭을 안다고는 하지 않았다. … 제자諸子는 천박하고 망령되어 유와 무의 구분을 두니, 이치를 궁구하는 학문이라고 할 수 없다.(『정몽』「태화편」)

대역大易은 유有와 무無를 말하지 않았는데, 유와 무를 말한 것은 제자諸子의 오류이다.(『정몽正蒙』「대역편大易篇」)

장재는 현상화된 것과 현상화되지 않은 것은, 다만 그 드러난 것과 드러나지 않은 것의 차이일 뿐, 본질적으로는 기氣를 원질로 한 유有이며, 드러나지 않은 것이라고 해서 무無라고 규정할 수는 없다고 보았다. 그래서 그는 『주역』「계사전」의 표현에 따라, 이러한 경우들을 '유幽'와 '명明'이라고 하여, 전자를 드러나지 않은 것, 후자를 드러난 것을 말하는 것으로 보았다. 이것은 기가 현상화되기 이전과 이후의 것을 표현한 것인데, 이 이치를 모르는 사상에서 '유幽'를 '무無'로, '명明'을 '유有'로 오인한다는 말이다.

또, 이러한 것은 유幽·명明이란 표현으로 나타낼 수 있을 뿐만 아니라, 은隱·현顯, 굴屈·신伸, 산散·취聚 등과 같은 다른 다양한 표현으로도 기의 현상화 이전과 현상화 이후의 상대적 상태를 나타낼 수 있다. 그리고 이러한 것은, 『주역』의 사상에 따르면, 보다 일반화된 개념인 음양陰陽으로 포괄할 수도 있다. 그래서 장재의 입장에서는 현상화 이전과 이후를 단절시키는 견해를 잘못된 것으로 보고, 그 둘을 동일시하는 것만이 바른 세계관이라고 주장하였다. 따라서 그는 『정몽正蒙』「태화편太和篇」에서 앞서의 '객客'의 개념을 보다 명확히 적용하여 다음과 같이 말하였다.

지극히 고요하여 감응이 없음(무감無感)이 성性의 연원이니, 의식의 작용과 지식이 있게 되는 것은 사물을 경험한 일시적인 감응(객감客感)일 따름이다. 일시적인 감응 및 일시적인 형태(객형客形)와 감응이 없음 및 형태가 없음(무형無形)은 오직 성性을 아는 이만이 그러한 것들을 하나로 여길 수 있다(『정몽正蒙』「태화편太和篇」).

여기서 말하는 전자의 부분인 지극히 고요하여 감응이 없는 '무감'의 상태는 기가 아직 모이지 않고 단지 태허 속에 충만한 상태로서 감각과 인식의 주체에 그 대상으로 나타나지 않은 상태이다. 그리고 이러한 상태에서 기가 모여 현상화하여 물체화되면 비로소 형태가 생긴다. 그리고 이 형태는 앞서 말한 대로, 언젠가는 흩어져 다시 태허로 돌아가게 되는 '일시적인(客)' 형태로 나타난 '객형客形'이다. 비록 일시적이지만 바로 이러한 상태가 되어서야 비로소 '리명'의 감각 대상이 되어지고, 감각의 주체이든 감각의 대상이든 생성 후 소멸될 때까지 일시적으로 존재할 동안에만 경험하게 되는 그 감각 대상인 사물을 일시적인 감각 작용인 감응을 통해 얻어지는 감각자료를 바탕으로 의식의 작용과 지식이 있게 되는 것이다. 여기서 '무감'·'무형'과 '객감'·'객형'이 대비되는데, 전자의 그룹은 기가 태허 속에 단지 존재할 뿐, 형태로서 현상화되지 않은 상태에 관련되는 것이고, 후자의 그룹은 기가 모여서 형태로서 현상화된 상태에 관련되는 것으로서, 이 양 그룹은 다만 상태의 차이일 뿐, 본질적으로는 같은 것이다.[89]

그런데, 장재의 입장에서 바르지 못한 세계관을 가진 사람들의 견해는 다음과 같은 말로 표현된다.

> 저들 적멸寂滅을 말하는 자들은 가서는 돌아오지 않고, 삶을 좇아서 유有에 집착하는 자들은 사물에 막혀 변화되지 않으니, 이러한 두 부류는 비록 차이는 있으나, 도道를 잃은 상태에서 말하는 것으로 보면 마찬가지이다.(『정몽』「태화편」)

이러한, 도道를 잃었다고 하는 것이 곧 바르지 못한 세계관을 가지고 있음을 말한 것으로서, 도가道家처럼 무無를 말하거나 불가佛家처럼 공적空寂, 적멸寂滅을 말하는 것뿐 아니라, 현상적 유有에만 집착하는 세속적인 견해도 모두 이에 마찬가지로 포함되는 잘못된 것이라고 장재는 규정하였다.

이에 대해 장재의 입장에서 본 세계에 대한 바른 견해는 곧 다음과 같이 생각하는 것이다.

> 모여도 본질이 유지된 상태요, 흩어져도 본질이 유지된 상태이니, … 허공虛空

이 곧 기氣인 것을 알면, 있음과 없음, 감춰짐과 드러남, 신神과 화化, 성性과 명命이 하나로 통하여 둘이 없이, 다만 모이고 흩어지고, 나가고 들어오고, 나타나고 나타나지 않고 하는 '상태의 차이'일 뿐이다.(『정몽』「태화편」)

여기서 장재의 주장의 핵심은 모든 것은 '상태의 차이'일 뿐이고, 그 본질은 모두 같은 것이라는 것이다. 그래서 있음(有)도 없음(無)도, 감춰짐(隱)과 드러남(顯)도 그 본질은 같은 것이고, 천덕天德으로서의 '신神'과 천도天道로서의 '화化'도 같은 것이며,[90] 모든 존재의 보편성으로서의 '성性'과 그것이 특수한 개체에 개별자로 주어질 때의 한계인 '명命'도 그 본질은 같은 것이라는 것이다.

그러면서 장재는 이 말의 뒷부분에서, 그 자신의 철학 중 핵심에 속하는 '성性'을 거론하며,

죽어도 사라지는 것이 아님을 아는 자와 더불어 성性을 말할 수가 있다.(『정몽』「태화편」)[91]

고 하였다.

그런데, 이처럼 장재의 주장대로 현상화 이전이나 이후나 모두 존재론적으로는 유有인 바의 기氣의 모임(聚)과 흩어짐(散)의 차이일 뿐이라면, 현상화되기까지는 어떻게 설명되는가.

기氣의 현상화現象化

『정몽』「태화편」에서 이미 인용한 말을 다시 보면, 장재는,

태허太虛에는 기氣가 없을 수 없고, 기는 모여서 萬物이 되지 않을 수 없으며, 만물은 흩어져 태허로 되지 않을 수 없다. 이러한 과정을 따라 나가고 들어오고 하는 것은 모두 부득이한 자연스런 것이다.

라고 하였다. 이 말은 '태허', '기', '만물'은 '기'를 중심으로 하여 상호 소통되며 상호 전화轉化되는 개념들이란 것인데, 이러한 개념 설정과 이론 구성에 대해서 납득하지 못하는 사람들을 이해시키기 위해서, 장재는 '물[水]'과 '얼음(氷)'의 비유를 든다. 즉, 장재는 '태허'와 '기'의 관계를 말하면서, "기氣가 태허太虛에서 모이고 흩어짐은 얼음이 물에서 얼고 녹음과 같다."라고 한 것이다. 요즈음의 자연과학적 지식으로 확대하여 비유한다면, H_2O는 액체로서의 물이든, 고체로서의 얼음이든, 기체로서의 수증기이든 모두 H_2O로서, 그 대표성을 띠는 말인 '물'로 말할 수 있다. 액체이든 고체이든 기체이든 모두 상태의 차이일 뿐 H_2O인 물이라는 본질은 같은 것이듯, '태허', '기', '만물' 사이도 그러하다는 것이다.

다만 이 중 '태허'의 개념만은 상호 전화되는 상태 중 하나로서도 말해지고, '기'와 '만물'이 상호 전화되는 장場으로서도 말해지는 점은 장재의 개념 정의와 사용이 명확하지 않은 부분의 하나이기도 하다. 어쨌든 이 비유를 보더라도, 장재가 태허를 기에 대해 초월적으로 위치 지우려 한 것이 아님을 알 수 있다, 왜냐하면, 물이나 얼음이나 그 본질은 같은 것이며, 물은 얼음을 초월한 것이 아니기 때문이다. 장재 또한 그 점을 취한 것이다.92)

'태허'의 상태와 '만물'의 상태는 본질적으로 '기'로써 매개되어 있다고 말할 수도 있지만, 사실상 '기'는 오히려 단순한 매개 역할이 아니라, '태허'와 '만물'에 대해서는 오히려 주체적인 입장에 있다. '기'는 '만물'이 되지 않을 수 없는데, 그것은 '기'의 본래적 성질에 기인한다. 장재의 『정몽』 가장 첫머리는 다음과 같은 말로 시작하는데, 그것은,

태화太和가 이른바 도道이다. 그 가운데에 뜨고 가라앉음, 올라가고 내려옴,

움직임과 고요함이 서로 감응하는 성질이 함유되어 있어서, 이것이 인온絪縕하여 서로 작용하고, 이기고 지고, 굽히고 펴고 하는 운동을 생성하는 시작이 된다.(『정몽』「태화편」)

라는 것이다. 여기서 장재가 가장 먼저 내세운 개념인 '태화太和'를 '도道'로 해석했는데, 이는 우선 그가 줄곧 『노자』의 사상에 반대해 온 터라, 『노자』에서 말하는 것처럼 '도'가 어떤 형이상학적인 것이 아니라, '태화'라는 점을 우선 강조한 것이다. '태화'는 천지, 음양이 상호작용하는 그 지극한 조화로움을 말한다. 이것을 '도'라고 함은 『주역』「계사전」의 '일음일양지위도一陰一陽之謂道'와 연관시킨 것으로서, 『노자』의 '도'와는 다른 개념임을 내세운 것이다. 즉, '기'의 두 양태인 음과 양이 서로 번갈아 순환 작용하는 바의 것, 또는 그 과정을 '도道'라고 한 것이며, '태화太和'가 곧 그것이라는 것이다.[93]

'태화'라는 큰 조화는 태허의 기가 현상화되는 과정의 종합적 상태이다. 그것은 기의 두 양태인 음과 양의 상호 작용에서 나타나는 것이다. 이 음과 양은 그 대표성을 띠는 표현이고, 그 구체화된 양상은 뜨고 가라앉음, 올라가고 내려옴, 움직임과 고요함 등 현상계의 모든 대대對待 관계를 말한다. 그리고 이 대대 관계 속에서 이루어지는 작용이 '태화'이다. 이 작용은 『주역』「계사전」의 표현으로 말하면 '인온絪縕'이기도 하다. 이 '인온'의 작용으로 기의 현상화를 이루는 운동이 있게 되고, 이에 따라 구체적 현상인 만물이 생성되고, 계속 변화되기도 하는 것이다.

또 장재는 이러한 기의 만물로의 현상화와 그 운동변화 양상을 다음과 같이 묘사하기도 하였다.

기氣는 아득히 넓어 태허太虛의 상태이면서, 올라가기도 하고 내려가기도 하고, 날아오르기도 하면서, 머물러 쉰 적이 없으니, 『역易』에서 이르는 바의 '인온絪縕'이라는 상태이고, 또 장생莊生(즉, 장자莊子)의 이른바 '만물萬物을 생성하면서 호흡으로 서로 불어대니', '야마野馬' 라는 것인가! 이것은 허虛와 실實, 동

動과 정靜의 기틀이고, 음陰과 양陽, 강剛과 유柔의 시작이다. 떠서 올라가는 것은 양陽의 맑음이고, 가라앉아 내려오는 것은 음陰의 흐림이다.(『정몽』「태화편」)

이상의 말에서 표현된 허실虛實, 동정動靜, 음양陰陽, 강유剛柔, 취산聚散 등의 용어들은 때에 따라 다른 그 표현의 다양성에도 불구하고, 그 중에서 일반화된 대표적인 것은 역시 『주역』에서 말하는 바의 음양陰陽이다. 장재는 이 음과 양이라는 두 양태에 대한 개념 정의를 하기를, "양의 덕은 완성을 주로 하고, 음의 덕은 폐쇄를 주로 한다. 음의 성질은 엉기어 모이는 것이고, 양의 성질은 발산하는 것이다."(『정몽』「삼량편參兩篇」)라고 하는데, 사실상 이러한 정의는 장재가 아니라 하더라도 '역易'의 사상에서의 음양에 대한 일반적 정의이기도 하다.

이처럼 '역易'의 사상에서는 이 세계에 음양대대陰陽對待의 관계가 있음을 말한다. 넓은 의미의 음양은 기氣의 대표적 두 상태이다. 그 구체적 양상이 허실虛實, 동정動靜, 음양陰陽(좁은 의미), 강유剛柔, 취산聚散 등이다. 자연 세계에는 본질적으로 운동과 변화가 없을 수 없는데, 그 힘은 세계를 구성하는 기氣 자체에 내재된 것이다. 운동과 변화는 기의 두 가지 양태의 상호 작용으로 전개되고, 현상 세계의 전개는 바로 그 결과이다.

음양과 같은, 기의 두 가지 양태의 상호작용을 대표하는 말이 바로 앞서 말한 『주역』「계사전」에 쓰인 바의 '인온絪縕'이다.[94] 동시에 그 상징적인 묘사어는 『장자莊子』「소요유편逍遙遊篇」에 쓰인 '야마野馬'(아지랑이)이다. 장재는 현상세계의 온갖 삼라만상이 바로 이 기의 '인온' 작용에 의해 이루어진다고 한다. 그래서 그는 말하기를,

그것이 감응하는 현상이 모이고 흩어지는 작용을 겪으면서, 바람이나 비가 되고, 눈이나 서리가 되는데, 온갖 종류가 흘러 형성되는 것이든지, 산과 내가 녹거나 응결되는 것이든지, 곡식 찌꺼기나 타고 남은 불이나 잿더미든지 모두

240

가 마찬가지의 일정한 이치가 아닌 것이 없다.(『정몽』「태화편」)

라고 하였다. 즉 거시적 현상이든지 미시적 현상이든지 모든 것이 동일한 이치에 따른 기의 인온絪縕 작용으로 이루어진다는 것이다.

기氣 활동의 장場으로서의 건곤乾坤

기氣의 '대대對待' 관계상의 작용으로 현상계의 만물이 전개될 때, 그 장場으로서의 세계가 요청되는 바, 이에 정립되는 개념이 바로 『주역』에서 말하는 '건곤乾坤'이다. 앞서 기가 충만되어 있는 장場은 '태허'라고 했다. 그런데 '건곤'이 왜 또 장場인가. 그 차이는, '태허'가 기작용의 원초적 장場임에 대해, 이 '건곤'은 기가 현상화된 후 그 현상적 측면의 장이다. '건곤'은 『주역』에서 말하는 현상적 존재의 변화를 말하는 범주이다. 그 구체적 현상을 예로 들 때, 그 대표성을 띠는 것이 자연계의 '천지天地'이다. 건곤의 한 표상인 '천지' 역시 기로 이루어진 현상이므로, 현상 이전의 기가 응결되기 전 기의 본래 상태를 말하는 장인 '태허'와는 다른 것이다.

'건곤乾坤'은 『주역』에 있어서, 세계의 존재와 변화를 음양陰陽 두 기氣의 상호 작용으로 설명할 때, 그 범주화로 인해 나타나는 것이다. 즉, '건乾'과 '곤坤'은 세계의 존재와 변화에 대한 범주들 중의 두 가지이다. 『주역』에서는 이 범주들을 '괘卦'라고 지칭한다. 『주역』의 괘에는 3획괘畫卦로서의 8괘卦와 그것들이 거듭된 것으로 이루어지는 6획괘畫卦로서의 64괘卦가 있다. 이때 8괘는 복합괘인 64괘의 요소괘로서 다시 설명될 수 있다.

8괘는 건乾☰, 곤坤☷, 진震☳, 손巽☴, 감坎☵, 리離☲, 간艮☶, 태兌☱이고, 64괘는 이것들이 거듭해서 이루어진 수학적 경우의 수인 64가지의 보다 정밀화된 복합적 범주이다. 이것들은 건乾䷀, 곤坤䷁, 준屯䷂, 몽蒙䷃, … 기제旣濟䷾, 미제未濟䷿ㅤ등의 64가지 괘인데, 『주역』의 경문은 이 64괘에 대한 설명이다. 장재에 있어서 세계를 지칭하는 '건곤'은 바로 이 『주역』의 괘 이름에서 온 것이다. 이 둘은 『주역』에 있어서도 가장 중요한 괘로 일컬어져, 8괘 중 건곤이든지 64괘 중 건곤이든지 각각 모두 8괘와 64괘를 대표한다. 사실상 장재가 이 두 괘로써 세계를 말하면서, 또 이 두 괘를 중요하게 부각시키든지 말든지에 관계없이, 『주역』에 있어서 이 두 괘는 이미 가장 중요하게 취급된다. 그리고 일반적으로 『주역』을 자신 사상의 근간으로 하는 철학자들은 모두 이 점을 인정하고 들어간다. 장재도 그 중의 한 사람일 뿐이다.

그런데 장재가 기의 인온絪縕하는 장場으로서 '건곤乾坤'을 말할 때, 그것이 8괘의 건곤인지 64괘의 건곤인지는 뚜렷하지 않으나, 그의 글 중의 문맥에 따른 판단으로는 8괘 중의 건곤이라 짐작된다. 왜냐하면, 그는 그의 글 중에서 8괘 상의 다른 6괘와 그에 관련되는 상象들을 언급하고 있기 때문이다.95) 그러나 『주역』에 있어서 8괘의 각 괘에 관한 것은 그것이 동일하게 거듭되었을 때의 64괘 중의 그것과 관계없다고 할 수는 없고, 실제 64괘에서도 건곤이 가장 중요한 두 괘로 취급되므로 64괘 중의 건곤이라고 해도 괜찮다.

그럼에도 불구하고 굳이 분별하자면, 장재의 『주역』을 바탕으로 한 우주론적 세계관으로 볼 때는 기가 처음의 간이簡易한 상태에서 인온 작용을 벌이기 시작하여 세계가 점차로 복잡다단해지는 것으로 여겨지고, 그의 『정몽』 「건칭편乾稱篇」 특히 그 중에서도 훗날 『서명西銘』으로 독립되어 일컬어지는 부분에서 전개되는 내용이 역시 8괘의 단계에 따른 『주역』「설괘전說卦傳」에 따른 건곤의 세계관으로 설명되므로, 그의 건곤은 8괘 중의 건곤임을 말하는 것이라고 볼 수 있다. 특히 『서명』은 '건乾'과 '곤坤'을 부모로 하여, 그 안의 만물을 한 형제, 한 동포로 간주하는 사해동포주의를 설파하고 있는데, 이는 「설괘전」에서 8괘 중의 '건'을 '부父', '곤坤'을 '모母'로 하여 역시 8괘 중의 나머지 6괘를 그 자식으로, 6괘끼리는 형제자매의 관계인 것으로 설정되므로, 이러한 점이 명확하다 할 수 있다. 그럼에도 『주역』의 이론은 64괘라 해도 그것은 8괘에 해당되는 이치의 확장판임도 당연하다.

『주역』에 있어서 '건乾'과 '곤坤'이 중요하게 취급되는 것은, 『주역』의 본

문인 경문에 부가된 최초의 주석이면서 후대에 있어서는 거의 경전의 지위로까지 인정되는 「십익十翼」(또는 「역전易傳」)의 내용에서 여실히 드러난다. 지금 이 글에서 계속적으로 거론하는 「계사전繫辭傳」이나 「설괘전說卦傳」도 여기에 포함되어 있다. 「십익」 중 장재의 건곤 중심적 세계관의 기본 바탕을 이루는 가장 대표적인 것이 이 두 가지이다. 그의 『주역』에 관한 글은, 특히 이 중 「계사전」의 내용을 바탕으로 하여 그 중에 나오는 개념을 나름대로 정의하여 사용하고, 심지어는 그 자신의 문장 표현에 있어서도 「계사전」 중의 문장을 거의 그대로 취하여, 다만 자신이 이해한 방식으로 약간 변형시켜 서술하는 경우가 허다하다.

장재의 우주론적 세계관의 전개에 있어서 나타나는 기화氣化의 과정과 결과로서의 세계인 '건곤'을 이야기하는 첫 단계는 바로 「십익」 중 「단전象傳」, 「계사전」을 인용하면서부터 시작된다. 앞에서 일부가 이미 인용된 그의 말들에서 이 점을 볼 수 있다. 그는 이렇게 말한다.

> 태화太和가 이른바 도道이다. 그 가운데에 뜨고 가라앉음, 올라가고 내려옴, 움직임과 고요함이 서로 감응하는 성질이 함유되어 있어서, 이것이 인온絪縕하여 서로 작용하고, 이기고 지고, 굽히고 펴고 하는 운동을 생성하는 시작이 된다. 그것이 작용하여 올 때는 미세한 조짐이 쉽고(易) 간단하지만(簡), 그것이 궁극에 이르면 넓고 크며 견고하다. 쉬운 상태에서 앎을 일으키는 것은 건乾이요, 간단한 상태에서 법칙을 본받는 것은 곤坤이다.(『정몽』 「태화편」)

즉, 이것은 기의 큰 조화 작용으로서 설명되는 '태화太和'[96]라는 개념을 빌어, 이를 통하여 우주론적으로 처음 전개되는 시간·공간적 장場의 성립을 말하고 있는 것이다.[97]

'건'과 '곤'을 비롯한 모든 괘들은 만사만물萬事萬物을 두루 빠짐없이 포괄하는 범주이지만, 그 중에서도 대표적인 것은 천지天地를 비롯한 자연물을 지칭할 때이다. '건'과 '곤'은 자연물로는 '천天'과 '지地'를 지칭한다. 우주론적 의미로 볼 때, 처음 세계가 형성될 때는 '천지'의 마련으로부터 시작된다. 아직 만사만물이 형성되지 않았을 때, 이것은 다만 만사만물을 생성시킬 잠재력만을 가지고 있다. 이때는 곧 '이지易知'하고 '간능簡能'한 상태이다.98) 이易·간簡은 각각 지知·능能을 수식하며, 그것은 복잡다단한 만물 생성 이전의 초기는 단순한 상태임을 말하고 있다.99) 그리고 지知와 능能은 각각 건과 곤에 대응되는데, 「계사전」에서는 "천天에서는 상象을 이루고, 지地에서는 형形을 이룬다."고 하고 있고, 건과 곤은 우주론적으로 천·지에 배당되므로, 지知는 상象과, 능能은 형形과 각각 관계된다. 즉, 지知의 대상은 상象이요, 능能의 대상은 형形이다. 그런데, 장재는 "흩어져서 여러 가지로 다르게 분화하여 상象으로 될 수 있는 것이 기氣이다."라고 하고 있으므로, 천차만별한 만물로 현상화(象)할 수 있는 것이 곧 기임을 말하고 있다.

이상과 같은 것을 앞에서 이미 말한 장재의 사상과 관련지어 볼 때, '태허즉기太虛卽氣'의 측면은 지知의 대상인 상象으로 되는 측면임을 말할 수 있다. 더구나 장재는 "태허太虛로 말미암아 하늘(天)의 이름이 있다."고 하였으니, 「계사전」의 '천天에서는 상象을 이루고'라는 말과의 관계가 더욱 확실해진다. 또한 기는 모여 만물이 되지 않을 수 없다는 측면은 능能의 대상인 형形으로 되는 측면임이 유추된다.100)

기 개념을 중심으로 하는 장재의 역학적 세계는 '건곤'으로서의 세계이지만, 이상과 같이 '건곤'을 '천지'로 파악할 경우, 그것은 만물 생성 과정에서 언급되는 만물 생성의 장으로서의 '건곤' 세계이다. 그런데, 『주역』의 「계사전」에서부터 이미 그러하지만, '건곤'을 직접 '천지'에다 연관시켜 '천지'만으로서의 '건곤'을 이야기하지는 않았다. 『주역』에 있어서 '건곤'은 그 대표적 지칭물이 비록 '천지'이지만, 오직 '천지'만을 지칭하지는 않는다. '건곤'은 괘로서의 범주 이름이다. 그러므로 '건곤'은 '천지' 외에도 『주역』이 자연사와 인간사를 설명할 때 동원되는 음양대대관계에서 그 중의 순양純陽과 순음純陰의 측면을 이야기하는 어떠한 경우에도 모두 해당된다.

앞에서 잠시 언급하였듯이, 장재는 『정몽』「건칭편乾稱篇」에서는 '건곤乾

坤'을 '천지天地'와 함께 '부모父母'에 대응시켜, 이 세 항을 일괄적으로 연결하였다. 그는 거기에서 "건乾은 아버지라 일컫고, 곤坤은 어머니라 일컫는다."고 하였는데, 이는 『주역』「설괘전說卦傳」의 "건乾은 하늘이므로 아버지라 일컫고, 곤坤은 땅이므로 어머니라 일컫는다."라는 말에서 취한 것이다. 「설괘전」은 이어서 건곤을 부모父母로 하여, 이의 괘획상卦畫上의 교합으로 전개되는 나머지 6卦에다, 부모의 6자식, 즉 장남長男, 장녀長女, 중남中男, 중녀中女, 소남少男, 소녀少女를 대응시키고 있는데,[101] 장재는 이에 견주어 그의 천지를 장으로 하는 우주론적 사상을 가족관계에 대비시킴과 동시에 천지와 만물의 관계를 가족관계로 보아, 인간 사회로서는 사해동포주의四海同胞主義cosmopolitanism이며, 우주 만물로 확대하면 우주의 만물은 모두 한 가족이라는 만물일체설萬物一體說을 내었다.

그래서 장재는 후일 『서명西銘』으로 독립된 「건칭편乾稱篇」의 앞부분에서 계속하여 말하기를,

> 건乾은 아버지라 일컫고, 곤坤은 어머니라 일컫는다. 나는 여기에서 조그만 모습으로 이에 뒤섞여 그 가운데에 처한다. 그러므로, 하늘과 땅에 가득 찬 것을 나는 몸으로 삼고, 하늘과 땅이 거느리는 것을 나는 성性으로 삼는다. 백성은 나의 한 뱃속 형제이고, 만물은 나의 동료이다.[102]

라고 하였다. 그런데, 『주역』「계사전」에 이르기를, "하늘과 땅이 인온絪縕하여 만물이 화化하여 순醇하고, 남자男子와 여자女子가 정기精氣를 교합하여 만물이 화化하여 생生한다."[103]라고 하였는데, 이 말 또한 '건곤'을 매개로 하여 '천지天地'와 '남녀男女'를 연관시켰으니, 장재의 이상과 같은 만물일체설 또한 『주역』에 근거를 둔 것이라고 할 수 있다.

이상을 종합하여 보면, 그의 우주론적 세계관은 '건곤'을 바탕으로 하는 것이며, 이것의 토대는 그의 기철학에 있다고 할 수 있다. 즉, 기는 모여 만물이 되지 않을 수 없는데, 이 기가 음양의 대대관계로서 서로 작용하여 만물을

전개하는 과정은, 우선 순양의 기운을 말하는 건과 순음의 기운을 말하는 곤이 이후 전개될 만물생성의 장이 되며, 이것은 아직은 복잡하지 않으므로 이易·간簡으로 표현되며, 그 잠재적 성격은 지知와 능能으로 규정된다.

이러한 장으로서의 '건곤'은 음양대대관계의 범주 역할을 하며, 동시에 부모, 남녀 등에도 대응된다. 장재는 이에 '건곤'을 매개로 하여 천지를 부모로, 만물을 그 중에서 나오는 가족의 관계로 간주하여, 그의 만물일체관을 정립시켰다. 이것은 곧 '인온'으로 대표되는 기화氣化 작용으로 인한 것이다. 그러면 이제 보다 구체적인 만물전개양상을 보자.

세계 운동의 근본 원동력-대대관계對待關係의 상호 융화 작용

'건곤乾坤'에 대응되는 천지天地·부모父母는 기氣의 물화物化 작용의 준비된 장場이다. 앞에서 이미 대대관계對待關係로 규정되는 양기陽氣, 음기陰氣를 이야기하였다. 우주간의 만사만물이 이 대대관계로 규정되는데, 대대관계란 서로 마주 보면서 또 서로 의존하는 관계이고, 하나는 다른 나머지 하나가 없이는 존재할 수 없는 관계이다. 그러므로 이것은 서로 양립할 수 없는 모순관계가 아닌, 서로가 서로의 존재 근거가 되는 관계이다. 세계의 모든 것을 요약하면 이 양립하면서 상호 의존하는 대대관계라고 말해질 수 있다. 그래서 장재는 말하기를,

조화造化에 의해 이루어진 것은 하나의 사물도 서로 닮은 것이 없다. 이러한 것으로 만물이 비록 많으나, 그 실상은 하나임을 알 수 있다. 사물에는 음과 양이 없는 경우가 없다. 이러한 것으로 천지天地의 변화는 이단二端 뿐임을 안다.(『정몽』「태화편」)

라고 하고, 또,

246

천도天道는 다함이 없으나 추위와 더위일 따름이고, 온갖 운동은 다함이 없으나 굽히고 펴는 것일 따름이다. 귀신鬼神104)의 실상은 이단二端을 넘어서지 않을 따름이다.(『정몽』「태화편」)

라고 하였다. 그래서 '둘'(二 또는 兩)로 말해진다. 하지만 이 '둘'은 인온絪縕의 작용을 통하여 궁극적으로 하나로 모인다. 이 둘은 나누어 보면 둘이지만, 본래 일체一體의 양면兩面일 뿐이므로 결국 하나이다. 즉, 천지天地는 둘이지만 그것들을 하나로의 융합된 세계로 볼 때는 하나이다. 그러므로 둘이면서 하나이고, 하나이면서 둘이라고 할 수 있다. 그래서 장재는 말하기를,

둘이 서지 않으면, 하나도 볼 수가 없고, 하나를 볼 수 없으면, 둘의 작용이 그치게 된다. 두 가지의 상태라는 것은 허虛와 실實이요, 동動과 정靜이요, 모임과 흩어짐이요, 맑음과 흐림이지만, 그 궁극은 하나일 따름이다.(『정몽』「태화편」)

라고 하였다. 그리고 또 말하기를,

땅이 둘인 까닭은 강유剛柔와 남녀男女를 나누어 그것을 본 뜬 것이니 법法이고, 하늘이 셋인 까닭은 태극太極105)과 양의兩儀를 하나로 하여 그것을 상징한 것이니 성性이다. 하나의 사물에 양측면의 상태가 있음이 기氣이다. 하나이기 때문에 신神하고 둘이기 때문에 화化하니, 이것이 하늘이 셋인 까닭이다.(『정몽』「삼량편參兩篇」)

라고 하였다.

이상에서 말한 바의 둘이면서 하나라는 것, 다시 말해 둘은 하나로 인온絪縕하면서 융화融化(장재의 사상 내용상 '融和'라고도 할 수 있다)하는, 바로 이 관계로 말미암아 운동과 변화가 있게 된다. 운동과 변화는 바로 이 둘의

247

하나로의 융화작용이다. 『주역』이 말하는 바의 변화도 이 둘의 하나로의 융화로 인한 것이다. 그런데, 이 운동을 있게 만드는 것은 무엇인가? 그것은 둘이 존재한다는 내부적 관계에 기인하는 것이지, 신神106)과 같은 종교적 실체이든 철학상의 형이상학적 원리이든 외부에 그 작용인作用因이 있는 것이 아니다. 어디까지나 내부의 상호관계에 그 운동의 원인이 있는 것이다. 그래서 그는 말하기를,

모든 회전하는 사물은 운동에 있어 반드시 내적 계기(機)107)가 있다. 이미 그 것을 내적 계기라고 한 이상, 운동은 외부로부터 오는 것이 아니다.(『정몽』「삼량편」)

라고 하였는데, 내부에 원인이 있는 이 운동은 본질적으로 위에서 말한 바대로 상대하는 두 힘의 조화와 융화 작용 때문이다. 그래서 그는 또 말하기를,

현상이 있으면 상대가 있게 되고, 상대는 반드시 그 작용에 있어 반대되게 되며, 반대의 작용이 있으면 적대 관계가 있게 되고, 적대 관계는 반드시 조화하여 풀리게 된다. 그러므로, 사랑과 미움의 감정은 태허에서 함께 나와서 마침내 물욕으로 돌아간다. 빠르게 생겨나고 갑자기 이루어지면서 터럭만큼의 틈이 있음도 허용치 않으니, 그 신神함이여!(『정몽』「태화편」)

라고 하였다.

기氣 작용상의 신화神化

바로 위의 인용문의 끝에서 '신神'을 이야기하였는데, 장재에 있어 이 '신神'은 '화化'라는 개념과 함께 중요한 개념이다. '신화神化'라고 병칭하기도 하

는 이 개념들은 바로 위에서 말한 운동과 변화의 측면을 특히 들어서 이야기할 때 쓰이는 것이다. 이 개념들은 『주역』에서 나온 것들이다. 장재는 이 개념들을 중요시하여 자신 철학의 매우 중요한 부분으로 삼았다. 그래서 『정몽』에 따로 「신화神化」의 한 편이 있다.

장재는 '신神'과 '화化'를 설명하기 위해 여러 가지 표현을 동원하였다. 그는 우선 『주역』「계사전」의 "신神은 정해진 장소가 없고, 역易은 고정된 상태가 없다."라는 말을 인용하였다. 그는 이러한 신神을 '하늘의 덕德(천덕天德)'이라고 정의하였다. '신神'이란 어떤 정해진 공간적 위치를 지정할 수 없는 하늘의 덕이며, 하늘의 덕이란 하늘이 지닌 능력이다. 여기서 어떤 정해진 공간적 위치를 지정할 수 없다는 것은 있지 않은 곳이 없음을 말한다. 그래서 장재는 『정몽』「신화편神化篇」에서 말하기를,

텅 비어서(虛) 밝게 환히 비춰 보는 것이 신神의 밝음이고, 먼 곳이나 가까운 곳이나 그윽하고 깊은 곳이나 할 것 없이 쓰임에 이롭게 나고 들고 하는 것이 신神이 꽉 채워 틈이 없는 것이다.

라고 하였다.

앞에서 운동과 변화의 작용인은 외부에 있지 않고 내부에 있다고 하였는데, 이 내부적 작용인이 바로 '신神'이다. 그래서 신神을 하늘이 지닌 바의 능력(힘)으로서의 덕이라 한 것이다. 모든 운동과 변화는 바로 이 신神으로 인한 것이다.[108]

그래서 장재는 말하기를,

천하天下의 운동 작용은 신神이 고무하는 것이다. 말이 고무되지 않으면, 그것으로 신神을 다 표현하기에 부족하다.(『정몽』「신화편神化篇」)

라고 하였다. 그런데 이렇게 이야기하면 무언가 '신神'의 실체가 있어서 고무하는 것 같지만, 그렇지는 않다.[109] 앞에서 현상세계에는 반드시 대대관계가 있음을 말했다. 그런데 이 대대관계는 그 상태로 지속될 수 없다. 반드시 하나로 융화하는 작용이 있게 된다. 이때 둘의 대대관계를 하나로 함이 '신神'이다. 이 대대관계는 '신'의 전제조건이며, '신'은 대대관계를 해소, 융화하는 힘이다. 그래서 대대관계를 말하고서 이렇게 '신'을 말하는 것이다. '신'의 정의를 보다 명확히 하면, 바로 이 대대관계의 상태에서 하나로 융화하는 관계 내부적 힘이다. 앞에서 말한 "현상이 있으면 상대가 있게 되고, 상대는 반드시 그 작용에 있어 반대되게 되며, … 그 신神함이여!"라고 한 것도 그 때문이다.

결국 이러한 '신神'이라는 것은 대대관계를 하나로 융화하는 능력이라 할 수 있는데, 이러한 능력은 인간의 사고 작용으로서는 알 수가 없는 것이다. 『주역』「계사전」에서는 "음陰인지 양陽인지 헤아릴 수 없는 것을 일러 신神이라 한다."라고 하였다. 장재는 이에 따라, "하늘의 헤아릴 수 없는 측면을 신神이라 한다."(『정몽』「천도편天道篇」) 라고 하고, 또, "맑게 통하여 현상화할 수 없는 것이 신神이다."(『정몽』「태화편」)라고 하였다.

그런데, 음 또는 양으로 헤아려 말할 수 있는 것은 구체화되어 사고 작용이 미치는 바이다. 그러나 그 음양을 융화하는 오묘한 능력은 인간의 사고 작용으로 헤아릴 수 없다고 본다. 그래서 장재는 말하기를,

신神은 사고 작용으로 이르게 할 수 있는 성질의 것이 아니니, 보존하는 방법만이 가능할 뿐이다.(『정몽』「신화편」)

라고도 하였다. 현상화 될 수 있다는 것은 음기와 양기의 상태로 구체화된 것이므로 사고 작용이 미칠 수 있는 바이다. 이 구체화된 것을 '기氣'로 보고, 현상화 되지 않아서 사고 작용이 미칠 수 없는 것은 '신神'이라고 하였는데, 이것은 구체적 양상으로 나누어 볼 수 없는 고도의 초월적 경지의 추상적 힘이기 때문이다. 그러한 힘은 내면에 개념적으로 분별하여 얻어지는 것이 아

니라, 주체에 체화하여 체득함으로 얻어지는 특별한 경지의 힘을 가짐으로써 얻어진다. 그래서 사고 작용으로 이르게 할 수 있는 것이 아닌, 보존하는 방법만이 가능하다는 것이다.

그런데 이 '신'은 장재 철학 중의 중심 이론인 '기'의 문제와 별개의 것이 아니다. '신'은 결국 '기'의 작용 상에서 말해지는 개념이다. 왜냐하면 '태허'로 말미암아 '천天'의 이름이 있는데, 이 '태허'나 '천'은 '기'로써 말해지는 개념이고, 또 천의 덕이 '신'이므로, 결국 '신'은 본질적으로 '기'를 떠나서는 말할 수 없기 때문이다. 그래서 '태허', '기', '만물' 세 가지 중 그 대표가 되는 '기'의 오묘한 조화가 곧 '신'이므로, 그것을 보존할 수 있는 존재를, 장재는 '성인聖人'으로 보아,

> 성인聖人은 그 사이('태허'와 '기'와 '만물'의 사이)에서 도를 다하여 각 상태를 겸하면서도 누되지 않는 이로서, 신神을 보존함이 지극한 존재이다.(『정몽』「태화편」)

라고 하였다.

그러면 '기氣'에 내재한 힘으로서의 '신神'은 구체적으로 어떻게 기로 하여금 현상화하여 그 힘을 발휘하고, 마침내 세계 만물의 존재를 구현해 내는가? 이에 이 '신'인 힘으로 운동·변화하여 음과 양의 두 양태로 존재하던 대대관계의 양상을 융화해 나가는 과정이 거론되는데, 이것이 바로 앞에서 신神과 더불어 말한 '화化'이다. 장재는 '화'에 대해서 우선 이렇게 말했다.

> 하늘의 화化는 기氣에서 운행되고, 사람의 화化는 저 때를 따르니, 기氣가 아니고 때가 아니면, 화化의 이름이 어디에 있으며, 화化의 실상이 어디에 베풀어지리오!(『정몽』「신화편」)

즉, '화'는 '기'의 운행을 매개로 하여 하늘과 사람을 연계하는 개념으로서, 기의 운행으로 하늘의 화가 있게 되고, 그 기의 운행 과정의 때에 따라 사

람의 화가 있게 된다. 또, 이 '화' 역시 '신'과 더불어 『주역』「계사전」에서 취한 개념이다. 『주역』「계사전」에서는, "한번은 음陰이 되었다가 한번은 양陽이 되었다가 하는 것을 일러 도道라고 한다."고 하였는데, 이 도道는 바로 음양이 상호 전화하는 '과정'을 말하는 것이다. 장재는 이 '도'를 '화化'라는 개념과 연계 지었다. 즉, '화化'는 음기와 양기가 상호 전화하면서 현상이 운동·변화하는 과정이라고 본 것이다.

그러면서, 장재는 '신'과 '화'라는 두 개념의 관계를 두고서는, '신神'을 '하늘의 덕德'이라 정의한 데에 대해, '화化'는 '하늘의 도道(천도天道)'라고 하였다. 즉, 그가 말한 바 "신은 하늘의 덕이요, 화는 하늘의 도이다."라는 말이다. 그래서 그는 이 양자의 관계를 보다 구체적으로 정의하여,

기氣에는 음양陰陽이 있는데, 그러한 것이 미루어 운행함에 점진적 과정이 있음이 화化이고, 그러한 것을 하나로 합한 상태로서 헤아릴 수 없는 것이 신神이다.(『정몽』「신화편」)

라고 하면서, 화化가 운동·변화의 과정임을 말하면서, 동시에 그에 대한 신神과의 관계 및 신의 정의를 이야기하였다.

한편, 앞에서 '신'에 대해서는 인간 주체가 "신神은 사고 작용으로 이르게 할 수 있는 성질의 것이 아니니, 보존하는 방법만이 가능할 뿐이다."라고 했는데, '화'에 대해서는 어떨까. 「계사전」에 "음인지 양인지 헤아릴 수 없는 것을 일러 '신'이라 한다."는 말에 근거하여, 장재는 '신'을 사고 작용으로 이르게 할 수 있는 성질의 것이 아니라고 하였다. 이에 대해 역시 「계사전」의 "한 번은 음이 되었다가 한 번은 양이 되었다가 하는 것을 일러 '도'라고 한다."는 말을 두고서는, '도'는 음양이 순환하는 과정으로 해석하고, 이러한 과정은 '신'과는 달리 인간의 사고 작용을 지극히 하면 파악할 수 있는 것으로 생각하였다. 그러면서 이 '도'를 역시 「계사전」의 개념인 '화'에 연계하여, '화'를 '천도'로 정의하였다.

장재는 "사람의 화化는 때를 따른다."고 하면서, 사람은 이 화化에 대해서는 비록 인간의 사고 작용을 지극히 하면 파악할 수는 있지만, 그렇다고 해서 "조장助長해서는 안 되는 것이니, 따르는 방법만이 가능할 뿐이다."라고도 하였다. 또, "신은 헤아릴 수 없으므로 느슨한 말로써는 신을 다 표현하기에 부족하며, 화는 알기 어려우므로 조급한 말로서는 화를 다 포괄하기에 부족하다."라고도 하였다. 이러한 말들을 종합하면, '신'은 헤아릴 수 없으므로, 인식의 대상이 되기 어려워 체득으로만 가능하니 언어로 표현하기에 부족하며, '화'의 경우는 인식의 대상은 되므로, 사고 작용을 지극히 하면 알 수는 있지만, 순리에 따라야 가능하므로, 조장해서는 안 되고, 언어로 표현할 수는 있으나, 그렇다고 해서 합당하지 않는 개념의 언어를 사용한 명제로 성급히 표현하여서는 그것을 다 포괄한 언표가 될 수 없다는 것이다.

이러한 덕으로서의 '신'과 도로서의 '화'는 별개로 거론될 수 있는 것이 아니고, 양자는 불가분의 관계를 갖고 있으므로, 장재는 말하기를,

> 덕德은 그 체體이고 도道는 그 용用으로서, 기氣에서 하나로 될 따름이다.(『정몽』「신화편」)

라고 하였다. '신神'과 '화化'는 결국 불가분의 관계를 말하는, 한 쌍의 개념 용어인 체體와 용用의 관계로 말해지는 것이다. 그래서 이 '신'이라는 '체'와 '화'라는 '용'은 모두 '기'에 관한 것이므로, '기'에서 하나로 된다고 하였다.

이상에서 말한 '신神'과 '화化'는 자연의 운동과 변화에 나타나는 그 작용상의 내재된 힘과 과정에 관한 것이다. 이러한 것은 단순한 대상화로써 알 수 있는 것이 아니고, 그 자체에 자리 잡아야 가능하다. 이 말은 '신'과 '화'는 인간 주체가 근본적으로 접근할 수 없다는 것은 아니라는 것이다. 접근이 불가능하거나 접근을 시도하더라도 매우 어려운 경우는 범인凡人의 경우이다. 그렇다면 가능한 경우는 어떤 경우인가. 장재는 우선,

신화神化라는 것은 하늘이 본래부터 가지고 있는 능력이지, 사람의 능력은 아니기 때문에, 크게 하늘의 덕德에 자리 잡은 후에야, 능히 신神을 다하고 화化를 알(窮神知化)110) 수 있는 것이다.(『정몽』「신화편」)

라고 함으로써, '신'과 '화'에 관한 대표적 명제인 '궁신지화窮神知化'를 말하였다. 즉 '크게 하늘의 덕에 자리 잡은 후에는' '신을 다하고 화를 알 수 있다'는 것이다. 그래서 장재는 바로 이렇게 신을 다하고 화를 알 수 있는, 즉 '궁신지화窮神知化'한 상태를 전제하여, 이러한 상태를 '성聖'이라 하고, 이러한 '성聖'을 이룬 존재를 '성인聖人'이라 하였다. 이로써 장재 역시 유가 철학의 이상적 상태와 이상적 존재인 '성'과 '성인'을 말하게 되는 것이다. 그는 이러한 상태를 보다 구체적으로 묘사하여 다음처럼 다양하게 말하였다.

아我가 없게 된 후에야 대大하며, 대大가 성性을 이룬 후에야 성聖하니, 성聖이 하늘의 덕德에 자리 잡아 앎이 이를 수 없는 상태를 일러 신神이라 한다. 그러므로, 신神이란 성聖하여 알 수 없는 것이다.(『정몽』「신화편」)
하늘이 본래부터 가지고 있는 능력은 우리가 본래부터 가지고 있는 능력인데, 다만 아我가 있음에 의해 잃어버렸을 따름이다.(『정몽』「성명편誠明篇」)

즉 기의 개별화에 의한 특수한 개별자인 '아我'라는 개체에 한정된 제한된 관점을 타파하여, '성性'이라는 보편성을 체득한 상태로서, 하늘의 덕인 '신神'을 체득한 경지가 '성聖'임을 말하는 것이다. 또, 그는,

조짐(幾)을 보면 의義가 밝아지고, 움직여도 묶지 않으면 쓰임이 이롭고, 굽히고 폄에 이치에 따르면 몸이 편안하고 덕德이 불어난다. 신神을 다하고 화化를 알면 하늘과 더불어 하나로 되니, 어찌 아我로써 힘쓸 수 있는 것이 있겠는가? 곧 덕德이 성해져서 저절로 이르게 할 뿐이다.(『정몽』「신화편」)

라고도 하였는데, 이는 『주역』의 이치를 체득하여 현상의 기氣의 변화상

황을 꿰뚫어 알아서 변화의 조짐(기幾)만으로도 변화를 예측하고, 매 상황마다 무엇이 도덕적으로 의로운가를 판단할 수 있는 지혜를 가지는 것이 곧 '궁신지화'의 경지임을 말한 것이다. 또,

> '의義를 정밀하게 하여 신神에 들어간다' 함은, 일이 나의 내부에 예비되어 나의 외부에 이로움을 구하는 것이고, '쓰임을 이롭게 하고 몸을 편안하게 한다' 함은, 본래 나의 외부를 이롭게 하고 나의 내부를 수양하는 것이며, '신神을 다하고 화化를 안다' 함은, 곧 수양의 성함은 저절로 이르는 것이지 생각으로 힘써서 억지로 할 수 있는 것이 아니라는 것이다. 그러므로 덕德을 높이는 것 이외에 군자君子가 알아야 할 것은 없을 것이다.(『정몽』「신화편」)

라고 하였는데, 이 역시 도덕적으로 의로움에 대한 판단을 정밀하게 하여, 그것을 '신'에 들어갈 정도의 경지가 되도록 하여, 변화 양상에 대한 예비적 대처가 내면에 갖추어져 밖으로 필요한 효용을 가져오는 지혜를 얻을 수 있도록 내면을 수양해야 된다는 것이다. 이러한 수양은 결국 덕을 높이는 것이며, 이것이 『주역』의 주인공인 도덕적 실천자로서의 '군자'가 마땅히 행해야 할 것이란 말이다. 그리고 이러한 군자가 궁극적으로 추구하는 목표로서의 경지가 곧 '성聖'이고, 이러한 경지를 이룬 존재가 곧 '성인聖人'이다.

장재 역시 유가 철학자로서 앞서 말한 주돈이, 소옹처럼 결국 궁극적으로는 '성聖'의 경지를 획득한 '성인聖人'을 추구하는 것이 최종 목표인데, 다만 이들이 말한 성인관은 그들 각자의 철학적 특성에 따라 결을 달리하고 있음을 알 수 있다. 앞서, 주돈이는 그의 『태극도설』에서 말하듯, "성인聖人은 천지天地와 그 덕德을 합습하고, 일월日月과 그 밝음을 합습하며, 사시四時와 그 순서를 합습하고, 귀신鬼神과 그 길흉吉凶을 합습"하며, 그리고 『중용』에서 말하는 '성誠'의 가치원리를 체득하여 '성聖'에 이른 존재를 '성인聖人'이라고 보고, 소옹은 그의 『황극경세』에서 말하는 바, 시간적 공간적 일체 존재 세계를 관통하는 역학적 원리, 그것도 원, 회, 운, 세로 말해지는 거대한 시간의 틀까지도

깨달아 알아 만기萬機를 총람하여 꿰뚫어 아는 '황극皇極'의 존재를 '성인'으로 보았다. 이에 대해, 장재의 경우 역시 '성聖'의 경지는 주돈이나 소옹처럼 『주역』의 이치를 깨달아 앎과 관련되는 것인데, 그는 특히 그것을 '궁신지화窮神知化'의 경지로 표현하면서, 그러한 경지를 얻은 존재로서, '태허'와 '기'와 '만물'의 사이에서 도를 다하여 각 상태를 겸하면서도 누되지 않는 이로서, '신神'을 보존함이 지극한 존재를 '성인聖人'으로 본 것이다.

장재張載 철학의 '성性' 문제

지금까지 말한 것은 장재 철학에 있어서의 존재에 관한 문제이다. 그런데, 유가 철학의 궁극 목적은 역시 당위와 가치를 말하는 도덕 철학을 세우는 것이다. 앞의 내용들은 장재 철학의 도덕 영역에 대한 토대이다. 앞의 내용 중 도덕 문제와 관련한 핵심은 '성性'의 문제이다. 당연히 '성性'은 중국 철학사 속에서 고대로부터 줄곧 가장 뜨거웠던 쟁점들 중의 하나였다. 그런데, 장재 철학의 이론 구조상 '성性'의 문제를 제기함에 있어서 우선적으로 거론되는 것은 존재 세계의 '성性'이었다. 그리고 그가 제기한 '성性'은 그러한 존재 세계의 '기氣'의 '보편성'이었다.

인류의 정신문화가 전개되는 과정에서 이른바 중세사상은 '보편자'를 추구하는 특징이 있다. 물론 그에 따라 '보편성'을 거론하게 되는 것이다. 이에 따라 '보편자'에 대한 '개별자', '보편성'에 대한 '개별성'의 문제가 부각되었다. 서양 중세 기독교 사회의 유명한 '보편논쟁'이 그러한 것이다. 기독교의 보편자인 '신God'은, 중세가 시작되고서는 어떤 증명이나 논쟁도 필요 없는 오로지 신앙의 대상일 뿐이었다. 그러나 후반부로 갈수록, 처음에 종교에 대한 위해성 때문에 배척되었던 철학의 '이성' 기능이 점차 개입되게 되어 신학 상에도 이러한 논쟁이 있게 된 것이다. 보편자인 신도 이성의 증명 대상이 되기도 하였다. 안셀무스가 그 시도의 대표자다.

중국철학사 과정에 있어서도 중세의 시작인 한대漢代는 '천인감응天人感應설'을 그 특징으로 하는 종교적 성향을 띠었다. 중국 역시 후대로 가면서, 위진魏晉 현학玄學에서도 보편자와 개별자의 관계 문제를 다루게 되고, 인도에서 전래된 불교의 중국화 과정을 통해서도 보편자와 개별자의 관계를 불학佛學으로 이론화하게 된다. 송대의 성리학은 사실상 유학 내부의 문제만은 아니다. 철학사 전개 과정 속의 이러한 사상계의 배경에 영향 받아 이루어진 것이다. 주돈이의 보편자 '태극' 및 그 보편자의 속성으로 거론되는 '성誠'의 전개로 인한 개별자인 만물과의 관계가 그러하고, 소옹의 「관물편」에서의 시간범주, 공간범주에 관련하여 보편적 프레임으로 일체 존재를 아우르는 그의 '선천역학'과 「관물외편」의 '태극'과 64괘 사이의 보편자, 개별자의 관계가 그러하다. 주돈이, 소옹과는 동시대 철학자로서 약간의 연배 차만 있을 뿐인 장재이지만, 그의 사상은 우주론적 보편자 이론으로서의 그들의 철학사적 특징을 이어받고 있다. 그러면서도, 장재의 철학은 역시 동시대의 형이상학적 보편자 이론인 정호, 정이의 사상을 주돈이, 소옹과 연결 짓는 가교 역할을 하는 장재 자신만의 독창적 견해로 나타난다. 그의 기철학에 기반한 '성性'의 사상이 그 중의 하나다.

장재는 주돈이, 소옹이 크게 부각하지 않았던 '성性'의 보편성을 주장한다. 그 근거는 앞에서 논한 바의 '기氣'의 보편성이다. 그 핵심은 역시 '태허', '기', '만물'이 상태는 달라도 그 본질은 같다는 것이다. '성'이란 바로 상태의 차이와 상관없이 유지되는 이러한 보편성인 것이다. 그래서 앞에서 인용한 말들과 더불어 다음과 같이 말한다.

> 지극히 고요하여 감응이 없음(무감無感)이 성性의 연원이니, 의식의 작용과 지식이 있게 되는 것은 사물을 경험한 일시적인 감응(객감客感)일 따름이다. 일시적인 감응 및 일시적인 형태(객형客形)와 감응이 없음 및 형태가 없음(무형無形)은 오직 성性을 다하는 이만이 그것들을 하나로 여길 수 있다.(『정몽』「태화편」)
> 모여도 나의 본질이 유지된 상태요, 흩어져도 나의 본질이 유지된 상태이니, 죽

257

어도 사라지는 것이 아님을 아는 자와 더불어 성性을 말할 수가 있다.(『정몽』「태화편」)

허와 기를 합하여 성性의 이름이 있다.(『정몽』「태화편」)

성性을 다한 후에야, 살아서도 얻은 것이 없으며, 죽어서도 잃을 것이 없음을 안다.(『정몽』「성명편誠明篇」)

무無인 적이 없음을 일러 체體라 하고, 체를 일러 성性이라 한다.(『정몽』「성명편」)

장재의 이러한 '성性'에 관한 사상은 사실상, 유가 철학자들이 대체로 그러하듯, 궁극적으로는 도덕철학을 말하기 위한 토대이며, 그의 우주론적 성격의 존재론적 자연철학은 도덕철학을 말하기 위한 사전 포석이라고도 할 수 있다.

한편, 중국철학사 속 '성性'의 문제를 거론할 때, 그 시작에는 공자孔子의 이에 관한 발언에서 시작하는 경우가 많다. 『논어論語』 속의 말을 보면, 공자는 '성性'과 '천도天道'에 대해서는 그다지 말하지 않았다고 하지만, 그럼에도 그가 "性相近也, 習相遠也"(『논어』「양화陽貨」)라고 말한 것이 역시 늘 인구에 회자됨도 사실이다. 이 명제는 특별한 의미로 해석되기 어려울 만큼 매우 간단하지만, 그래도 중요한 취지를 함축하고 있다. 공자가 '성상근', 즉 '성은 서로 가깝다'고 하는 정도로 간단히 말하여서, 비록 '성이 서로 같다'고는 말하지 않았다 하더라도, 그것은 공자가 아직은 이러한 철학적 이슈에 민감할 만큼의 문제의식을 가지지 않았다는 증거가 되면서도, 한편으로는 '성'의 보편성 정도는 인식하여 언표한 것이라고 관대하게 볼 수도 있다. 더구나 다음 말인 '습상원', 즉 '습은 서로 멀다'는 말을 더 확대하여 해석한다면, '습으로 인해 서로 멀어진다'는 것, 나아가 '습'을 '후천적 경험'으로 보아, 결국 "性相近, 習相遠"을 "사람의 타고 날 때의 선천적 본성은 서로 가깝지만, 후천적 경험에 의해 사람마다 서로 멀어질 수 있다."라고 해석하면, 이 명제에 철학적 함축을 보다 더 가미할 수 있는 것이 된다.

그런데, 공자의 이 명제는 그 본래 의도가 어떤지 불명확하지만, 그 표현만으로는 사실의 명제이지 가치의 명제는 아니다. 그렇지만 중국철학사 속에서 거론된 '성'은 가치 개념으로서 도덕철학에 관련된 것이다. 가치 개념을 함축한 '성'은 이후 맹자孟子 활동 시기에 가서 본격화된다. '성'에 대한 가치 함축의 단계, 즉 '성'의 '선악' 여부에 따른 가치 함축은 오히려 다시 공자의 명제까지도 소급 적용하여 해석하기도 하였다. 즉, 공자가 말하는 '성'은 그가 비록 선악 여부를 말하지 않았지만, 맹자 이후 시기에서 맹자처럼 그것이 '선'하다고 하건, 또는 고자告子처럼 '선'도 '악'도 없다고 하건, 또 그 이후의 순자荀子처럼 '악'하다고 하건, 그러한 주장을 공자에 거슬러 올라가 적용한다 하더라도, 어쨌든 태어난 이후 후천적 경험에 의해 사람마다 달라져 그 선악 정도에 거리가 발생한다고 확대 해석할 수 있다. 이때 만일 거리가 발생하고, 그것도 다양한 정도로 멀어지게 된다면, 그 원인은 무엇인가.111)

많은 철학과 종교에서 악의 원인을 육체에 둔다. 유가 철학에서 앞서 그 점을 이야기한 대표적인 철학자가 바로 맹자이다. 맹자는 본성으로서의 '성'은 본래 선하며, 그 성에 인의예지의 선한 덕이 내재되어 있다고 주장한다. 그렇다면 악의 기원은 무엇인가. 그것은 '사체四體', 즉 사지四肢를 가진 육체에 그 원인이 있다고 주장한다. 육체는 다른 존재도 가지고 있는 것이므로, 사람이 다른 존재와 차별화되는 부분은 그 선한 본성에 있다고 본다. 이 본성이 사체를 잘 제어하여 선한 본성을 유지해야지 그렇지 않으면 악에 빠질 수 있다는 것이다. 사체는, 그 자체는 악이 아니어서 선도 되고 악도 되지만, 본성이 어떻게 이를 잘 제어하느냐에 따라 선악이 나뉜다는 것이다.

시간을 뛰어넘어, 지금 논의하고 있는 장재와 같은 성리학자 시대에도 마찬가지이다. 더구나 성리학자들은 맹자의 사상을 계승한다고 내세운다. 맹자는 자신의 주장을 단지 간단하고 소박하게만 표현하였다. 그러나 성리학자들은 철학사가 전개되면서 그에 따라 시대가 흐른 만큼, 보다 세련되게 이론 구성을 할 필요가 있었다. 그러한 작업이 장재의 철학에서 이루어진 것이다.

그런데, 주돈이의 경우에서 이미 말했듯이, 장재에게도 존재론적 사실 개념과 명제에서 당위론적 가치 개념과 명제로 넘어가는 강이 가로 놓여 있었다. 즉, '기'의 존재론적 보편성이 어떻게 '성'의 당위론적 보편성의 근거가 되는 것인가 하는 것이다. 장재의 저술이 오늘날처럼 논리적으로 차근차근 풀어나가는 성격의 글이 아니기에, 그는 자신의 철학 내부에서 마치 공자의 명제에서 맹자의 명제로 이행하듯 하여, 그냥 맹자가 말하듯 "성性은 사람에 있어서 선하지 않음이 없다."라고 하면서, 단도직입적으로 '성'에 가치 개념을 포함해 버린다. 존재론적 본질로서의 '성'이 도덕적 본성으로 화해 버린 것이다. 이 말과 더불어 이에 이은 그의 말을 보자.

성性은 사람에 있어서 선하지 않음이 없다. (그런데 그 관건은) 그가 (본성으로) 잘 돌아오는지 잘 돌아오지 않는지에 달려 있을 뿐이다.(『정몽』「성명편」)

이 말은 새로울 것은 없는 유가 철학의 전통적 논법이다. 그런데 장재의 이론 구조에서는 그의 철학적 특성에 따른, 다른 의미가 있다. 즉, 그가 말한 태허의 기가 응결하여 만물이 된 후, 그 중에서도 인간이 된 후, 다시 그 본성으로 돌아가는 의미가 함축되기 때문이다. 말하자면 이렇게 된다. 태허 속에 기가 가득 차 있다. 그 기는 응결하여 다양한 개별자로서의 만물이 되지 않을 수 없다. 그 중의 인간 존재 역시 마찬가지이다. 그런데 이러한 개별자들은 모두 별개의 '아我'가 아니다. 모두를 총괄하는 보편자인 '기'의 각기 다른 구현이다. 그 중 의식을 가진 인간의 경우, 개별자로서의 '아'에 집착하여 이기심을 발휘하면 이에 따라 악이 생긴다. 그러므로 모두가 '기'로서 동일하다는 보편성으로서의 본성을 자각하여 이에로 돌아가서 선한 본성을 회복해야 한다는 것이다. 그의 논리를 구조화하여 재구성하면 이렇다는 것으로서, 그는 존재론과 당위론, 가치론을 넘나들고 있는 것이다.

또, 한편 장재의 이론에는 그가 이후의 철학사에 기여하여 영향을 준 하나의 중요한 업적이 있다. 그것은 그가 주돈이, 소옹과 같은 이들이 구체화시키지 않은, '성性' 개념의 구분을 하였다는 것이다. 그럼으로써 고대 유가 철학 시대부터 논란을 벌여 온 악의 책임 소재를 표현상 분명히 하려 한다. 그 것은, 그의 말대로 사람의 본성은 선하지 않음이 없지만, 맹자의 주장처럼 본 성 외의 다른 요인, 즉 육체에 의해 악이 발생한다는 이론을 구체화하여, 맹 자가 말한 본성으로의 '성'과 악이 발생할 수 있는 사체인 육체에 관련된 '성' 을 개념적으로 구분한 것이다. 장재는 먼저 맹자와 논쟁한 고자告子의 '생지위 성生之謂性'을 비판하며, 다음과 같이 말하였다.

> 생生을 성性으로 보면, 낮과 밤의 도에 통할 수도 없고, 사람이 사물과 더불어 같은 것이 되므로, 고자告子의 망령됨을 나무라지 않을 수가 없다.(『정몽』「성 명편」)

그래서 그는 '생生' 이전의 순수한 '성性'과 '생' 이후의 실존적 상태 속의 '성'을 구분하였다. 이것이 바로 이후 철학사에 영향을 준 그의 유명한 '천지 지성天地之性'과 '기질지성氣質之性'의 개념 분화이다. 그는 이렇게 말하였다.

> 형체가 있은 후에 기질의 성(氣質之性)이 있으니, 그것을 잘 돌이키면 하늘과 땅의 성(천지지성天地之性)이 보존되어진다. 그러므로, 기질의 성은 군자가 성性 으로 보지 않는 경우가 있다.(『정몽』「성명편」)

여기서 말하는 '하늘과 땅의 성', 즉 '천지지성'과 '기질의 성', 즉 '기질지 성'의 개념을 구분하여 용어화시킨 것이 곧 그의 창안으로서 철학사에 유명하 게 된 것이다. 여기서의 '천지지성'이 맹자가 말한 본래의 선한 '성'이다. 그리 고 '기질지성'이 맹자가 말한 사체로서의 육체에 부여된 성이다. 즉, 육체를 이루는 '기질'에 관련된 성이라는 것이다. 그런데 이 '기질지성'은 장재가 말한 대로 '형체가 있은 후에' 있게 되는 성이다. 그런데 '그것을 잘 돌이키면 하 늘과 땅의 성이 보존되어진다'고 함은 곧 '형체가 있기 전' 상태를 회복하면 '천지지성'이 보존된다는 것이다. 즉, '형체 구성 전후'로 나뉘는 개념들인 것이다.

　장재가 말하는 형체가 있기 전이란, 당연히 태허의 기가 응결하여 개체화된 개별자가 있기 전 보편자의 속성으로 있을 때이다. 그러한 속성이 곧 보편성으로서의 '천지지성'이다. 도덕성 회복의 기준이 곧 '천지지성'이라는 것이며, 이 '천지지성'을 회복한 존재가 논리상 당연히 성인聖人이다. 그러므로 성인을 목표로 하는 군자는 '기질지성'을 진정한 성으로 보지 않는다. '기질지성'은 형체가 있은 후 악의 가능성이 있는, 악으로 오염될 수도 있는 성이다.

　그런데, 진정한 '성性'이 아닌 '기질지성氣質之性'에 왜 '성性'이란 글자를 붙였는가. 그것은 '기질지성'이 본래의 '천지지성'과 완전히 무관한 것이 아니라, '천지지성'이 형체를 얻은 상태로서 기질에 내재한 '성性'이기 때문이다. 사실상 '천지지성'은 본질로서의 본성이고, '기질지성'은 실존 속의 본성이다. 그러므로 '천지지성'과 '기질지성'이 실제로 분리된 별개의 것으로 보아서는 안 된다. 실존 속에는 '기질지성'만 있다. 엄밀히 말해 순수 '천지지성'의 개념은 '기질지성' 속에 있는 '천지지성'을 논리적으로 추상하여 추출한 것이라고할 수 있다. 철학사를 거슬러 올라가, 맹자의 '성' 역시 사체 속에 내재한 '성'을 이처럼 논리적으로 추상하여 추출한 개념이라고 할 수 있다.

　장재의 이러한 논법은 동시대의 정호程顥, 정이程頤에게 영향을 주어 그들의 '리기론'과도 연관되게 되며, 당연히 남송南宋의 주희朱熹로 이어지게 된다. 그리고 용어도 이후 '천지지성'과 더불어 『중용中庸』의 첫 구절 "천명지위성(天命之謂性)"에 관련지어 '천명지성天命之性'이라 하기도 하고, 또는 '본연지성本然之性'112)이라고 일컫기도 하게 되었다.

4
정호程顥의 철학

    중국철학사에 있어서 송대宋代는 중세 후기의 사유가 형성된 시기이다. 특히 그 중에서도 형이상학적 세계관이 형성된 것은 정호程顥와 정이程頤 이정형제二程兄弟에 의해서이다. 그들은 중세적 사유의 특징 중 하나인 보편자와 개별자의 관계를 세움으로써 그러한 사유를 대변하고 있다. 그들은 이러한 세계관을 통해 인생관을 정립하고 여기에 그들의 도덕철학을 투영시켰다. 통상의 도덕철학에서도 볼 수 있듯이 그들도 선악善惡의 기원에 관심을 가졌다. 특히 그 중에서 도대체 왜 현실세계에 악이 존재하는가 하는 데에 의문을 가지고, 이에 그들 나름대로의 해답을 구하고, 나아가서 악을 제거하고 선을 지향하는 방법을 그들의 이론체계 속에 꾸려 넣었다. 그들은 이러한 최종 목적을 위해 한편으로는 그들 공동의 이론 형태를, 또 한편으로는 그들 각자 나름대로의 특색 있는 사상내용을 제기하였다. 그것은 '천리天理'를 비롯한 '리理'에 대한 형이상학과 '리'와 '기氣'로 세계와 인간을 해석하는 이론 구조에서 주로 드러나고 있다.

정호는 아우인 정이와 함께 앞서의 주돈이, 소옹, 장재와 함께 중국 송대 성리학의 기본 골격을 형성시키는 데 많은 역할을 하였다. 그리고 그 두 형제는 후대에 그들 사상의 영향을 드리웠는데, 후대에 끼친 그들의 영향은 나름대로의 특징을 지니고 있다. 즉 그들은 같은 유파에 영향을 미치기도 하면서도, 동시에 서로 대립적이기까지 한 각각 다른 유파에 영향을 미치기도 하였다. 이 말은 그들의 사상 경향이 유사하거나 같은 부분뿐만 아니라, 각각 다른 내용도 지니고 있음을 의미한다. 그들 사상의 차이와 후대사상 유파들에 대한 영향의 차이는 철학사 내에 중요한 의의를 지닌다. 이제 먼저 이들 형제 중에서 형인 정호程顥의 사상부터 살펴보려 한다.

존재 본질로서의 성性

정호程顥에 있어서 성性, 즉 본성本性의 문제는 다른 철학자들처럼 이전 중국철학사 속 사상과 관련된다. 그 중에서, 그의 사상은 특히 맹자孟子의 학설과 관련이 있으므로, 먼저 맹자 사상을 그 실마리로 하여 논의를 진행하겠다. 앞서 다룬 주돈이 등과 같이 역시 정호의 사상도 궁극적으로 도덕철학을 목표로 진행해 나가는데, 그 때문에 정호의 사상은 그들과 마찬 가지로 존재법칙의 사실 개념 및 명제와 당위법칙의 가치 개념 및 명제의 문제와 관련된다. 따라서 먼저 정호에 있어서 사실로서의 '성'에서 가치로서의 '성'에 이르는 문제부터 거론하도록 하겠다.

맹자의 학설에 대해서는 정호가 직접 언급하여 논의하였으므로 정호의 사상을 말하는 데 있어서는 중요한 역할을 하고 있는 부분이 된다. 특히 정호는 맹자가 고자告子와 나눈 대화 내용과 관련하여 자신의 학설을 제기하고 있다. 우선 맹자와 고자의 다음과 같은 대화를 보자.

고자告子가 말하기를, "생生을 일러 성性이라고 합니다(生之謂性)."라고 하였다.

264

맹자孟子가 말하기를, "생을 일러 성이라고 한다면, 그것은 하얀 것을 하얗다고 하는 것과 같은가요?"라고 하였다.

고자는 "그렇습니다."라고 하였다.

맹자는 "흰 깃의 흰 것은 흰 눈의 흰 것과 같으며, 흰 눈의 흰 것은 흰 옥의 흰 것과 같은가요?"라고 하였다.

고자는 "그렇습니다."라고 하였다.

맹자는 "그렇다면 개의 성은 소의 성과 같고, 소의 성은 사람의 성과 같은가요?"라고 하였다.(『맹자』「고자告子상上」)

이 대화를 보면, 고자는 현실적 존재 즉 개체상에서 성性을 찾았다. 그것이 그의 '생지위성生之謂性'이다. 그러나 이내 맹자의 반론에 말려들게 된다. 맹자는 '백白(흼)'의 개념을 구체적 사물에서 분리하여 문제 삼았다. 고자는 그럴 경우의 '백' 자체의 공동성을 인정하였다. 그러나 맹자에 의해서 그러한 인정이 구체적 사물의 '성'의 공동성을 인정하는 것으로 받아 들여져 비판받는다.[113)]

맹자는 고자에 반박하여, 고자가 우연적 속성이 같음을 인정함을 그가 필연적 본성이 같음을 인정하는 것으로 간주하고는 이를 부당하다고 논증하였지만, 맹자의 반박 자체에 논리적 부당성이 개재되어 있다.[114)] 그렇지만 어쨌든 고자의 입장에서는 그의 반박이 있었는지 여부가 전해지지 않으니 알 수 없고, 동시에 고자의 진정한 의도가 무엇이었는지도 전해지는 자료만으로는 알 수가 없다. 짐작컨대 고자는 현실적 존재가 구체적 현실 속에 존재하는 그대로를 '성性'으로 간주한 것으로 보인다. 그렇다면 맹자가 비록 '백'이라는 우연적 속성을 들어 반박했으나, 결국은 그 또한 개, 소, 사람 등의 현실적이고 우연적인 속성이 어떠하든지 간에 그러한 각종의 본질적이고 필연적인 속성이 다름을 주장한 것은 분명하다. 맹자와 고자의 논쟁이 어떠하든지 간에, 여기서 거론되는 '성'은 하나의 사실개념으로 이야기될 수 있는 것으로서 아직 가치개념으로 화하지는 않았다.

이상과 같은 문제에 관하여 정호程顥는 다음과 같이 말하였다.

고자告子가 생生을 일러 성性이라고 하는 것은 옳다. 일반적으로 천지天地가 낳은 사물은 반드시 성性이라 해야 하는데, 그것을 모두 일러 성이라 함은 옳지만, 그 가운데 그래도 소의 성, 말의 성을 반드시 구별해야 한다. 그런데 그들은 단지 같은 측면만을 말하며, 예컨대 석가모니처럼 기어 다니는 벌레 같은 것도 영靈을 머금고 있어서 모두 불성佛性을 가지고 있다고 말한다면 옳지 않다. 하늘이 명命한 것을 일러 성性이라 하고 성性을 따르는(率) 것을 일러 도道라 하는 것은 하늘이 아래로 이러한 것을 내려서 만물이 유행流行한다는 것이다. 각각의 성性과 명命을 그에 따라 바르게 하는 것이 이른바 성性이다. 그 성性을 따라서(循) 잃지 않는 것이 이른바 도道이다. 이 또한 사람과 사물을 포괄하여 말한 것이다. 성性을 따른다(循)는 것은 즉 말은 말의 성이 되지 소의 성으로 되지는 않으며, 소는 소의 성이 되지 말의 성이 되지는 않는다는 것이다. 이것이 이른바 성性을 따른다(率)는 것이다.(『이정유서二程遺書』「2상」)

라고 하였다. 정호의 이러한 말은, 개별적 존재는 저마다의 고유성을 가지고 있으며, 나아가서 이 고유성이 바로 성性임을 말하는 것이다. 즉 사람, 말, 소 등은 각각 저마다의 고유성을 가지고 있는데, 이러한 저마다 가지고 있으며 다른 각 종과 구별되는 배타적 고유성이 바로 각 종種의 성性으로서, 사람은 사람의 성, 말은 말의 성, 소는 소의 성을 가지고 있다는 것이다. 이것은 이미 맹자가 말한 바와 같다. 그런데, 정호는 동시에 고자의 '생지위성生之謂性'이란 주장도 인정하였다. 그렇다면 사람, 말, 소 등이 모두 '생生'이란 측면에서는 동일하여 구별이 없다. 이럴 경우의 성性은 각 개별성을 무시한 것으로 보인다. 말하자면 '흰 깃의 흰 것은 흰 눈의 흰 것과 같으며, 흰 눈의 흰 것은 흰 옥의 흰 것과 같은' 것으로 되어 버린다. 그렇지만 정호가 '생지위성生之謂性'을 인정할 때의 '생生'은 각 개별성에 부가되어 있는 '백白'처럼 우연적인 속성이 아니므로, 맹자가 고자에게 반박한 것과 같은 비판이 통하지 않는다. 정호의 '생'은 어떤 우연적인 속성이 아니라 일체 존재의 보편적 공동성이

266

다. 그것은 각 구체적 개별성을 추상해 낼 때에 얻을 수 있는 하나의 보편이다. 그는 '생'에 대하여 다음과 같이 말하기도 하였다.

천지天地의 큰 덕德을 생生이라고 말하는데, 천지가 인온絪縕하여 만물이 변화되어 두텁게 생生함을 일러 성性이라 한다. 만물이 생生하려는 의지가 가장 볼 만한 것이다.(『이정유서』11)115)

정호가 이렇게 말할 때의 '생生'은 천지만물의 보편적 공동성을 말하는 것이며, 이러한 측면의 '생生'이 곧 그가 말하는 '성性'의 출발이다. 그가 말하는 '생'은 어떤 개별적 존재가 현실에서 우연히 지니고 있는 '백白'과 같은 것은 아니다.

이상을 개괄해 보면, 정호의 '성性'은 개별성을 말할 경우도 있고 보편성을 말할 경우도 있는데, 이러한 면을 보면 그는 이미 보편의 관념을 가지고 있었음을 알 수가 있다.116) 이러한 논의 속의 '성'은 사실개념이다. 그런데 이러한 사실적 존재본질로서의 '성'은 이내 가치개념과 관련을 맺게 된다. 이러한 측면은 맹자와 고자의 논의에서부터 북송에 와서 주돈이, 소옹, 장재에서 정호에 이르기까지 마찬가지로 나타나는 것이다. 사실과 가치의 관계와 그에 관련된 윤리학의 제반 문제를 떠나서 그들의 윤리학은 이러한 바탕에서 이루어지게 되는 것이다. 이제 '성性'의 가치 측면을 보자.

성性의 선악善惡 문제

우리는 인간 세상에 현실적으로 악惡이 존재함을 인정하고 있다. 그리고 그에 대한 선善을 이야기하면서, 세상의 악을 제거하고 선을 추구하기를 희망한다. 그런데 우리에게는 도대체 현실에 있어서 악은 왜 존재하는 것인가 하는 문제가 있다. 우리가 악을 제거하고 선한 상태를 이루려면 악이 왜 존재하

267

게 되었는가 하는 이유나 원인을 알아야 할 것이다. 그것은 곧 우리에게 있어서 현실의 제반 문제를 타개하고 이상을 실현하는 가장 본질적인 것이다.

그러면 정호의 사상체계 내에 있어서 악惡의 원인은 무엇인가. 즉 정호는 악이 왜 존재하게 되었다고 생각하는 것일까. 이러한 논의는 정호에게 있어서 그의 성性의 선악善惡에 대한 고찰과 더불어 진행되어야 할 것이다. 정호의 이에 관련된 주장을 보려면, 그가 거론한 이전의 중국철학사에 있어서의 이에 관한 문제에서 출발해야 한다. 중국철학사에서 정호 이전 이러한 문제에 대하여 철학적 의미를 띤 학설을 가장 먼저 내어 놓은 철학자이며 정호가 거론함으로 해서 반드시 언급해야 할 철학자는 역시 앞서 언급한 고대의 맹자孟子일 것이다. 맹자는 역시 고자告子와 '성性'의 문제에 대해 논의하며, 또 다음과 같은 대화를 나누었다.

> 고자가 말하기를, "성性은 버들 같고 의義는 버들 그릇 같습니다. 사람의 성性을 인仁과 의義로 간주하는 것은 마치 버들을 버들 그릇으로 간주하는 것과도 같습니다."라고 하였다.
> 맹자가 말하기를, "그대는 버들의 성性에 따른 것을 가지고써 버들 그릇으로 간주하나요? 버들에 손상을 가한 것을 가지고써 버들 그릇으로 간주할 것입니다. 만약 버들에 손상을 가한 것을 가지고써 버들 그릇으로 간주한다면, 또 사람에게 손상을 가한 것을 가지고써 인仁과 의義로 간주할 것인가요? 천하의 사람을 끌어 모아 인과 의에 화를 주는 것은 반드시 그대의 말일 것입니다."라고 하였다.(『맹자』「고자告子상」)

고자의 취지로 볼 때, 그가 말하는 '성性'은 가치중립적이다. 이러한 '성'에 인仁과 의義라는 가치개념이 개입되는 것은 버들이라는 아무런 가공도 하지 않은 재료에 인위를 가한 것을 가지고써 버들 그릇으로 간주하는 것과 같이 2차적이다. 그런데 이에 대한 맹자의 반론은 고자의 취지에 비추어 볼 때 불명확하다. 그는 '성'에 인위를 가하는 것은 그것에 대해 손상을 가하는 것으

268

로 간주하였다. 맹자의 입장에서 볼 때, 인과 의를 행하는 것은 '성' 자체의 자
연스러운 발로에 의한 것이지 '성'에다가 2차적으로 인위를 가하는 것이 아니
다.[117) 그런데 다음 두 사람의 대화내용은 '성'에 대한 가치개념의 개입을 보
다 확대하여 논의한 것이다.

고자가 말하기를 "성性은 소용돌이 치고 있는 물과 같습니다. 그것을 동쪽으
로 트면 동쪽으로 흐르고, 그것을 서쪽으로 트면 서쪽으로 흐릅니다. 사람의
성性에 선善함과 선善하지 않은 것의 구분이 없는 것은 물에 동쪽과 서쪽의
구분이 없는 것과 같습니다."라고 하였다. 그러자 맹자가 말하기를, "물에는
정말 동서의 구분도 없고 상하의 구분도 없나요? 사람의 '성'이 선한 것은 마치
물이 아래로 흐르는 것과도 같습니다. 사람으로서 선하지 않은 사람은 없고,
물로서 아래로 흐르지 않는 물은 없습니다. 이제 물을 쳐서 뛰어 오르게 하면
사람의 이마를 넘어가게 할 수 있고, 밀어서 보내면 산에라도 있게 할 수 있으
나, 그것이 어찌 물의 성이겠나요? 그것에 힘을 가한 것으로 인해 그렇게 되는
것입니다. 사람에 대해 선하지 않게 만들 수 있는데, 그러한 성性 역시 이와 같
은 것입니다."라고 하였다.(『맹자』「고자告子상」)

고자는 계속적으로 '성性' 자체에는 가치개념이 개입되어 있지 않음을 물
의 비유를 통해서 주장하고 있다. 즉, 물 자체에 동과 서라는 방향성이 없듯
이, '성' 자체에는 선善과 불선不善의 구분이 없다고 말한다. 그런데 여기서 고
자는 물의 동과 서, '성'의 선과 불선이 그 자체에는 없다고 말하였지만, 동과
서, 선과 불선이 있게 되는 원인에 대해서는 언급하고 있지 않다. 다만 물의
비유를 통해서 볼 때, 동과 서로 흐르게 만드는 인위적 힘은 있을 수 있음을
말하고 있다. 그의 의도로 봐서는, 그러한 인위적인 부분에 의해 동과 서, 선
과 불선이 결정될 수 있으나, 물 자체에는 동과 서가 없고, '성' 자체에는 선과
불선이 없다는 것이다.

이에 대해 맹자는 물 자체의 속성을 고자와는 다른 측면에서 인용하면서
'성性'에 비유하였다. 맹자는 물에 내재된 자연적인 속성은 아래로 흐르는 것

이라 보았고, 이것을 그가 '성'의 자연적인 속성이라 간주한 선善함에 대응시켰다. 즉, 물이 아래로 흐름과 '성'이 선함은 자연적으로 당연하다는 것이다. 그러나 외부의 힘에 의하여 그와는 다른 상태로도 되는데, 물은 외부의 힘에 의하여 아래로 흘러야 할 것이 수직으로 상승할 수도 산을 따라 올라 갈 수도 있으며, '성'은 외부의 힘에 의하여 선해야 할 것이 선하지 않게 될 수도 있다는 것이다. 그래서 물이 아래로 흐르지 않고 다른 방향으로 흐르는 것과 '성'이 선하지 않은 상태를 가지는 것은 그 자체의 속성이 아니라는 것이다.118)

요컨대, 고자와 맹자의 차이는 그들 논리의 타당성을 떠나서 그들이 내세운 전제의 차이에 있다. 즉, 그것은 고자의 경우인 그 자리에서 돌고 있는 물의 비유를 통한 '성性' 자체의 무선악無善惡의 주장과, 맹자의 경우인 아래로 내려가는 물의 비유를 통한 '성性' 자체의 선善함의 주장의 차이이다. 그들은 각자 동어반복만 늘어 놨을 뿐이다. 고자는 물 자체는 그대로 있으니까 그대로 있는 것이 자연적 속성이고, 맹자는 물 자체는 흘러 내려가니까 흘러 내려가는 것이 자연적 속성이라 주장하였다. 마찬가지로 고자는 '성' 자체는 무선악이니 무선악이 '성'의 속성이며, 맹자는 '성' 자체는 선하니 선함이 '성'의 속성이라 주장한 것이다.

그들의 같은 점은 인위적인 외부의 힘에 의해 현실적인 물의 동서 및 상하 등의 방향과 현실적인 인간의 선악이 결정된다는 것이다. 이 경우에 나타나는 또 다른 측면의 차이는, 고자의 경우 인간이 선하게 된다면 선과 악의 양쪽으로 다 갈 수 있는 가능성 속에서 선한 쪽으로 외부적 힘을 가한 것이고, 맹자의 경우는 본래 선한 '성'을 악으로 가게 하는 외부적 힘을 배제하여 본래의 '성'의 선함을 그대로 유지하는 것이다. 어쨌든 그들은 그들 논증의 타당성을 떠나 철학사에 있어서 그들의 주장 간의 차이는 분명하다.

정호는 이상과 같은 고자와 맹자의 토론을 자신의 학설을 주장하는 데에 응용하였다. 그는 다음과 같이 말하였다.

생生을 일러 '성性'이라고 한다(生之謂性). 성性은 곧 기氣이고, 기氣는 곧 성性이란 생生을 이르는 말이다. 사람의 생生함은 기氣의 품부인데, 이러한 이치 때문에 선함과 악함이 있다.119) 그러나 성 가운데에 이 두 가지가 있어서 서로 마주 보고 나오는 것은 아니다. 어려서부터 선한 경우도 있고 어려서부터 악한 경우도 있는데, 이러한 것은 기의 품부함에 그러함이 있기 때문이다. 선함이 본래 성이다. 그러나 악함도 성이라 이르지 않을 수가 없다. 대개 생을 일러 성이라 하는 것은 '사람이 생生할 때에는 고요하다(靜)'(人生而靜)는 것 이상은 말할 수가 없기 때문이다. '성'을 말하자마자 곧 이미 '성'이 아니게 된다.(『이정유서』1)

이상의 정호의 말은 고자의 말이나 맹자의 말 중 어느 한 쪽만을 취한 것은 아니다. 오히려 그 절충으로 보인다. 양자를 나름대로 인정하면서 수용한 것이다. 먼저 고자의 주장을 수용한 측면을 보자. '生之謂性'은 고자가 주장한 명제 중의 대표이다. 정호는 고자의 이 말을 '성性'의 현실성, 실존성을 강조하는 말로 받아 들였다. "대개 생生을 일러 '성性'이라 하는 것은 '사람이 태어날(生) 때에는 고요하다(靜)'는 것 이상은 말할 수가 없기 때문이다. '성'을 말하자마자 곧 이미 '성'이 아니게 된다."라고 하는 것이 그것이다. 정호는 '성'의 본체의 말해질 수 없는 측면을 강조하였다. 그에게 있어서 '성'이란 언어표현의 대상이 되지 않는다. 언어로 표현하는 순간 이미 '성' 자체는 아니다. 그래서 "'성'을 말하자마자 곧 이미 '성'이 아니게 된다."라고 하였다. "사람이 태어날(生) 때에는 고요하다(靜)."란 말은 『예기禮記』「악기樂記」에 나오는 철학사에서 유명한 명제이다.120) 여기서의 '생生'은 선후천의 분기점이다. 그 이상의 선천성은 말로 표현할 수가 없다는 것이다.121)

그런데, 현실의 실존적 '성性'은 선악善惡이 개재된 것이다. 이것이 곧 '生之謂性'이다. 여기서 말하는 '성'은 "'성'을 말하자마자 곧 이미 '성'이 아니게 된다."의 '성'이 아니다. 이것은 '성'을 현실적 작용 상에서 말한 것이다. 이와 같이 현실의 성이 있게 되는 것은 선천적 '성'이 후천적 현실의 성으로 드러나게 한 '기氣'로 인한 것이다. "성性은 곧 기氣이고, 기氣는 곧 성性이란 생生을 이르는 말이다. 사람의 생生함은 기氣의 품부인데, 이러한 이치 때문에 선함과 악함이 있다."라고 한 말은 바로 이 점을 두고 한 말이다. 따라서 현실의 '성'은 기와 나눌 수 없는 성으로서, 선악이 개재된, 말로 표현할 수 있는, '성'의 작용 상의 측면이다. 현실에서의 '성'은 비록 선천적 '성' 자체는 아니지만, 선천적 '성'이 언어표현의 대상이 될 수 없음에 대하여 이것은 언어로 표현될 수 있으며, 오히려 언어로 표현될 때에는 선천적 '성' 자체가 아니라 이미 후천적 현실의 '성'이 된다. 그래서 언어로 표현하는 측면에서는 현실의 '성' 또한 '성'이라 할 수 있다. 그래서 '生之謂性'이다. 또 현실의 '성'에는 선뿐만 아니라 악도 포함되어 있기 때문에, "그러나 악함도 '성'이라 이르지 않을 수가 없다."라고 하게 되는 것이다.[122]

그래서 '성性'에 '선악善惡'을 말할 수 있는 것은 선천적 순수 '성' 자체 때문이 아니다. 선천적 '성' 자체에는 악이 없다. 그것은 선함을 그 본연의 속성으로 한다. 그래서 "그러나 '성' 가운데에 이 두 가지가 있어서 서로 마주 보고 나오는 것은 아니다. … 선함이 본래 '성'이다."라고 한 것이다. 이것은 맹자의 주장을 수용한 측면이다.

정호는 고자의 주장을 수용한 듯한 설명을 많이 하였다. 그러나 중요한 부분에 있어서는 맹자를 따랐다. 현실에 있어서 선함과 악함이 공존함은 맹자나 고자나 모두 인정하는 바이고, 통상의 철학자나 상식의 차원에서도 이야기되는 바이다. 맹자와 고자의 학설의 차이가 있는 그 핵심은 '성性' 자체가 선한가 아니면 거기에는 선함도 악함도 없는가 하는 것이다. 이 부분에서 정호는 '성' 자체의 선함에 찬성하였다. 정호에게 있어서 고자의 학설은, 맹자도 인정한 바인 현실적 '성'의 선악이 있게 된 부분을 언어의 차원에서 설명하는 바의 그 표현이 취해졌을 뿐이다. 그리고 현실적 선악의 구분이 있게 된 것, 즉 선천적 선뿐 아니라 후천적인 현실의 악이 있게 된 원인을 찾는 데 있어서는 자신의 주장에 따른 표현을 썼다. 그것은 '기氣' 때문이라는 것이다. "어려서부터 선한 경우도 있고 어려서부터 악한 경우도 있는데, 이러한 것은 '기'의 품부함에 그러함이 있기 때문이다."라고 말하는 것이 바로 그것이다.

이상에서 볼 때, '성性' 자체로부터 현실적 성에 이르기까지에 대한 정호의 주장은 다음과 같이 요약될 수 있다. 즉, '성性' 자체는 선善하다. 이것은 맹자孟子의 주장과 같다. 고자告子가 말하듯이 선도 악도 없는 것이 아니다. 그런데, 이것은 우리가 일상언어로 말하는 '성'은 아니다. 이것은 사실상 언어표현의 대상이 될 수 없는 선천적 순수 '성' 자체이다. 언어적 표현을 써서 '성性'이라고 말하게 되면, 언어로 표현된 일상의 현실적인 '성'이 되어 버려, 이미 '성' 자체가 아니게 된다. 언어로 표현될 수 있는 '성'은 '기氣'와 불가분리한 현실의 '성'으로서, 이미 순전히 선한 '성' 그 자체가 아니게 된다. 이미 선악이 개재되게 된 현실의 실존적 '성'이 되어 버리는 것이다. 그러나 이때 선과 악은 서로 대립적으로 '성' 그 자체에 선천적으로 내재되어 있다가 나온 것이 아니다. 현실적 악이 존재하게 된 것은 '기氣'로 인한 것이다. 현실의 삶은 바로 이 '기'와 결부되어 있는 것이다. '기'와 결부되기 이전의 '성' 그 자체는 순전히 선한 것이다.[123]

그런데 정호에 있어서 선천적 '성性'의 선善함과 후천적이고 상대적인 '성性'의 선善함의 관계는 어떠한가? 그리고 선천적으로는 선과 악이 상대하지 않지만, 후천적으로는 분명히 상대하고 있는 선과 악의 관계는 어떠한가? 이 역시 맹자와 고자의 대화 내용에서 그 설명의 소재를 찾고 있다. 정호는 다음과 같이 말하였다.

일반적으로 사람들이 성性을 말하는 경우는 단지 '그것을 잇는 것이 선善이다(繼之者善也).'라고 말하는 것일 뿐이다. 맹자孟子가 '인성人性은 선善하다.'라고 말하는 것이 이것이다. 이른바 '그것을 잇는 것이 善이다.'라는 것은 물의 경우와 같다. 흘러서 아래로 내려가는 것은 모두 물이다. 흘러서 바다에 이르기까지 끝내 오염됨이 없는 경우가 있는데, 이것이 어찌 사람의 힘을 번거롭게 하여서 그런 것이겠는가. 흘러서 아직 멀리까지 가지도 않았는데도 이미 점차로 흐려지는 경우도 있다. 흘러 나가서 아주 멀리까지 가고 나서야 바야흐로 흐려지는 경우도 있다. 흐려지는 것이 많은 경우도 있고, 흐려지는 것이 적은 경우도 있다. 맑음과 흐림이 비록 다르나, 흐린 것을 물이 아니라고 할 수는 없다. (『이정유서』1)124)

정호는 이미 선천적인 '성性' 자체를 선善하다고 보았기 때문에, 현실에서의 상대적 선은 선천적 '성'의 선함을 그대로 살려 나간 것으로 보았다. 선천적 '성' 자체가 선한데, 후천적 현실의 '성'의 선함이 이외에 따로 다른 데서 가져와진 것일 필요는 없다. 그것을 그대로 유지하여 이어나가기만 하면 현실에서도 선하게 될 것이다. 그래서 정호는 『주역周易』「계사전繫辭傳」의 '繼之者善也'를 그의 학설에 상응하는 명제로 삼았다. 또 동시에 이것은 맹자의 성선설性善說을 전제로 하여 적용시킨 것이므로, 이들의 논리가 서로 상응하는 것으로 여겼다. 그래서 "맹자가 인성은 선하다라고 말하는 것이 이것이다."라고 말한 것이다. 이상과 같이 현실적 경험세계의 선함은 선천적 성 자체의 선함을 유지 계승한 것이다.

정호는 나아가서 서로 상대적 관계에 있는 현실적 경험세계의 선善과 악惡을 설명함에 있어서, 고자와 맹자의 대화 내용에서 쓰인 바 있는 '물[水]'의 비유를 채택하였다. 동시에 이 비유는 위에서 말한 선천적 선과 후천적 선의 관계를 비유하는 데에도 여전히 유효하다. 정호는 근본적으로 맹자에 찬동하고 있었으므로, 비유되는 물도 고자의 물이 아니라 맹자의 물을 사용하였다. 맹자의 비유에 쓰인 물은 아래로 내려가는 성질로 대표되는 물이었다. 그래서 정호는 우선 맹자처럼 물의 일반적 속성을 언급하였다. 그는 물의 속성을 말함에 있어, "흘러서 아래로 내려가는 것은 모두 물이다."라는 표현을 썼다. 이것은 맹자의 취지와 같다. 맹자는 이미 "사람의 성이 선한 것은 마치 물이 아래로 흐르는 것과도 같습니다. 사람치고 선하지 않은 사람이 없고, 물 치고 아래로 흐르지 않는 물은 없습니다."라고 한 바 있다.

정호는 이상과 같은 속성의 물을 전제로 하여, 이를 바탕으로 다음의 논의를 진행해 나간다. 물은 그 자체의 속성에 따라 아래로 흘러 내려간다. 그런데 아래로 흘러 내려감에 있어서 여러 가지 경우의 다양한 가능태를 추정할 수 있다. 첫째, 흘러서 바다에 이르기까지 끝내 오염됨이 없는 경우가 있다. 둘째, 흘러서 아직 멀리까지 가지도 않았는데도, 이미 점차로 흐려지는 경우가 있다. 셋째, 흘러 나가서 아주 멀리까지 가고 나서야 바야흐로 흐려지는 경우가 있다. 그는 이러한 세 가지 경우를 상정하여 현실적 성性을 말하였다. 그는 물이 오염되어 흐림을 가지고 현실적 악惡에 비유하였다. 이럴 경우 그에 상대되는 맑음의 상태가 당연히 현실적 선善의 상태가 될 것이다.

이러한 세 가지 경우는 각각 다음에 해당한다. 첫째는 끝까지 오염되어 흐려짐이 없는 경우로서, 이는 선천적 '성性' 그 자체의 선善함이 악惡으로 되지 않고, 원래의 선함 그 자체를 그대로 유지 계승하는 경우이다. 이것이 바로 '繼之者善也'이다. 그는 여기서 오염되어 흐려지지 않은 상태를 선천적 성의 선함 자체를 유지하는 것으로 보면서도, 여기에 해당되는 물의 맑음의 상태를 따로 표현하지 않았다. 왜냐하면 그에게 있어서 흐리지 않음 자체가 이미 맑음이며, 맑음은 말할 필요도 없이 원래의 물의 상태라고 봤기 때문이다. 나중에 가서야 맑음과 흐림을 병렬하여 말했을 뿐이다. 둘째는 흐르기 시작한 지 얼마 안 되어 흐려지는 경우로서, 이는 선천적 '성' 그 자체의 선함이 조기에 악으로 오염되는 경우이다. 셋째는 아주 멀리까지 흘러 나가고 나서야 비로소 흐려지는 경우로서, 이는 처음에는 선천적 '성'의 선함이 당분간 지속되다가 나중에 가서야 악에 오염되는 경우에 해당한다.

이상은 선천적이고 이상적인 상태인 '성性'의 선善함이 현실에서의 상대적 선함과 악함으로 나뉘게 되는 것을 물 자체의 속성과 물의 현실태를 두고 비유한 것이다. 따라서 '성'에 있어서도 이상과 같은 가능태가 현실태로 다양하게 나타난 것이 현실이며, 이것이 현실적 악에 대한 설명이다. 그러나 사실상 현실적인 선악의 상태가 이렇게 세 경우로만 이야기될 수는 없다. 현실적 인간의 선악에 따라 분류하면 그야말로 천차만별이다. 그래서 정호는 여기에 더 첨가하여 말하였다. 물과 '성'이 현실에 있어서의 기본적인 상태가 세 가지로 나뉘지만, 이것은 현실에 있어서 보다 다양한 상태로 나뉠 수 있는 것이다. 즉, 흐려지지 않고 원래의 맑음을 유지함은 한 가지로 말할 수 있지만, 흐려짐의 상태는 그 정도의 차이에 따라 얼마든지 나눌 수가 있다. 먼저 시기적으로 어느 정도까지 가서 흐려지는가도 얼마든지 그 경우를 나눌 수 있지만, 그것과는 별도로 얼마나 흐려지는가 하는 경우도 생각할 수 있다. 그래서 정호는 이러한 경우를 들어, '흐려지는 것이 많은 경우도 있고, 흐려지는 것이 적은 경우도 있다.'라고 말하였다.

이러한 각 경우를 그 정도의 차이에 따라 경우의 수를 생각하면 얼마든지 그 나눔이 가능하여, 현실적인 물의 오염의 정도의 다양성을 그만큼 이야기할 수 있다. 따라서 이러한 비유에 대응하여 현실적인 선악의 경우도 얼마든지 생각할 수 있다. 즉, 악해지지 않고 원래의 선함을 그대로 유지 계승한 경우를 필두로 하여, 악해져도 시기적으로 어느 정도에까지 가서 악해졌는가에 따른 다양함과, 나아가서 어느 정도로 악에 물들었는가 하는 데에 따른 다양한 조합을 구성해 낼 수 있다. 바로 이것이 현실적 선악의 정도에 따른 천차만별함에 대한 설명이 된다.125)

맹자, 고자, 정호 등이 말하는 바와 같은 '성性'의 선악善惡의 문제는 근본적으로 현실의 악이 존재하게 된 까닭을 구명하는 데에 중요한 의의가 있다. 고자 입장에서는 선악미정善惡未定의 상태로서의 '성'이 현실에 있어서 선악으로 갈리게 됨을 말하면서도, 선 또는 악이 어떻게 발생하게 되었는가를 말한 바는 기록상 남겨진 것이 없다. 다만 물의 비유에서 말한 바대로, 동쪽으로 트면 동쪽으로 흐르고, 서쪽으로 트면 서쪽으로 흐르듯이, 선 쪽으로 트면 선해지고, 악 쪽으로 트면 악해진다고 말할 수밖에 없다. 그러나 무엇이 왜 선 또는 악 쪽으로 트게 하는지도 남겨진 문장만으로는 알 수가 없다. 맹자의 경우, 본래적 성은 당연히 선하며 현실에 있어서는 선으로 될 수도 있고 악으로 될 수도 있는데, 만일 본래적 선은 다른 영향이 없으면 그 자체의 선함을 유지할 수가 있다. 그러나 여기에 외부의 힘이 가해지면 다른 상태, 즉 악의 상태로 되어 질 수가 있다. 그것은 어디까지나 외부의 힘 때문으로서, 마치 물 자체의 속성은 아래로 흘러 내려가는 것이지만, 외부의 힘 때문에 다른 방향으로 갈 수도 있는 것과 같다. 맹자에 있어 인간의 악은 도덕 주체 외의 다른 요소 때문에 발생하는 것이다.

정호는 이 점에 대해서 기본적으로는 맹자의 취지와 같다. 그런데 그 비유에 있어서는 맹자가 쓴 비유를 쓰는 듯하면서도, 나중에는 물의 맑음과 흐림의 비유를 쓰면서 차이를 보이고 있다. 맹자와 같은 점은 '성' 자체가 선하다는 점, 그리고 현실적 선함은 이 '성' 자체의 선함을 유지 계승한 것이라는 점 및 현실적 악은 '성' 자체에 있었던 것이 아니라, 다른 요소의 개입으로 인한 것이라는 점이다. 그런데, 정호는 맹자와는 달리 악이 개입된 것도 현실적으로 '성性'이라 부르지 않을 수 없다고 하면서, "맑음과 흐림이 비록 다르나 흐린 것을 물이 아니라고 할 수는 없다."는 비유로 그 점을 합리화하여, "악함도 '성性'이라 이르지 않을 수가 없다."고 하였다. 즉, 이미 말한 바대로, 말로 표현될 수 있는 측면의 현실적 '성'에 대한 언급의 불가피성을 이야기한 것이다. 그렇다면 상대적 선악이 있게 된 요인 특히 악이 있게 된 요인은 무엇인가. 그것은 이미 인용한 바 있는 정호의 다음 말 속에서 찾을 수 있다.

> 생生을 일러 성性이라고 한다. 성性은 곧 기氣이고, 기氣는 곧 성性이라고 함은 생生을 이르는 말이다. 사람의 생生함은 기氣의 품부인데, 이러한 이치 때문에 선함과 악함이 있다. 그러나 '성' 가운데에 이 두 가지가 있어서 서로 마주 보고 나오는 것은 아니다. 어려서부터 선한 경우도 있고 어려서부터 악한 경우도 있는데, 이러한 것은 기의 품부함에 그러함이 있기 때문이다. 선함이 본래의 '성'이다. 그러나 악함도 '성'이라 이르지 않을 수가 없다.(『이정유서』1)

현실적인 개체로서의 인간 존재가 있게 되는 것은 '기氣'의 품부로 인한 것인데, 이 때문에 현실적인 선善과 악惡이 존재하게 된다. 따라서 상대적 선악, 나아가서 악의 존재는 기품 속에서 찾을 수밖에 없다. 그렇지만 이 상대적인 선악은 '성性' 가운데 있다가 서로 마주 보고 나온 것은 아니다. 선천적 선 그 자체는 절대적으로 선하기 때문이다. 여기서 정호의 '성'은 이제 두 가지로 구분된다. 먼저 '성性' 그 자체, 즉 이것은 장재張載가 말한 '천지지성天地

277

之性'의 의미인 '천명지성天命之性'으로 이야기될 수 있는 것으로, 본래 선한 '성', 즉 맹자가 말한 '성'이다. 그 다음은 '악함도 성性이라 이르지 않을 수 없다'는 측면의 '성', 즉 현실적인 상대적 선악의 '성'으로서 역시 장재가 말한 '기질지성氣質之性'으로 이야기될 수 있는 것이다. 이것은 고자의 '生之謂性'이다. 정호의 입장에서는 맹자도 고자도 '성'의 한 측면만을 이야기 한 것이다. 그래서 그는

> 성性을 논하면서 기氣를 논하지 않음은 갖추어지지 못한 것이고, 기氣를 논하면서 성性을 논하지 않음은 밝지 못한 것이다.(『이정유서』6)

라는 의미심장한 말을 하였다. 맹자는 '성性'만을 말하고 고자는 '기氣'만을 말하여, 양자는 모두 한 쪽만을 이야기하여 다 갖추지는 못했다는 것이다. 여기서 '성'은 물론 '성' 자체의 '천명지성'으로 말해질 수 있는 것이고, '기'는 '기질지성'으로 말해질 수 있는 것이다.126)

정호는 현실에 있어서 존재하는 악惡조차도 언어 표현상 '성性'의 범주에 넣을 수밖에 없다고 하였지만, 진정한 의미의 '성'인 '성' 그 자체, 즉 정호에게 있어서는 말로 표현할 수 없는 '성'인 '人生而靜' 이상의 '성'이자 맹자의 '성'의 측면인 본래 선한 '성'이면서 현실적 상대적 선의 근거가 되는 '성'은 무엇에 근거하여 그것이 선함을 말할 수 있는가? 맹자나 정호는 '성' 자체가 선하다고 말하였으므로, 선을 실현한다는 것은 다른 데서 그 방법을 찾는 것이 아니라 가장 가까운 우리의 '성' 그 자체를 다함으로써 이룰 수 있는 것이다. 그러나 '성'을 다하여 선을 실현하려면 '성' 그것이 선함을 보증할 근거가 있어야 한다. 정호는 그것을 '리理'로 보았다. 말하자면 '성'의 근거는 '리'로서, '성'의 선함을 보증하기 위해서 '리'가 요청된다. 나아가서 오히려 '성性'은 바로 '리理'이다. 따라서 이제 '리'를 알아야 할 것이다.

성선性善의 근거로서의 '리理'

중국철학사에 있어서 '리理'는 철학적으로 매우 중요한 개념 중의 하나이다. 그것은 고대 중국철학에 있어서 이미 쓰였지만, 철학적으로 중요한 위치를 지니게 된 것은 송대宋代의 철학자들에 의해서이다. 송대는 실로 '리학理學'의 시대라고 불릴 정도로 '리' 개념이 중요시되었기 때문이다. 특히 본서에서 다루는 정호程顥와 그의 동생인 정이程頤는 '리'를 철학적으로 중요한 개념이 되게 한 대표적 공헌자이다.

중국철학사에 있어서 철학적 의미를 띤 '리理'가 앞서 나타나기는 맹자孟子의 경우를 들 수 있다. 맹자는 말하기를, "마음이 다 같이 그러하다고 여기는 것(心之所同然)은 무엇인가? 리理이고 의義라 할 것이다."(『맹자』「고자告子상」)라고 하였다. 이 경우의 '리'는 당연當然의 준칙으로서 도덕윤리범주에 속한다. 여기서의 '리'는 맹자에게 있어서는 중요한 개념으로까지는 등장하지 못하였지만, 누구나 공감하는 보편적 도덕규범의 '리理'('의義'도)를 생각했다는 측면에서 나름대로의 철학적 의의를 지닌다.

철학적 사유활동의 중요한 측면은 구체적 사물에 대응하는 구체적 개념에서 보다 추상적 개념을 형성해 나가는 것이다. 즉, 어떤 구체적 개념 중에서 공통되지 못한 부분을 사상捨象해 버리고 공통된 부분을 추상抽象해내는 작업이다. 이를 통해서 특수한 개념에서 보편적 개념을 형성해나간다. 철학의 초기에는 보다 구체적이고 특수한 개념을 사고하였으나, 갈수록 추상적이고 보편적인 개념을 만들어 나갔다. 이러한 것은 하나의 존재에 관한 사실적 정보이다. 그러나 당위적이고 가치적인 개념이나 정보에 관계되는 윤리적 개념에 있어서도 이러한 사유의 발전과정이 있다.

어떤 특수한 개인이나 집단의 행위에 있어서 마땅함을 지니고 있는 도덕률에 대해서, 그 개인이나 집단을 포함한 보다 상위의 공동체에 대해서 마땅함을 지니고 있는 도덕률이 있을 수가 있다. 하나의 공동체는 그 구성원들이 다 함께 옳다고 공감하는 도덕률을 창출해내고자 한다. 맹자뿐 아니라 맹자의 시대는 이러한 공동의 도덕률이란 관념에 도달한 것이다. 즉, 그 공동체의 구성원은 마땅히 이렇게 행위해야 한다는 것에 대한 관념이 형성되어 가는 것을 말한다. 이러한 것은 나아가서 보편적 인간의 행위법칙, 즉 도덕법칙을 형성하는 기초가 된다. 이것은 물론 사실적 개념에 있어서의 보편개념 형성을 전제로 하여 그에 대응되는 것이다. 맹자의 '리'는 바로 이러한 도덕관념의 형성에 대한 것이다.

맹자가 "마음이 다 같이 그러하다고 여기는 것은 무엇인가?"라고 하여 '心之所同然'이라는 말을 쓴 것은 바로 '심心'을 구비한 도덕주체 상호간의 공감적 보편의식을 말한다. 또 그것을 '리理이고 의義'라고 한 것은 그 리와 의가 바로 도덕적 보편의식에 해당됨을 말한다. 그러나 그가 도덕적 측면으로 리를 말하였다고 하더라도 여기에는 이미 존재적 측면이 전제되어 있지 않을 수 없다. 왜냐하면 '다 같이 그러하다고 여기는' 의식에 해당되는 집단의 구성원소가 이미 존재할 것이기 때문이다. 그러나 존재적 측면의 '리'에 대한 보다 철저한 반성적 사고가 행해졌다고는 말하기 어렵고, 다만 논리적으로 그러하다는 것이다.

존재적 측면의 '리理'는 맹자보다 논리적 사고를 보다 철저히 진행한 순자荀子에게서 보이고, 그에 영향 받은 한비자韓非子 등에서 나타나며, 또 장자莊子에게서 나타나기도 하는데, 그 뜻은 사물의 법칙과 규율 또는 사물의 형식을 말하는 것이었다.127) 이러한 것은 학과 상호간의 비판이 활성화되던 그 당시에 서로 논리적인 대항을 함에 따라 발전된 것이다. 이러한 것들은 모두 존재 측면의 '리'로서 구체적 개념에서 추상적 개념을 형성함에 따라 발전한 것임과 동시에 그 당시의 논리학적 배경과 관계된다.

그러나 이러한 선진先秦 시대에서 말한 '리'는 한 사물의 '리'를 가리키는 것으로서, 만물이 각각 '리'를 달리 하는(萬物各異理)(『한비자韓非子』「해로解老」) 것이었다. 말하자면, 비록 구체적 사물에서 보다 추상적 개념으로 사유가 옮아갔지만, 아직 최고의 유類개념에까지는 미치지 못하고, 보다 하위의 종種개념과 보다 상위의 유개념 간을 오르내리면서 그 관계만을 유추하는 데 그쳤다는 것이다.

이보다 더 상위의 유개념으로서의 보편개념에 대한 사유를 진행한 것은 이후 위진魏晉 현학玄學의 발전과 더불어서 이루어졌다. 삼국시대의 위魏의 왕필王弼은 '리理'를 우주만물의 '소이연所以然', 즉 만물이 의거해서 생겨나고 변화하면서 존재하는 근거라고 생각하였다.[128] 그러나 이 '리'는 아직도 만물의 개별적 각 종의 존재근거가 됨을 말하였지, 일체만물의 존재근거로서의 보편적 유개념이 됨을 말한다고는 보기 어렵다. 그러나 위진현학시대는『노자老子』의 보편적인 도道에 대한 사유가 활발히 진행되던 때이므로, 이것이 '리理'와 연관될 수도 있다.

현학玄學에 있어서는, 그 사상체계가『노자』의 도道와 리理가 관련되면서, '리'는 최고의 보편성을 부여받게 된다. 그것은 하나로서 존재하는 만물의 '리'이며 만물의 존재근거가 된다. 최고의 보편 '리'는 불교에서 보다 선명하게 드러났다. 당대唐代의 화엄종華嚴宗에서는 세계를 형형색색形形色色의 현상세계로서의 '사법계事法界'와 청정淸淨한 본체세계를 가리키는 '리법계理法界'로 나누고, 아울러 "리사무애理事無碍", "사사무애事事無碍"의 명제를 내 놓았다. 이러한 분위기들이 모두 종합되어 중국에 있어서의 중세적 사유에 해당되는 보편리의 관념을 형성하였다. 그것은 송대에 본격적으로 진행되었는데, 송대의 유학은 이상과 같은 철학적 유산 속에서 형성된 것이다.

중국의 송대 그 중에서도 북송의 주돈이, 소옹, 장재 등의 '리理'는 보편리는 아니었다. 북송대의 유학에 있어서 보편 리를 처음으로 제기한 철학자가 바로 정호이다. 주돈이는 "덕德의 경우, 애愛를 인仁이라 하고, 의宜를 의義라 하고, 리理를 예禮라 하고, 통通을 지智라 하고, 수守를 신信이라 한다."(『통서通書』「성기덕誠幾德3」)[129]라고 하여, '리'를 중요한 철학개념으로 보기보다는 하나의 단순한 질서 관념으로 보았다. 이러한 정도의 '리'는 순자나『예기禮記』에 이미 나타난 것이다. 소옹은『주역』「설괘전說卦傳」의 "窮理盡性以至於命."을 두고, 여기서의 '리理'를 설명하면서 "리理라고 말할 수 있는 것은 물物의 리이다."(『황극경세』「관물편觀物篇」)라고 하였는데, 아직 보편 리의 관념은 보이지 않는다. 장재는 '리理'를 자연세계운동의 규율로 보아, "천지의 기氣는 비록 모이고 흩어지며 물리치고 취하는 작용이 온갖 과정으로 되지만, 그것의 리理됨은 순조롭고도 망령되지 않는다."(『정몽』「태화편」)라고 하였는데, 이 역시 보편 리는 아니다.

그런데, 정호와 정이는 '리理'를 총일總一의 '리理'로 간주하고 우주의 본원으로 보면서 형이상화하였다. 정호는 '천리天理'설을 내 놓았는데, 먼저 그는 "천天이란 리理이다."(『이정유서』11)라고 하였다. 나아가 그는 '리理'라는 용어와 더불어 '천리天理'라는 용어를 많이 사용하였다. 그가 '천'이 '리'임을 선언함과 동시에 '천'과 '리'를 결합하여 사용한 것은 나름대로의 중요한 철학사적 의의가 있다.

고대 중국에 있어서 아직 철학적 단계로 진입하기 이전에, 다만 신화적이고 원시종교적인 단계에 머물러 있을 때의 '천天'에 대한 관념은 최고의 인격신이었다. 그것은 사람 사는 세상의 일체를 주재하는 것이었다. 상商·주周 시대에 『시경詩經』과 『서경書經』에 나타나는 '천天'은 동시에 또 그러한 문헌에 나타나는 '제帝' 또는 '상제上帝'였다. 공자는 '천'에 대한 합리적 해석을 하기 시작한 과도기에 있던 사람이었다. 맹자는 그것을 보다 사람의 주관에 내재화하였다. 순자는 그것을 자연으로 대상화하였다. 그러나 후대에는 학자에 따라 나름대로 혼용하여 사용하였다. 그런 가운데서도 주재적이고 인격신으로서의 '천'은 봉건적 군주제의 근거로 계속 역할 하였다.

그런데 정호는 그때까지도 계속되어져 오던 '상제上帝'로서의 '천天'을 원리原理로 해석한 것이다. 그가 "천天이란 리理이다."라고 선언한 것은 이런 측면에서 중요한 의의를 가지고 있다. 즉 주재主宰 의미의 하늘을 원리 의미의 하늘로 대체한 것이다. 정호는 '천天'자字와 '리理'자字를 주어와 술어 관계로서 결합시켜, '천'을 '리'로 대체할 수 있음을 선언함과 동시에, '천天'자와 '리理'자를 한 명사名辭로 결합시켰다. 그는 이렇게 하여 만들어진 '천리天理'라는 개념을 스스로 만들어 낸 데 대하여 매우 자득감 어린 말을 하였다. 그래서 그는 "나의 학문에 비록 받은 바가 있지만, '천리天理'라는 두 글자는 내 스스로 고

민하여 낸 것이다."(『이정외서二程外書』12)라고 말할 정도로 만족해하였다. 물론 이 용어 자체를 그 자신이 최초로 사용한 것은 아니다. 당시에 장재도 쓴 바 있고,130) 이미 선진시대에만 해도 『장자莊子』, 『한비자韓非子』 등의 문헌에 나타나고 있으며, 유가철학의 입장에서 이와 직접 관련되는 그 후의 문헌은 『예기禮記』「악기樂記」이다. 이들 문헌에 이미 나왔지만, 다만 정호는 '천리'라는 말을 그의 철학체계 속에서 특별한 의의를 가지는 개념의 함축으로 획득했음을 말하는 것이다.131) 그의 '천리'는 주재적 의미의 '천'을 원리 의미로서의 '리'와 결부시키는 과정에서 쓰인 표현이다. 또 그는 '리'만을 단독으로 쓰기도 하였다.

그런데, 정호는 이러한 '천리' 또는 '리'에 그 이전보다도 더 보편성을 부여하였다. 그에게 있어서 '천리'는 구체적 개별적인 경험적 특수자와는 상관없이 존재할 수 있는 것이다. 그래서 그는 "천리天理라고 하는 것은 … 요堯 때문에 존재하지도 않고, 걸桀 때문에 사라지지도 않는다."(『이정유서』2상)라고 하였다. 동시에 그의 '천리'는 그러한 구체적 개별자 및 그 개별자의 모든 특수 리까지도 포괄하는 최고의 유類개념132)이다. 또 그의 '천리' 또는 '리'는 세계의 운행질서를 가리킨다. 그런데 중국문화에 있어서 세계의 운행질서를 말하는 대표적 이론은 '역易'의 사상이다. 따라서 그 문화권 속에서 정호가 생각하는 '리'는 우선 '역'으로서의 '리'이다. 그래서 그는 "역易이 하나의 무엇이겠는가? '역'은 하나의 책일 뿐만 아니라, '역'의 도道이기도 하다. '역'을 하나의 일로 간주해서도 안 된다. 일에 나아가서 천리天理를 다하는 것이 곧 '역易'이다."(『이정유서』2상)라고 하여, 그의 천리가 '역易'의 '리'에 관한 것임을 말하였다.

또, 정호는 "천지만물天地萬物의 리理에는 '독獨'이란 없고 반드시 '대對'가 있다."(『이정유서』11)라고도 하였는데, '역易'의 리는 곧 음과 양의 대대관계와 그것의 상호교합관계에 관한 리이므로, 그의 리가 역시 '역易'의 '리理'임이 분명하다. 나아가서 그는 또, "천天이 물物을 생生하는 것에는 긴 것도 있고 짧은 것도 있고, 큰 것도 있고 작은 것도 있지만, 군자는 그 중에서 큰 것을 얻지 어찌 작은 것으로 하여금 크게 할 수 있겠는가? '천리天理'가 이러한데 어찌 거스를 수 있으랴!"(『이정유서』11)라고 하여 역시 '대對'를 말하였고, 동시에 '천리'는 이러한 '대'의 관계로서 물物을 생生하게 하는 원리임을 말하였다. 즉, 그의 '리理'는 '생生'의 '리'이다. 그는 이 생의 리로서의 '역리易理'인 '천리'를 스스로 깨달았다는 것이 위에서 말한 스스로 얻은 바인 것이다. 그는 이러한 '리'를 깨닫고는, 아주 기쁘고 흡족하게 여겨, 심지어 이렇게 말할 정도였다.

천지만물天地萬物의 리理에는 독獨이란 없고 반드시 대對가 있다. 모두 스스로 그러한 듯이 그러한 것이지 안배함이 있지 않다. 날마다 한밤중에 이것을 생각하면 손과 발이 덩실덩실 춤추는 줄도 모를 지경이다.(『이정유서』11)

그런데 정호는 세계전체의 생명활동을 중시하여, 천지세계가 하나의 거대한 생명체의 역할을 하면서 변화·운동해 나간다고 보았다. 그는 말하기를,

'생生하고 생生하는 것을 일러 역易이라고 한다.'[133]는 것은 천天의 도道됨이다. 천天은 다만 생生을 도道로 삼을 뿐이다. 이 생의 리를 잇는 것이 곧 선善이다.(『이정유서』2상)[134]

라고 하였다. 이러한 생명활동은 만물을 살리는 활동이다. 만물을 살리는 덕은 바로 '인仁'이다. 정호의 '리理'가 생生의 '리'로서의 역易의 '리'라는 것은 '인仁'과 통한다. 그의 리의 내용은 '인仁'이라고 간주하여도 될 만하다. 따라서 정호의 리를 앎은 그의 '인仁'을 앎과 통한다. 정호 또한 '인仁을 앎'(識仁)을 강조하여 「식인편識仁篇」[135]을 남겼다. 여기서 그는 말하기를,

배우는 이는 모름지기 먼저 인仁을 알아야 한다. 인仁이란 혼연히 물物과 함께 몸을 같이 하는 것이다. 의義, 례禮, 지知, 신信이 모두 인仁이다.(『이정유서』2상)

284

라고 하였다. 또 그는 말하기를,

의서醫書에서 손발이 마비되는 것을 불인不仁이라고 말한다고 하니, 이 말은 그 상태를 가장 잘 표현한 것이다. 인仁이란 천지 만물과 한 몸이 되어 자기가 아님이 없는 상태이다. 자기인 것으로 인정한다면 어디인들 이르지 못하겠는가? 만약 자기에게 있지 않아서 스스로 자기와 상관이 없게 되어 손발이 불인不仁한 것처럼 된다면, 기氣가 이미 관통하지 않아서 모두 자기에게 속하지 않게 되는 것이다.(『이정유서』2상)

라고 하였다. 이 말은 '인仁'이 세계의 모든 것과 한 몸이 되는 것이란 의미를 '인仁'의 부정否定의 의미를 통하여 보다 확실히 말하여 주고 있다. 요컨대, 정호는 자연의 전체 체계를 하나의 거대한 생명체로 보고, 그 내부의 생명원리를 '천리天理'로 보았으며, 그 내부의 생명력의 활동을 '인仁'으로 묘사한 것인데, 이것을 또 다른 생명체인 사람 몸에 비유하여, 사람 몸 내부에 생명력이 두루 통함을 인仁으로 본 것이다. 이러한 맥락에서 또 그는 "맥脈을 짚어 보면 인仁을 가장 잘 체험할 수 있다."(『이정유서』3)라고도 하였다.136)

정호의 '리理'가 '인仁'으로 말해질 수 있다는 것은 존재와 변화의 법칙으로서의 '천리天理' 또는 '리理'가 가치적인 술어로서 표현될 수 있음을 말한다. 즉 자연의 생명활동과 그로 인한 현상은 곧 인仁의 표현에 다름 아니며, 자연의 생명활동의 '리'가 곧 '인'임을 말한다. 이러한 것 또한 철학 상의 의의가 있다. 처음 '천天'은 주재적 의미를 가지고 있었다. 그러한 것이 원리적 의미로 대체되면서, 여기서 한 걸음 더 나아가, 이러한 원리가 도덕주체의 가치실현이란 의미로 이행된다. 그래서 이전의 '천天'은 정호에 있어서는 도덕원리로서 도덕주체에 내재화되는 것이다. 따라서 정호의 입장에서는 '리'를 아는 것은 곧 내면화된 '인仁'을 아는 것이며, 이렇기 때문에 그가 말하는 '리'는 도덕주체 내부에서 찾아져야 할 것이지, 외부 대상세계에서 찾을 것이 아니다. 그래서 그는 맹자의 "만물萬物은 모두 나에게 갖추어져 있다(萬物皆備於我矣)."(『

맹자』「진심盡心上」)라는 명제에 대하여 다음과 같이 말한다.

'만물萬物은 모두 나에게 갖추어져 있다'는 것은 사람에게 뿐 아니라 사물도 모두 그렇다.(『이정유서』2상)

그런데, 그는 또 이렇게 말하였다.

만물은 모두 하나의 천리天理일 뿐이다.(『이정유서』2상)

그러므로, 이 논증은 다음과 같은 결론을 얻게 되는 것이다.

자신을 반성할 수 없으면 천리天理는 사라진다. 천리라는 것은 온갖 리理가 갖추어져 있어서 원래 조금도 결여됨이 없음이다. 그러므로, 자신을 반성하여 성誠하다 함은 단지 자기에게서 얻음을 말하는 것일 뿐이며, 여기서 더 이상 말할 수가 없는데 무슨 말을 하리오!(『이정유서』2상)137)

그런데, 도덕주체의 내부에 있는 '리理'의 내용은 '인仁'인데, 이것은 천지세계 전체의 생명활동의 덕德이다. 그런데 이 '인仁'이라는 가치술어는 도덕주체 속에서는 '성性'이라는 사실술어로 이야기된다. 다시 말해, '인仁'이라는 가치 술어를 매개로 하여, '리理'와 '성性'은 하나의 개념으로 말해진다. 즉, 도덕주체의 '성性'이든지 보편적 존재원리인 '리理'든지 모두 '인仁'이다.138) 따라서 '성性'은 곧 '리理'인 것이다.139) '성性'이 선善함은 이 가치술어인 '인'을 매개로 하여 '리理'에 그 근거를 두는 것이다. 즉, '인仁'한 '천리天理'가 도덕 주체 속에 내재된 것이므로 성性은 곧 선善한 것이다.

성즉리性卽理 또는 도즉성道卽性

정호程顥는 본성의 선善함을 보증하는 근거를 '리理'에서 찾았다. 그래서 정호 그리고 그의 동생 정이程頤는 '성즉리性卽理'의 명제를 내 놓았다. '성性'이 곧 '리理'이므로, '성性'에 대한 일이나 '리理'에 대한 일이 하나로 통한다. 정호는 『주역』「설괘전說卦傳」의 "窮理盡性以至於命(리理를 궁구하고 성性을 다하여 명命에 이른다)."이란 명제를 두고 다음과 같이 말하였다.

"窮理盡性以至於命"의 세 가지 일은 같이 이루어지지, 원래부터 순서가 없다. 궁리를 지知의 일로 간주해서는 안 된다. 만약에 실제로 리를 궁구할 수 있으면 성性과 명命도 이루어질 수 있다.(『이정유서』2상)

정호는 '궁리窮理'와 '진성盡性'과 '지명至命'을 한 가지 일로 보았다. 그것은 '리理'와 '성性'과 '명命'이 모두 하나라는 생각에서 나온 것이다. '명命'은 곧 '천명天命'이다. 『중용中庸』에 "天命之謂性."이라고 하였다. 그리고 앞에서 '성性'은 곧 '리理'라고 하였다. 그러므로 '천명'은 '리'이고, '리'는 '성'이다. 이로 인하여 '궁리'와 '진성'과 '지명'은 한 가지 일이 되는 것이다. 또 그는 '궁리'를 지知의 일로 볼 수 없다고 하였다. 사실상 그의 '리理'의 내용은 '인仁'과 같은 가치개념이 오히려 주가 된다. 따라서 당연히 '궁리' 행위도 어떤 사실개념에 대한 인식이라기보다는 가치개념에 대한 인식 아니 체득인 것이다. 그래서 그는 '식인識仁'을 인仁의 체體를 얻는 것이라 보았다. 말하자면, 그의 '궁리'는 어떤 정보를 인식하는 것이 아니라 가치의식을 몸에 배게 하는 것이다. 그는 하나의 지식을 얻는 인식론을 말하려 하기 보다는, 도덕적 주체에 대한 자각을 주장한 것이다. 따라서 '궁리'는 도덕적 선善의 근원에 대한 자각이며, 결국 이 근원은 단순히 이전의 주재적인 하늘에서 가져 오는 것이 아니라, 내면화된 하늘에서 스스로 얻는 것이란 주장이다. 그래서 '리'와 '성'을 하나로 통하게 하고, '궁리'와 '진성'을 한 가지 일이라고 본 것이다.

나아가서 이전에 그 순서로 봐서 '천天'으로부터 비롯한 '명命', 그리고 이 두 개념을 합친 '천명天命'에 이르는 일에 대해서조차도 논리적 순서로는 오히려 '궁리窮理', '진성盡性' 후에 '지어명至於命'한다고 하게 되는 것이고, 더 나아가 이 또한 한 가지 일로 보게 된 것이다. 그는 어떤 개념과 그러한 개념을 파악하는 행위를 의식적으로 구분하려 하지 않았다. 사실상 '리理'와 '성性'과 '명命'은 논리적으로 구분되는 개념이지만, 그는 의식적으로 그것을 구분하려 하지 않고, 오히려 그러한 구분은 도덕 주체 자각에 방해가 되는 것으로 보았다. 그래서 그러한 데 대한 일인 '궁리窮理', '진성盡性', '지명至命'도 구분하려 하지 않고, "窮理盡性以至於命은 하나의 사물이다."(『이정유서』11)라고도 말한 것이다.

정호가 이상과 같은 일들을 모두 한 가지 일로 간주한 것은, 그러한 것이 단순히 한 가지라는 것을 말하고자 한 것이라기보다는, 오히려 그 주체를 외부에서 내부로 끌어 오려 한 것에 그 의도가 담겨 있다. 말하자면 '리理', '성性', '명命' 또는 '궁리窮理', '진성盡性', '지명至命'을 병렬하고 난 다음에, 그것을 일체화시키려 한 데 그 본의가 있기보다는, '궁리'나 '지명'조차도 '진성'에 포섭시켜, '리'와 '명'을 '성'으로 끌어넣으려 한 것이다. 즉, 논리적으로 '성性'이 선한 근거가 '리理'에 있고, 그 '리'는 '천명天命'에서 비롯된 '천리天理'이지만, 이제는 그 주도권을 도덕 주체 내부의 '성性'으로 옮겨 놓은 것이다. 이제 '천리'나 '천명'은 '성' 속에 담기게 되고, 그것을 '성' 속에서 찾아야 한다고 본 것이다. 그런데 『맹자』에는 다음과 같은 말이 있다.

그 심心을 다하는 이는 그 성性을 안다. 그 성性을 알면 천天을 안다.(『맹자』「진심盡心상」)

여기서는 '심心을 다함'(盡心)과 '성性을 앎'(知性)과 '천天을 앎'(知天)이 순차적으로 나열되어 있다. 즉, 각각의 일은 일단 별개의 일로 언급되고 있고, '심', '성', '천'도 별개의 개념으로 나열되어 있으면서, 그에 관한 일이 어떤 순서를 지니고 있다. 여기서 맹자의 의도는 이 세 가지를 별개의 것으로 보고자 하는 데 있는 것은 아니다. 맹자는 이미 주재적 천을 도덕주체로 끌어 들일 것을 주장하였다. 맹자는 여기서 일반인이 '지천知天'에 뜻을 두는 경우가 많은데, '지천'하려면 오히려 '진심', '지성'해야 함을 강조하여 '지천'보다 '진심', '지성'을 강조한 것이다.

정호는 '천리天理', '천명天命'을 '성性' 안으로 끌어 들인 것처럼, 동시에 '심心' 안으로도 끌어 들이려고 하였다. 그는 말하기를,

> 언젠가 심心을 가지고 천天을 앎을 경사京師140)에 살면서 장안長安으로 가는 것과 같다고 비유한 적이 있다. 그런데 서문西門으로 나가면 장안에 이를 수가 있는 것으로 안다면, 이것은 오히려 두 군데로 간주한다고 말함과 같다. 그런데 성실誠實하기만 하면, 단지 경사에 있기만 해도 곧 장안에 이르는 것으로서, 다시 따로 장안을 구해서는 안 된다. 심心만이 곧 천天이니, 그것을 다하면 성性을 아는 것이요, 성性을 알면 천天을 아는 것이다. 그 자리에서 곧 알아 낼 수 있는데, 다시 밖에서 구해서는 안 된다.(『이정유서』2상)

라고 하였다. 그는 맹자의 말을 근거로 하면서도, 맹자보다 오히려 더욱더 도덕주체성을 강조하고, 맹자가 말한 '진심盡心', '지성知性', '지천知天'을 『주역』「설괘전」의 '궁리窮理', '진성盡性', '지명至命'의 경우처럼 한 가지 일로 파악하고, 마찬가지로 '심心', '성性', '천天'을 한 가지 개념으로 보려고 한 것이다. 따라서 당연히 '리理'도 이러한 개념과 같은 것이 될 수밖에 없다. 그래서 그는

> 심心은 리理이고, 리理는 심心이다.(『이정유서』13)

라고 하였다. 정호에게 있어서는 개념상의 구분보다는 실제상의 합일이 더 중요했다.141) 왜냐하면 그의 사상의 귀착지는 도덕적 인격의 완성자를 목

표로 삼는 것이므로, 어떤 구분을 두는 것은 이 목표에 장애가 될 뿐이기 때문이다. 즉 고원한 경지에 든 사람은 이 구분을 해소한 존재이기 때문이다. 그의 입장에서는, 우선 논리적으로는 성선性善의 근거가 '리理'이고, '천명天命'이나 '심心' 또한 모두 논리적 순차가 있으나, 궁극적으로는 이 모두를 하나로 보는 경지가 도덕적 완성자의 경지이다. 그가 생각하는 도덕적 완성자는 도덕주체를 확립한 사람으로서, 심성의 주체를 확립한 사람이다. 이러한 존재가 그를 포함한 유가철학자들이 일컫는 '성인聖人'이다. 그에 있어서 '성인'은 그 주체인 '성性'을 안정시킨 자이다. 그래서 그는 '식인識仁'과 동시에 '정성定性'을 말하였다.142) 이러한 '성인聖人'이 되는 방법은 곧 수양이다.

정호程顥의 수양론修養論

동양의 많은 철학 사상 체계에서 그렇듯이 유가철학에서도 그 체계를 마무리 짓는 단계에서는 수양修養의 문제가 나온다. 이것은 현실에서 이상을 실현하는 실천과 그 방법의 문제이다. 현실과 이상을 논하는 어떠한 사상이든지 마지막에는 그 방법을 제시해야 그 사상의 체계를 완성하는 것이 될 것이다. 유가철학자인 정호 또한 이러한 문제를 이야기하고 있다. 유가철학의 이상은 '평천하平天下'에 있다. 즉, 천하를 안정시켜 이상사회로 만드는 것이다. 불교와 같이 피안彼岸의 이상을 구하는 사상과는 달리, 유가철학은 현실의 차안此岸 속에서 이상을 구하므로, 인간사회의 문화적 가치와 그러한 것을 만들어 내는 천하, 나라, 집 등의 공동체의 존재와 그 존재가치를 인정한다는 대전제에서 출발한다.

그런데 『대학大學』에서 보듯이, 천하, 나라, 집 등의 공동체의 안정은 각각 그보다 이전 단계의 보다 작은 공동체의 안정을 선결조건으로 하고 있다. 그리고 이러한 공동체의 안정은 궁극적으로는 그 공동체를 이끌어 가는 구성원의 역량에 달려 있다. 수양이란, 이 '몸[신身]'이란 도덕주체의 도덕역량을 기르는 것이다. 그래서 『대학』에서 '수신修身'이 가장 선결되어야 할 조건이고, 그런 후에야 '제가齊家', '치국治國', '평천하平天下'가 있게 되는 것이다.

정호에게 있어서 '수신'이란 도덕주체인 '성性'을 안정시키고, 그 도덕적 역량을 함양하는 것이다. 이것은 이미 앞에서 말한 후천적 '성性'의 상대적 악惡의 요소를 제거하는 것이다. 만일 이러한 상대적 악이 제거된다면 선천적이고 본연적인 '성'의 절대적 선이 회복되는 것이고, 이러한 상태가 완성된 존재가 '성인聖人'인 것이다. 본연적이고 자연적인 '성'의 선함이 회복되어 후천적인 상태에서도 계속적으로 선함을 유지하는 존재인 '성인'이 다스리는 사회가 유가의 이상사회이다. 그러면 정호에게 있어서 이러한 수양의 방법은 구체적으로 어떠한 것인가?

정호는 근본적으로 '성性' 자체는 선善하다고 보고 있다. 그리고 악惡의 요소는 '성' 자체가 아닌 그 외부143)에 있으면서 '성'에 영향을 미쳐 현실의 악을 만들어 내는 것이다. 그의 물의 비유에 따르면, 물 자체는 흐림이 없는 순전히 맑은 상태이지만, 흐리게 만드는 물 밖의 요소로 인하여 현실 속에서의 흐린 물이 존재하게 되는 것이다. 그래서 그는 앞에서 말한 물의 비유에 이어서 말하기를,

그렇다면 사람은 맑게 다스리는 공功을 들이지 않을 수가 없다. 그러므로 힘쓰는 것이 민첩하고 용감하면 빨리 맑아지고, 힘쓰는 것이 느리고 게으르면 천천히 맑아지는 것이다. (그러나) 그것이 맑아지고 나서는 단지 원초적인 물일뿐이다. 맑은 것을 가지고 흐린 것을 바꾸는 것도 아니고, 흐린 것을 뽑아내서 한 쪽 구석으로 밀어 내 두는 것도 아니다. 물이 맑은 것은 성性이 선善함을 말한다. 그러므로 선과 악이 성 가운데에서 두 가지가 상대하여 있다가 각각 나오는 것이 아니다.(『이정유서』1)

라고 하였다. 그의 입장에서는 후천적인 현실의 악惡을 제거하기 위해서는 후천적인 노력을 가하지 않을 수가 없다. 이것이 수양이다. 그래서 수양을

열심히 하면 빨리 선善해지고 그것을 태만히 하면 천천히 선해진다. 그러나 결과적으로 이미 선해지고 나서는 원초적으로 선한 '성性' 그 자체가 된다. 이 경우 선을 가지고 악을 바꾸는 것도 아니고, 악을 뽑아내어 한 쪽 구석으로 밀어 내 두는 것도 아니다. 그것은 품부된 기질氣質의 변화로 이루어진다고 본다. 그의 입장에서는 보통사람과 성인聖人은 근본적으로는 구별이 없다. 구별하려는 각도에서 보면 그 차이는 '기질지성氣質之性' 때문이다.144) 그래서 '성인'이 되려면 기질을 변화시켜야 하는 것이다.145) 이러한 수양의 방법에는 '경敬'이 있다. 그는 말하기를,

경敬은 온갖 사악함을 이겨낸다.(『이정유서』11)

라고 하고, 또 말하기를,

만약 조금이라도 더러워져 훼손됨(汚壞)이 있으면 곧 경敬으로써 그것을 다스려 옛날과 같이 회복시켜야 한다. 옛날과 같이 만들 수 있는 것은 대개 스스로 본래부터 완전히 갖추고 있는 것이기 때문이다.(『이정유서』1)

라고 하였다.146) 이 '경敬'의 방법으로 다스림을 통하여, 더러워져 훼손된 것을 제거하고, '기질지성氣質之性'을 더러워져 훼손되기 전의 상태로 회복할 수가 있다는 것이다.

5
정이程頤의 철학

　　송대宋代 유학자儒學者들은 맹자로부터 전개되어 온 인성 논의를 이어받아 그것을 그들의 철학체계 속에 중요한 요소로서 자리 지움과 동시에, 인성 논의의 다양한 견해에 있어서도 맹자의 관점을 대체로 지지하는 입장에 선다. 송대 유학자가 그들의 철학탐구 작업에 인성논의를 중요한 요소로 넣었음은 그들 역시 인간의 본질을 파악함에서부터 그들의 철학적 작업을 수행해 나가야 한다는 데 동의하였기 때문이라고 볼 수 있다. 그 중에서도 정이程頤는 그 점을 특히 중시한 철학자라고 볼 수 있다. 그것은 그의 '성즉리性卽理'라는 유명한 명제에서도 알 수 있다. 이 명제는 인간의 가치자각적 본질과 세계의 존재본질을 일치 대응시킨 것으로서, 그의 철학의 핵심을 이루는 명제이다. 그리고 이것은 '성선性善'의 증명에 사용되기도 한다.

　　'성性'과 '리理'를 논하고 '성즉리性卽理' 명제를 철학의 전제로 삼는 그의 철학 관점은, 앞서 말한 그의 형 정호程顥와 그 기본적 토대를 같이 한다. 그러면서도 두 형제는 각자 그들의 철학 이론적 구조와 철학 방법론을 달리 한다. 그러면 이제 정호와 대비하여 정이의 철학 이론을 '성즉리性卽理' 명제의 주어와 술어에 해당하는 '성性'과 '리理'를 중심으로 하여 논의해 보자. 그리고 나아가서, 정호가 세상을 떠난 후 정이가 독자적으로 내 놓은 그의 역학易學 이론을 논구해 보고, 더불어 이정二程 사이의 여러 측면의 차이점을 살펴보자.

정이程頤 '성性'의 기본 의의

선악善惡은 가치개념이다. 이것은 대상에 속하는 것이 아니라 주체에 속한다. 따라서 선악은 근본적으로 주체의 자각에 기인한다. 그것은 곧 가치자각이다. 말하자면, 우리의 본성을 돌이켜 봤을 때 그것을 어떤 가치속성으로 말할 수 있느냐에 따라 판단된다. 이 가치자각적 주체로서의 본질이 곧 '성性'이다. 그러나 이것은 우리의 본질에 관한 문제이고, 그 가치의 실천은 어디까지나 대상과의 관계에 있고, 이에는 그 대상의 본질을 앎을 필요로 한다. 따라서 인간주체는 가치자각과 가치실현의 측면에서는 도덕주체이지만 가치실현을 위한 대상의 정보취득의 측면에서는 인식주체이다. 도덕주체는 삶의 방침을 결단하는 인생의 주인으로서이고, 인식주체는 단순한 대상세계의 사실적 지식을 얻는 주체로서 뿐만 아니라 도덕법칙과 도덕률을 인식하는 주체이기도 하다. 즉, 대상세계의 사물을 어떻게 아느냐 뿐만 아니라 그것을 어떻게 처리하느냐 하는 것을 아는 주체이다. 이러한 주체의 본질적 측면이 곧 '성性'이다. 주체의 자각은 곧 '성性'에 대한 자각이다. 이것을 『주역周易』「설괘전說卦傳」에서는 '성性을 다한다(盡性)'고 하고, 『맹자孟子』에서는 '성性을 안다(知性)'고 하였다. 정이程頤는 그의 형 정호程顥와 더불어 바로 이 점에 비중을 두었다. 그런데 이러한 '성性'을 알거나 '성'을 다한다는 것은 어떻게 이루어지는가.

『주역』「설괘전」에서는 '성性'을 다한다는 말의 전후에 '리理를 궁구한다(窮理)'와 '명命에 이른다(至於命)'는 말을 함으로써 '리理를 궁구하고 성性을 다

294

하여 명命에 이른다(窮理盡性以至於命).'고 하였다. 또 『맹자』에서는 '성性을 안다'는 말의 전후에 '마음(心)을 다한다(盡心)'와 '하늘을 안다(知天)'는 말을 함으로써 '그 마음을 다하는 이는 그 성性을 알고(盡其心者知其性), 그 성性을 알면 하늘을 안다(知其性則知天).'라고 하였다. 『주역』「설괘전」과 『맹자』에서 말한 이상의 명제들의 마지막이 각각 '명에 이른다'와 '하늘을 안다'임에서 알 수 있듯이 두 입장의 귀결점은 동일하다. 왜냐하면 『중용中庸』에 "하늘(天)이 명命한 것을 일러 성性이라 한다."라고 하여, '천명天命'이라는 말을 쓰면서 '천天'과 '명命'을 연용하였듯이, 결국 '성'에서 그 연원을 거슬러 올라가는 입장에서는 '명에 이른다'와 '하늘을 안다' 함은 상통하는 것이다. 이러한 것은 철학에 있어서 어떤 의미를 갖는가.

고대인의 원시종교적 관념으로는, 하늘은 인간을 생성했음은 물론 인간의 삶까지도 지배하였다. 인간은 스스로 삶을 꾸려 갈 어떠한 원칙도 갖지 못했다. 그것은 하늘이 계시로서 제공하는 것이었다. 그러나, 인간이 이러한 관념에서 벗어나서 자신의 삶을 자신이 결정하는 계몽기에 접어들면서 사정은 달라졌다. 바로 이 계몽기는 곧 철학의 태동기이다. 철학은 종교에 대해, 인간이 자신의 삶을 자신이 결정하여 스스로 삶의 원칙을 설정하는 것이다. 인간은 자신의 관점으로 세계와 인간과 인생을 해석하면서, 그로부터 자신의 삶의 원칙을 만들어 내었다. 하늘로부터 독립한 것이다. 이러한 독립은 고대 중국에 있어서는 하늘을 인간자신에게 내면화시켜, 하늘을 곧 자신의 주관으로 해석하는 형태로 이루어졌다. 종교적 도덕원리와는 달리 이러한 철학적 도덕원리는 자발성과 자율성에 바탕을 두는 것임을 자각하는 데에 있다. 이것은 원시종교적 '하늘(天)'로부터의 '자유'이다.

중국 고대 철학은 이러한 철학 이전 시대를 벗어나면서 존재의 본질에 대한 탐구를 시작하였다. 그러나 이러한 철학적 작업에 있어서, 그 본질의 유래에 관한 한 여전히 철학 이전 시대의 원시종교적 잔재를 함유하였다. 그것이 곧 『주역』「설괘전」이나 『맹자』에서 '성性'을 '천天' 또는 '명命'(연용하면 '천명天命')에 연관시키는 표현 형태로 나타난 것이다. 그러나 이것은 단순한 잔재를 넘어선다. 오히려 종교적 관념에 대해 그것을 거부하는 철학적 사유를 시작함을 선언하는 의미를 지닌다. 왜냐하면 원시종교시대인 당시는 하늘의 뜻을 앎이 인간의 삶에 중요했고, 그것은 종교적 계시의 형태로서 종교적 행위를 통해 인간에게 주어졌다. 그러나 철학적 태도를 지니는 『주역』「설괘전」의 저자나 맹자는 당시인에게 명命에 이름과 천天을 앎은 계시를 통해서가 아니라, '리理', '성性', '심心' 등에 대한 탐구와 자각이란 철학적 작업을 통해야 함을 선언한 것이다. 정이程頤는 이러한 고대철학의 유산을 되살려, '성性'과 '심心' 그리고 '리理'의 논의를 그의 철학체계에 꾸려 넣어 그의 철학의 중심으로 삼은 것이다. 따라서, 정이가 본질로서의 '성'을 논의함은, 비록 그 유래를 살펴볼 때 종교적 잔재가 남아 있는 언어적 표현을 썼더라도, 이미 종교적인 하늘을 거부하고 그것과 결별하여 철학적 본질을 추구하는 데에 그 의의가 있다.

정이程頤 '성性'의 내용

초기 원시종교관념 속의 하늘은 만물을 생성하고 지배하며 주재하는 실체였다. 이러한 하늘은 중국의 경우 『시詩』, 『서書』의 '제帝', '상제上帝'의 주재자가 이후 '천天'으로 변모되면서 설정되는 지위를 가졌다. 이러한 주재적 의미의 '천'이 점차로 철학적 이론 배경으로 설정되기 시작하고, 이러한 관점의 '하늘(天)'과 '사람(人)'의 관계가 거론되기 시작했다. 이처럼 원시종교적 천인관계에서 철학적 천인관계로 이행되는 과정을 겪었지만, 인간의 본질을 해석함에 있어서 여전히 그 첫출발점인 원시종교적인 잔재가 있었다. 이러한 측면은 이후의 철학적 천인관계의 요소가 병합되면서 이론화되었다. 비록 송대 정도까지의 세월이 흘렀지만, 정이와 같은 사람에게 있어서도 이러한 과정의 흔적은 남아 있다. 그는 다음과 같이 말하였다.

성性의 근본(本)은 명命이고, 성性의 자연自然함은 천天이다.(『이정유서二程遺書』25)

정이의 이 말에서 그가 본질로서의 '성性'의 근원을 '명命'에 두었음과 그 '성'을 또 '천天'과 연결함을 볼 수 있다. 이것은 물론 원시종교시대의 잔재를 함유하고 있는 고대 유가사상의 '천명天命' 관념과 이어지는 것이라고 볼 수 있다. 이러한 표현들을 볼 때, 그의 철학은 형인 정호와 함께 철학사에 있어서 형이상학적 단계로 진입한 의의를 가지지만, 동시에 이것은 그에게 있어서도 나타나는 우주론적 인간발생기원의 한 단면임을 알 수 있다. 그는 또 다른 글에서 다음과 같이 말하였다.

천天을 종합적으로 말하면 도道인데, 천天도 또한 어길 수가 없다[147]라고 할 때의 경우가 이것이다. (천을) 나누어서 말할 경우에는, 형체形體로 말한다면 '천天'이요, 주재主宰로 말한다면 '제帝'요, '공용功用'으로 말한다면 '귀신鬼神'이요, 묘용妙用으로 말한다면 '신神'이며, 성정性情으로 말한다면 '건乾'이다.(『주역정씨전周易程氏傳』「건괘乾卦」)

정이는 여기서 다양한 측면에서 해석할 수 있는 '천'에 대해서 나열하였다. 그리고 넓은 의미의 '천', 좁은 의미의 '천'을 나누어 말하기도 했다. 이 중에서 '형체로 말한다면 천이다'는 바로 위의 '성性의 자연함은 천天이다'와 통하는 것으로서 좁은 의미의 '천'이다. 이어서 '주재로 말한다면 제帝이다'라 함 역시 원시종교시대의 잔재이다. 그러나 이러한 잔재가 정이의 사상 속에 실제로 있던 것이라기보다는, 그 당시 일반인들의 의식 속에 아직도 자리 잡고 있는 주재적 하늘에 대해서, 그것을 철학적 용어로 대체하기를 요구하는 그의 주장이라고 할 수 있다. 왜냐하면, 그는 종교적 '천天'이나 '제帝'에 대한 주장보다는 역시 철학적 본질로서의 '성性'에 주된 관심을 기울였기 때문이다.[148] 그것은 그가 역시 이러한 '천'을 인간 속에 내재화시킨 데서 알 수 있는 사실이다. 그는 다음과 같이 말하였다.

'성性'이 형체화된 것을 일러 '심心'이라 한다.(『이정유서二程遺書』25)

즉, 정이는 본질로서의 '성性'을 비록 '천명天命'에 근원을 두는 것으로부터 출발하였지만, 결국은 그것을 인간에게 내재화된 것에서 추구하였다. 이상과 같은 것이 정이가 생각하는 인간 본질인 '성'의 유래이나, 우리가 여기서 논의하는 초점은 결국 정이의 입장에서 말하는 '성'의 선악善惡 여부이다. 정이는 맹자孟子의 학설을 이어 받아 '성性'을 선善한 것으로 보았다.[149) 나아가서 그 성에 따른 후천적 행위도 선한 것으로 보았다. 그래서 그는 "성性으로부터 행하는 것은 모두 선善한 것이다."(『이정유서』25)라고 하였다.

그렇다면 '성性'이 선한 근거는 무엇인가. 맹자는 일상적이고 평범한 논증을 하였다. 그는 어린 아이가 우물에 빠지려 하는 것을 불시에 보게 되면, 사람마다 누구나 겁이 나고 측은한 마음을 가지게 된다는 데 착안하여, 그것을 근거로 사람은 누구나 '불인인지심不忍人之心', 즉 '남에게 차마 하지 못하는 마음'으로서의 선한 본성을 가지고 있다고 주장하였다.[150) 그러나 철학의 발전이 보다 진행된 정이 당시에는 그 정도의 논증방법은 지극히 소박하고 단순한 것이 된다.

정이의 경우는 그 근거를 '성性'의 유래에서 찾았다. 이 방법은 역시 『맹자』나 『중용』의 사상에 근거한 것이지만, 정이는 그 자신의 독자적인 설명 방법으로 전개하였다. 그는 '성'의 유래를 『맹자』나 『중용』에서처럼 단순히 '천天'으로만 말하지 않고, 그의 형 정호程顥가 깨달은 '천리天理'라는 관념을 같이 채택하여 '성'이 '리理'에 유래하며 근거한다고 주장하였다. 이것이 곧 '성즉리性卽理'라는 명제로 표현되는 것이다. 정이는 '성'이 '리'에 근거하므로 선하다고 한 것이다. 그는 말하기를,

'성性'은 바로 '리理'이며, 이른바 '리理'란 '성性'이다. 천하의 리는 그것의 유래

를 탐원해 보면 선善하지 않은 것이 없다. 기뻐하고 화내고 슬퍼하고 즐거워하는 것이 아직 발發하지 않았을 때에 어찌 선하지 않은 적이 있겠는가? 발하여 절도에 맞으면 모두 선하지 않음이 없지만, 발하여 절도에 맞지 않게 되고 나서야 선하지 않음이 있다. 그러므로, 일반적으로 선과 악을 말할 경우에는 모두 먼저 선하고 나중에 악하다 할 것이다.(『이정유서』22상)

라고 하였다. 여기서 그는 '리'를 이미 가치관념으로 받아들여, 그것에 '선善'이란 가치를 부여하였고, 이에 따라 '성'도 역시 선함을 말하였다. 동시에 현실의 '불선不善' 또는 '악惡'의 유래도 말하여, 선천적인 '성' 그 자체는 선하다고 할 수 있지만, 후천적이고 경험적인 현실의 상태에서는, 현실의 상황에서 절도에 맞을 때 곧 선이 되고, 그렇지 못할 때에 불선 또는 악이 된다고 하였다.

여기서 '성'을 선천적이며 본질 그 자체인 '성'과 그것이 현실 속에 있을 때의 경험적 '성'으로 나누는 사고 유형이 발견된다. 전자는 절대적으로 선한 것이고, 후자는 상대적인 선악으로 나타나는 것이다. 이것은 성리학사性理學史에 있어서 '천명지성天命之性(본연지성本然之性)'과 '기질지성氣質之性'으로 불리는 것으로서, 그 시발점은 장재張載가 구분한 '천지지성天地之性'과 '기질지성氣質之性'이다. 정이는 다음과 같이 말하였다. 그는

(공자는) '성性은 서로 가까우나 습習으로 인해 서로 멀어진다(性相近, 習相遠).'고 하였다. (그렇지만) 성은 하나인데, 무엇을 가지고 서로 가까움을 말하는가?(『이정유서』18)

라는 물음에 대해,

이것은 다만 기질지성氣質之性을 말하는 것일 따름이다. 속칭 성性이 급急하다 또는 성性이 느리다(緩)고 하는 것과 같다. 성性에 어찌 완급緩急이 있겠는가? 여기서 말하는 성性이란 (고자告子가 말한) '생生한 그대로를 성性이라 한다(生

之謂性)'는 것이다.(『이정유서』18)

라고 대답하였다. 또 그는 말하기를,

일반적으로 '성性'을 말하는 경우에는, 반드시 주장자가 말한 의도가 어떠한가를 봐야 한다. 예컨대, '인성人性이 선善하다'라고 말하는 경우에, 그것은 성性의 근본을 말하는 경우이다. '생生한 그대로가 성性이라 한다(生之謂性)'라고 말하는 경우에는, 그 품부된 바를 논하는 것이다. 공자가 '성이 서로 가깝다'고 말하였지만, 만약 그 근본을 논한다면 어찌 서로 가깝다고 말할 수 있겠는가? 다만 그 품부된 바를 논하는 것일 뿐이다.(『이정유서』18)

라고 하였다. 그에게 있어서 본질로서의 '성性'은 역시 기질지성氣質之性을 말하는 것은 아니다. 그것은 '리理'에 근거를 두고 있는 선천적 '성' 그 자체이다. 그렇다면, 이제 본질로서의 '성'을 알려면 그 근거가 되는 '리'를 알아야 할 것이다. 그래야 그가 주장한 '성즉리性卽理'라는 명제의 취지가 드러날 것이다.

정이程頤 '리理'의 의의

정호程顥와 정이程頤의 이정二程 형제는 두 사람 모두 '성즉리性卽理'라는 명제를 제기하면서, '리理'를 '성性'과 연관시켰다. 『중용』에서는 "天命之謂性." 이라고 한다. 이정 형제는 처음 '리理'라는 것을 제기할 때는, '천리天理'라는, 원시종교의 잔재가 있는 표현으로부터 시작하였다. 이것이 『중용』의 이 명제와 결부되면서, '천리'가 사람을 비롯한 특수한 개별자들에게 부여될 때, 그것은 '성性'이 된다고 말할 수 있다. 보다 자세히 말하면, 이정에게 있어서 대상세계는 하나의 법칙에 따라 지배되는 것이며, 그 법칙이 '리'이다. 이 '리'는 자연의 운행질서이기 때문에 자연에 소속된 모든 존재가 이 영역을 벗어날 수는 없는 것이다. 거기에는 당연히 인간도 포함된다. 따라서 이 '리'는 인간을 비롯한 모든 존재를 지배하는 법칙이 되는 것이다. 이정 형제에 따르면, 이 '리'가 개별적 존재에게 부여된 것이 곧 '성性'이다. 그래서 그들은 '리理'와 '성性'을 동일시하는 것이다. 이로 인해 말해지는 명제가 곧 '성즉리性卽理'이다. 이 명제는 '성'의 근거가 '리'임을 말하는 것이기도 하다.

정이程頤의 입장에서, '성性'의 문제로 들어가기 위해 먼저 밟아야 할 순서는, 역시 세상의 현실을 바로 다스리는 과정에서 나타나는 바의 문제와 더불어 시작되어야 한다. 이 문제는 유가 철학의 문헌 중 『대학大學』이 중점적으로 말하고 있고, 정이는 송대 철학으로 접어들어 가는 시대에 있어서 『대학』을 특히 중시한 학자였기 때문이다. 『대학』에 있어서 논의의 출발점은 '평천하平天下'인데, 이것은 정이에 있어서도 그 철학을 전개하는 출발점으로 삼을 수가 있다. 『대학』에 따르면, 현실의 제모순을 극복하고 다스려 이상을 실현함을 '평천하'라고 할 수 있다.

그런데, 이 '평천하'는 선결문제를 안고 있다. 즉, '평천하' 이전에 먼저 '치국治國'해야 하는 것이다. 또 '치국' 이전에 '제가齊家', '제가' 이전에 '수신修身'이 요청되어, 결국 '평천하'를 목적으로 한다면 궁극적으로 '수신'으로부터 출발해야 함을 말하고 있다. 여기서 『대학』이 말하는 바는, 밖을 다스리려면 먼저 안을 다스리라는 것이다. 그리고, 그것은 궁극적으로는 다스리는 주체인 인간 자신의 문제로 귀결된다. 즉, 현실의 선악의 책임은 결국 인간 자신에게 있다는 것이다. 이것이 인간 선악의 유래를 따지는 인성론의 문제를 요청하게 된다. 왜냐하면 인간의 내면이 발라야 인간이 주체가 되어 살아가는 현실의 선함을 가져 올 수 있기 때문이다.

『대학』에 있어서 도덕주체로서의 인간을 볼 때, 그 도덕주체란 결국 인간 내면의 '심心'151)이 된다. 왜냐하면, 『대학』에서는 내면의 문제에 있어서 '수신修身'하려면 먼저 '정심正心'해야 한다고 하므로, 여기서는 '심'이 가장 중심적 역할을 한다고 볼 수 있다. 그런데, 『대학』은 여기서 한 걸음 더 나아가 '심'

에 있어서의 핵을 이야기하는데, 그것은 곧 '의意'이다. 그래서 '정심'은 먼저 '성의誠意'로부터 출발한다고 한다. '성의'는, '심'의 핵이면서 도덕적 동기가 되는 '의意'를 성실하게 하는 것이다. 이것이 모든 문제 해결의 중심 관건이 된다. 그런데, '성의'한다 함은 무엇을 말하며, 그것은 어떻게 해야 하는 것인가. 여기서『대학』은 다시 밖, 대상 세계로 눈을 돌렸다고, 정이는 생각했다.

그런데, 정이가 생각하는『대학』의 관점에서, 다시 밖으로 눈을 돌리기 전에 이 부분과 관련되는 다른 문헌들을 보자. 이 작업은 정이의 철학체계와 직접적 관련이 있다.『중용』이나『맹자』에서는 '성誠'을 하늘의 도道로 보고, '성지誠之'(『중용』) 또는 '사성思誠'(『맹자』)을 사람의 도道로 보았다. 이것도 결국 도덕주체를 '성誠'하게 해야 한다는 것으로서,『대학』의 성의誠意와 연결될 수 있는 것이다. 그렇지만, 정이의 입장에서, '성誠'하는 방법에 있어서는 역시『대학』의 주장을 기다려야 한다.

『대학』에서는 '성의'하려면 먼저 '치지致知'해야 한다고 한다. '성의'는 하나의 도덕적 행위이다. 그런데 어떤 도덕적 행위에는 먼저 그 행위를 어떻게 할 것인가 하는 방침에 대한 도덕적 지식이 요구된다. 그렇기 때문에 '치지'가 요청되는 것이다.『대학』은, 이 "'치지'는 '격물格物'에 있다(致知在格物)."고 한다. 말하자면, 밖을 다스림의 관건은 안을 다스림에 있는데, 그 안을 다스림의 관건은 다시 밖의 사물들에 관한 정보취득에 있다는 것이다.[152]

정이에 있어서 밖의 사물에 대한 정보취득은 사물을 경험함으로 인한 것인데, 이렇게 사물을 경험함이 곧 '격물格物'이다. 그는『대학』의 '격물格物'에서 '격格'을 '지至'로 해석하였는데, 이는 결국 대상에 나아가서 경험함을 뜻하는 것이다. 그래서 그에게 있어서는,『대학』의 '치지致知는 격물格物에 있다.' 함은 대상사물의 '리'를 얻음이 그 대상사물을 경험함에 있다는 것으로 되는 것이다. 나아가서 그는『대학』의 '격물'을『주역』「설괘전」의 '궁리窮理'로 해석하였다. 그에 의하면 대상사물의 정보란 곧 그 사물의 '리理'이다. 그래서 그는 이렇게 말하였다.

물物에 있는 것은 리理이고, 물物을 처리하는 것은 의義이다.(『이정수언二程粹言』상)

또, 말하기를,

천하의 물物은 모두 리理로 비추어 볼 수 있다. 물物이 있으면 반드시 법칙이 있다(有物有則).153) 하나의 물物에는 반드시 하나의 리理가 있다.(『이정유서』18)

라고 하였다. 천하 만물마다 각각 하나의 '리'가 있음은, 천하 만물이 각각 모두 그 고유한 존재 본질을 가지고 있다는 것이다. 정이는 이러한 물物의 리를 획득하기 위한 것이 '격물格物'하여 '궁리窮理'함으로 본 것이다. 원래 『대학』에서는 '격물치지格物致知'를 말하고 있지만, 정이는 여기서의 '치지'를 '궁리'로 해석하였다. '궁리窮理'는 『주역』「설괘전」의 '窮理盡性以至於命'에서 가져온 것이다. 정이의 입장에서는 이 두 문헌이 자신의 철학 이론을 표현하는 의도와 마침 딱 들어맞은 셈이다. 그래서 '격물치지'는 '격물궁리'가 된 것이다.

그런데, 이러한 '격물궁리'는 무엇 때문에 하는가? 그것은 방금 말한 『주역』「설괘전」의 주장대로 '진성盡性'하기 위해서이다. 물론 이 바탕에는 그의 '성즉리性卽理' 명제가 전제로서 깔려 있다. 그렇다면 무슨 근거로 천하 만물 각개의 '리'가 궁극적으로 우리의 인성과 관련되게 되는가? 정이의 입장에서는 다음의 논리가 있다. 만물의 '리'는 동시에 만물의 '성性'이다. 그는 만물의 '리'이자 '성'을 앎으로써, 인간의 '리'이자 '성'을 알고자 하였다. 정이는 우리 자신의 '리'를 알려면 만물의 '리'를 알아야 한다고 생각하였다. 그런데 우리 자신의 '리'와 만물의 '리'가 무슨 상관이 있길래 이런 논리가 가능하다는 말인가. 즉, 만물의 '리'를 알았다고 하더라도, 그것에 근거하여 어떻게 우리의 '리'를 알 수 있다는 것인가. 정이의 논리로는, 만물을 관통하는 '리'는 우리 인간 자신에게도 해당되는 것이다. 우리 인간 자신이 만물의 하나란 측면에서도 그러하고, 동시에 정이의 입장에서는 대상세계인 물物의 세계와 인간의 인식주관은 동일한 '리理'로 파악될 수 있는 것이다. 그래서 그는 말하기를,

물物과 아我는 하나의 리理이다. 이것을 밝히면 저것을 다하게 되고, 저것을 다하면 이것과 통하므로, 안과 밖을 합하는 도道이다.(『이정수언二程粹言』하)

라고 한 것이다. 또 말하기를,

'만물은 모두 나에게 갖추어져 있다'154)고 함은 사람과 사물을 통틀어 말하는 것이다. 짐승은 사람과 서로 아주 비슷하다. 다만 추리를 할 수 없을 뿐이다.(『이정유서』2하)

라고 하였다. 정이의 입장에서는, 사람과 사물은 근본적으로 하늘로부터 부여받은 동일한 '리'에 포섭된다. 그러므로 사물의 '리'를 알면 곧 사람의 '리'도 알게 되는 것이다. 그런데 그가 전제한 '성즉리性卽理' 명제에 따라 사람의 '리'는 곧 사람의 '성性'이 되므로, 결국 사물의 '리'를 알면 사람의 '성'을 알 수 있게 된다는 것이다. 그러나 이때 말하는 사물의 '리'는 만물 각개 하나하나의 개별 '리'는 아니다. 사람 아닌 어떤 하나의 사물의 '리'를 알았다고 하여 곧 사람의 '성'을 알 수 있다는 말은 아니다. 사람의 '성'을 알려면 사람과 사물 전체를 포괄하여 사람과 사물을 연계하는 '보편 리'를 알아야 한다.

정이의 형 정호가 '리'를 말할 때, 그것을 특히 '천리天理'라는 이름으로 말할 때, 그것은 만물의 보편적 '리'를 가리킨다. 그리고 정호는 '리'의 이러한 측면을 강조하였다. 그런데, 정이는 '리'를 개별적인 측면과 보편적인 측면으로 나누어 말하였다. 이것은 그의 철학체계 속에서는 당연한 것이다. 그는 이른바 '리일분수理一分殊'라는 명제를 주장하면서 보편과 개별의 관계를 말하였다. 그의 논리대로 하면, 개별리는 보편리의 다양한 전개이고, 동시에 개별리로부터 소급하여 보편리를 얻을 수도 있다. 그렇다면 그는 어떻게 천하 만물을 관통하는 보편 리를 얻을 수 있다고 생각하였는가.

정이는 앞에서 '격물格物'의 방법을 제시하였다. 여기서 그는 앞에서 말한 대로, '격물格物'의 '격格'을 '이르다(至)'의 뜻으로 생각하여, '격물'을 사물에 이르러 경험함으로 생각하였다. 그래서 그가 '격물치지'를 '격물궁리'로 해석함은, 사물 하나하나에 이르러 경험함으로써 각개의 '리'를 안다는 것이 되는 것이다. 즉, 이러한 각개의 '리'를 귀납하면 궁극적으로 만물의 보편리를 알 수 있다는 것이다. 그러려면 만물 하나하나를 모두 경험해 보아야 할 것이다. 그러나 현실적으로 만물 하나하나를 모두 경험해 보는 것은 불가능하다. 정이도 만물 하나하나를 모두 경험해 볼 필요는 없다고 하였다. 그는 말하기를,

> 궁리窮理에 힘쓴다는 것은 반드시 천하의 리理를 모두 궁窮해야 함을 말하는 것도 아니요, 하나의 리를 얻으면 바로 된다고 말하는 것도 아니다. 다만 경험이 많이 누적된 후에 자연히 나타나게 될 뿐이다.(『이정유서』상)

라고 하였다. 정이는, 모든 물物의 각개 개별적 특수리는 하나의 보편리에 근거를 두며 동시에 하나의 보편리로부터 유래한다고 생각하였다. 그래서 만물의 개별자들에 대한 경험적인 귀납적 궁리 작업을 계속해 나아가면, 어느 단계에 가서는 '자연제일성自然齊一性의 원리'에 따른 보편리를 일반화를 통해 확보하게 된다고 여겼다. 이것은 귀납추리에 있어서 일종의 '귀납적 비약'이다. 그래서 보편리를 확보하게 되면 그 다음부터는 궁리되지 않은 대상의 처리방법도 자연히 알게 될 것이다. 왜냐하면 모두가 그 보편리에 귀속되기 때문이다.

그러나 이러한 귀납추리 과정에서의 '성급한 일반화의 오류'를 피하기 위해서, "하나의 리를 얻으면 바로 된다고 말하는 것도 아니다."라고 덧붙이고 있다. 어느 정도로 충분한 만큼의 경험은 요구된다는 말이다. 그래서, "다만 경험이 많이 누적된 후에 자연히 나타나게 될 뿐이다."라고 한 것이다. 그는 이러한 귀납추리 과정에서 수반되는 귀납적 비약을 '탈연관통脫然貫通'이란 말로 표현하면서 다음과 같이 말하고 있다.

> 반드시 오늘 한 가지를 경험하고 내일 또 한 가지를 경험하면서, 그 경험이 누

적됨이 많아지고 난 후에는 탈연脫然히 저절로 관통貫通하는 곳이 있게 된다. (『이정유서』18)

정이의 입장에서는, 이상과 같은 방법을 통해 얻은 보편리가 궁극적으로 인성을 아는 근거가 된다고 한다. 그런데, 대상 사물의 '리'는 먼저 사실의 '리'의 측면에 선다. 그렇다면 여기서 어떻게 인성의 선악이라는 가치 문제를 다룰 수 있을 것인가. 이러한 점은 다음과 같이 생각해 볼 수 있다.

리理와 성性의 선악善惡 문제와 선善의 회복

천하 만물 각개는 만일 인간의 개입이 없다면 그것들은 다만 각각 그들 나름대로 존재할 뿐이다. 인간의 개입이 배제된 '리理'는 단지 사실적 존재의 '리'일 뿐이다. 그렇다면 어떻게 이러한 '리'로부터 가치 자각적 '성性'을 유추해 낼 수 있겠는가. 이 점은 논리적으로 건너기 힘든 강이다.

이 경우 심학心學은 사실과 가치의 문제를 논리적으로 해결하려 하기보다는 주체의 가치 자각에 의해야 한다고 보지만, 성리학性理學의 관점은 대상세계의 사실에 관한 '리'를 도덕주체가 가치 원리로 변환해 획득하려 한다. 다만 성리학자 중에서는 정호가 심학의 관점과 가까워서 직관적 도덕 자각을 추구하지만, 동생인 정이는 분석적 논리적으로 접근하여 대상 세계의 사실적 리를 결국은 가치의 리로 받아들인다. 정이의 이러한 관점이 남송의 주희朱熹(주자朱子)에 계승된다. 정호와 가까운 관점이, 주희와 강서江西의 '아호鵝湖'에서 논쟁을 벌인 육구연陸九淵의 관점이며, 그에 의해 심학이 개창된다.

그러나 정이와 같은 입장에 선 철학자는 사실과 가치, 존재와 당위 사이의 강을 건너는 길항拮抗적 긴장을 겪게 되는 것이다. 왜냐하면 이럴 경우, 인간은 본질적으로 대상을 단지 인식할 뿐만 아니라 대상에 어떤 작위도 가할 수 있다는 이중적 관계에서 배회하기 때문이다. 인간은 인식 주체이면서 행위주체이기도 하기 때문에, 사물은 그저 존재할 뿐이지만, 인간은 사물을 그저 존재하는 것으로만 파악하지 않는다. 사물은 인간이 의미 있게 받아들이면, 인간에게 의미 있는 것으로 나타난다. 그래서 성리학적 관점과 심학적 관점의 차이가 있게 되는 것이다.

정이의 관점에서는, 인간은 자신의 입장에서 사물에 가치를 매기고, 나아가서 그것을 어떻게 처리할 것인가를 생각한다. 비록 단순한 인식행위라 하더라도, 인간이 개입되는 한, 사물에 대한 가치 의식의 완전한 배제는 어렵다. 그래서 대상의 사실적 존재리를 가치적 당위리로 받아들이려는 사고를 그 특징으로 하는 정이과 같은 철학자에게서는 더욱 더 사실과 가치의 문제에 있어서 그 구분의 경계선을 찾기는 힘들다. 그래서 사물의 존재에 관한 '리'는 인간의 입장에서 가치와 당위의 '리'와 결부된다. 앞에 이미 인용한 다음과 같은 그의 말에서 그 점을 잘 알 수가 있다.

물物에 있는 것은 리理이고, 물物을 처리하는 것은 의義이다.

'의義'는 사물에 있는 객관적 리理를 감안하여 인간의 주관적 입장에서 어떻게 처리해야 마땅한가 하는 것으로서, 곧 당위를 말한다. 그래서 그는 말하기를,

군자君子가 짐승과 다른 까닭은 인의仁義의 성性이 있기 때문이다.(『이정유서』25)

라고 하였다. 인의仁義는 가치개념으로서, 인간의 도덕관념에서 유래된다. 인간의 본질인 '성性' 속에는 바로 이 인의가 있다는 것이다. 그래서 그는 이 점을 보다 분명히 하여,

인仁·의義·예禮·지智·신信에 대해서는 '성性'에서 이 다섯 가지를 말해야 한다.(『이정유서』15)

라고 하였다. 나아가서 그는 이 '성性'의 근거가 되는 '리理'에 이미 가치관념을 함유시키고 있다. 그는 말하기를,

성性은 바로 리理이며, 이른바 리理란 성性이다. 천하의 리는 그것의 유래를 탐원해 보면 선善하지 않은 것이 없다.(『이정유서』22상)

라고 하였다. 이것은 사실적 대상의 '리'를 이미 '성'의 입장에서 가치의 '리'로 획득하고 있는 것이다. 이상과 같은 것이 정이 철학에서의 '성'과 '리'의 관계이다. 정이는 이에 따라 '성'이 선善한 것임을 선언하였다. '성'이 선하므로 인간은 선천적으로, 본질적으로 선하다는 이야기이다.

그렇다면 우리가 앞에서 이미 제기한 현실의 제모순으로서의 '불선不善' 또는 '악惡'은 어디서 유래하는가. 그의 생각으로는, '악'은 본성 밖에서 유래한다. 여기서 본성 밖이란 물론 인간 밖이란 이야기가 아니라, 인간에 있어서 다만 본성 밖에 있다는 말이다. 즉, 인간의 본질은 선하나, 인간을 구성하는 요소 중 비본질적인 것에서 불선 또는 악이 유래한다는 것이다. 그것은 인간을 구성하기는 하지만 인간 아닌 것과 공통되는 부분이다. 즉, 인간만이 가진 배타적 고유성으로서의 본성이 아니라 인간 외의 존재도 가지고 있는 요소이다. 맹자의 사상구조로 보면 그것은 금수禽獸도 가지고 있는 부분이다. 정이는 그것을 '기氣'로 보았다. 그렇다고 해서 기가 곧 전적으로 악이라는 것은 아니다. 만일 악이 나온다면, 그것에서부터 나온다는 것이다. 기는 조건에 따라서 선일 수도 있고, 악 또는 불선일 수도 있다. 그는 다음과 같이 말하였다.

기氣에는 선善도 있고 불선不善도 있지만, 성性에는 선善하지 않음이 없다. 사람이 선을 알지 못하는 까닭은 기가 그것을 어둡게 하여 막기 때문일 뿐이다.(『이정유서』21하)

즉, 현실에 있어서 불선 또는 악은 현실적 인간존재를 구성하는 질료적

부분인 '기'의 '어둡게 하여 막음'이라는 것 때문에 있게 된다는 것이다. 그 때문에 본래의 '성'의 선함이 드러나지 않게 된다는 말이다. 이러한 정이의 생각은 근본적으로, 많이 알려져 있다시피, 그의 이원적 사상구조에 근거한다. 그의 입장에서는, 세계는 '리理'와 '기氣'로 구성되어 있고, 인간도 이러한 구조에 따른다. 그는 '리'에 근거하여 인간의 '성'이 있는 데에 대하여, '기'로부터 존재하게 되는 인간의 현실적 바탕을 '재才'라고 불렀다. 이러한 개념들의 관계에 대하여 그는 다음과 같이 말하였다.

> 성性은 선善하지 않음이 없는데, 선善하지 않음이 있는 것은 재才이다. 성性은 곧 리理이다. 리는 요堯나 순舜으로부터 길 가는 사람에 이르기까지 한결같다. 재才는 기氣로부터 부여된다. 기에는 맑음과 흐림이 있는데, 그것의 맑은 부분을 부여받은 이는 현인이 되고, 그것의 흐린 부분을 부여받은 이는 어리석은 사람이 된다.(『이정유서』18)

또, 말하기를,

> 성性은 하늘에서 나왔고, 재才는 기氣에서 나왔다. 기가 맑으면 재도 맑고, 기가 흐리면 재도 흐리다. 재에는 선함과 불선함이 있지만, 성에는 선하지 않음이 없다.(『이정유서』19)

라고 하였다. 즉, 세계를 구성하는 '리理'와 '기氣'는 인간에게 있어서는 '성性'과 '재才'에 대응되는데, '성'은 선하지 않음이 없고, '재'는 그것이 유래된 '기'의 맑음과 흐림에 따라 선하기도 불선하기도 하다. 정이는, 이처럼 불선 또는 악이 본성에서 유래하는 것이 아니고, 기로 구성된 재에서 유래한다면, 악은 제거될 여지가 있다고 생각하여, 그것을 재의 순화에서 찾았다. 만일 인간주체의 현실적 악이 제거된다면, 그것은 『대학』의 논리에 따르면 '성의誠意'하고 '정심正心'함이 되어, 궁극적으로 천하라는 대상세계의 악도 제거될 수 있을 것이다. 재才의 악惡은 '사邪'로 규정된다. 정이는, 이 '사邪'는 '경敬'이라는 수양방법으로 순화된다고 한다.[155] 그는 선을 회복하려면 '사邪'를 제거하는 것이 필수적이라 생각하였다. 이 '사邪'의 제거를 위해서는 인식주체이면서 도덕주체인 심성心性[156]을 수양하여야 한다. 이 수양의 방법으로 '경敬'을 든 것이다. 그는 '경敬'에 대하여 말하기를,

> 경敬은 사邪를 막는 방법이다.[157] 사邪를 막는 것과 그 성誠을 보존하는 것은 비록 두 가지 일인 것 같지만, 결국은 다만 한 가지의 일이다. 사邪를 막으면 성誠이 저절로 보존되기 때문이다.(『이정유서』18)

라고 하였는데, 여기서 '성誠'은 『중용』이나 『맹자』의 '성誠'으로서 자연법칙이면서 동시에 인간이 본성 속에 지녀서 도덕법칙으로 삼아야 할 것이다.[158] 동시에 이것은 이미 말한 『대학』의 '성의誠意'와 연결되어, 정이의 입장에서는 『중용』과 『맹자』의 취지가 『대학』 그리고 나아가서 『주역』의 "閑邪存其誠(사邪를 막아 그 성誠을 보존한다)."과 일치하게 되는 것이다. 종합하여 말한다면, 만일 인간이 '경敬'함으로써 '사邪'를 막아 성誠이 보존되면 자연히 건전한 인식능력과 도덕적 실천능력이 생기게 되어 '성의'하는 것이 되고, 이는 '정심'을 통해 궁극적으로 '평천하'에 이르게 될 것이다. 이를 위한 수양방법으로서의 '경'은 우리의 심성을 흐트러지지 않게 하나로 모아 '사邪'가 침입할 여지를 주지 않는 것이다. 그래서, 정이는 이를 '주일主一'이라고 정의하였는데, 그러면서 또 이 '일一'을 '무적無適'이라고 정의하였다.[159] 즉 '주일'은 일종의 정신집중으로서 정신을 하나에 모으는 것이며, 또 그 하나란, 다른 곳으로 정신을 산만하게 흩트리지 않으면서, 목적한 바에서 떠나지 않는 응집의 상태를 말한다. 그러므로 '경'은 결국 정신을 산만하게 흩트리지 않으면서, 목적한 바에서 떠나지 않고 응집시켜 집중하는 것이다.

정호와 더불어 정이 역시 수양방법으로 '경'을 제시하는 것은, 그들의 스승 주돈이周惇頤와 차별화되는 측면이 있다. 주돈이는 수양방법으로서 '정靜'을

주로 함(주정主靜)'을 주장하였다. 그런데, 이 '정靜'은 정호와 정이가 보기에는 유학의 정신을 나타내기 보다는 도가, 도교 또는 불교의 냄새가 나는 것이었다. 출세간을 지향하는 이들 사상은 '무사無事'를 추구한다. 그러나 유가는 그럴 수 없고 그래서도 안 된다고 생각한다. 천하의 일에 항상 관여해야 하고, 천하에 문제가 있으면 언제라도 개입하여 해결하여야 한다. '무사'하고 '안일'하게 있을 수는 없고, 그래서도 안 된다. 고요한 상태로 있다가 그 점이 지나쳐서 흐리멍텅한 상태로 되어, 유사시에 그에 대처 못하는 마음의 상태가 될 우려를 배제하는 것이다.

그러므로, 당장 현안이 없더라도 그런 경우에 대비하여 도덕주체의 정신은 겉으로 보기에 정靜한 듯, 즉 고요한 듯 있지만, 그 내면은 언제나 깨어있는 상태로 있으면서, 일이 있을 경우 그에 대응할 수 있는 비상대기조의 자세로 있어야 한다. 이러한 마음상태, 마음자세가 바로 '경敬'이며, 동시에 이러한 마음상태, 마음자세를 가지려고 하는 수양의 방법 역시 '경'이다. 그래서 정이는 어떤 이가 '경敬'은 '정靜'이 아니며, '정靜'과 다른 것인가라는 물음에, "'정靜'을 말하는 순간 바로 석씨釋氏(불교를 개창한 '석가모니釋迦牟尼'의 '석釋'을 말함. 나아가 불교를 믿고 실천하며 포교하는 사람을 지칭함.)의 설說로 들어가게 된다. 그래서 '정靜'이라는 글자를 쓰지 않고, 단지 '경敬'이라는 글자만 쓰는 것이다."라고 말하였다.

정이가 생각하기에, 단지 '정靜'자字만을 말하는 것은 바로 '망忘(잊어버림)'의 상태가 되는 것이다. 유가의 근본적인 수양공부는 본래부터 한 곳에 정좌靜坐하는 방법이 아니라, 일이 있는 곳에서 갈고 닦는 것이다. 사람은 하나하나의 일마다 갈고 닦아서 자신의 천하 일에 대한 해결 역량을 높여야 하는 것이다. 어떤 일을 회피하고, 경험을 두려워한다면 그만큼 인생의 구도도 부족해지며 천하 사회의 문제는커녕 자신의 가족과 개인의 문제도 해결하기가 어려워지는 것이다. 그래서 유가의 정신은 일에서 연마하여야 하는 것이 '경'의 취지라는 것이며, 만일 '정靜'자를 말하면 이미 불교의 선종禪宗 쪽으로 넘어간 것이 되는 셈이라고 정이는(정호도) 생각하였다.

정이程頤의 『대학大學』 해석 관점과 주희朱熹의 계승

앞에서 정이가 '격물格物'에 대한 자신의 해석 방법을 제시하여, 그는 '격물格物'의 '격格'을 '이르다(至)'의 뜻으로 생각하여, '격물'을 사물에 이르러 경험함으로 생각하였다고 하였다. 그래서 그가 '격물치지'를 '격물궁리'로 해석함은, 사물 하나하나에 이르러 경험함으로써 각개의 '리'를 안다는 것으로 주장하였음을 말하였다. 물론 '격물'은 '치지'와 연결되는, 『대학』의 중요한 술어이다.

정이의 이와 같은 '격물치지'의 해석은 남송南宋의 주희(주자)에게 수용되어, 주희 역시 이와 같은 취지로 그의 학설을 전개하였다. 주희는 전래된 원본『대학』인『고본대학古本大學』을 자신의 관점으로 재편하였는데, 이는 기본적으로 정이程頤의 『대학』에 대한 관점을 받아들여, 이를 그의 대학 재편 작업의 기초로 한 것이다. 그는 자신의『대학장구大學章句』첫머리에 "『대학』은 공씨孔氏가 남긴 글로서, 처음 배워 덕에 들어가는 문이다. 현재 옛사람이 학문하는 차례를 볼 수 있는 것은 오직 이 편이 남아있음에 의존할 수밖에 없으며, 『논어』와 『맹자』는 그 다음이다."라는 정이의 말을 인용하고 있다. 주희가 정이의 견해를 받아들였음을 볼 수 있는 것으로서 가장 먼저 맞닥뜨리게 되는 것은, 정이가 『대학』 첫머리에 나오는 '친민親民'을 '신민新民'으로 고쳐봐야 한다는 해석이다. 주희 역시 이를 받아들여 그 바탕 하에 그의 『대학』 해석 체계를 잡았다.

심지어 주희는『고본대학』에 착간과 탈루가 있다고 판단하여, 자신의 관점에 따라『고본대학』을 재편하여 재구성하였는데, 이러한 관점 역시 정이의 견해를 받아들임으로 인한 것이라고 스스로 밝혔다. 이것은 바로 그가 말한「경經1장章」과「전傳10장章」으로『대학』의 체제를 분류하여 재편한 것이다. 그는, 전자는 공자孔子가 말한 것을 증자曾子가 기술한 것이고, 후자는 증자의 뜻을 그 문인이 기록한 것이라 주장했다. 그는,「경1장」은 그가 '삼강령三綱領', '팔조목八條目'으로 본 『대학』의 사상적 아이템을 총괄하여 제시한 것으로, 「전10장」은 그 각 아이템에 대해 예증하여 부연·설명한 것으로 보는 관점으로 책을 편제했다.

이렇게 보면, 전자는 총론이 되는 셈이고, 후자는 각론이 되는 셈이다. 그런데, 이렇게 하고 보니, 그가 중시하려 한 '격물', '치지'에 대한 '전傳'이 단지 '此謂知本', '此謂知之至也'의 두 문장뿐으로 매우 소략하였다. 그것도 '此謂知本'은 이미 정이가 '연문衍文'으로 간주한 것이고, 하나 남은 '此謂知之至也'만 남은 것은, 그 앞에 '격물·치지'에 관한 '전傳'의 내용이 있었는데 전래과정에서 '궐문闕文'화 되고, 남은 '此謂知之至也'가 그 글의 결론이라고 주장하였다. 그래서 그는 기상천외한 발상을 하였다. 스스로 이에 대한 '전傳'을 만들기로 한 것이다. 이것이 철학사에서 유명한 「격물치지보전格物致知補傳」이다. 그는 이 부분에 대해서, 이것은 바로 정이程頤의 뜻을 취하여 보완하는 것이라면서, 그 글을 새로 쓴 것이다.160)

정이程頤의 역易 철학

정호와 정이 형제의 철학에 관한 자료는 기본적으로 『이정유서二程遺書』 등과 같은 두 사람의 어록류이다. 그런데, 관직 생활을 계속한 데다 정이보다 일찍 세상을 떠나서 저술을 할 겨를도 제대로 없었을 뿐만 아니라, 본래 저술에 큰 관심을 두지 않았던 정호의 철학에 관한 자료는 어록류의 자료가 주된 것이지만, 그와 달리 정이에게는 그의 만년에 이르기까지 자신이 심혈을 기울여 집필한 저서인 『주역정씨전周易程氏傳』(약칭 『주역정전周易程傳』 또는 『역정전易程傳』, 『이천역전伊川易傳』)이 있어서 그의 철학을 더 연구할만한 자료가 남겨져 있다. 이 『주역정전』은 남송 주희의 『주역본의周易本義』(또는 『역본의易本義』)와 더불어 『주역전의周易傳義』로 병칭되면서, 성리학 연구나 『주역』 연구를 하는 이들이 필수적으로 읽는 저술이 되어 왔다.

『주역』은 고대부터 유가철학의 중요한 문헌 중 하나였으며, 다른 유가 경전과는 다른 독특한 특징을 가지고 있다. 즉, 다른 유가 경전이 도덕, 정치, 제도, 문물 등에 대해서 직접적으로 언급하는 데 비해, 『주역』은 자연과 인간 세계의 변화에 대한 포괄적 범주 체계와 그 범주의 비밀 암호 같은 언어적 묘사로 구성된 별도 형식의 문헌이라는 특징이 있다. 직접 유가적 특징을 드러내는 용어가 다른 유가 문헌보다 상대적으로 많지 않기도 하지만, 그 다루는 내용이 자연과 인간 세계의 변화에 대한 것이어서 유가가 아닌 다른 사상의 관심의 대상이 되는 문헌이기도 하다. 그래서 도가나 음양가 그리고 종교로서의 도교나 외래 사상인 불교까지도 그에 관심을 가지고 각 사상의 입장에서 해석을 하곤 하였다. 사실상 『주역』은 유가의 전유물이기보다는 중국 문화의 공통요소이기도 했다. 그렇지만 역사적으로는 주로 유가에서 가장 관심을 가진 문헌이었다. 아무래도 그 내용과 표현 자체가 유가 쪽 성향이 많은 문헌이기도 하다.

『주역』은 처음에는 점서占書로 출발했지만, 이후에는 그러한 면을 탈피하여 철학서로 받아들여지게 되었다. 사실상 세계의 변화에 대한 것은 점과 관련된 것을 배제한다면, 그 변화 원리와 그 원리의 표현인 변화의 범주형식, 즉 괘卦와 효爻만 남게 되어, 순수 철학의 영역이 되게 되는 것이다. 그럴 경우 64괘 및 384효에 관한 언어인 괘사卦辭와 효사爻辭는 직접 자연과 인간 세계의 변화를 언표하는 명제집이 된다. 이때 유가적 입장에서는 64괘 각각의 상황마다 유가의 도덕실천자인 군자君子가 어떻게 행동해야 옳은가 하는 상황 윤리에 따른 도덕 명제집이 된다.

그런데, 『주역』이 본격적 철학서로 역할하는 계기는 『주역』에 대한 최초의 해석 문헌인 「역전易傳」(또는 「십익十翼」이라 하기도 함)에 의해서였다. 이렇게 되면서, 『주역』의 원 텍스트 역시 「역전」의 시각에 따라 본격적 철학서의 지위를 가지게 된 것이다. 훗날 성리학 시대에 성리학자들이 『주역』원 텍스트와 「역전」의 내용들을 자신들 철학의 기본적 중요 요소로 삼은 것에는 이러한 배경이 있는 것이다. 「역전」의 내용이 또 다른 유가 문헌인 『중용』과 더불어 유가의 우주론과 형이상학을 건립하는 데 매우 적절한 소재가 되었기

때문이다.161)

「역전」이 성립된 후162) 철학의 영역에서 『주역』이 본격적으로 중심 소재가 된 것은 한대漢代였다. 그리고 한편으로는 역학사易學史가 전개되었다. 역학사 전개과정에서 『주역』을 해석하는 관점이 다양하게 나타났지만, 크게 분류하면 상수역象數易과 의리역義理易으로 나눌 수 있다.

먼저 상수역은 한대 역학의 특징을 나타내는 유파의 『주역』 해석 방법에 따른 것으로서, 대표적 학자는 맹희孟喜, 경방京房, 초연수焦延壽(또는 초공焦贛), 순상荀爽, 우번虞翻 등이다. 이들의 『주역』 해석은 한편으로는 당시의 자연학으로서의 천문天文, 역법曆法의 이론 등을 역학에 연계시킨 괘기설卦氣說을 비롯한 역학 이론의 양상을 띠었고, 다른 한편으로는 『주역』 텍스트 자체의 언어상의 유래와 기원을 따지는 것인데, 특히 동한東漢에 이르러 마융馬融, 정현鄭玄, 순상荀爽, 우번虞翻 등이 『주역』 텍스트에 대한 직접적 주석을 중시하였다.

이 관점은 『주역』의 괘효卦爻에 따른 괘상卦象과, 그에 연계된 『주역』 「설괘전說卦傳」의 상象 또는 물상物象163)을 『주역』 텍스트의 언어인 괘사卦辭, 효사爻辭와 연계시키는 것이다. 이러한 이론들은 상象과 괘효사卦爻辭를 연계시키는 데 있어서 이론적 근거와 배경을 제공한다.164) 그런데 이 부분에 있어서 순수 역학 이론에 관한 한 역학사의 중요한 흐름이 되지만, 당시의 복잡한 납갑법納甲法이나 천인감응설天人感應說에 바탕한 음양재이설陰陽災異說, 참위설讖緯說과 연계되는 부분으로 흘러가는 경우도 있어서, 학문적인 부분과 민간종교적인 부분의 구분이 필요할 경우도 있는 유파가 상수역이다. 상수역은 우번虞翻에 이르러 정점을 찍었는데, 지나친 상수 위주 역학의 범람이 자체 여러 한계성을 드러내었기 때문이다.

이에 상수역의 경향에 반대하여 일어난 유파가 바로 의리역義理易이다. 의리역은 의리로써 역을 해석하는 것인데, 넓게는 『주역』에서 철학 원리와 이념, 도덕법칙을 찾거나, 이러한 원리, 이념, 법칙을 전제하여 『주역』을 해석하는 것이 다 포괄되고, 좁게는 『주역』의 텍스트에 인간사를 적용하여 이로

315

써 『주역』의 의미를 탐구하여 해석하는 것이다.165) 이에는 윤리도덕적 취지로 『주역』을 해석하는 것이나 역사적 사실로써 『주역』을 해석하는 것 등이 해당된다.

이러한 경향은 서한西漢 때 이미 비직費直이 비씨학費氏學을 열면서, 괘기卦氣나 음양재이陰陽災異를 말하지 않고, 「역전易傳」의 취지로 『주역』의 경문을 해석하며 의리를 중시하여, 의리역의 단초를 열면서 시작되었다. 이러한 경향이 이어져 삼국시대三國時代 위魏의 왕필王弼에 이르러 상수象數를 다 쓸어 버리고 오로지 의리만을 말하는 역학 혁명이 일어났다. 이는 동한 말 삼국시대를 거치며 현학玄學 사조와 같은 철학 원리를 추구하는 철학 성향이 나타난 영향과 더불어, 지나친 상수역의 경향의 반작용에 따른 것이라고 할 수 있다. 왕필은, 한편으로는 비직費直의 영향을 받고, 다른 한편으로는 도가의 영향을 받아, 상수를 버리고 『노자老子』와 『장자莊子』의 철학과 같은 도가적 성향의 의리 관점으로 『주역』을 해석하였다. 그는 『장자』의 내용을 응용하여, "말[言]이란 상象을 밝히는 수단이니, 상을 얻으면 말을 잊는다. 상이란 뜻[意]을 보존하는 수단이니, 뜻을 얻으면 상象을 잊는다."라고 하며, '상'이라는 도구를 넘어서서 '역'의 근본취지를 추구하고자 하였다. 이러한 왕필의 역학이 있고 난 후, 이어 남북조南北朝 시대에는, 남조南朝는 왕필 역학을, 북조北朝는 정현鄭玄 역학을 존숭했다. 이러는 동안에 상수역학은 쇠락했다.

당대唐代에 이르러서는, 공영달孔穎達이 조칙을 받들어 『오경정의五經正義』를 편찬하면서, 『주역』의 경우에는 오로지 왕필의 『주역주周易注』를 채택하여, 정현 역학이 이에 따라 사라졌다. 이로써 한대 상수역학은 철저히 쇠망했다. 이런 상황에서 송대 성리학 시대에 이르게 된다. 북송대에 시작된 송대 성리학의 이론적 기초가 된 중요한 문헌 중 하나가 바로 『주역』이다.

북송대에는 역학 연구에 있어서 그 이전과는 다른 새로운 양상이 전개된다. 성리학 시대를 연 이 시대의 중요 인물들인 북송 오자인 주돈이, 소옹, 장재, 정호, 정이는 각자 나름대로의 방식으로 『주역』과 그들 자신의 철학을 연계하였다. 이 책에서 이미 살펴 본, 정이보다 앞서의 철학자들 중 주돈이는

316

『주역』의 「역전」 부분의 내용을 자신의 철학의 중요 요소로 받아들였다. 그러면서 도교 쪽의 진단陳摶으로부터 유래된 『태극도』를 활용한 도서圖書의 학으로서의 역철학을 전개하였다. 소옹이야말로 진단 계통을 잇는 사승관계 속에서 역시 도서학으로서의 역철학을 그의 『황극경세』 「관물외편」을 통해 제기하였다. 물론 이미 살펴 본 대로 『황극경세』 「관물편」에서 자신만의 독특한 선천역학을 선보인 것은 별도의 문제이다. 주돈이와 소옹의 경우는 상수학과 관련되는 것으로도 볼 수 있지만, 그것은 한대 상수학과는 다른 도교류의 특성을 지닌 종류의 것이다. 장재는 도서학을 활용하여 자신들의 사상을 제시한 이들 두 사람과는 달리 문장으로써만 자신의 사상을 설파하였는데, 『주역』과 관련해서는 주로 「역전」을 중심으로 자신의 사상을 마련하였으며, 한편으로는 일부 『주역』의 원문 텍스트에 대한 해석도 시도하였다. 이들 세 사람은 『주역』을 활용한 우주론적 역 철학을 말한 것이다.

그런데, 정호와 정이 형제는 『주역』을 그들의 자연형이상학과 도덕형이상학을 건립하고 도덕 수양론의 근거를 확보하는 데 활용하였다. 이 중 정이는 그의 형 정호가 세상을 떠난 후 정호가 시도하지 않은 『주역』 텍스트 자체에 대한 자신의 관점에 따른 주석을 완성하였다. 그것이 곧 『주역정씨전』인 것이며, 그 관점이 바로 유가적 의리역의 관점이었던 것이다. 이로써 북송 오자 중에서는 오직 정이만이 자신의 일반적 철학체계 속에 녹아 있는 역학사상과는 별도로 『주역』 경문 텍스트 자체에 대한 주석을 행한 것으로서, 이는 성리학 속에서 뿐 아니라 역학사 전반을 통해서도 획기적인 의의를 가지는 것이었다.

사실상 역학사를 통해서 많은 철학자들이 『주역』의 개념과 명제를 통해 자신의 철학을 표현하고, 『주역』의 사상을 자신의 철학체계의 핵심적 요소로 받아들였지만, 별도로 『주역』 텍스트를 주석하는 일의 경우는 쉽지 않은 일이었기 때문이다. 특히 정이는 역학사를 통해 한대 상수역 이후 왕필류의 의리역이 성행하였으며, 왕필이 도가뿐 아니라 유가와도 교섭한 사상을 가지고 있었지만, 아무래도 도가 쪽에 기운 사상가로서, 그의 『주역주』도 역시 도가적 관점의 의리역이었다. 그런데 정이가 유가적 의리의 관점으로 『주역』 해석을 시도함으로써, 역학사에서 뿐만 아니라 유학사를 통해서도 의미 있는 사상적 전환점을 이룬 것이었다.

다만 덧붙여 말할 것은, 이 당시의 의리역 관점의 『주역』 주석서가 정이의 『주역정씨전』만은 아니라는 것이다. 당시 태학太學을 맡아 정이에게 「안자소호하학론顔子所好何學論」을 쓰게 했던 호원胡瑗이 먼저 상수나 술수의 관점이 아닌 의리의 관점으로 『주역』을 주석한 바 있다. 그러나 이는 그의 구두 강해로 이루어지고 나서, 나중에 그의 제자인 예천倪天隱에 의해 책으로 정리된 것이다. 책으로 만들 당시, 그 책이 스승의 친필 저술이 아닌 구두 강해를 기록한 것, 즉 자신의 기록 및 다른 사람의 기록을 정리하고 기록한, 오늘날로 비유하면 학생의 노트정리로 인한 것이었으므로, 감히 책이름을 '전傳'이라 할 수 없었다. 그래서, '구의口義'라는 말을 넣어 『주역구의周易口義』라 하기도 하고, 『역해易解』라 하기도 하였던 것이다. 호원의 강의는 정이도 역시 듣고 그 영향을 받았으며, 실제 그의 『주역정씨전』 속에는 호원의 설에 대한 언급도 있다. 그럼에도 역학사 속에서 본격적 유가 의리역서로는 역시 정이의 『주역정씨전』이 주로 거론되어 왔다.

어쨌든 이러한 『주역정씨전』은 『주역』 경문의 64괘의 괘명, 괘효사를 역사적 사실 등 인간사에 빗대어 해석한 특징이 있는데, 이미 말한 대로 주희의 『주역본의』와 합본된 『주역전의대전』으로도 많이 알려져 있어서, 성리학의 대표적 『주역』 해석의 두 종류로 거론되어, 역사를 통해 후대 성리학자들의 필독서가 되어 왔다. 그런데, 주희가 정이의 학설을 계승한 바가 많아, 흔히 두 사람의 학문을 합하여 '정주학程朱學'이라 일컬어 왔지만, 『주역』 해석에서만은 두 사람의 의견이 같지는 않아서, 주희는 상수적 요소, 점서적 요소도 많이 거론하였으며, 특히 소옹의 학설에 영향 받은 바가 많았다. 그리고 『주역』 텍스트 자체의 해석에 있어서는 주희보다는 정이의 해석이 보다 상세하다.

정이의 『주역정씨전』은 그가 『주역』 64괘의 원문을 그의 관점으로 해석

한 것이지만, 먼저 그 책의 도입 부분의 그의 '서문'인 「역전서易傳序」도 철학
사에 있어서 유명하다. 이 「역전서」에서 정이는 그의 『주역정씨전』 전반의
역학 이론상의 근거가 되는 관점을 피력하였는데, 바로 이것은 그의 형이상학
적 역학관점을 요약한 의의를 가진다.

이 「역전서」는 바로 본서의 전반부에서 정이의 삶을 서술할 때 이미 말
한 바 있는데, 바로 정이가 『주역정씨전』에 대한 집필을 마치고 제자들에게
그 책에 대해 강론하고 나서, 그의 제자 윤돈尹焞이 스승 정이의 강의를 들은
후 책을 집으로 가져가 며칠을 읽고, 스승 정이에게 질문한 일에 관한 것이
다. 즉 정이가 윤돈에게 책을 읽은 소감에 대해 묻자, 윤돈이 말하기를, "선생
님께 여쭈어 보고 싶은 문제가 있지만, 감히 묻지 못하겠습니다."라고 하였고,
이에 정이가 말하기를, "무엇에 대한 것이냐?"라고 하니, 윤돈은 "'지미자리야
至微者理也, 지저자상야至著者象也, 체용일원體用一源, 현미무간顯微無間'이라는
말은 천기天機를 너무 누설한 것 같습니다."라고 한 것에 관한 것이다. 다음은
정이의 『주역정씨전』「역전서易傳序」의 전문이다.

「역전서易傳序」

易, 變易也, 隨時變易以從道也. 其爲書也, 廣大悉備, 將以順性命之理, 通
幽明之故, 盡事物之情, 而示開物成務之道也. 聖人之憂患後世, 可謂至矣. 去古
雖遠, 遺經尚存. 然而前儒失意以傳言, 後學誦言而忘味. 自秦而下, 蓋無傳矣.
予生千載之後, 悼斯文之湮晦, 將俾後人沿流而求源, 此傳所以作也.

역易은 변역變易이니, 때를 따라 변역함으로써 도道를 따른다. 그 글의 본
질은 넓고 크게 모든 것을 갖추어, 그것으로써 성性과 명命의 리理를 따르고,
유幽와 명明의 까닭에 통하며, 사물의 실상을 다함으로써 사물을 열고 일을
이루는 도를 보이는 것이니, 성인聖人이 후세를 근심하고 걱정하심이 지극하
다고 할 수 있다. 지난 옛날은 비록 멀지만 남겨진 경전經典은 아직 남아 있
다. 하지만 지난날의 선비는 뜻[의意]을 잃은 채로 말[언言]만 전하였고, 후학

들은 말만 외우고 진정한 의미는 잊어버려, 진秦나라 이후로 대체로 전함이 없었다. 나는 천년 뒤에 태어나서 사문斯文이 사라짐을 두려워하여, 장차 후세 사람들로 하여금 흐름을 따라 올라가 근원을 구하도록 하려는 것이 이 전傳을 짓는 까닭이다.

易有聖人之道四焉：“以言者尙其辭, 以動者尙其變, 以制器者尙其象, 以卜筮者尙其占.” 吉凶消長之理, 進退存亡之道, 備於辭. 推辭考卦, 可以知變, 象與占在其中矣. 君子居則觀其象而玩其辭, 動則觀其變而玩其占. 得於辭, 不達其意者有矣, 未有不得於辭而能通其意者也. 至微者理也, 至著者象也. 體用一源, 顯微无間. 觀會通以行其典禮, 則辭無所不備. 故善學者, 求言必自近. 易於近者, 非知言者也. 予所傳者辭也, 由辭以得意則在乎人焉.

역易에는 성인聖人의 도가 넷이 있는데, "그것으로써 말을 하려는 이는 그 사辭를 높이고, 그것으로써 행동하려는 이는 그 변화를 높이며, 그것으로써 기물器物을 만들려는 이는 그 상象을 높이고, 그것으로써 복서卜筮하려는 이는 그 점占을 높인다." 길吉함과 흉凶함, 사라짐과 자라남의 리理, 그리고 나아가고 물러나고, 존재하고 없어짐의 도는 사辭에 갖추어져 있으니, 사辭를 미루어 보고 괘卦를 고찰해 보면 변화를 알 수 있을 것이며, 상象과 점占은 그 가운데 있다. 군자君子는 가만히 있을 때는 그 상象을 보고 그 사辭를 음미하고, 행동할 때는 그 변화를 보고 그 점占을 음미한다. 사辭에서 얻고도 그 뜻[의意]에 이르지 못한 이는 있지만, 사에서 얻지 못하였는데도 그 뜻을 통할 수 있는 이는 아직 없다. 지극히 미세한 것이 리理이고, 지극히 드러난 것이 상象(현상)이며, 체體와 용用은 그 근원을 하나로 같이하고, 드러난 것과 미세한 것 사이에는 틈이 없다. 회통會通함을 보고써 그 전례典禮를 행하면, 사辭는 갖추어지지 않음이 없다. 그러므로, 배움을 잘하는 이는 말을 구함을 반드시 가까운 데서부터 한다. 가까운 데를 소홀히 하는 이는 말을 아는 이가 아니다. 내가 전하는 것은 사辭이니, 사辭로 말미암아 뜻[의意]을 얻음은 사람에게 달려 있는 것이다.

有宋元符二年己卯正月庚申, 河南程頤正叔序

송宋 원부元符 2년 기묘년己卯年 정월正月 경신일庚申日, 하남河南 정이程頤 정숙正叔이 서序하다.

이 글의 전반부는 『주역』이라는 문헌이 말하는 '역'의 이치와 그 본질적 성격을 말하는 일반적인 이야기인데, 후반부에서는 역학 및 역과 관련한 철학에 관련되는 부분이 언급된다. 이러한 부분을 다시 크게 나누어 두 가지를 언급하고 있다.

「역전서」에 나오는 역학, 철학 상의 의미 있는 부분으로는 먼저 <역易에는 성인聖人의 도가 넷이 있는데, "그것으로써 말을 하려는 이는 그 사辭를 높이고, 그것으로써 행동하려는 이는 그 변화를 높이며, 그것으로써 기물器物을 만들려는 이는 그 상象을 높이고, 그것으로써 복서卜筮하려는 이는 그 점占을 높인다.">라고 하는 『주역』「계사전」에서 인용된 부분에 따른 정이의 견해 표명이다. 이 중에서 특히 역학 상 의미 있는 부분은 '의意', '상象', '언言', '사辭' 등이다.

이는 바로 앞에서 말한 왕필王弼의 의리역의 취지와 관련한 역학의 이론 방면의 용어로서, 소옹의 철학 부분에서도 거론된 바 있는 것이다. 특히 '사辭'는 역학 상 『주역』의 괘사卦辭, 효사爻辭를 말하는 경우가 많아서, 상수역에서 『주역』 텍스트 언어인 괘사, 효사의 유래를 논구하는 이론과 이에 대한 왕필과 같은 이들의 입장이 있다. 이에 정이가 포괄적으로 그의 입장을 말한 것이다.

또 다른 철학 상의 의미 있는 부분은, 제자 윤돈이 질문한 바인 "지극히 미세한 것이 리理이고, 지극히 드러난 것이 상象(현상)이며, 체體와 용用은 그 근원을 하나로 같이하고, 드러난 것과 미세한 것 사이에는 틈이 없다."는 것, 즉 "至微者理也, 至著者象也. 體用一源, 顯微无間"이라는 말에 대한 것이다. 여기에는 '미微'와 '저著', '리理'와 '상象', '체體'와 '용用', '현顯'과 '미微' 등의 짝을 이루는 철학용어들이 나와서 의미심장함을 더하고 있다.

이 짝들은 여러 가지로 표현되지만, 실제로는 두 종류로 요약된다. 먼저 '微', '理', '體', '微'(微는 '著'와 '顯'의 상대어로 두 번 나온다.)는 모두 본체, 본질의 세계를 말한다. 이에 대해 '著', '象', '用', '顯'은 작용, 현상의 세계를 말한다.[166] 본체, 본질의 세계는 드러나지 않은, 감추어진 선험 세계이고, 작용, 현상의 세계는 드러나서 나타나 보이는 경험 세계이다. 그런데 이 두 종류의 세계는 사실상 근원을 같이 하는 것으로서 동전의 양면처럼 동일한 것의 두 측면이라는 것이다. 전자와 후자의 관계는 플라톤의 이데아와 현상 간의 관계와 같은 것이기도 하지만, 정이가 말하는 유가적 관점은, 후자가 전자의 그림자인 관계는 아니어서 따로 분리할 수 없다는 것으로서, 유가철학의 특징, 그에 관한 정이의 관점을 표현하는 것이며, 이를 표현하는 '體用一源, 顯微无間'이라는 말이 유명하다. 여기서 말하는 바는 결국 도道와 기器, 리理와 기氣의 짝들에 있어서도 마찬가지로 적용되는 것이라고 할 수 있다.[167]

이처럼 본체와 현상이 한 근원이지만, 어차피 본체의 면은 현상의 면으로 드러난다. 그러면 정이가 보기에, 이러한 본체의 세계는 어떻게 작용 상의 현상화가 이루어지는가?

정이程頤의 리理, 도道, 기氣의 관계

『주역』의 사상이나 이에서 유래한 사상에서는, 흔히 본체의 현상화 과정을 『주역』「계사전」의 "易有太極, 是生兩儀, 兩儀生四象, 四象生八卦 …" 운운 하는 말에 따라 설명하곤 하는데, 이는 특히 소옹의 「관물외편」에서 거론하여 훗날 주희가 수용한 것이기도 하다. 다른 방식으로는 주돈이가 역시 「계사전」과 관련하여 그의 「태극도설」에서 설명한 '만물화생萬物化生'의 방식이다. 그런데, 정이程頤는 '태극太極'이라는 용어를 중시하지 않았다. 그는 다만 '리理'와 '도道'라는 용어를 써서 형이상의 본체계를 설명하였다.

정이는 '리'와 '도'에 대해서 형이상形而上에서 형이하形而下로 내려오는 방법을 취하기보다는 음양陰陽에 즉卽해서 설명하고 있다. 그는 "음양을 떠나서 다시 도道는 없다. 음양된 소이所以가 도이다. 음양은 기氣이다. 기는 형이하자 形而下者이다. 도는 형이상자形而上者이다. 형이상자는 바로 근원(密)이다.(『이 정유서』)라고 한다. 도道와 기氣168)는 서로 떨어질 수 없는 밀접한 관계를 가지고 있으나, 그렇다고 해서 음양인 기가 그대로 도인 것은 결코 아니다.

그래서 이 미묘한 점을 분명히 하기 위해서 그는, "한 번은 음이 되기도 하고, 또 한 번은 양이 되기도 하는 것을 道라고 한다(一陰一陽之謂道). 도는 음양이 아니다. 한 번은 음이 되기도 하고, 또 한 번은 양이 되기도 하는 '소이 所以'가 도이다. 한 번은 열고, 또 한 번은 닫기도 하는 것을 일러 '변變'이라고 하는 것과 같다."(『이정유서』)고 하고 또, "'一陰一陽之謂道'라는 이 이치는 아주 깊어서, 말로 한다면 할 수가 없다. 음양된 소이所以가 도인 것이다. 이미 기라 말한 이상 둘이 되니, 열고(開) 닫음(闔)은 이미 '감感'의 작용임을 말한다. 이미 둘이라 한 이상 '감感'이 있다. 열고 닫음의 소이所以가 도이니, 열고 닫음은 바로 음양이다."(『이정유서』)라고 하였다.

음양은 기이므로 이것이 곧 도나 리가 아님은 분명하다. 그래서 실제상으로는 떨어질 수 없지만, 원리상, 개념상으로는 다른 차원이다. 변화하는 현상의 질료인 기와 그 변화의 원리는 떨어질 수 없는 관계이지만 개념상으로는 분명히 둘이며, 이 둘은 그 차원이 다르다. 컴퓨터의 하드웨어를 '기氣' 및 '기器'에 비유한다면, 그 소프트웨어로서의 프로그램은 '리理' 및 '도道'이다. 이 둘은 떨어질 수 없지만, 둘의 차원은 달라서 분명히 구분되는 것이다. 그런데 이 두 차원들은 이러한 관계에서 결국은 삼라만상의 현상을 전개해 내는데, 그러면 어떻게 현상을 전개하는가.

정이는 이를 『주역』「계사전」의 "적연寂然하게 동動하지 않다가(寂然不動), 감感하여 마침내 천하의 일에 통한다(感而遂通天下之故)."는 말에 그 근거를 두고 설명을 시작한다. 이 말은 정이의 관점에서는 분명히 '기氣'의 차원이다. '도'나 '리'의 차원에서는 '감感'의 문제를 말할 수 없다. 컴퓨터의 하드웨어가 구동함이 '감'이며, 이는 '기'의 차원이다. 소프트웨어인 프로그램 자체가 구동하는 것이 아니고, 구동하는 것은 하드웨어이며, 그 하드웨어를 구동하게 만드는 것이 곧 '도'와 '리'인 소프트웨어로서 양자는 차원이 다르다.

그래서 정이는, "'寂然不動, 感而遂通'이라고 하니, 이것은 사람의 일을 말한 것이다. 도를 논한다면, 만리萬理가 모두 갖추어져 있어 감感이니 미감未感이니 하는 것을 더 말할 수가 없다."라고 한다. 즉, 기질을 가지고 있는 인간의 실존적 주체인 '심心'의 차원에서나 더 확대하여 천지만물의 '기'의 작용상에서나 '감'과 '미감'이 있는 것이지, 인간을 포함한 만물이 '감'으로서의 작용을 하게 하는 본질로서의 형이상 차원의 '성', '리', '도'에 있어서는 '감'과 '미감'을 말할 수 없는 것이다. '리' 등은 '감응'하는 '소이'이고, '감'하고 '통'하는 것은 '기'이기 때문이다.

한편, 주돈이는 '기'의 근원을 '태극'으로 보았다. 주돈이의 입장에서 '태극'이 처음 적연부동의 상태에서 비로소 '동'하고 '감'하여 만물을 전개하는 것이라면, 정이는 어떤가. 정이는 이를 설명하는 자신의 개념 용어를 만들어냈다. 그것은 '진원지기眞元之氣'라는 것이다. 즉, 장차 '감'하여 현상을 전개할 '기'이지만, 아직 '감'하지 않은(미감未感) 원초적 상태의 '기'를 '진원지기'라고 한 것이다. 이 "'진원지기'는 기가 말미암아 생기는 근원으로서 '외기外氣'와 섞이지 않은 것"이라고 정이는 말한다. 이 '진원지기'가 "적연부동할 때라도 그 안에 만물이 삼연森然하게 이미 갖추어져 있으며", "충막무짐沖漠無朕(공허·광막하여 조짐이 없음)할 때라도 만상萬象이 삼연하게 이미 갖추어져 있으니, 아직 응應하지 않았을 때라도 선先이 아니요, 이미 응하였을 때라도 후後가 아니다."라고 한다. 원초적 상태의 '기'인 '진원지기'가 만상을 전개하기 전에도, 그 안에는 향후에 전개되는 만상이 그 원리로서 이미 갖추어져 있고, 이 원리는 '기'를 통해 자신을 실현하는 것인데, 그렇다고 해서 이 원리의 차원은 어디까지나 논리적 차원으로서 시간적 차원의 선후가 있는 것은 아니라는 것이다.[169)]

한편, 정이는 형체의 최초 기원은 '기화氣化'라고 생각하면서, 이러한 '기화'의 과정을 통해 '기'가 모여서 구체적 형체를 가진 존재가 되며, 기가 흩어짐에 그 형체가 사라진다고 하였는데, 이러한 점은 장재張載와 큰 차이가 없다. 그런데 장재의 경우는 태허, 기, 만물이 계속 변화무궁하게 순환한다는 견해이지만, 정이의 경우는 기가 흩어져 형체가 소실되어 이미 돌아간 기는 다시 쓰이어 새롭게 형체가 되는 '기화'가 있게 되지는 않는다고 생각하였다. 그의 생각으로는, 천지의 변화가 생生하고 생生하여 다함이 없지만, 새로 생기는 존재는 모두 새로 생기는 기로서 원래의 기가 아니라는 것이다. 즉, 새로 '기화'할 때는 다시 '진원지기'에서 계속 공급되어 이루어진다는 것이다. 그는, '진원지기'는 '기'의 근본이면서 '외기'의 근본으로서, '외기'를 생성할 수 있는 원초적 '기'라고 생각하였다.[170]

이정二程의 다른 점

이정二程 형제는 같은 부모에게서 한 살 차이로 같은 곳에서 태어나서 같은 환경에서 자란 형제이다. 이후 그들의 스승이었던 주돈이를 만나서 같은 가르침도 받았다. 그렇지만, 일란성 쌍둥이도 각자 다른 인격체로 성향이 다른데, 연년생인 형제가 완전히 같을 수는 없다. 그들이 지내 온 삶의 과정을 말하면서 이미 그 차이의 상당 부분을 이야기하였지만, 세상에서는 이전부터 그 두 사람의 차이에 대해서 말해왔다.

두 사람의 차이에 대해서 말하는 경우 흔히 두 사람의 기상의 차이를 말하는 데서 시작하기도 한다. '기상'이란, 국어사전에서 '사람이 타고난 기개나 마음씨, 또는 그것이 겉으로 드러난 모양'으로 정의한다. 사람마다 그 내면에 자신이 가진 정신적 자질이 있는데, 이러한 면은 그 사람의 말과 행동을 통하여 드러나게 된다. 이때 말하는 내면의 정신적 자질이 곧 '기상'이다. 이정의 경우 그들 자신의 말을 통해서, 훗날의 그들 제자의 기록이나 이정의 동시대인들의 평가를 통해서 그들의 기상의 차이를 엿볼 수 있다. 요즘 흔히 이야기하는 각자의 개성 차이나 성격 차이라고도 할 수 있는 면이다. 이러한 면은 그들의 평소의 언행과 생활 태도, 사람을 만날 때의 상대에 대한 태도나 어떤 상황에 대처하는 방식 등에서도 드러났음을 그들의 삶의 과정을 통해 그 일단을 본 바 있다.

이정의 기상의 차이가 성격으로 드러난 면을 보면, 정호는 사람됨이 겸허하고 온화하며, 정이는 엄숙하여 함부로 말하거나 웃지 않으며, 일에 부딪히면 반드시 끝까지 캐묻고, 남에게 거리낌 없이 직언하는 데 인정사정을 두지 않는다. 이 점은 당시 많은 사람들이 인정하는 바였다. 특히 정이는 정호보다 22년을 더 살아서, 그에 대해서 겪은 사람이 많았으므로, 이로 인해 더 알려진 바도 있었다. '정문입설程門立雪', 소식蘇軾, 소철蘇轍과의 갈등, 심지어 황제나 태후에게도 자신의 소신을 거침없이 말하는 태도 등이 다른 사람들에게 많은 인상을 남기기도 했다. 물론 소신 있는 태도는 정호도 마찬가지여서 이 두 점은 형제가 닮았지만, 풍기는 분위기는 다른 바가 있었던 것이다. 정이를 추천한 바 있는 사마광司馬光과 여공저呂公著 등이 정이의 소신에 난감해 했던 적이 있고, 소옹이 겪은 바도 그러하여 그의 임종에 즈음한 때의 일도 그러한 점을 보여준다.

이정은 제자들과 학술 문제를 강론하는 태도와 방식도 달랐다. 정호는 비교적 민주적이어서 다른 관점에 부딪혔을 때는 서로 토론하고, 남의 의견을 쉽게 부정하지 않았던 반면, 정이는 자신감에 넘치며, 발언이 독단적인 면이 있었고, 자기확신이 컸다. 두 사람의 성격 차이는 삶의 다른 측면에도 반영되었는데, 정호는 서정적 측면이 있어서 여러 가지 주제로 68수의 시詩를 썼는데, 그 시재詩材도 다양하였으며, 그 작품성의 측면에서도 철학적이면서도 신선한 면이 많았다. 그 중에서 그의 '만물일체萬物一體'의 철학적 기풍을 시화詩化된 언어로 표현하기도 하였다.

그러나 정이는 시를 짓는 데 전혀 흥미가 없어서, 『이정집二程集』에는 그의 다른 글은 많지만 시는 세 수밖에 없다. 그에게는 그의 스승 주돈이의 말대로 글[文]은 도道를 담는 도구에 불과하다고 여겨졌고,171) 이를 지나치게 추구하면 좋아하는 대상에 빠져 원대한 뜻을 잃어버리는(玩物喪志) 것으로 생각되었다. 그는, 시사詩詞란 실용적 가치가 없는 것으로 보았다. 그의 어머니 후씨侯氏가 다른 여인들과 달리 시 짓기를 좋아하지 않은 점을 닮은 듯도 하다.

명말청초明末淸初의 황백가黃百家(1643~1709년)는 이 두 사람을 평하여, 정호는 덕성이 넓고 규모가 광활하며, 광풍제월光風霽月을 가슴에 품고 있고, 정이는 기질이 강방剛方하고 문리文理가 치밀하여, 깎아지른 절벽의 외로운 봉우리를 체현하였으니, 그들의 도는 비록 같았으나, 덕을 쌓는 데는 각자 나름대로의 다른 방식이 있었다고 하였다.

이처럼 이정은 그들의 성격과 기질에 차이가 있었으므로, 그들 간의 생각의 차이도 있을 수 있다. 그렇지만 그들의 성격과 기질은, 당시 사람들에게 드러나 기록으로 남겨져 있어서 그 차이를 말하기 쉽지만, 그들 생각의 차이는 구분하여 논하기가 쉽지 않다. 왜냐하면, 그들의 남긴 자료상으로 두 사람의 사상의 차이가 쉽게 나타나지 않기 때문이다. 당시의 기록이 남겨져 이후 책으로 나온 『이정유서二程遺書』나 『이정외서二程外書』 등(오늘날 『이정집二程集』으로 묶여져 나옴)의 어록에는 '명도선생어明道先生語', '이천선생어伊川先生語'라고 구분되어 있는 경우도 있지만, 많은 경우에 '이선생어二先生語'라고만 표기되어 있는 경우도 있다. 그래서 어떤 부분은 두 사람의 특성이 반영되어 있다고 볼 수 있는 것도 있지만, '이선생어'처럼 모호한 부분도 여전히 있는 것이다. '이선생어'가 두 사람의 공통부분일 수도 있지만, 반드시 그렇다는 보장도 없다. 그리고 모든 기록이, 기록한 학생이 즉석에서 기록한 것이거나, 이후 자신의 기억에 따라 재생했을 수도 있는 등의 경우도 있을 수 있는데, 어떤 경우든 모호함은 있을 수 있는 것이다. '이선생어'에 대해서, 어떤 이는 정이가 더 오래 살았기 때문에 정이의 말이라고 주장하는 사람도 있다. 모종삼牟宗三은 이러한 부분의 구분에 심혈을 기울인 학자이다. 그러나, 그의 주장에 수긍할 만한 부분도 많지만, 그의 의견이 모두에게 완전히 수용되는 것은 아니다.

이러한 자료의 말들은, 그것들을 누구에게 귀속시킬 것인가 하는 것은 이

정의 자료 중 명확히 누구 말인지 기록된 부분의 성향을 가지고써, '이선생어'처럼 구분되지 않은 말을 추정할 수도 있고, 그들의 기질과 성격으로 추정할 수도 있다.

또한 그들의 삶을 말한 곳에서 언급한 바, 주돈이가 합주판관合州判官이 되고나서, 이정 형제 두 사람이 두 번째로 주돈이를 방문하여 배움을 구하였을 때, 그 후 정호가, "주무숙周茂叔을 다시 뵌 후부터, 음풍농월吟風弄月하면서 돌아오게 되었으니, (공자가 말한) '오여점야吾與點也'의 뜻이 있게 되었다."고 한 말에 근거하여, 이후 남송의 육구연陸九淵이 정호의 사상에 찬동하면서, 정호와 다른 성향을 가진 정이를 계승한 쪽이 주희라고 생각한 바 있다. 그러면서, 육구연은 "이정은 주무숙을 뵌 후, 음풍농월하며 돌아오면서 '吾與點也'의 뜻을 가지게 되었다. 나중에 명도는 이 뜻을 그래도 보존하였는데, 이천은 이 뜻을 잃었다."(『육상산어록陸象山語錄』)고 하였는데, 이런 측면의 차이도 있는 것이다.

그런데, 육구연이 정호를 더 높인 경향이 있는 반면, 당시 주희의 경우는 정이가 자신의 사상 성향에 더 맞는 것으로 여기고는 자신의 기준으로 두 사람을 다음처럼 평가하기도 하였다.

"명도明道(정호)의 말은 초매超邁함이 있어, 이천伊川(정이)의 정확한 말만 못하다."

"명도의 말은 혼돈스럽고, 너무 높기만 하여, 배우는 이가 보기 어렵다."

"명도가 하는 말은 이리저리 움직이면서 유전流轉하는 듯하다."

"명도의 말은 거대하지만, 이천의 말은 친절하다."

"명도의 말은 얼핏 보아 좋으면서, 볼수록 좋아지는 측면이 있고, 이천의 말은 처음 봤을 때는 그다지 좋지 않다가, 오래 봐야 좋아진다."

"명도의 말에는 지나친 면도 있고, … 또 그 말이 거창하여 사람이 알기 어려운 점이 있고, … 이천은 비교적 자세하여 말이 비교적 오류가 없지만, 이해할 수 없는 점도 있다."

이처럼 주희는 정호보다는 정이에 기우는 평가를 하였다.

홋날 20세기 이후 현대의 학자들은, 나름대로 두 사람의 성향을 참작하면서 사상을 구분하여, 철학사적으로 그 계통을 나누는 시도도 하였다. 진종범陳鍾凡은, 우주론으로 말하면 정호는 일원론一元論을 주로하고, 정이는 이원론二元論을 주로하며, 인생론으로 말하면 정호는 합리론에 가깝고, 정이는 경험론에 가까우며, 심성론으로 말하면 정호는 오로지 기질만을 논하고, 정이는 기질지성 외에 의리지성을 세우며, 방법론으로 말하면 정호는 인식본체를 강조하여 종합을 중요시하고, 정이는 축적을 강조하여 분석을 중요시하였다고 비교·구분하였다. 풍우란馮友蘭은 주희를 도학道學으로, 육구연은 심학心學으로 분류하면서, 주희는 정이의 사상을 계승발전시켰고, 육구연과 왕수인은 정호의 사상을 계승발전시켰다고 보았다. 모종삼牟宗三은 송명리학의 분파를 세 계통으로 나누는 새로운 학설을 제시하였는데, 첫째, 정호를 주돈이 및 장재와 같은 계열로 분류하여, 그들이 이후 호굉胡宏과 유종주劉宗周를 열었고, 두 번째로는 육구연과 왕수인을 한 계열로 보고, 세 번째로는 정이와 주희를 한 계열로 보았다. 모종삼牟宗三은 또 '원돈圓頓'과 '분해分解'라는 표현으로 정호와 정이 두 사람의 특징을 구분하였다. 형인 정호는 직접 도덕주체를 자각하려 하였으므로, 어떤 개념구분 같은 것이 무의미하다고 생각하여, 그의 사상의 특징이 자연히 원돈적 성향을 띠게 된 것이고, 정이는 궁리를 통한 방법으로 단계를 밟고자 했으므로 자연히 어떤 개념구분이 필요했던 것으로서 분해적 성향을 띠는 것이라고 생각하였다.

필자의 경우는, 본서에서 이미 논한 바와 같이, 그들의 '리'와 '성'에 대한 관점과 논증 방법에 따라 그 차이를 비교하였다. 그 점을 비교 요약하면 이러하다. 먼저 정호는 『맹자』의 입장에 치중하여 우선 마음을 다하고자 하였다, 이것은 실존적 도덕주체로서의 마음에 집중하여 본질적 도덕주체인 '성性'을 자각하고자 하는 것이다. 이에 대해, 정이는 『주역』「설괘전」의 입장에 치중하여 '리理'를 궁구하는 것이 우선되는 일이라고 여겼다. 이것은 도덕법칙을 인식하여 그 도덕법칙을 실행하는 도덕주체를 자각하는 데로 나아감이다.

정호의 입장에서는 도덕주체를 자각하는 데 있어서 어찌 멀리 돌아가는 방법을 쓰겠는가 하는 것이다. 즉, 도덕주체가 담긴 마음을 다하여, 직관적으로 바로 도덕주체를 자각하는 직접적인 방법으로 그 속에서 도덕법칙을 알아내자는 주장이다. 그러나 정이의 입장에서는 비록 우리에게 가장 가깝고 바로 우리 자신인 도덕 주체로서의 '성性'을 직접 자각하는 것이 좋을 것이지만, 현실적으로 이것은 도덕주체를 감싸고 있는 어떤 장애요소들 때문에 오히려 더 어렵다고 생각한다. 그는, 비록 먼 것같이 보이지만, 도덕법칙을 인식함으로써 간접적으로 도덕주체를 자각하고자 한다는 것이다.

한편, 정호와 정이 두 사람 사이의 차이는 크지 않아서 대동소이大同小異하다는 견해가 있는가 하면, 두 사람의 사상은 구분할 필요가 없을 정도로 생각하여, 정호철학, 정이철학으로 나누지 않고, 아예 '이정철학'으로 부르는 견해가 있으며, 오늘날 오히려 이러한 견해를 가진 이들이 상당히 많이 있을 정도이다. 이러한 견해로는, 비록 두 사람 사이의 기질과 성격의 차이, 그리고 이른바 기상의 차이가 있다 하더라도, 적어도 학문 이론상에서는 차이가 없다는 것이다.

사실상 이정이 생존하여 활동하던 당시와 그들이 세상을 떠난 직후에는 두 사람의 철학을 특별히 구분하지 않았고, 그들의 학문을 일반적으로 '이정자의 학(二程子之學)' 또는 '낙학洛學'이라고 불렀다. 정이는 형 정호가 세상을 떠난 후 22년을 더 살면서도, 자신의 사상이 형 정호의 사상과 다르다고 말한 적도 없고, 앞의 이정의 삶에서 기술하였듯이, 정이는 제자 장역張繹에게, "내가 옛날에 (형인) 명도 선생의 행장을 썼었는데, 나의 도는 대체로 명도와 같다. 이후 나에 대해 알고자 하는 이는 이 글에서 찾으면 될 것이다."라고 말하기도 했다. 따라서 당시 사람이 어떻게 생각했는지, 후세 사람들이 어떻게 두 사람을 구분하고 있는지와 상관없이, 정이 자신은 그의 학문이 형 정호와 다르다고 여기지 않았고, 그런 자각도 없었던 듯하다.

그렇지만, 두 사람이 같이 생존해 있을 때도, 두 사람의 생각이 완전히 같다고는 보기 어려울 것이며, 더구나 적어도 정호가 세상을 떠나고 난 후 오랫동안 혼자 더 공부하고, 연구하고, 사색을 거듭하며, 『주역』에 대한 독자적

330

저술까지 쓰고, 세상을 떠나기 직전에는 형이 겪지 못한 정치적 박해와 수난까지 경험한 정이의 사상이 형 정호와 완전히 같으리라고 생각하기는 어렵다.

그러나, 두 사람이 평소 지향한 이상적 목표에는 차이가 없었고, 궁극적으로 추구한 경지, 즉 성인聖人의 경지를 말하는 관점에도 차이가 없었으며, 비록 여러 사람이 겪어 보며 안, 두 사람의 기상의 차이에서 느낄 수 있었던, 정이의 엄격하고, 분석적이며, 논리적인 성향이 정호와 다른 점이 있었지만, 그 역시 그의 만년에는 정호가 주돈이에게서 느낀 바의 기상, 그래서 정호가 닮으려던 기상처럼, 세상을 초탈한 달관의 경지에 이르렀을 것이란 추정은 할 수 있다. 왜냐하면, 정호도 정이도 그들 철학의 중요한 기반은 『주역』이고, 정이는 결국 그 『주역』의 의미를 깨달아 그러한 경지에 이르렀을 것이기 때문이다.

331

후기

　주돈이周惇頤가 만년에 귀은歸隱한 중국 강서성江西省 여산廬山에 가본 적이 있다. 고등학교 시절 국어 교과서에 나온 송강松江 정철鄭澈의『관동별곡關東別曲』에 금강산 경치의 훌륭함을 중국 여산에 빗대어, '여산 진면목이 여긔야 다 뵈ᄂᆞ다', '이적선李謫仙(즉 이백李白)이 이제 이셔 고텨 의논ᄒᆞ게 되면, 여산廬山이 여긔도곤 낫단 말 못ᄒᆞ려니'라는 등의 구절이 자주 떠오르며, 또 이백의 유명한 시 구절 '飛流直下三千尺비류직하삼천척, 疑是銀河落九天의시은하락구천(「망여산폭포望廬山瀑布」)을 배운 기억이 엊그제 같아, 여산과 여산폭포가 어떠할까 시종 궁금하였었기 때문이다. 게다가 주돈이가 귀은한 곳이잖은가.

　강서성 중심 도시('성회省會'라고 함)인 남창南昌에서 중국 단체 여행단에 끼여 같이 숙식하며 여산에 갔었던 것이다. 여산 폭포의, 거듭 절벽 치며 낙하하는 물줄기를 시원하게 바라보면서, 여산의 아름다움을 만끽하였다. 한 낭떠러지에 새겨 놓은 '여산진면목廬山眞面目'이란 큰 글씨가 역시 여산을 상징하고 대표하는 듯 하였다. 그런데 여산의 진면목은 여산 속에서는 알 수 없다는 말이 있다. 이 책에서 말한 소식蘇軾(소동파蘇東坡)이, '여산진면목'이란 말의 유래가 된 '不識廬山眞面目(불식여산진면목) 只緣身在此山中(지연신재차산중)'(「제서림벽題西林壁」), 즉 '여산의 참모습을 알지 못함은, 단지 이 몸이 이 산 속에 있기 때문이라네'라는 시를 읊은 데 그러한 취지가 있다.

'성리학性理學'의 진면목眞面目, 그리고, 북송 성리학, 남송 성리학 특히 주자학의 진면목은 무엇일까? 오랜 세월, 성리학의 이 철학자 저 철학자의 철학을 살펴보고, 또 한 걸음 물러서서 성리학 밖에서 성리학을 보려고, 심학에서 성리학을 보고, 한당 시대에서, 고대 원조 유가 철학인, 공자, 맹자, 순자의 철학에서 보고, 그외 제자백가의 사상에서 심지어 서양철학에서 보고 … 그리고 철학자들의 삶 속에 들어가 보고 …

그런데, 소식의 「제서림벽題西林壁」 앞 두 구절은 이렇게 되어 있다.

동서로 보면 산고개고 옆에서 보면 봉우리(橫看成嶺側成峰횡간성령측성봉),
멀건 가깝건 높건 낮건 그 모습 각각이네(遠近高低各不同원근고저각부동).

보는 지점에 따라 여산의 모습은 다 다르니, 결국은 이 모두를 다 종합하여 고려해야 그 '진면목'을 알 수 있는 것이다.

나는 성리학이든 심학이든 다른 철학 유형과 사조든 그 안에서 그것만을 보면 그 진면목을 알 수 없다는 것을 그 동안 나름대로 공부한 데서 얻었다. 성리학 전체든 그 중 북송 성리학이든 말할 것도 없이 철학사 속에서 그 모습을 보아야 한다고, 나아가 정치사, 문화사, 문명사 속에서 보아야 한다고 여겨진다.

'성리학'이 그리는 세상은, 전체 속에 부분이 있고, 부분 속에 전체가 있으며, 그 부분에는 전체의 일원으로서 전체에 기여하며 그 부분들끼리 조화해야 하는 사회적 책무가 있는 세상이다. 그러나 그 세상은 중세 사회 체제라는 전체 속에서, 그 부분인 구성원이 천명天命에서, 천리天理에서 부여된 도덕원칙, 정치이념에 복무하는, 체제 우선의 세상이기도 하다. 서양 중세 이념과 그 사회의 관계 역시 그러하다.

333

근대의 정신은 전체보다는 각 구성원 개인의 자각과 자유와 자율에 기초한다. 서양의 데카르트의 성찰이 근대적 자아를 그리고 있으며, 중국철학사 속에서는 중세 이념인 성리학이 절정에 이르렀을 때, 성리학의 대표자 주희朱熹(주자朱子)와 강서江西의 '아호鵝湖'에서 논쟁한 육구연陸九淵(육상산陸象山)이 일으키고, 훗날 왕수인王守仁(왕양명王陽明)이 꽃피운 심학心學에서 그 정신이 나타나게 된다.

주석

1) 이『태극도』는, 주진朱震에 의하면, 도교 쪽의 진단陳摶에게서 나왔다고 한다. 이 점을 특히 논한 사람은 청대淸代의 모기령毛奇齡이다. 모기령은, 그의『태극도설유의太極圖說遺議』에서, 이 그림은 진단에게서 나온 것으로서, 위백양魏伯陽의『참동계參同契』중의 『수화광곽도水火匡廓圖』및『삼오지정도三五至精圖』를 합하여 하나로 한 것이라고 하였다.『참동계』는 도교의 서적으로서,『수화광곽도』와『삼오지정도』의 두 그림은 연단煉丹에 관한 그림인데, 주돈이는 이 그림을 약간 변형시켜 우주론적인『태극도』를 만들고 거기에다『태극도설』을 붙였다는 것이다.

2) '무극無極'이라는 말은 유가儒家에 있던 것이 아니고, 도가道家에서 왔다. 그 대표적 근거는『노자老子』제27장의 '復歸於無極'의 구절이다. '태극太極'이라는 말은『주역』「계사전繫辭傳」의 "易有太極, 是生兩儀, …"에서 왔다. 주돈이가 '無極而太極'이란 명제를 쓴 진의에 대해서는 논란이 많았다. 그 중에서 가장 대표적인 것은 주희朱熹와 육구연陸九淵의 논쟁이다. 주희는 '무극'을 말하지 않으면 태극은 한 사물(一物)과 같이 되어 온갖 변화의 뿌리가 되기에 부족하며, '태극'을 말하지 않으면 '무극'은 공적空寂에 빠져 역시 온갖 변화의 뿌리가 될 수 없다고 하였다. 이에 대해 육구연은 '무극'을 말하지 않더라도 '태극'만으로도 한 사물에 떨어지지는 않는다고 하였다. 또, 그는, 주돈이의 이 말은『노자』에서 나왔음을 비판하였다.

3) '태극太極'의 이러한 면을『통서通書』의 용어로 말하면, '신神'이다. 이것은, 주돈이 철학에 있어서, 현상적 '물物'과 대비되어 말해진다. 주돈이는 '신'과 '물'을 다음과 같이 정의하고 있다. "동動하여 정靜함이 없고, 정하여 동함이 없음이 물物이고, 동動하나 동함이 없고, 정靜하나 정함이 없음은 신神이다. 동動하나 동함이 없고 정靜하나 정함이 없음은 동하지 않음과 정하지 않음이 아니다. 물物은 통通하지 않고, 신神은 만물萬物을 묘妙하게 한다."(『통서』「동정動靜16」)라고 하였다. 여기서 '묘妙'라는 말이 모순개념을 통일한다는 의미를 가진 동사이다. 여기서의 '신'과 '물'은 대립적인 것이 아니다. 이 둘은 모두 다 근원의 현상 전개와 변화를 말한 것으로서, 다만 '신'은 그 유통적 측면을, '물'은 그 규정적 측면을 말한다.

4) 만일 '동도 아니고 정도 아님(非動非靜)'의 상태가 가능하지 않다면, 즉 '정靜'은 곧 '비동非動'이고 '동動'은 곧 '비정非靜'이라면, '동'과 '정'은 모순개념의 관계이다. 만일 우리의 관념 속에서 '동' 아니면 '정', '정' 아니면 '동'만이 개념화된다면 이렇게 규정될 수밖에 없다. 그런데, '동정'을 '태극'이 우주론적으로 현상화될 때 적용하는 개념으로 본다면, '동정' 사이의 '비동비정'의 상태가 가능하다고 할 수 있다. 그것은, 첫째, '태극'을 '정'으로 규정할 때 '동'하려 할 순간을 '비동비정'이라 규정할 수 있고, 주돈이의 철학 용어로는, 이것은 '기幾'라고 할 수 있다. '기幾'는 원래『주역』「계사전」에 나오는 말이다. 그 내용 중 가장 대표적인 문장이 "幾者, 動之微, 吉之先見者也. 君子見幾而作, 不俟終日.('기幾'란 '동動'의 미세한 순간으로서, 길함이 먼저 나타나는 것이다. 군자는 '기幾'를 보고 행동하지, 종일을 기다리지 않는다.)라는 것이다. 주돈이는 여기서의 '기'를 응용하여, 확대 해석한 것이다. 어쨌든, 그는 이 '기幾'를 가치분화 이전의, 가치분화하려 할 순간으로 지칭한다. 즉, 그가 말하는, "성誠은 무위無爲하

나, 기幾에서 선善과 악惡이 나뉜다."는 것이다. '성誠'은 『중용中庸』의 개념으로서, 사실과 가치가 일체화된 근원인데, 이것이 선악의 가치 개념으로 그 의식 분화함이 '기幾'이다. 주돈이는 이를 두고, 『통서』「성誠4」에서 "동하면서 아직 드러나지 않고, 유有와 무無의 사이에 있음이 '기幾'이다."라고 한다. 둘째, 현상세계의 변화과정을 두고 볼 때, '비동비정非動非靜'의 순간은 사물의 '종시終始'(끝나면서 다시 시작하는 순환)의 사이에서 가능하다고 할 수 있다. 이것은, 크게는 천지天地의 생성과 소멸에 있어서, 하나의 천지가 생성되었다가 소멸하고는 또 다시 생성되려 하는 순간을 지칭할 수도 있고, 한 해가 끝나려 하면서 다시 시작하려 하는 순간을 지칭할 수도 있으며, 또 하루가 끝나려 하면서 다시 시작하려 하는 순간을 지칭할 수도 있다. 또, 인심人心의 미발未發과 이발已發의 사이를 지칭할 수도 있다.(이러한 것들의 관계는 논리학적으로 유비추리類比推理로 얻어지는 관계이다.) 또 이것은 『주역』에서 '박괘剝卦'와 '곤괘坤卦' 다음 '복괘復卦'가 시작되려 할 무렵이기도 하다. 이렇게 '비동비정非動非靜'의 상태가 가능하다면, '동'과 '정'은 반대개념의 관계이다. 그러나, '무극이태극'처럼 '동'과 '정'을 모순개념의 관계로 규정하여, 이 둘을 동시에 용납하여 통일하는 근원의 '신神'한 본질을 지칭한다고 볼 수도 있다.

5) 주희朱熹(즉, 주자朱子)는 주돈이의 '태극'을 '리理'로 말하였다. 이러한 견해는 그 후의 유학사에 지대한 영향을 미쳤다. 그러나, 그가 '태극'을 '리'로 본 것은, '태극'으로 표현되는 존재의 근원 그 자체가 이러한 방식으로 운동·변화하고 있음을 관념적으로 추상화시키고 나아가서는 실체화시킨 것이라고 할 수 있다. 그러나, 이후 논란이 된 보다 큰 문제는 이렇게 추상화시킨 개념에 오히려 세계에 대한 선재성先在性과 주재성主宰性을 부여한 데에 있다. 만일 '태극'이 '리'라면, 태극이 운동(動)한다고 함은 '리'가 운동함이 될 것이다. 그러나 '리' 자체가 운동할 수는 없다. 따라서 태극은 '리'이기보다는 '리'로 추상화되기 이전의 원동력을 지닌 원질인 '기'의 근원적 궁극성을 표현한 말이다. 주돈이는 『통서』에서 '리'를 오히려 질서로서의 '예禮(예)'(현대 중국의 표준어 발음으로는 '리理'와 '례禮'는 성조까지 같은 발음인 'lǐ' 이다.)로 보았다. 따라서, 주돈이는 '리'라는 용어도 어떤 보편적인 것이라기보다는 특수한 원리인 '조리條理'로 말하였으며, 그의 철학은 아직 우주론의 단계이고, '태극'을 '리理'로 봄은 어디까지나 이미 형이상학화된 주자朱子(주희朱熹) 철학 체계에 한한다. 중국철학사에 있어서, 이 '리理', 그리고 '기氣' 사이의 관계에 대하여 많은 논란이 있었다. '리理'의 실재성 여부의 문제는 흡사 서양 중세 기독교 철학의 '보편논쟁普遍論爭'을 연상케 한다. 즉, '리'가 실재하는가 아니면, 추상화된 개념으로서의 이름만으로 존재하는가 하는 관점에서 '리理'와 '기氣'의 관계에 대한 논쟁을 해석할 수도 있다.

6) 주돈이가 『태극도설』을 전개하는데 주로 쓰인 설說은 『주역』의 설이다. 그러나, 『주역』에는 '음양陰陽'의 설만 있을 뿐, '오행五行'의 설은 없다. 오행의 설이 처음 나타나는 것은 『서경書經』「홍범洪範」에서이다. 음양과 오행의 개념이 결합된 것은 전국시대戰國時代 즈음에서부터 한대漢代 사이로 추정된다. 주돈이 이전의, 음양과 오행이 결합된 명시적 사상으로는 한대 동중서董仲舒의 사상과 의서醫書인 『황제내경黃帝內經』의 의학醫學 사상이 대표적 예이다. 이후 음양과 오행을 결합시키는 학설은 주희에게로 전승된다.

7) 이것은 특히 도가道家 또는 도교道敎의 사상경향과 구별됨을 말한다.

8) 『주역』「계사전」에, "日月運行, 一寒一暑, 乾道成男, 坤道成女, 乾知大始, 坤作成物."이라고 하였다.

9) 『주역』「계사전」에, "天地絪縕, 萬物化醇, 男女構精, 萬物化生."이라고 하였다.

10) 장대년張岱年은 중국고대저작 중에 나오는 '신神'을 세 가지 의미로 나누고 있다. 첫째, 인격적 신, 즉 '천신天神'. 둘째, 인류의 정신 작용, 셋째, 변화의 복잡성과 미묘함이다. 그는 둘째의 경우의 예를 들어, 『순자荀子』에서의 "形具而神生"(『순자』「천론편天論篇」)이란 말에 나타나는 '형形'에 대한 '신神'을 말하였다. 여기 이 부분 주돈이의 경우는 둘째의 경우라고 할 수 있을 것이다. 그런데, 주돈이의 『통서』에서는 셋째의 경우를 주로 사용하였다. 예를 들어, "發微不可見, 充周不可窮之謂神.", "感而遂通者, 神也.", "大順大化, 不見其迹, 莫知其然之謂神.", "動而無動, 靜而無靜, 神也." 등의 경우이다. 만일, 『태극도설』과 『통서』가 주돈이라는 동일 인물의 저작이 아니라면 모르되(육구연陸九淵의 형인 육구소陸九韶는 『태극도설』이 주돈이가 지은 것이 아니라고 생각하였다. 그리고, 『통서』에서는 '태극太極'만 말하고 '무극無極'을 말하지 않았으므로, '태극' 위에 '무극' 두 글자를 더하는 것은 부당하다고 생각하여, '무극'이란 글자를 붙이는 것은 '허무호고虛無好高'의 폐단이 있다고 생각하였다.), 만일 동일 인물의 저작이고, 또 그 저자는 하나의 용어가 함유할 개념에 대해 신중하였다면, 저자는 '신神'이라는 개념을 둘째와 셋째에 동시에 사용하는 데에 주의하였을 것이다. 그러나 이런 가정조차도 처음부터 필요 없을 수가 있다. 왜냐하면, 둘째와 셋째의 분류를 칼로 자르듯 확연히 구분함은 애당초 무리가 있어서, '형形'에 대한 '신神'의 특징이 이미 셋째의 속성을 지니고 있기 때문이다. 그러므로 둘째와 셋째는 넓게는 합쳐질 수 있다. 특히, 『통서』에 나오는 '신神'은 『주역』의 「계사전繫辭傳」과 「설괘전說卦傳」 등의 '신神'을 가리키는데, 그것은 셋째의 경우로서 오히려 둘째를 포괄하고 있다. 여기서 둘째의 의미로 일단 해석하지만, 결국 셋째와도 연관되지 않을 수가 없다.

11) 이 '오성五性'을 직접적으로 '오상五常', 즉 인仁·의義·례禮·지智·신信으로 해석할 수도 있다. '오성五性'은 결국 『통서』에서는 '오상五常'으로 연결된다. 그러나, 이러한 연결은 자연과 인간을 관련시킨 유비추리의 결과이고, 여기서는 일단 분명히 '오행五行'의 성性이다.

12) 노사광勞思光은 이 점에 대해, 우주론의 용어로 가치론의 용어를 해석한 것이라고 하였다. 여기에 도덕철학 일반의 문제가 있다. 만일 가치판단이 사실판단에서 도출된다면, George Edward Moore(1873~1958년)가 말하는 '자연주의적 오류'에 해당될 것이다. Moore는, 가치는 사실에서 도출되는 것이 아니라 직각적으로 얻어진다고 한다. 사실판단과 가치판단의 연관문제는 도덕철학을 정립하는 문제에서 지극한 난점이 있는 곳이다. 그러나, 가치판단의 사실판단으로부터의 도출문제는, 그것의 타당성 문제를 따지기 보다는, 오히려 우리의 도덕적 주체성의 문제로 해결해야 할는지도 모른다. 우리가 어차피 도덕철학을 정립해야 한다면, 가치의식이라는 것은 주체적으로 수용할 수밖에 없을 것이다. 오히려 어떤 가치관념이 가장 바람직한가 하는 문제가 관건일 뿐이다. 성리학 이후 심학心學의 출현이 바로 이 문제를 말하는 것으로서, Moore가, 가치는 사실에서 도출되는 것이 아니라 직각적으로 얻어진다는 취지와 상통하는 것이다.

13) 이것은 『통서』의 중요한 명제 중의 하나이다.

14) 『중용』의 '희로애락이 아직 발동하지 않은(喜怒哀樂之未發)' 상태로 볼 수 있다.

15) 『중용』의 미발未發의 상태에 이미 발發한 상태를 맞추어야 한다는 것이며, 『대학大學』의 도덕적 동기인 '의意'가 발동하기 전 그것을 성실하게 한다는 '성의誠意'로서의 동기의 순수

성을 말한다.

16) 이 부분은 『주역』「건괘乾卦 문언文言」의 말을 옮긴 것이나, 그곳에서는 '대인大人'으로 되어 있는 것을 주돈이는 '성인聖人'으로 바꾸었다.

17) 『주역』「설괘전」은 이 부분에서 천지인天地人 삼재三才의 개념을 정립하였는데, 그 중의 인人이 천지天地에 참여함이 도덕문제이다.

18) 이것은 육구연陸九淵과 왕수인王守仁의 심학心學에서 본격화되는 철학경향이다.

19) 여기서의 '원형리정元亨利貞'은 『주역』의 건괘乾卦 단사彖辭인데, 정이程頤는 이후 이 '元', '亨', '利', '貞'을 사덕四德으로 두어, 사시四時 변화의 덕으로 보았다.

20) 『중용』에 "誠者, 天之道也, 誠之者, 人之道也."라고 하고, 비슷하게 『맹자』「이루離婁상」에 "誠者, 天之道也, 思誠者, 人之道也."라고 하였다.

21) 『주역』「건괘乾卦상전象傳」에 "天行健, 君子以自彊不息."이라고 하였다.

22) 『주역』「계사전(상)」에 "易无思也, 无爲也, 寂然不動, 感而遂通天下之故."라고 하였다.

23) 여기서 '크도다, 건원乾元이여! 만물이 이에 힘입어 시작되니(大哉乾元! 萬物資始)'라고 함과 '건도乾道가 변화하여 각각 성性과 명命을 바르게 하니(乾道變化, 各正性命)'라고 함은 『주역』「건괘乾卦단전象傳」에서 취한 것이다.

24) '성性'은 도덕적 주체가 생명력을 이은 본질적 측면을 말하는 것이고, '명命'은 도덕적 주체가 개별적 존재로서 시간과 공간 속에서 생생을 영위해 나가는, 그 제한된 생명력의 측면에서 말하는 것이다. 따라서, 도덕적 주체로서의 개별적 존재는 본질과 연결된 측면으로서의 성性과, 현상과 연결된 측면으로서의 명命의 양면을 지니고 있다.

25) "聖人之道, 仁義中正而已矣."

26) 『태극도설』에서는 "聖人定之以中正仁義."라고 하였다.

27) 모종삼牟宗三이 그의 『心體與性體』에서 쓴 표현.

28) 주희가 '태극즉리太極卽理'라 하여 '태극太極'의 속성을 '리理'로 본 것은 이 '신神'을 논리상 세계 밖에 둔(실제적으로는 세계 내에 존재시킨) 것이다. 주희는 이로써 주돈이의 '태극'을 형이상화한 것이다.

29) 이러한 표현으로 이루어지는 명제는 모순명제로서 항상 거짓이다. 이러한 표현이 '물物'에 대해 행해진다면 그것은 거짓이 된다. 그러나 '물物'을 조화調和하여 조화造化하는 '신神'의 통일적 자유성은 이렇게 표현할 수밖에 없다고 할 수 있다.

30) '신神'에 대한 『통서通書』 속의 다른 정의에는 '드러남이 미세하여 볼 수가 없으나, 두루 채워도 다하지 못함을 일러서 신神이라고 한다.'(『통서』「성기덕誠幾德3」), '크게 순순하고 크게 화化하여 그 자취를 볼 수가 없고, 그것이 그러함을 알 수가 없음을 신神이라고 한다.'(『통서』「순화順化11」) 등이 있다.

31) 이것은 『주역』「계사전(상)」의 "易, 无思也, 无爲也."에서 유래하였다.

32) 『통서』「성상誠上1」 참조.

33) 『통서』「성기덕誠幾德3」 참조.

34) '성性'에 보편성을 부여하는 것은 장재張載에 이르러서였다.

35) 주돈이의 이러한 성性 분류는 아직 한대漢代의 양웅揚雄, 왕충王充이나 당대唐代의 한유韓愈 같이 성性을 현실 속의 기질적 등급으로 파악하는 관점을 벗어나지 못한 것이다. 그래서

주돈이의 성性은 철학사적 발전단계로 봐서 아직 개별적 성性을 포괄하는 보편적 성性을 말하는 단계에는 이르지 않은 것으로 봐야 한다. 송대 철학에 있어서 성性의 보편화 작업은 장재張載에 의해서 시도된다. 장재는 성性을 천지지성天地之性과 기질지성氣質之性으로 나누어 보편성과 개별성을 구분하였다. 이런 분류 또한 장재가 처음이다. 주돈이는 이런 용어를 아직 쓰지 조차 않은 단계이지만, 굳이 이 분류에 따른다면 그는 아직 기질지성을 말하는 정도였다. 그런데 세간에서는 간혹 주희의 이른바 '주자학적朱子學的' 관점에 따라 주돈이를 이해하는 경우가 있어서, 주희가 주돈이 이후에 성립된 주희 자신의 철학관점과 용어로 주돈이를 해석한 것을 두고, 마치 주돈이의 성性에 기질지성을 말한 부분이 있을 뿐만 아니라 동시에 따로 천지지성(이후 천명지성天命之性, 본연지성本然之性 등으로 일컬어지기도 한 것)과 같은 것이 있었던 것처럼 말하기도 한다. 그러나 그것은 주희의 철학이지 주돈이의 것은 아니다. 또한, 여기서 또 한 가지 간과할 수 없는 것은 주돈이가 이러한 기질氣質의 문제를 강강剛과 유柔라는 사실개념과 선善과 악惡이라는 가치개념의 결합으로 구성하였다는 것이다. 이것은 주돈이가 사실과 가치의 개념적 차이에 대한 문제의식이 없었기 때문인데, 이것은 근본적으로 그가 '태극太極'과 더불어 '성誠'의 문제에 사실과 가치의 문제를 혼용한 것에서부터 이미 시작된 것이다.

36) 이것은 『중용中庸』에서 취한 것이다.

37) 본서에서는, '성聖'은 인간에게 실현된 이상적理想的 상태로, '성인聖人'은 '성聖'을 얻은 인간존재 즉 이상적 인간존재로 정의하였다. 그런데 이전의 문헌 속에(주돈이의 저술을 포함하여) 쓰인 '성聖'의 의미는, 경우에 따라서 '성聖'으로 쓰이기도 '성인聖人'으로 쓰이기도 하였으며, 심지어는 양자를 겸하기도 하였다.

38) 원래 이 부분의 원문은 다음에 제시된 원문 중 ( ) 부분을 제외한 문장이지만, 주희朱熹의 『통서해通書解』에 이 부분을 보충하고 있고, 또 그 견해가 타당하다고 여겨 이에 따름. "天地間, 有至貴至(富可)愛可求, 而異乎彼者, 見其大而忘其小焉爾."

39) 한편 주돈이는 '성聖'과 '현賢'에 대해 달리 정의하여, "자신의 타고난 성품처럼 편안하고 자연스럽게 하는 상태를 '성聖'이라 이르고, 다시 회복하여 인위적으로 잡으려는 상태를 '현賢'이라 이른다.(性焉安焉之謂聖, 復焉執焉之謂賢.)"(『통서』「성기덕誠幾德3」)라고 하였다. 이 부분의 '성聖'의 정의는 마치 선천적인 성인聖人의 경지를 이르는 것 같으나, 그 보다는 수양의 결과로서의 이상적 상태가 인위적인 억지가 없이 매우 자연스러워 마치 공자孔子가 말한 '從心所欲不踰矩'의 상태와 같음을 말하는 것이고, 이에 대해 '현賢'의 상태는 아직 '성聖'의 상태에 이르지 못하여 미진하므로, 아직은 인위적으로 회복하여 유지하려는 태도를 보이는 상태에 있음을 말하는 것으로 해석하는 것이 낫다고 본다.

40) 여기서 표현된 최종 목표는 '천天'이다. 그러나 이 천天은 수양의 최고 단계가 아니다. 수양의 최고 단계는 당연히 '성聖'이다. 여기서 한 가지 드러나는 문제는 주돈이가 역시 가치를 사실에 결부시키려고 하는 것이다. 성聖은 가치의 최고이다. 그러나 천天은 존재세계의 대표로 든 사실의 최고이다. 그런데 주돈이는 가치의 이상理想을 사실세계에서 구하는 문제를 안고 있다. 또 주돈이는 "성聖은 천天과 같다."(『통서』「성온聖蘊29」)라고 하기도 하여, 최고의 이상적 상태는 궁극적으로 가치와 사실이 합일된 곳임을 말하고 있다. 한편 천天은 상고시대에는 종교성을 지닌 인격적 존재였다. 중국철학발생 초기에도 아직 이런 잔재가 있었고, 한대漢代에는 종교적 천天으로 회귀하기도 하였다. 그러나 주돈이에게 있어서 천

天은 철학화된 존재이다. 이를 바로 이어, 보다 철학적 표현을 쓴 이들이 정호程顥와 정이 程頤 형제이다. 형인 정호는 이 천天을 완전한 철학 개념인 '리理'로 해석함과 동시에 이 천天에다 '리理'字를 붙여 '천리天理'라 하고, 동생인 정이는 이 중에서 '리理' 부분을 더욱 강조하여 철학적 색채를 더하였다.

41) 『맹자』「고자告子하」 참조.

42) 『맹자』「이루離婁상」 참조.

43) 주돈이가 여기서처럼 '무욕無欲', '허虛', '정靜'을 강조한 것은 도道·불佛의 영향이 아닌가 의심되기도 한다. 그래서 이정二程에 이르러서는, '정靜'의 공부방법보다는, 행동할 때를 대 비한 깨어 있는 수양적 상태로서 '경敬'의 공부방법을 주장하게 된 것이다. 이것이 더 유가 적으로 보였기 때문이다.

44) 현실의 실존적 존재는 치우침을 면할 수 없는 존재로서 욕망을 가지고 있다. 그런데 이러한 치우친 상태의 존재가, 스스로 치우쳐 있음과 욕망이 있음을 자각하여 '중中'과 '무욕無欲'을 지향하는 주체는 무엇인가? 주돈이 철학에서는 이 이상적 상태를 지향하는 존재로서의 수 양의 주체가 명확하지 않다. 이러한 것을 이어 받은 주희의 철학은 그 주체가 형이상학적 리理에 의해 소외되는 측면이 있다. 이것은 우주론과 형이상학에 바탕을 둔 윤리학이 지닌 문제이다. 이것을 타개하고자 나선 학적 경향이 심학心學이다. 주돈이 철학이 안고 있는 이 러한 문제점을 인식하여야, 향후 전개되는 철학사적 발전과정의 의미를 제대로 이해할 수 있을 것이다.

45) 『태극도설』의 "聖人定之以中正仁義."와 『통서』의 "聖人之道, 仁義中正而已矣."가 바로 그것 이다. 그런데 여기서 그가 이미 '강선剛善', '강악剛惡', '유선柔善', '유악柔惡'의 분류에서 행 한 사실개념과 가치개념의 결합이 또 나타난다. '중정中正'은 『중용』과 『주역』에서 중시되 는 개념이다. 이 문헌들에서 말하는 '중정'의 의미는 취하고 처해야 될 마땅한 어떤 태도나 자리로서, 가치와 당위에 관계된다 할 수 있지만, 주돈이에게 있어서는 '강선剛善', '강악剛 惡', '유선柔善', '유악柔惡'과 같은 치우친 성性이 아닌 상태로서, 이 역시 논리상 사실개념 의 연장선에 있다. 그런데 이것을 조화로 판단함은 가치판단이며, 인의仁義 또한 가치개념 이므로, 여기서도 사실과 가치를 결합한 것이다. 어쨌든 이러한 문제에도 불구하고, 주돈이 자신의 논리로 봐서는 현실적 존재의 치우침의 측면에서도 사실과 가치를 결합시키고, 그 이상적 조화에서도 사실과 가치를 결합시켰으므로, 논리적 일관성은 유지하고 있다.

46) 『통서』「성하誠下2」 참조.

47) '성誠'은 이상理想으로서의 순수이념이다. 그러나 그것을 얻은 인간은 현실에 발을 딛고 있 다. 따라서 현실 속의 인간이 '성誠'을 얻음은 순수이념인 '성誠'이 현실의 활동에서 펼쳐지 는 작용의 측면을 포함할 수밖에 없을 것이다. 현실 속의 실존적 인간이 '성誠'을 얻어 '성 聖'한 상태가 된 존재가 '성인聖人'이기 때문이다.

48) 『주역』「계사전(하)」.

49) 『주역』「계사전(하)」.

50) 또는 『황극경세서皇極經世書』라고 일컬어지기도 한다. 소옹의 아들인 소백온邵伯溫에 따 르면, '지대至大'를 일러 '황皇'이라고 하고, '지중至中'을 일러 '극極'이라고 하며, '지정至正' 을 일러 '경經'이라고 하고, '지변至變'을 일러 '세世'라고 한다고 한다. 그러나 현대 학자 주

백곤朱伯崑은, 소옹은 '황皇'을 삼황三皇의 한 사람인 복희씨伏羲氏로 보고, '극極'을 희황羲皇이 세운 최고의 법칙으로 보았다고 생각하였다. 그리고 '경세經世'란 삼황 이래의 세도世道의 변화를 고찰함을 말하는 것으로 보았다. '황극경세皇極經世'란 곧 삼황三皇이 세운 지고至高한 법칙에 따라 인류 역사의 변화를 관찰하고 추측하여 세상을 다스림을 말한다는 것이다. '경經'은 『황극경세』의 내용 중에서는, '다스리다', '경륜하다', '통괄하다', '거느리다' 등의 의미로 나온다. 한편, 송宋의 축비祝沘는 그의 『관물편해觀物篇解』에서 『황극경세皇極經世』는 "옛날의 『연산역連山易』이다."라고 주장하였다. 『연산역連山易』은, 현재 전해지고 있는 주대周代의 역易이라는 『주역周易』에 대하여, 옛날 하대夏代의 역易이라는, 그 이름만 전해진다는 역易이다.

51) 「관물편觀物篇」은 「관물내편觀物內篇」이라고도 하는데, 이것은 원래 그러한 이름이었던 것이 아니고, 이후에 성립된 「관물외편觀物外篇」과 같이 편집되면서 붙여진 것이다.

52) 그 쓰인 용어와 개념 간에도 차이가 있으며, 「외편外篇」에서는 「내편內篇」에서 다루어지지 않은 내용이 많이 실려 있다. 그래서, 「외편外篇」은 소옹의 사상뿐만 아니라 그의 제자들이 그의 사상을 나름대로 확장개편한 부분도 있다고 볼 수 있다.

53) '선천先天'이라는 말은 「관물편觀物篇」(「관물내편觀物內篇」)에는 보이지 않는다. 이 말은 「관물외편觀物外篇」에 보인다. 소옹은 말하기를, "선천학先天學은 심법心法이다. 그러므로, 도圖는 모두 중中에서 일어나고, 온갖 변화와 온갖 일은 심心에서 생겨난다. 선천학은 성誠을 주로 한다. 지극히 성誠하면, 그것으로써 신명神明에 통通할 수 있고, 성誠하지 못하면 도道를 얻을 수가 없다."(「관물외편觀物外篇」상)고 하고, 또 "선천先天의 학學은 심心이다. 후천後天의 학學은 적적迹迹이다."(위와 같음)라고 하였으며, 또 "요堯의 앞은 선천先天이고, 요堯의 뒤는 후천後天이다. 후천은 곧 법法을 본뜨는 것일 따름이다."(위와 같음)라고 하였다. 선천과 후천은 원래 『주역』「건괘乾卦문언文言」의 '구오九五'에 있는, "하늘보다 앞서도 하늘이 어기지 못하고, 하늘보다 뒤에 있어도 하늘의 때를 받든다(先天而天弗違, 後天而奉天時)"라고 하는 데에 나오는 말이다. 그런데 주희는, 소옹의 학설에 의거한다면서, 선천이라는 것은 복희伏羲가 그은 역易이고, 후천이라는 것은 문왕文王이 연역한 역易이라고 하였다. 즉, 복희역이라는 선천의 역은 복희가 처음 괘획卦畫을 그은 것을 말함이고, 문왕역이라는 후천의 역은 괘卦가 이루어지고 난 다음에, 괘에 부여된 의미로써 연역해 나간 것이라는 것이다. 그리고 이런 식으로 '선천先天'이라는 말이 쓰인 것은 진단파陳搏派의 역학易學으로 인하여 유래된 것이라고 말해지기도 한다.(주백곤朱伯崑: 『易學哲學史中中』, 119쪽 참조.) 그런데, 소옹의 「관물편」에는 이러한 용어가 전혀 언급되지 않는다. 어쨌든 본서에서 '선천역학先天易學'이라고 일컫는 것도 「관물외편」에 따른 이전부터의 관례에 따른 것일 뿐이다. 그리고, 소옹의 사상을 직관적으로 표현한 「선천도先天圖」라는 도식도 오늘날 전해지고 있는데, 남송대의 장행성張行成은 그의 『역통변易通變』에 소옹의 「선천도先天圖」라고 주장하는 14가지의 도圖를 싣고 있다. 그런데, 소옹의 저작인 『황극경세』 속에는 이러한 그림이 전혀 없다. 장행성도 이 점을 인정하여, 「선천도」가 실전되었다가 후에 그가 얻게 되었다고 하고 있다. 그러나 과연 장행성이 전하는 그림이 소옹의 것인지는 알 수가 없다. 그리고, 주희와 채원정蔡元定도 소옹의 「선천도」 몇 가지를 열거하고 있는데, 특히 주희는 자신의 『주역본의周易本義』와 『역학계몽易學啓蒙』에 이러한 것들을 싣고 있어서, 이후의 철학계에 영향을 크게 주었다. 그런데, 소옹의 「선천도」는 주돈이의 「태극도」와 함께 도

교 계통의 학자인 진단陳摶에게서 전해진 것으로서 유가 정통의 것이 아니라는 논란이 많았다. 이제 소옹의 경우 지금 전해지는「선천도」가 그의 것인지 의심된다면 이러한 논란은 무의미해질지도 모른다. 하지만,「관물외편」에는 어쨌든「선천도」에 관한 다음과 같은 말들이 있다. "그림(圖)에는 비록 글(文)이 없지만 내가 종일토록 말하여도 이를 떠난 적이 없다. 대개 하늘과 땅과 만물의 이치는 그 안에 다 존재하고 있다.", "선천도先天圖란 것은 중中을 감싸고 있는 것이다."('중中'은 곧 내면의 '심心'을 가리킨다.)

54) 그의 저서에는『황극경세』외에도『이천격양집伊川擊壤集』,『어초문답漁樵問答』등이 있다.

55) 여기서의 음양陰陽과 강유剛柔는『주역』「설괘전說卦傳」에서 끌어 온 것이다.『주역』「설괘전」에 이르기를, "하늘의 도道를 세워서 음陰과 양陽이라고 하고, 땅의 도를 세워서 유柔와 강剛이라고 하고, 사람의 도를 세워서 인仁과 의義라고 한다."라고 하였다.

56) 소옹의 철학에 쓰이는 '선천先天'이라는 말은 바로 이러한 의미라고 볼 수 있다. 소옹이 순수 형식으로서의 범주를 어떻게 추리해 내었든지, 즉 처음에 경험적 관찰을 통하였든지 그렇지 않든지 간에, 그가 결론으로서 얻은 순수 형식은 어디까지나 경험적인 요소가 배제된 순수하게 논리적인 것이다. 따라서, 그것은 오늘날 '선천적'이라는 말로 번역되는, 서양철학에서 쓰이는 'a priori'라는 말과 묘하게도 그 뜻이 통하고 있다.

57) 장행성張行成은 그의『역통변易通變』의 서序에서, "선생(즉 소옹邵雍)의 책은 14도圖에 모두 다 들어 있다. 선생의 뜻은 복희伏羲의 뜻을 추리하여 밝힌 것이다."라고 한 바 있다. 그리고 그는, 이미 말한 바대로, 소옹이 전한「선천도」는 모두 14가지였는데, 후에 실전되어, 그가 나중에 얻어 해설을 가한 것이『역통변易通變』이라고 하였다.

58) 앞에서 이미 복희씨의 8괘와 소옹의 8범주가 연관성이 있음을 말하였지만, 그것은 어디까지나 논리적인 측면이다. 소옹의 8괘에 관련하여 세상에 많이 알려진 것에는 주희의『주역본의』서두에 실려 있는「복희팔괘차서도伏羲八卦次序圖」가 있다. 그런데, 소옹의 위의 글을 볼 때 그것은「복희팔괘차서도」와 다름을 알 수 있다.「차서도」에 있는 팔괘는『주역』의 팔괘이지만, 소옹은 그가 특수하게 이름 붙인 범주이다.「차서도」에는 오히려 '사상四象'의 단계에서 소옹의 8범주 중의 '태양太陽', '소음少陰', '소양少陽', '태음太陰'이 있다. 그리고 '태극太極'과 '양의兩儀'에 있어서도 태극이 나뉘어 음양陰陽의 양의兩儀가 되는 것으로 나타나 있지만, 소옹의 위의 글에 따르면, 오직 하늘의 단계에만 음양이 있고, 땅에서는 강유剛柔이다. [주희의 경우『역학계몽易學啓蒙』에서도 동일한 방식의 그림을 싣고 있는데, 다만『주역본의』의 그림이 이분법二分法의 방식, 즉 주희가 말하는 '일분위이법一分爲二法' 또는 '사분법四分法'(논리적으로는 결국 이분법으로 요약된다고 할 수 있다.)으로 되어 있는 데에 대하여,『역학계몽』에서는 한 획畫씩 얹어가는, 정호程顥의 이른바 '가일배법加一倍法'이라는 방식으로 되어 있다.] 소옹의 이 부분의 말을 충실히 따른 것은, 오히려 채원정蔡元定의「경세연역도經世衍易圖」이다.(『성리대전性理大全』중의『황극경세서皇極經世書』에 있음.) 그런데, 주희의 경우와 채원정의 경우를 각각 소옹과 연관시키자면, 주희는「관물외편」에 따랐고, 채원정은「관물(내)편」에 따른 것이다. 이 점에서 볼 때도, 소옹과「관물외편」의 관계가 어떠한가에 대한 의문이 든다.

59) 주백곤朱伯崑의 해석에 따르면, 양강陽剛의 괘卦의 총수總數는 10+10+10+10＝40이고,

음유陰柔의 괘卦의 총수는 12＋12＋12＋12＝48이며, '진進'이란 여기에 4배를 함이고, '퇴退'란 빼는 것이다. 그래서, 양강의 총체수總體數에 4배를 하여, 40×4＝160이 되고, 여기에서 음유의 괘의 총수인 48을 뺀 것이 곧 112란 것이다. 그리고, 음유의 괘의 총수에서 4를 곱한 것이 192, 즉 48×4＝192이며, 여기에서 양강의 총체수인 40을 뺀 것이 152, 즉 192－40＝152란 것이다. 나아가서, '창唱'과 '화和'는 모두 서로 곱한다는 의미로서, 양강의 용수와 음유의 용수를 곱하면 17,024가 된다고 한다. 즉, 112×152＝17,024란 것이다. 그리고 일日·월月·성星·신辰의 변수變數와 수水·화火·토土·석石의 화수化數를 부르고 화답하는 통수通數가 289,816,576이란 것은 17,024×17,024＝289,816,576이란 것이다.(朱伯崑: 앞의 책, 137~139쪽 참조.)

60) 소옹의 수학數學은 「관물내편」에서보다는 「관물외편」에서 주로 다루어지고 있다. 그의 수학은 실용을 떠나 단순한 숫자놀음이라는 비판도 받고 있을 정도로 별다른 의미 없는 수의 연산을 서술하고 있다. 여기서는 「관물내편」을 중심으로 하므로 자세한 언급은 피하고, 다만 「관물외편」의 입장에 따라 참고적으로 그의 '수數'에 대한 기본 관점만을 보도록 하자. 「관물외편」에 이르기를, "태극太極은 1이나, 부동不動한 채로 2를 낳는다. 2는 신神[朱伯崑은, '신神'은 수數의 변화가 신묘하여 헤아릴 수 없는 성능을 가리킨다고 하였다.(朱伯崑: 위의 책, 166쪽)]이다. 신神은 수數를 낳고, 수는 상象을 낳고, 상은 기器를 낳는다."라고 하고, 또 이르기를, "1이란 수數의 시작이나 수는 아니다. 그러므로, 2×2는 4이고, 3×3은 9이고, 4×4는 16이고, 5×5는 25이고, 6×6은 36이고, 7×7은 49이고, 8×8은 64이고, 9×9는 81이지만, 1은 변할 수가 없는 것이다."(즉, 1은 제곱해도 1×1＝1로서 변함이 없다는 것이다.)라고 하였다. 그에 있어서 '1'은 수數에 속하지 않으나 수의 근원이다.(朱伯崑: 위의 책, 165쪽) 1은 존재본질의 전체인 태극이다. 1이 불변이라는 것은 태극이 불변이라는 말이 된다. 즉, 태극이 나뉘어 여러 범주가 되어 만물에 대응하지만, 태극의 본질은 변치 않는다는 뜻이 된다. 그에 있어서, 수의 변화는 만물의 변화에 대응되는 것이라고 할 수 있다. 그러나, 1과 태극은 불변의 존재 본질인 것이다.

61) '성性', '정情', '형形', '체體'는 구체적인 생명현상, 즉 현상적 생명체의 구성요소를 말하는데, '성'과 '정'은 그 속 측면을 말하고 '형'과 '체'는 그 겉 측면을 말한다. '주走'는 길짐승, '비飛'는 날짐승, '초草'는 풀, '목木'은 나무로서, 이는 현상적 생명체의 생존과 활동의 방식에 따른 분류이다.

62) 이렇게 볼 때, 인식 주관으로서의 '심心'은 총체적 존재본질의 운동과 그 과정이 동일할 것이다. 이 경우는 「관물외편」에 그 적절한 표현이 있다. 우리가 「관물외편」을 소옹의 사상체계에 편입시킨다면, 그의 다음 말은 바로 이 점을 이야기하는 것이다. 「관물외편」에 이르기를, '도道는 태극太極이다', '심心은 태극太極이다'(이 부분은 주희의 『역학계몽易學啓蒙』에도 인용되어 있다.), '태극은 하나(一)이다'라고 하였다. 즉, 하나의 전체로서의 태극은, 그것이 인식주관이라고 하든지 존재본질의 전체라고 하든지 모두 통한다는 것으로, 그것은 양자에 적용되는 원리가 같다는 것이다. 「관물외편」의 입장으로는, 외부대상의 존재이든지 '심心'이든지 모두 태극의 운동을 통하여 궁극적으로 64괘卦를 전개하고, 그 상호일치여부로 인식이 이루어진다고 할 수 있다.

63) 첫 번째 '원元'의 가로줄은 '원'을 단위로 하여 계산한 것이다. 두 번째의 '회會'의 가로줄은 '회'를 단위로 계산한 것으로서, '원'의 줄에다 각각 12를 곱하면 해당되는 수가 나온다. 세

번째의 '운運'의 가로줄은 '운'을 단위로 계산한 것으로서, '원'의 줄에다 각각 360을 곱하면 해당되는 수가 나온다. 네 번째의 '세世'의 가로줄은 '세'를 단위로 계산한 것으로서, '원'의 줄에다 각각 4,320을 곱하면 해당되는 수가 나온다.

64) 이 해는 서기로는 1077년으로서, 소옹邵雍이 세상을 떠난 해이다.

65) 소옹邵雍의 아들인 소백온邵伯溫은 그의 아버지의 취지에 따라 '일원소장一元消長'에 관한 그림을 작성하였다. 즉, 1원元을 단위로 하였을 때, 이상의 역사적 사실과 연관하여 그 소장消長(사라짐과 자라남)의 과정을 12벽괘辟卦에 대응시켰다. 12벽괘는『주역』의 64괘卦 중에서 그 대표성을 띤 중요한 12개의 괘로서, 음양陰陽의 획畫이 뒤섞이지 않고 순차적으로 소장消長하는 괘상卦象을 보이고 있는 괘들이다. 이 12개의 괘는, '복괘復卦', '림괘臨卦䷒', '태괘泰卦䷊', '대장괘大壯卦䷡', '쾌괘夬卦䷪', '건괘乾卦䷀', '구괘姤卦䷫', '둔괘遯卦䷠', '비괘否卦䷋', '관괘觀卦䷓', '박괘剝卦䷖', '곤괘坤卦䷁'이다. 이 괘들은 '복復'에서 하나의 양陽이 맨 아래에서 시작하여 점차로 그것이 자라면서 위에 있는 음陰의 획畫들을 밀어내고, '건乾'에 이르러 완전히 순양純陽으로 되고 나서, 다시 '구姤'에 이르러 맨 아래에 하나의 음陰이 시작하여 점차로 그것이 자라면서 위에 있는 양陽의 획畫들을 밀어내고 '곤坤'에 이르러 완전히 순음純陰으로 되는 것이다. 이러한 것은 다시 또 '복復'으로부터 되풀이되어 시작되는 순환을 보이고 있다. 이것은 한대漢代에 있어서 맹희孟喜나 경방京房에 의하여 주로 행해진, 괘卦에다 시간을 배당시키는 전통에 따른 것인데, 특히 경방은 이 12벽괘를 일년 열두달에 배당하여, 동지冬至에 '복괘復卦'를 배당하고는 일양一陽이 시작되는 것을 상징하고, 하지夏至에 '구괘姤卦'를 배당하여 일음一陰이 시작되는 것을 상징하였다. 소백온은, 이러한 방식을 1원元 중의 12회會의 주기에 적용한 것이다. 그래서 제1회인 '자회子會'를 '복괘復卦'에, 제2회인 '축회丑會'를 '림괘臨卦'에 배당하면서, 이러한 방식에 따라 12회 모두에 적용하여, 제12회인 '해회亥會'에 '곤괘坤卦'를 배당한 것이다. 이러한 방식에 따르면, '인회寅會'에 '태괘泰卦'가 배당되어, 그때에 개물開物한 것이 되고, '사회巳會'에 '건괘乾卦'가 배당되어 당요唐堯의 때가 되며, '술회戌會'에 '박괘剝卦'가 배당되어, 그때에 폐물閉物하게 되는 것이다. 그래서, 인류역사(중국 중심의 역사이지만)는 당요의 때를 중심으로 하여, 그 이전에는 양이 점차로 자라나는 발전의 시기이고, 당요의 때는 인류의 전성기이며, 그 후로 점차 음이 자라나고 양이 쇠퇴하는 인류문명의 쇠퇴기가 되는 것이다. 이러한 것은 도덕적인 기준에 관계되는 것이다. 소백온의 이러한 도식은 명대明代에 간행된『성리대전性理大全』중의『황극경세서皇極經世書』에「경세일원소장지수도經世一元消長之數圖」라는 이름으로 수록되어 있다.

66) 그런데 여기서는 단지 1원元을 단위로 한 경우만을 이야기하였는데, '회會', '운運', '세世'를 각각 단위로 하면, 이미 앞에서 보인 표에 제시된 수와 같이 되는데, 만일 '세世'를 단위로 하여 '세世의 세世'를 계산한 결과인 18,662,400을 '년年'으로 계산하면 559,872,000년(=18,662,400×30년)이 된다.

67) 소옹은 모든 경우에 그의 선천범주를 적용하려 하였는데, 그의『황극경세』「관물편」중에는 '성음聲音 율려律呂'에까지 이 범주들을 적용한 것이 있다.「관물편(35)」에서「관물편(50)」까지가 그것이다.

68)『주역』의 용어와 개념을 위주로 사용하고 있는「관물외편」과는 달리,「관물편」은 역외易外의 별도의 역易이론이라 일컬을 수 있다. 그것은 소옹 자신이『주역』의 영향을 받아 만들어

344

낸 유사역학이론類似易學理論이라고 할 수 있다. 중국철학사에 있어서 이러한 유사역학을 만들어 낸 대표적 인물로는 소옹 외에 한대漢代의 초연수焦延壽와 양웅揚雄이 있고, 소옹과 동시대의 사마광司馬光이 있다. 초연수는 『역림易林』을, 양웅은 『태현경太玄經』을, 사마광은 양웅의 영향을 받아 『잠허潛虛』를 지었다.

69) 이로 인해 소옹의 이에 관련된 학문을 '수학數學'이라 일컫기도 하지만, 이 수학數學은 우리가 일상에서 말하는 수학數學과는 다르다. 그것은 우리가 일반적으로 말하는 수학의 내용 그것도 초보적인 내용을 담고 있기는 하다. 그러나 거기서의 수數는 주로 세계를 인식하는 틀로서의 역학적易學的 범주와 수數를 대응시키는 데 주로 쓰여진다. 그리고 그 내용은 흔히 말하는 수학의 수준으로는 매우 단순하다. 비록 세상에서 소옹의 수數의 구사는 매우 복잡하여 알기 어렵고, 때로는 신비스럽기까지 한 것처럼 말하기는 한다. 하지만, 그것은 그 수학적 수준의 높음 때문이 아니라, 수학적인 면에서 일반적으로 통용되지 않는, 자신 또는 역가易家들의 수학적 명제들을 전제로 삼아, 일반 수학의 약속과는 다르게 이것을 자신의 방식으로 이리 저리 연관시키고 있기 때문이다.

70) 소옹은 실제로 『노자老子』를 평하여, "『노자老子』 5,000언言은 대개 모두 물物의 리理를 밝힌 것이다."(『황극경세』 「관물외편觀物外篇하」)라고 하였다.

71) 「관물외편」에서 말하고 있는 수數의 문제는 보다 더 복잡하게 전개된다. 그러나 본서에서는 양적인 문제로 그 일단만을 들어 대강을 말하는 데 그친다.

72) 훗날 주희의 『주역본의』와 『역학계몽』에서 소옹의 것이라고 전해진 8괘와 64괘의 연역그림의 근거가 바로 이 부분이다. 그러나 『황극경세』 자체에는 이 그림이 없다. 그럼에도 불구하고 괘의 연역방식에 관하여 소옹과 주희의 역학사적易學史的 연계가 설정될 수 있음은 분명하다.

73) 소옹의 '심心'과 '태극太極'의 전개는 논리적 전개이다. 그는, '태극'은 운동하지 않는다고 하였으며, 운동과 관계되는 것은 '신神'이라고 하였다. 이러한 점에 관한 논의는 이후 곧 나오게 될 것이다.

74) 여기 두 인용문에서의 '심心'은 인간의 장기藏器로서의 '심장心藏'을 말한다. 그렇지만 이 또한 관념으로서의 심心이 신神과 매개되는 매개체의 역할을 함으로써, 관념의 심心이 육체의 심心을 통해 신神으로 전개됨을 말한다. 그리고 여름과 심장은 오행五行에 있어서 모두 '화火'이므로 이렇게 둘을 연계한 것이다.

75) 왕필王弼, 『왕필집교석王弼集校釋』(樓宇烈校釋), 중화서국, 북경 1999, 609쪽.

76) 여기서 다시 한 번 '태극'의 운동여부에 대해서 언급할 필요가 있다. 소옹은 이처럼 태극의 동동을 부정하였다. 그런데 동시대에 주돈이는 태극이 동동함을 그의 유명한 『태극도설』 첫머리에서 강조하였다. 그렇다면 이들의 사상을 받아들인 주희가 태극의 부동不動을 이야기함은 결국 주돈이의 입장이 아니라 소옹의 입장을 받아들였음이다.

77) 소옹은, "천하天下의 수數는 리理에서 나오는데, 리理를 어기면 술術로 들어간다. 세상 사람들은 수數로써 술術로 들어가기 때문에 리理를 잃게 되는 것이다."(『황극경세』 「관물외편觀物外篇상」)라고 한 바 있다. 이렇게 그는 리理 개념도 도입하여 중요시하고, 그에 대해 상대적으로 '술術'을 말하면서 그것을 비판적으로 보았다. 그럼에도 불구하고 후일 그의 學이 주돈이를 비롯한 송대의 다른 학자들처럼 도학류道學類로 분류되지 않은 데다가, 그의

저술도 '술수術數'류類에 분류된 것은 아이러니가 아닐 수 없다.

78) 땅덩어리를 '구球'로 보았는지, '판板'으로 보았는지의 문제는 일단 별개로 치자. 왜냐하면 당시의 땅덩어리 모양에 관한 학설에는 몇 가지가 있었고, 지금 여기서의 논점은 그것이 아니기 때문이다. 여기서는 그 모양보다는 인간이 딛고 있는 공간인 땅을 그저 단순히 지칭한 것이다. 다만 요즘 우리의 언어 습관이, 이 땅을 모양에 주목하지 않더라도, 즉 '지구地球'든 '지판地板'이든 그냥 '지구地球'로 부르는 데 따른 것이다.

79) 그 외의 문제로는, 그의 학설에는 견강부회적인 수數 적용이 많다는 것이다. 예컨대 어떤 하나의 동일한 수數를 얻는 과정은 여러 가지가 있는데, 그 다양함을 매우 신비롭게 생각했다는 점, 그리고 그 여러 가지의 과정을 자기편의대로 설정하였다는 점, 괘卦와 수數를 자기임의대로 연계시켜 그것을 객관적 근거 없이 운용한 점, 그리고 서수序數, 기수基數와 같은 수數의 특징들을 무시하고 편의대로 섞어서 계산하고 운용한 점 등을 꼽을 수 있다.

80) 이를테면, 서양 고대 그리스 철학에서 말하는 아르케archē를, 중국의 전통 철학에서는 '기氣'로 본다는 것이다.

81) 이 '氣之本體'라는 말 중의 '본체本體'를 '용用'으로서의 '작용作用'에 대한 '체體'를 말하는 것으로 보는 '체용론體用論'의 용어로 생각하여, 철학에서 흔히 말하는 '현상'의 근거에 있으면서 현상의 존립 근거가 되는 실체로 보는 경우도 있지만, 필자는, 당시 장재의 경우는 후대에 쓰이게 된 그러한 전문 철학 용어로서가 아니라, 단순한 일상용어인 '본래 상태'로 생각한다. 만일 '태허'가 현상의 근저인 본체라면, '태허'에 함축되어 있는 '공간'의 의미는 해명이 안 된다. 장재는, '태허'를 중국 전통 자연과학의 광막한 우주 공간의 의미로 쓰인 경우의 연장선상에서 말하고 있기 때문이다. 사실상 중국 철학에서 '태太'라는 글자가 들어가는 용어는 '근원', '궁극 실체' 등으로 이해되는 경우가 많긴 하다. 그래서 장재의 '태허' 역시 '태극'과 같은 용어처럼 생각하기도 한다. 그러나 필자의 생각으로는, '태허'는 기가 충만해 있는 우주 공간의 의미에서 유래했다고 본다. 그럼에도 장재는 한편으로는 '태허'를 '기'가 원래 있던 공간이면서, '기'가 모여서 된 사물이 흩어지면 다시 돌아갈 공간으로 보는 듯 표현하기도 하면서, 또 한편으로는 '태허', '기', '만물'은 서로 전화轉化되어지는 관계로 표현하기도 하여, 그의 사상 자체가 불명확한 점도 있다.

82) '객客'이란 주인에 대해서는 일시적으로 머무는 이이기 때문에, 이 말로써 '일시적'이라는 의미를 표현한 것이다.

83) 장재 사상에는, '태허'가 기의 원초 상태라는 의미로 쓰이면서도, 기가 유래되면서 다시 복귀하는 공간으로 쓰이기도 하는 애매모호함이 있다.

84) 모종삼牟宗三은, 기氣는 태허太虛로서 체體를 삼는다 하여, 태허太虛가 기氣와 대립적인 측면도 있으면서 기氣를 초월하는 측면도 있는 것처럼 이해하였지만, 사실은 '태허太虛'가 '氣之本體'인 것이 아니라, '태허太虛의 무형無形함'이 '氣之本體'인 것이다. 장재는 『정몽』「건칭편」에서 '太虛者, 氣之體'라고 하고 있지만, 이것도 태허가 단순히 비어 있는 '무無'가 아니라 기氣의 상태임을 말하려는 것일 뿐이다. 또 모종삼은 이 태허太虛를 뒤에 말할, 장재張載의 '신神' 개념과 동일시하였다. 그러나, 태허太虛는 기氣의 본래 상태이고, 신神은 기氣의 작용 상에서 말한 그 내재적 속성인, 작용의 힘일 뿐이다. 『氣の思想』중의 한 저자인 大島晃은 '太虛卽氣'의 '虛' 그 자체가 중요한 의미를 지니고 있고, 이것은 장재 사상의 가장

본질을 차지하는 것이라 보고 있으며, 『주자어류朱子語類』(卷99)에서 주희가 '태허太虛'를 '리理'로 파악하는 것을 들먹여, 주희의 '리理'에 연계되는 것을 포함하고 있는 것으로 생각하였다.[사실 『주자어류』에 보면, '太虛卽氣'의 '太虛'는 무엇을 가리키는 것이냐는 물음에, 주희는 '그도 역시 리理를 가리켰지만, 말하는 것이 분명치는 못하다'라고 하여, '태허太虛'를 '리理'로 보았다. 또, 주희는 이 말에 이어서, 다음에 논하게 될 '태화太和'는 '기氣'를 가리키는 것으로 보았다. 이러한 것은, 주희의 '태극太極' 이해의 관념이 무의식적으로 이입되어 들어 간, 통상의 태허에 대한 이해이다. 그러나, 장재는 '허虛' 개념을 중시한 것이 아니라, 그 '허虛'가 곧 '기氣'이므로 진정한 의미에서의 '허虛'란 없다는 것을 강조한 것이다. 그는 '허虛'가 그저 빈 것이 아닌 '기氣'임을 주장한 것이다. 한편, 노사광勞思光은 기氣 밖에 따로 '태허太虛'를 세운 것이 아니라는 입장을 취하였다.

85) 여기서 '본체'는 '체體'의 번역이고, '작용'은 '용用'의 번역이다. 이처럼 장재는 본체라는 의미로 해석될 수 있는 말은, '체體'라는 한 글자로 썼다. 따라서 앞서 필자가 '본래 상태'로 번역한 '氣之本體'의 '本體'의 경우와 다름을 알 수 있다.

86) "有生於無."(『노자老子』40장)

87) 서양 고대 철학 시기에, 신화에서 유래된 에테르ether라는 가상의 물질에 대한 상상이 시작되어, 아리스토텔레스는 그것을 천체의 운동 원인을 설명하기 위한 제5원소로 상정하였다. 이후 아인슈타인의 상대성 원리 이전의 근대 물리학에서, 빛을 입자로 볼 것인가 파동으로 볼 것인가의 논쟁 속에, 파동설을 지지할 경우 파동은 전달하는 매질媒質이 있어야 하므로, 우주 속 가상의 매질로 상정한 것이 에테르 개념이다. 즉, 우주 공간은 텅 빈 것처럼 보이지만, 실제로는 인간의 감각기관으로 감각할 수 없는 빛의 매질인 에테르가 가득 차 있어서, 멀리서 오는 별빛도 그것이 파동이라면 에테르를 통해서 전달된다는 것이다. 장재의 태허 속 기의 사상은 이러한 것에 비유될 수 있으면서도, 다른 점은, 장재의 기는 현상적 존재의 구성 질료로서, 그것이 응결되어 구체적 현상 존재로 되며, 다시 흩어져 태허 속 기가 된다는 것이다. 그래서 오히려 현대 물리학의 질량과 에너지가 사실상 동등하며 상호 교환될 수 있음을 보여주는 바의, 아인슈타인의 특수상대성 이론상의 질량−에너지 등가원리인 $E=mc^2$에 비유될 수도 있다. 현대과학의 상징과도 같은 이 공식은 물질과 에너지의 경계를 허물어 버린 것으로서, 질량−에너지 등가 원리로서의 질량과 에너지의 대칭성이다. 장재의 기 철학은 비록 후대의 자연과학처럼 세련된 이론은 아니지만, 그 철학적 상상력의 정도로 보면, 에테르의 이론과 아인슈타인의 상대성 이론상의 $E=mc^2$의 질량−에너지 등가원리를 합친 것 같은 느낌이 든다. 한편 중국에서는, 이러한 장재와 같은 철학자의 기의 사상이, 청대에 이르러서는 실제 기와 에테르를 연계시킨 사상이 나온다. 청말 무술戊戌변법變法에 참여하여 체포, 처형된 담사동譚嗣同(1865~1898년)의 사상이 그것이다. 그는 고대 유가의 경학經學과 장재와 같은 성리학자의 사상은 물론이고, 불학佛學, 제자학諸子學 및 서학西學까지도 아우르는 사상을 제기하였다. 그는, 그의 철학 저서 『인학仁學』에서, 세계는 물질로서의 원질로 구성되어 있으며 그 본체는 '인仁'으로서, 세계의 존재와 발전은 모두 '인仁'의 작용으로 말미암는다고 주장하여, 그의 철학을 '인학仁學'이라고 불렀다. 그는, '인仁'은 만물의 근원이며, '에테르(以太)'('以太'는 'ether'의 당시 음역音譯)는 만물의 본질을 이루고 있고, 불생불멸不生不滅이며, 우주 사이의 각종 사물은 단지 변역變易만 있을 뿐 존망存亡은 없고, 취산聚散만 있을 뿐 생멸生滅은 없다고 주장했다. 이는 장재 사상과 같은 이전의 전통

347

적 기의 사상과 그가 당시에 접했던 여러 다른 사상이 종합된 것이라 할 수 있다.

88) 『주역』「설괘전說卦傳」에 '리離란 밝음(明)이니, 만물이 서로 보는 것으로서, 남방南方의 괘卦이다.'라고 하였다. 또 '리離'는 사람의 몸에 있어서는 '눈[目]'이라고도 하였다. 따라서 '리명離明'이란, '리離'괘卦를 들어 말하는 바의, 형태에 대한 감각으로서의 시각視覺을 지칭하는데, 여기서는 단순히 시각만이 아니라 형태가 있고난 후의 현상화된 만물을 감각할 수 있는 감각기관을 총칭하면서, 동시에 기氣와 그 현상화된 형태로서의 만물萬物과의 관계를 말한 것이다.

89) 이 양자가 같음을 말하는 것이 장재의 우선적 주장이지만, 이 주장은 장재의 보다 더 근본적인 주장인 '성性'에 관한 이론의 전제조건이 된다. 이 점은 이후 '성'에 관해서 논의할 때, 그 측면에서 다시 거론하게 될 것이다.

90) '신神'과 '화化'는 장재의 또 다른 중요한 철학적 주제로서, 뒤에서 자세히 거론될 것이다.

91) 장재가 『정몽』「건칭편」 중의 『서명』으로 독립된 부분에서, "살아 있으면 나는 일을 따를 것이요, 죽게 되면 나는 편히 쉬련다."고 하여 삶과 죽음을 초월한 생사일여生死一如의 철학적 경지를 나타내 보인 것은, 결국 삶이든 죽음이든 기의 취산에 따른 상태의 차이일 뿐이므로, 양자를 구별할 필요 없다는 초연한 삶의 태도를 가질 것을 강조한 것으로서, 그 관점의 바탕에는 바로 이러한 것이 깔려 있다. 그리고 이러한 관점을 가진 이들과만 "더불어 성성性을 말할 수가 있다."고 하여, 이후 말할 '성性'에 대해서 언급하고 있다.

92) 풍우란馮友蘭은, 장재의 '허虛와 기氣를 합하여 성性의 이름이 있다(合虛與氣, 有性之名)'라는 구절의 '合虛與氣'란 '合氣與氣(氣와 氣를 합한다)'라 이르는 것과 어찌 같지 않겠는가 라고 하였는데, 이 말은 그가 장재 사상에 있어서의 '허虛'의 본질이 '기氣'라고 이해하였기 때문이다.(풍우란: 『中國哲學史하』)

93) 장재는 '도道'를 역시 「계사전」 속의 '신화神化' 개념 중의 '화化'로 해석하였다.

94) 『주역』「계사전」: "天地絪縕, 萬物化醇. 男女構精, 萬物化生."

95) 『주역』에 있어서의 '상象'은 「십익十翼」 중의 「설괘전說卦傳」에 주로 모여 있다. 그런데 이 '상象'에 대한 해석도 학자에 따라 다양하다. 그 중에서는 이 '상'을 단순한 상징으로 보거나, 역易의 언어와 직접 관계되는 것으로 보는 것 등의 견해가 있지만, 장재에서는, 「설괘전」 중의 '상'을 직접 자연 현상과 관련시키는 경우가 보인다.(예를 들어, 그의 『정몽』「삼량편參兩篇」 참조.) 그러나, 이 경우의 '상象'이란 용어는 역대로 『주역』을 해석하는 학자들의 논란거리가 된 '상'의 개념이다. 장재의 경우는, 현상現象의 의미가 더 강하다.

96) 이 용어는 원래 『주역』「건괘乾卦상전象傳」 중의 '乾道變化, 各正性命, 保合大和'에서 온 말이다. '大和'는 『주역』이나 『정몽』 모두 그 판본에 따라 '大和' 또는 '太和'로 되어 있다. '大'와 '太'가 통용되는 경우도 많기 때문이다. 모종삼은 생각하기를, 이 '太和'가 이미 말한 바의 '야마野馬', '인온絪縕'과 떨어지지 않는다고 말하는 것은 괜찮지만, '야마野馬', '인온絪縕'이 곧 '태화太和'나 '도道'라고 말하는 것은 옳지 않다고 하였다. 이 말은 물론 타당하다. 그러나 그는 장재가 유기론자唯氣論者로 이해될 것을 염려하면서 이 말을 하고 있는데, 설사 장재가 유기론자로 이해된다 해도 그것이 장재를 크게 잘못 이해한 것이나, 장재에 대한 비판이 될 수는 없다. 모종삼은 이 '태화太和'에 어떤 초월적 의미를 부여하려 하여 이렇게 말하였으며, 그는 이 '태화太和'를 '태허太虛'와 관련지었다. 그러나 이미 말한 바의 '태허'나 이 '태

화'는 어떤 초월적 실체가 아니다. 특히 '태화'는 '도道'나, 다음에 나올 '화化'라는 개념과 관계되는 인온작용絪縕作用 상의 과정에 나타나는, 어떤 지극한 조화로움에 대한 묘사어이다. 노사광勞思光은, '태화太和' 그 자체는 본체에 해당될 수 없으며, 단지 본체를 묘사하는 말일 뿐이라고 하였다.

97) 『주역』「계사전」에서는, '건乾'을 '대大'에, '곤坤'을 '광廣'에 대응시켜, 그 공간적 성격을 말함과 동시에, 사시四時로서의 그 시간적 성격도 말하였다.

98) 『주역』「계사전」에 "乾以易知, 坤以簡能"이라고 하였다.

99) 노사광勞思光은 '易'을 발생시키는 주동력으로, '簡'을 받아들인다는 잠재능력으로 파악하고, '간단하다'는 등의 의미를 취하는 데에 반대하였다. 엄령봉嚴靈峯은 그의 『易簡原理與辯證法』에서 '易簡原理'라는 표현을 쓰면서 그것을 서양의 '변증법辯證法'에 비교하였다. 모종삼牟宗三은 '지知'를 '주관主管'의 뜻으로 보고, 건원乾元이 우주의 '시始'를 주관한다고 하였고, 건원乾元이 종성원칙終成原則이나 응취원칙凝聚原則으로 종성終成하고 응취凝聚함을 '능能'으로 보았다. 모종삼처럼 '지知'를 '주관主管'으로 보는 것은 관직명에 쓰이는 경우, 예를 들어 '지현知縣', '지주知州' 같은 경우와 같다는 것이다. 이 견해도 상당한 설득력이 있다. 그런데, 맹자의 용어 중 '양지良知', '양능良能'이 있는 것처럼 당시의 관용적 언어 표현에 '지知'와 '능能'을 대비시키는 경우가 있고, 이 경우에는 '지知'가 '주관主管'이기보다는 '지각知覺', '지식知識' 등의 의미가 있음을 모종삼은 간과하고 있다. 그렇다고는 해도, 이 두 해석 중 하나만을 취하고 다른 하나는 버리는 것도 충분한 근거가 있다고 하기 어려운 점도 있다.

100) 장재는 이처럼 『주역』「계사전」에 나오는 '상象'을 중심으로 말하였는데, 이것을 이미 '현상現象'이라 번역하기도 하였지만, 이 상象은 철학에서 통상 이야기하는 본체계本體界에 대한 현상계現象界의 현상現象phenomenon을 말하는, 그 현상現象 일반을 모두 말하지는 않는다. 이 '상象'은 하늘과 땅을 나누어, 그 중에서도 하늘에 관한 것이다. 하늘과 땅이 모두 현상계를 말한다면, 상象은 그 중에서도 땅에 대한 현상보다는 더 추상적이면서 오히려 그 전단계의 현상에 속한다. 다시 말해, 하늘과 땅(天地)은 곧 현상계이지만, 그 중의 현상은 크게 둘로, 즉 보다 추상적인가 구체적인가로 나뉘는데, 전자 즉 보다 추상적인 현상이 하늘에 관계되는 '상象'이고, 후자, 즉 보다 구체적인 현상이 땅에 관계되는 '형形'인 것이다.

101) 「설괘전」에서, 건乾☰은 부父, 곤坤☷은 모母, 진震☳은 장남長男, 손巽☴은 장녀長女, 감坎☵은 중남中男, 리離☲는 중녀中女, 간艮☶은 소남少男, 태兌☱는 소녀少女의 상象에 해당하는 일가족으로 표상된다.

102) 「건칭편」의 이 부분부터 일부분은 장재가 스스로 『정완訂頑』이라 불렀고, 이것을 정이程頤의 조언으로 이후 『서명西銘』으로 불러, 통상 독립시켜 말하기도 한다.

103) 이 부분 즉 '만물화생萬物化生'은 주돈이의 『태극도설』의 「태극도」에 현상 전개를 상징한 말로 인용되었다. 즉, 그 당시 철학자들은 일반적으로 이 관념을 자신의 세계관의 한 부분으로 삼은 것이다.

104) 장재가 말하는 '귀신鬼神'은, 오늘날의 한자어인 '영혼'의 의미를 띠는 어떤 관념적인 실체가 아니다. 그는 '귀신鬼神이란 그 기氣의 본래 갖추어진 작용력이다(鬼神者, 二氣之良能也)(『정몽』「태화편」)라고 하고, 또 "귀신은 가고 옴(往來)과 굽히고 폄(屈伸)의 의미이다."

(『정몽』「신화편」)라고 하였다. 정이程頤도 '귀신'을 '조화造化의 자취(迹)'라고 말하면서, 비슷한 취지로 이야기하였다. 유가철학은 종교적 신비주의를 배척하는 합리적 정신을 추구하므로, 원시유가철학 시대부터 '귀신'에 대한 종교적 해석을 비판하였는데, 후대의 성리학 시대에는 이처럼 '귀신'에 대한 해석을 단지 '기'의 작용으로 보는 탈종교적 엄격한 합리주의를 정립하였다. 북송시대의 이들 선배 학자들의 관점을 계승한 남송 시대의 주희 역시 '귀신鬼神'을 곧 기의 '굴신屈伸'이라는 음양이기陰陽二氣의 작용으로 말하였다.

105) 장재의 '태극太極'은 앞에서 말한 '태허太虛'와 같은 개념이 아니다. 그리고, 주돈이가 말하는 만물의 최고 근원자로서의 '태극'도, 이에 더하여 주희가 말하는 '리理'로서의 '태극'도 아니다. 양의兩儀 즉 음양이기陰陽二氣의 개념 구분 이전의 음양의 혼융적 전체로서의 하나일 뿐이다. 그것은 거시적 세계든 미시적 세계든 어떤 사물의 양면성을 종합적이고 통일적으로 말하는 개념이다. 그래서, 장재는 "하나의 사물에서의 양 측면은 '태극太極'을 이르는 것이다."(『정몽』「대역편大易篇」)라고 하였다. 즉, 「계사전」의 '태극'과 '양의'라는 개념을 두고 말할 때, 하나의 사물을 전체로 파악할 때는 '태극'이고, 양 측면으로 파악할 때는 음양의 '양의兩儀'라는 것이다. 그런데, 황공위黃公偉는 태극을 '태허太虛'와 동일시하였다. 나아가서는 '태화太和'까지도 그것과 동일시하였다.(黃公偉:『宋明淸理學體系論史』)

106) 이 신神은 우리가 일상적으로 말하는 God, Gott의 번역어인 '신神'이다. 그러니, 『주역』「계사전」에서 유래한, 장재를 비롯한 성리학자들의 '신神'이 아님을 주의하기 바란다.

107) 이 '기機'라는 것은 그 자체로서 운동이 가능한 하나의 체계나 조직(system)을 말한다. 그래서 어떤 외부의 작용인作用因을 필요로 하지 않는다.

108) 장재의 경우뿐 아니라 앞의 주돈이, 소옹의 경우처럼 우주론적 철학의 '신神' 개념은 형이상학적 철학의 '리理' 개념으로 전개되기 전 단계의 개념이라고 할 수 있다.

109) 이 '신神'은 현대어의 신神(God, Gott)을 말하는 것이 아님은 당연하다. 장대년張岱年은 중국고대저작 중의 '신神'의 의미를 세 가지로 나누고 있는데, 그것은, 첫째 인격적 신神, 즉 '천신天神', 둘째 인류의 정신작용, 셋째 변화의 복잡성과 미묘함이다. 여기서 말하는 '신神'은 셋째의 경우와 관계된다.

110) 이 말 역시 『주역』「계사전」에 나오는 말인데, 사실상 '신神'과 '화化'의 개념 자체가 『주역』에 주로 나오는 개념이다.

111) 맹자와 고자의 '성性'에 관한 논쟁은 이후 '정호程顥의 철학' 부분에서 보다 상세히 다룰 것이다.

112) 정약용丁若鏞은, '본연지성本然之性'이란 용어는 『능엄경楞嚴經』에서 유래한 불교 용어라고 하면서, '천명지성天命之性'이란 용어를 써야 한다고 주장한다.

113) 사실상 구체적 사물에서 어떤 공동성을 추출해 내는 것은 사고의 지극히 당연한 추상작용이다. 그러나 이에 대한 맹자의 반박은 고자의 취지를 왜곡시키고 있다. 왜냐하면 다양한 개별적인 '백'의 사물에서 '백'의 개념을 끌어 내 그 공동성을 인정하는 것은, 맹자가 반박하듯이 그 개체물의 '성性'이 같음을 인정하는 것은 아니다. 그것들은 논점이 다르다. '백'은 '백'의 색을 띠고 있는 각 종種의 우연적 속성이다. 이것들이 지니고 있는 '백'은 서로 타종끼리의 우연적 속성으로서의 '백'끼리 비교해 봐도, 역시 다른 속성을 제외하고 말하는 바에야 같지 않을 수가 없다. 그러나 '성'은 각 종이 가진 본질적이고 필연적인 속성이

350

다. 그 종이 그 종인 바의 배타적 고유성이다. 또는 각 종에 있어서의 종차種差이다. 예컨대 개는 개끼리 그 '성'을 같이하고, 소나 사람도 마찬가지다. 그러나 '백'이란 이러한 '성'에 부가된 우연적 속성이다.

114) 더구나 맹자가 고자에 대하여 반박한 내용 중에서, '백'과 '성'에 관한 문제는 그 논점에 있어 구분되어야 마땅한 것이다. 우선 '백'을 거론할 때는 이미 인식론적인 측면을 다룬 것인 반면에, '성'을 거론한 것은 존재론적인 측면을 말한 것이다. 맹자는 고자에 대하여 인식론적인 문제를 제시해 놓고는 존재론적인 문제로 갑자기 대치하여 반박한 것이다.

115) "天地之大德曰生, 天地絪縕, 萬物化醇, 生之謂性, 萬物之生意最可觀."이란 글인데, 여기서 "天地之大德曰生."과 "天地絪縕, 萬物化醇."은 『주역』「계사전(하)」에 나오는 말이다.

116) 정호에 있어서 '성性'은 곧 '리理'이다. 그러므로 그의 '생生'과 '성性'의 관계는 동시에 앞으로 논하게 될 '생生'과 '리理'의 관계와 같다. 실제로 그의 '리'는 '생'의 '리'를 말하는 것이며, 그것은 '생'의 덕인 '인仁'을 지니는 것으로 나타난다. 이것은 그가 일체의 존재영역을 하나의 거대한 생명체로 보고 있다는 것이며, 이 생명체의 속성은 곧 '생'으로서의 '성'이고, 현상의 각 개별자는 이 '생'의 '성'이 부여된 것으로서의 개별성을 지닌다. 또한 현실의 구체적 개체의 차이는 이후 이야기하게 될 '기氣'의 품부의 차이로 인해 생기게 된다.

117) 비록 고자의 입장에서 볼 때 '성性'이 가치중립적이라 하더라도, 이에 인위를 가하여 인仁과 의義를 행하게 하는 것이 반드시 자연적 '성'에 손상을 가하는 것일 필연성은 없다. 손상을 가하는 것이라고 판단을 내린 것 자체가 맹자의 주관적 판단에 의한 것이다. 고자의 이에 대한 반론의 존재 여부를 알 수가 없으니 더 이상의 논의를 할 수 없겠지만, 상호 논점에 차이가 있는 것으로 보인다. 어쨌든 고자는 '성'을 투명한 가치중립적인 것으로 보고 가치개념의 개입은 후천적 인위로 간주하였고, 맹자는 '성' 자체에 이미 가치개념인 인과 의가 내재해 있어서, 인의의 발로는 '성'의 자연스러움일 뿐 인위의 개입으로 인한 것은 아니라고 본 것이다.

118) 그런데 이러한 토론에는 서로의 논증방법상의 문제가 있다. 고자는 물을 그 자리에서 소용돌이 치고 있는 상태로 두고 '성性'을 그러한 상태에 비유한 것이고, 맹자는 물의 아래로 흐르는 속성을 두고 그에 대응시켜 '성'을 말하였다. 문제는 고자보다 맹자에게 있다. 고자가 그 자리에서 소용돌이 치고 있는 물에 '성'을 비유했다면, 토론의 규칙상 그러한 측면에서 반박을 해야 하는데, 맹자는 물의 다른 속성을 두고 비유했으므로 동문서답의 상황이 되어 버렸다. 그리고 고자 또한 외부의 힘에 의해 동서나 선악이 결정됨을 말하지 않은 것은 아니다. 다만 그는 외부의 힘이 가해지기 전의 무방향성과 무선악을 두고 말한 것이다. 서로가 다른 비유를 통한 다른 전제를 가지고 그들의 논증을 전개시켰기 때문에, 두 사람의 경우는 학설의 참과 거짓을 떠나서 양립가능한 논리이다. 만일 고자가 보다 치밀했다면 다시 반박했거나, 반박을 했지만 맹자 쪽에 의하여 전해지지 않게 되었는지도 모를 일이다.

119) 이것은 "人生氣稟, 理有善惡."의 번역인데, 여기서의 '리理'는 철학용어로서의 '리'가 아니라 평범한 일상언어일 뿐이다. 주희도 이것이 '실리實理'를 말하는 것이 아니라고 하면서, 나아가서 '합合'으로 간주하였다.

120) 『예기禮記』「악기樂記」의 "人生而靜; 天之性也, 感於物而動, 性之欲也."에서 나온 말. 이 부

분은 '천리天理'라는 개념의 출처가 있는 부분이기도 하다. 『예기』「악기」에 관해서는 필자의 논문 「『예기(禮記)』「악기(樂記)」 연구-「악기(樂記)」의 정치성과 예(禮)·악(樂)의 상관성을 중심으로-」(『大同哲學』 제96집 2021. 9.)에서 상세히 논하였으므로 참고하기 바람.

121) 정호의 '생 이전'의 '성'은 장재張載의 '천지지성天地之性'과, 그의 '생 이후'의 '성'은 장재의 '기질지성氣質之性'과 상응한다고 볼 수 있다. 즉 정호는 선천적인 '성'은 선험적인 것으로서 경험적 언어로 표현할 수 없음을 강조한 것이다. 언표가능한 차원에서의 '성'을 논하기 위해 '성'이라고 말하는 순간, 그 '성'은 장재의 표현대로라면 이미 선험적 '천지지성'이 아니라 '기질'에 내재한 실존적 '기질지성'이라는 것으로 해석할 수 있다.

122) 정호는 현실을 떠나서 어떤 개념을 이야기하지 않았다. 비록 논리적으로 선천적 '성'이 구분되어 나온다 하더라도, 그는 오히려 실제적 현실을 강조하려 애썼다. 그의 이상과 같은 논의는 이러한 사상의 표현이며, 그가 "形而上爲道, 形而下爲器. 須著如此說. 器亦道, 道亦器."(『이정유서』1)라고 한 것도 이러한 그의 사상적 경향을 대변하고 있다.

123) 주희는 "人生而靜以上不容說."을 '리理'로, "才說性時便已不是性也."를 '기질氣質'로 보았다. (『주자어류朱子語類』) 또 "人生而靜以上不容說."을 '성性'을 말하는 것으로 보기도 하였다.(같은 책) 주희가 '리'로 본 것은 장재張載의 '천지지성天地之性'이고, '기질'로 본 것은 장재의 '기질지성氣質之性'이다. 역시 장재의 철학사 상의 선구적 역할이 부각되는 부분이다.

124) "凡人說性, 只是說, 繼之者善也. 孟子言人性善是也. 夫所謂繼之者善也者, 猶水. 流而就下也皆水也. 有流而至海, 終無所污, 此何煩人力之爲也. 有流而未遠, 固已漸濁. 有出而甚遠, 方有所濁. 有濁之多者, 有濁之少者. 淸濁雖不同, 然不可以濁者不爲水也." 이상의 글에 대해서 이전에는 다음과 같이 끊어 읽었다. 즉, "凡人說性, 只是說, 繼之者善也. 孟子言人性善是也, 夫所謂繼之者善也者, 猶水流而就下也. 皆水也, 有流而至海, 終無所污, 此何煩人力之爲也. 有流而未遠, 固已漸濁. 有出而甚遠, 方有所濁. 有濁之多者, 有濁之少者. 淸濁雖不同, 然不可以濁者不爲水也."로 읽었다. 그럼에도 불구하고 그 취지는 본서와 별 다름 없으나, 필자의 견해로는 앞에 제시한 바와 같이 끊어 읽어야 문장의 이치에도 맞고, 정호의 원래 취지에도 부합된다고 생각한다. 그런데, 주희는 위의 "水流(而)就下"로 끊어 읽어야 한다고 본 바 있으나(『주자어류』), 필자는 동의하지 않는다.

125) 그런데 정호는 물의 속성을 두고 '성性'에 비유함에 한 가지 문제점을 안고 있다. 우선 그 비유의 일관성이다. 그는 처음에 물의 속성을 아래로 흘러 내려감으로 보았다. 그러다가 그는 나중에 현실적 선악善惡에 대한 비유를 위해 물의 맑음과 흐림을 말하였다. 그래서 흐리지 않은 상태, 즉 당연히 맑음의 상태가 물의 본연의 속성인 듯이 말하였다. 그는 한 번은 아래로 내려 감 또 한 번은 맑음을 가지고 물 자체의 본연적 속성을 말하고, 이것을 '성性' 자체의 선善함에 비유하는, 일관되지 못한 논리를 전개하였다. 이 경우 선천적 '성'의 절대적 선을 물의 아래로 내려감을 가지고 비유하고, 후천적이고 경험적인 '성'의 상대적 선을 물의 맑음에 비유하였다고 볼 수도 있다. 그러나 물의 아래로 내려감과 물의 맑음은 아무런 연관성이 없다. 따라서 이 두 성질이 절대적 선과 상대적 선의 관계에 나란히 비유될 타당한 근거가 없다. 이러한 물의 비유는 이미 고자와 맹자가 사용한 것을 다시 쓴 것임을 말한 바 있다. 고자와 맹자의 경우는 이미 살펴 본 바와 같이 물의 방향성을 두고 비유한 것이었다. 맹자가 말하기를, "물에는 정말 동서의 구분도 없고 상하의 구분도

없나요? 사람의 '성'이 선한 것은 마치 물이 아래로 흐르는 것과도 같습니다. 사람으로서 선하지 않은 사람이 없고, 물로서 아래로 흐르지 않는 물은 없습니다. 이제 물을 쳐서 뛰어 오르게 하면, 사람의 이마를 넘어 가게 할 수 있고, 밀어서 보내면 산에라도 있게 할 수 있으나, 그것이 어찌 물의 '성'이겠나요? 그것에 힘을 가한 것으로 인해 그렇게 되는 것입니다. 사람에 대해 선하지 않게 만들 수 있는데, 그러한 '성性' 역시 이와 같은 것입니다." 라고 하였는데, 맹자가 말한 물의 속성은, 정호가 말한 물의 속성 중 아래로 흘러 내려감만을 이야기하였다. 그런데 정호는 여기에 맑음과 흐림의 문제까지 넣어서 일관성이 없는 비유를 쓴 것이다. 정호가 맑음과 흐림의 문제를 제기한 것은, 현실적 '성'의 선악의 상태를 설명하기 위한 것이지만, 맹자의 경우는 아래로 흐름이라는 물의 본연의 상태에 대해 위로 상승하는 물, 산에까지 올라가는 물 등의 상태로 현실적 '성'의 선악을 말하였다. 정호가 맹자의 취지에 찬동하면서, 맹자와 고자가 행한 대화에서의 비유를 사용하면서도, 궁극적으로는 맹자와 고자가 쓰지 않은 맑음과 흐림이라는 비유를 쓴 것은, 그의 생각으로는 아마도 이것이 현실적 선악의 상태를 설명하기에 보다 간편했을 수도 있기 때문이다. 게다가 이러한 표현들은 불교佛教와 도가道家 등의 영향이라는 당시의 시대적 상황과도 연관되어 있고, 이 영향이 당시 시대에 이르기까지 지속되어 있었기 때문일 것이며, 이로 인해 정호 자신의 다른 사상에 의한 영향 여부가 어떠한가와 상관없이, 당시 시대를 사는 다른 사람에 대한 주장은 이러한 표현이 다른 표현보다 오히려 더 설득력이 있었을 것이다.

126) 정호는, 앞으로 이야기할 '성즉리性卽理'의 명제와 동시에 '성즉기性卽氣'의 명제를 주장하는데, 이것은 언어표현상으로는 상호모순되는 것 같지만, 오히려 그의 사상적 특징이 드러나는 측면이기도 하다. 여기서 전자는 '천명지성天命之性'의 경우이고, 후자는 '기질지성氣質之性'의 경우이다. 그런데 '천명지성'이나 '기질지성'은 이러한 계통의 학설들에 있어서 실제적으로 분리되어 이야기될 수 있는 개념들은 아니다. 특히 '천명지성'은 실제적으로 홀로 존재하는 '성'이 아니다. '기질지성' 또한 그 자체 '성'을 이야기하지 않은 '기' 자체만을 말하는 것이 아니다. '기질지성'은 '기'의 품부로 인한 현실의 '성'이다. 다시 말해 '기질지성'은 현실적 기질 속에 있는 '천명지성'이다. 이에 대해 '천명지성'은 다만 논리적으로 추출한 개념일 뿐이다. 이런 식으로 '성'을 앞서 나눈 사람이, 이미 말한 대로, '성性'을 '천지지성天地之性'과 '기질지성氣質之性'으로 나눈 장재張載이다.

127) 순자荀子가 "可以知物之理也."(『순자』「해폐解蔽」)라고 하거나, 한비자韓非子가 "短長大小方圓堅脆輕重白黑之謂理.", "道者, 萬物之所然也, 萬理之所稽也"(『한비자』「해로解老」)라고 하거나, 『장자莊子』에서 "判天地之美, 析萬物之理."(『장자』「천하天下」), "物成生理謂之形."(『장자』「천지天地」)이라고 하는 등이다.

128) "物無妄然, 必由其理"(왕필王弼, 『주역약례周易略例』), "夫識物之動, 則其所以然之理, 皆可知也"(왕필, 『주역주周易注』「건乾문언文言」)라는 말 등이다.

129) "德, 愛日仁, 宜日義, 理日禮, 通日智, 守日信." 정호도 이와 비슷하게 "禮者, 理也, 文也."(『이정유서』11)라고 한 바도 있고, 그는 이보다 더 나아가서 '리理'를 보편화시켰다.

130) 장재는 "천리天理가 하나로 관통되면, '의意·필必·고固·아我'의 천착이 없게 된다. '의·필·고·아' 가운데 한 가지라도 있으면, 성誠함이 아니다. 네 가지가 모두 제거되고 나면, 바르게 수양이 되어 해로움이 없게 된다."(『정몽』「중정편中正篇」)라고 하였다. '의意·필必·고固·아我'는 공자가 끊고 하지 않았다는 삶의 태도이다.(『논어』「자한(子罕)」 참조.) 장재의 '천리'

는 정호의 '천리'처럼 보편적, 형이상학적 의미를 가진 것은 아니다. 그것은, 모든 것이 '기氣'로 설명될 수 있다는 대원칙으로 볼 수 있다. 당시 장재는 정호와 사상적 소통을 하는 사이였으므로, 두 사람은 서로의 '천리'에 대한 생각과 입장을 알고 있었을 것이다. 그럼에도 정호가 '천리'에 대한 자득감을 표현하였으니, 두 사람의 '천리'가 같지 않다는 것을 상호 인정한 것으로 볼 수 있다.

131) 『예기禮記』「악기樂記」에서는 "人生而靜, 天之性也, 感於物而動, 性之欲也. 物至知知, 然後好惡形焉, 好惡無節於內, 知誘於外, 不能反躬, 天理滅矣. 夫物之感人無窮, 而人之好惡無節, 則是物至而人化物也, 人化物也者, 滅天理而窮人欲者也."라고 하였는데, 앞서 정호가 이 부분에서 '人生而靜'의 표현을 취하였음을 이미 보았고, 앞으로 이 부분은 그의 수양론과도 관계된다. 『예기』「악기」의 이 부분은 성리학에서 매우 중요한 부분이 된다.

132) 단순한 인식의 범주로서의 최고 유개념일 뿐만 아니라 존재의 최고 범주이다. 즉, 일체를 포괄하는 하나뿐인 범주이다. 그러나 '리理'를 단순히 개념으로 볼 수 있을 것인가는 '리'가 인식의 대상이 될 수 있는가에 달려 있다. 만일 '리'가 종교적인 최고 실재가 아니라면, 체험적 인식으로서의 체득의 대상이 되어야 할 것이다. 그렇다면 그럴 경우의 개념을 말한다.

133) 『주역』「계사전」.

134) 여기서 사실로서의 '도道' 또는 '리理'가 가치로서의 '도' 또는 '리'로 화함을 보이고 있다. 그래서 정호에 있어서는 결과적으로 이러한 '도' 또는 '리'가 사실과 가치가 융합된 의미로 나타난다.

135) 이 제목은 모종삼牟宗三에 의하면 후인後人에 의한 것이다. 모종삼은 아마도 주희朱熹에 의하여 비롯된 것이라고 했다.

136) 앞에서 이미 말한 바와 같이, 정호는 현실을 떠난 '성性'을 말하려 하지도 않았고, 동시에 현실의 생명현상을 떠난 '리理'나 '도道'를 이야기하려 하지도 않았다. 비록 논리적으로 선천적 '성'이나 형이상의 '도'가 구분된다 하더라도, 그는 그것들의 현실과의 불가분성을 애써 강조하려 하였다. 그에게 있어서의 '리'나 '도'는 주재적主宰的 의미의 '천天'이 생명원리로서 내재되어 있는 것이다. 그러나 이후 정이程頤에 의하여 이러한 '리'나 '도'가 논리적으로 구분됨이 강조되어, 정호에게 있어서 내재적 생명원리인 '리'가 그것의 논리적 선재성으로 인하여, 주재적, 초월적 성향을 띤 것으로 강조되기에 이른다. 그래서 이러한 측면이 이후 주희朱熹에게 채택·계승되어 중국의 중세 봉건 사유를 형성한다.

137) 정호의 이러한 부분이 이후 육구연陸九淵과 왕수인王守仁의 학문계통인 '심학心學'과 철학사적 연관성이 있음이 이야기된다. 그런데, 모종삼은 정호가 육구연 계통을 열고, 정이가 주희계통을 열었다는 세상의 설에 대해서 전적으로 부인은 하지 않지만, 그 중에서 정호가 육구연 계통을 열었다는 데에 대해서는 회의를 표시한다. 모종삼이 보기에 진정으로 정호의 계통을 이어받은 쪽은 호굉胡宏(즉, 호오봉胡五峯, 1105~1155년 또는 1102~1161년)이지 결코 육구연은 아니라는 것이다.

138) '인仁'은 '의義', '례禮', '지知', '신信'을 모두 포괄하므로, 그 대표가 '인仁'이 된다. 따라서 '인仁' 하나만을 들어서 말한 것이다.

139) 이것은 '性卽理也.'라는 유명한 명제인데, 이 명제는 정이程頤가 보다 분명히 주장하였다. (『이정유서』22상) 그러나 정호도 이 명제를 같이 인정하였음은, 정호의 사상 체계 전체의

354

맥락을 볼 때 분명하다. 정호는 이 명제와 유사하게 '道卽性也.'(『이정유서』1)라고도 하였다.

140) 수도. 즉 당시 북송의 수도인 개봉開封.

141) 개념상의 구분을 보다 확실히 하려 한 이는 정이程頤였다. 정이 또한 합일을 중시하였지만, 상대적으로 형보다 더 논리적 구분을 강조하였다. 이 점이 그들 형과 동생의 중요한 차이점 중의 하나이다. 모종삼은 이러한 경향의 차이를 두고, 정호程顥는 '원돈圓頓'의 표시를 하기 좋아했고, 정이程頤는 '분해分解'의 표시를 하기 좋아했다고 하였다.

142) 정호는, 장재張載가 '정성定性'에 대해서 묻는 말에 답한, 이른바 『정성서定性書』에서 진정으로 '성性'을 안정시키는 것은, 주관과 대상의 구분조차도 해소하는 것이라고 하였다(여기서의 '성性'은 사실상 '심心'의 의미이다).

143) 여기서 외부라고 하는 것은, 선천적 '성性'의 외부이지 현실적인 인간의 외부라는 말은 아니다. 정호 입장에서는 현실에서는 오히려 '性卽氣, 氣卽性.'이다.

144) 그러나 엄밀히 말하여 '기질지성氣質之性'의 차이라기보다는 '기질氣質'의 차이이다.

145) 정호의 수양론의 바탕에는 앞에서 말한 『예기禮記』「악기樂記」의 "人生而靜, 天之性也, 感於物而動, 性之欲也. … 人化物也者, 滅天理而窮人欲者也."의 부분이 관련된다. 이후 이 부분과 관련하여 송대 성리학은 '存天理滅人欲(천리를 보존하고 인욕을 없앰)'의 관점이 확립된다. 또한 이러한 관점을 어떤 이는 불교의 영향이라고 하기도 하지만, 사실상 보다시피 불교가 전래되기 전의 유교 경전의 하나인 『예기』에 이미 이러한 관점이 나타나고 있다.

146) 이 '경敬'은 나중에 동생 정이程頤를 통해서 유가儒家의 보다 확고한 수양방법으로 자리 잡아 남송의 주희朱熹에 의해 계승된다. 이 '경'을 정이는 '주일무적主一無適'으로 해석하였다. 그런데 이 '경'은 원래 『주역』「곤괘坤卦문언文言육이六二」의 "君子敬以直內, 義以方外."에서 유래하였다. 또, 이 '경'은 『논어』에도 많이 나타난다. 그 중에서 이와 관련하여 특히 주목되는 부분은 「헌문憲問」중의 "子路問君子. 子曰: '脩己以敬.'"과 「옹야雍也」의 "居敬而行簡."이다.

147) 『주역』「건괘乾卦문언文言」의 "先天而天弗違, 後天而奉天時. 天且弗違, 而況於人乎? 況於鬼神乎?"라는 문장에서 인용된 말.

148) 그렇지만, 그는 이 종교적인 주재적 '천天'을 '리理'로 대체하면서, 그 '리'에 종교적 '천'과 같이 초월적 지위를 부여한 것으로 철학사 속에서 말해지고 있고, 이러한 '리'를 이후 주희가 계승함으로써 중세 관념을 형성하는 데 기여했다고 볼 수 있다.

149) "性則無不善."(『이정유서』19, 『이정유서』21하)

150) 『맹자』「공손추公孫丑상」참조.

151) 정이의 사상 체계 속에서는, 이 '심心'은 안으로 '성性'과 연계된다.

152) '格物致知'에 관한 해석은 학자에 따라 다양하다. 다만 여기서는 정이의 입장이 그러하다는 것이다.

153) 원래 『시경詩經』「大雅」의 "天生烝民, 有物有則." 즉, "하늘이 백성들을 낳으시고, 사물마다 법칙이 있게 하셨네."라는 말에서 유래. 정이는 '有物有則'을 그의 '리理'에 관한 유가 문헌 근거로 삼은 것이다. 즉, '則'과 '理'를 연계한 것이다.

154) 이것은 『맹자』「진심盡心상」에 나오는 명제이다. 그런데, 이에 대한 이정二程의 해석은 각각 그 사상적 경향의 차이를 반영한다. 정호程顥는, 만물의 리가 나에게 갖추어져 있으므

로 대상에 의존할 필요 없이 도덕주체를 직관하면 된다는 의미로 보았다. 그러나, 정이程
頤는, 이것을 인간을 포함한 만물이 하나의 보편 리에 포섭되어 있음을 말하는 것으로 해
석했다.

155) 그런데 '재才'의 선善함과 불선不善함의 원인이 된 '기氣'의 맑음과 흐림은 사실개념이다.
정이는 맑음과 흐림이라는 사실개념에서 선과 악이라는 가치개념을 도출해 문제를 안고
있다. 만일 기의 맑고 흐림이 단순히 타고난 기정사실이라면, 현실의 선악도 이미 결정된
것인데, 여기에 어찌 불선 또는 악을 순화시킬 여지가 있겠는가. 그러나 정이는 이에 대한
해명을 하지 않고 있으며, 이 시대의 다른 학자들도 마찬가지의 문제를 안고 있는 경우가
많았다. 이 문제는 앞서 이야기한 '리理'의 관념이 사실에서 가치로 전이될 때, 별 다른 해
명 없이 넘어가는 그의 사상구조에서도 나타난다. 굳이 정이의 입장에서 말한다면, 그는
불선 또는 악의 순화를 주체의 의지에서 찾았다고 할 수 있다. 즉, 이미 앞서 말한 바 있는
'절도'에 맞는 행위를 하려는 의지, 즉 선천적 '성'이 근거하고 있는 '리'에 맞추려는 행위에
서 찾은 것이다. 이러한 의지를 실현하는 방법을 '경敬'이라고 한 것이다.

156) 이정二程은 '심心'과 '성性'을 자세히 나누지 않았다. 심지어 "심心은 곧 성性이다."(『이정
유서』18)라고까지 말하였다. 그러나 둘 중에 상대적으로 정호 쪽이 어떤 구분을 잘 하려
하지 않은 경향을 더 보인 반면, 정이는 어느 정도 구분을 하여, 이미 앞에서 본 바와 같이
"성성이 형체화된 것을 일러 심心이라고 한다."(『이정유서』25)고 하면서, '심心'은 '성性'이
현실 속에 드러난 것으로 보았다. 따라서 현실적으로 '심心'을 수양함은 곧 '성性'을 수양
하는 것이 된다.

157) 이 부분은 『주역』「문언文言구이九二」의 "閑邪存其誠(사邪를 막고 그 성誠을 보존함)"에서
유래되었다.

158) '성誠'은 주돈이 부분에서 말했듯이, 사실개념인 동시에 가치개념이다. 정이程頤뿐만 아니
라 많은 유가학자들은 이 개념을 통해 사실과 가치의 강을 넘나들었다. 정이와 같은 학자
는 이 '성誠'을 사실의 '리'임과 동시에 가치의 '리'로 받아들인 것이다. 그래서 이 '성誠'의
보존이 곧 '성性'의 선함을 회복하는 것이고, 그 방법이 '경敬'이라는 것이다.

159) 『이정수언』상 참조.

160) 바로 이 관점에 정면으로 도전하는 철학자가 바로 명대明代의 왕수인王守仁(왕양명王陽
明)이다. 정이 사상의 중요한 뼈대가 『대학大學』에 관한 학설이듯이, 이를 받아들인 주희
의 학설 역시 『대학』이 중요한 토대가 된다. 그래서 그는 세상을 떠나기 직전까지도 이에
관해 고심하여 그의 저술을 수정하였다. 그런데, 왕수인의 학설 역시 『대학』이 중심이 되
고, 정주학程朱學과 양명학陽明學의 쟁점과 차이 역시 『대학』이 그 중심이 된다. 왕수인
역시 주희처럼 세상을 떠나기 전까지 『대학』에 대해서 마음을 썼다. 왕수인은, 정이, 주희
가 『고본古本대학大學』에 오류가 있다고 주장하는 견해에 반대하여, 『고본대학』을 지지하
면서, '친민親民'을 글자 그대로 두어야 한다고 했다. 그리고, '격물格物'의 '격格'은 '바로잡
다(正)'로 해석하고, '물物'은 내면의 주체인 '심心'의 '의념意念'이 있는 곳의 '사事'로 보아,
이를 바로 잡는 것을 '격물'로 보았다. 그리고 무엇보다도 '치지致知'의 '지知'를 맹자의 '양
지良知'로 보아, '치지致知'를 '치양지致良知'로 보았다. 이처럼 양 학파의 핵심 쟁점이 바
로 『대학』에 관한 것이다.[이 부분은 필자의 「朱熹와 王守仁과 丁若鏞의 『大學』 해석 비

교」(『한국민족문화73』, 부산대학교 한국민족문화연구소, 2019. 11.)라는 논문에서 취한 것으로서, 자세한 것은 이 논문을 참고하기 바람.]

161) 『주역』은 유가 학자들이 공통적으로 중요시하였으므로, 성리학자들뿐 아니라 이후 심학자들도 이 문헌을 중요시하여, 심학의 종합자인 왕수인의 유명한 '용장오도龍場悟道'는 『주역』과 관련되며, 그가 깨달음을 얻은 장소인 용장龍場의 동굴 명칭인 '완역와玩易窩'의 '역易'은 『주역周易』의 '역易'이다. 즉, '『주역』을 완미하는 동굴'이 '완역와'인 것이다. 그의 출생지인 절강성浙江省 여요餘姚의 그의 생가에 재현해 놓은 '완역와'는 그의 좌상 앞에 『주역』이 놓여 있는 모습으로 되어 있다.

162) 「역전」은, 전통적 견해로는 공자가 그 저자인 것으로 알려져 왔지만, 역사를 통해서 간혹 그 점이 의심되어져 오다가, 오늘날에는 전국시대의 여러 학자들의 견해가 모인 것이라는 해석이 많다.

163) 조선조朝鮮朝의 정약용丁若鏞은 특히 '물상物象'이란 용어를 쓴다.

164) 이러한 한대漢代 상수역象數易은 그 후 침체되어, 당대唐代의 이정조李鼎祚에 의해서 일정한 자료가 『주역집해周易集解』로 모아지는 정도가 된다. 그러다 청대淸代에 이르러 한학漢學이 흥기하면서, 다시 한대 상수역의 본 면모를 재구성하려는 시도가 있게 되었다. 이때 본격적으로 정치하게 완성도 높은 재구성 작업이 이루어지는 것은, 중국보다도 오히려 조선조의 정약용丁若鏞에 의해서이다. 이 부분은 필자가 오랜 기간 연구한 바 있으므로, 필자의 박사논문 및 후속 관련 논문들을 참조하기 바람.

165) 필자의 『周易 속 世上, 세상 속 주역』(교학도서, 2021)은 오늘날의 관점으로 쓴 의리적義理的 『주역』 해석서라고 할 수 있다.

166) 이 중의 '상象'은 앞서 말한 것처럼, 『주역』 문헌상의 괘상卦象이나 물상物象 같은 '상象'의 의미도 있지만, 여기서처럼 '본체'에 대한 '현상'의 의미도 있다. 하나의 글에 두 의미가 나타나고 있는 것이다. 정이는 두 가지가 결국 통하는 것이라고 생각했을 수도 있다.

167) 정이는, 젊었을 때 개념의 구분과 분석에 치중하던 경향에서, 삶에서 온갖 일을 겪은 만년에는 융합하고 회통하는, 관조, 초탈, 달관의 경지로 나아가게 되었다고 할 수 있다.

168) 또는 『주역』 「계사전」에서 '형이상자形而上者'를 '도道'라 하고, '형이하자形而下者'를 '기器'라 하므로, '도道'에 대해서는 특히 '기器'라고 표현하기도 한다.

169) 이러한 점은 향후 주희의 '리'와 '기'의 관계에 대한 설명의 선구가 된다. 다만 정이의 경우에서는, '리'의 세계와 '기'의 세계는 이미 차원 상으로 다르며, '기'의 세계는, '진원지기眞元之氣'가 만상萬象을 전개하는 과정에서 물질적 질료 세계로서의 형이하의 시간과 공간의 차원이 생성되고, '도'와 '리'의 차원은 그 형이하의 차원을 있게 하는 형이상의 차원으로 설정된다.

170) 당연하겠지만, 정이는 사람의 '기氣'도 '진원지기眞元之氣'에서 나온다고 생각하였다.(『이정유서』15)

171) 그런데, 주돈이의 기상과 쇄락의 경지를 닮은 사람은 오히려 정호였다.

찾아보기

364

367

371

지은이 정해왕(丁海王)

부산대학교 인문대학 철학과 졸업
부산대학교 대학원 철학과 문학석사 및 철학박사

중국 동방국제역학연구원 방문학자(단기)
중국 절강대학 방문교수(장기)
중국 북경이공대학 법학원 방문학자(단기)
중국 북경대학 방문학자(장기)
1992년~현재 부산대학교 인문대학 철학과 교수

역주서 『완역 정몽正蒙』(장재張載 저)(명문당)
저서 『한국지성과의 만남』(공저, 부산대학교 출판부)
      『『대학』읽기』(세창미디어)
      『『중용』읽기』(세창미디어)
      『周易 속 世上, 세상 속 주역』(교학도서)
"정해왕의 『주역周易』으로 보는 세상"(<국제신문> 연재)
그 외 다수의 연구논문

북송대 성리학: 북송대 다섯 철학자들의 삶과 철학

초판발행   2023년 2월 15일

지은이   정해왕
펴낸이   안종만·안상준

편 집   배근하
기획/마케팅   정성혁
표지디자인   BEN STORY
제 작   고철민·조영환

펴낸곳   (주) **박영사**
             서울특별시 금천구 가산디지털2로 53, 210호(가산동, 한라시그마밸리)
             등록 1959. 3. 11. 제300-1959-1호(倫)
전 화   02)733-6771
f a x   02)736-4818
e-mail   pys@pybook.co.kr
homepage   www.pybook.co.kr
ISBN   979-11-303-1661-1 93150

정 가   26,000원